NOUVEAUX LUNDIS

CALMANN LÉVY, ÉDITEUR

OUVRAGES
DE
C.-A. SAINTE-BEUVE
Format grand-18.

Premiers Lundis	3 vol.
Nouveaux Lundis, deuxième édition	13 —
Portraits contemporains, nouvelle édition, revue et très augmentée.	5 —
Lettres a la Princesse, troisième édition. .	1 —
P.-J. Proudhon, sa Vie et sa Correspondance, cinquième édition	1 —
Chateaubriand et son Groupe littéraire sous l'Empire, nouvelle édition, augmentée de notes de l'auteur	2 —
Chroniques Parisiennes, 1843-1845	1 —
Étude sur Virgile, suivie d'une étude sur Quintus de Smyrne, nouvelle édition	1 —
Souvenirs et Indiscrétions. — Le dîner du vendredi saint, deuxième édition.	1 —
Le général Jomini, deuxième édition	1 —
Monsieur de Talleyrand, deuxième édition. .	1 —
Madame Desbordes-Valmore.	1 —
A propos des Bibliothèques populaires .	Broch.
De la Liberté de l'Enseignement Supérieur	—
De la Loi sur la Presse	—

POÉSIES COMPLÈTES
NOUVELLE ÉDITION REVUE ET TRÈS AUGMENTÉE
Deux beaux volumes in-8°.

IMPRIMERIE CENTRALE DES CHEMINS DE FER. — IMPRIMERIE CHAIX.
RUE BERGÈRE, 20, PARIS.— 27642-2.

NOUVEAUX LUNDIS

PAR

C.-A. SAINTE-BEUVE

DE L'ACADÉMIE FRANÇAISE

QUATRIÈME ÉDITION REVUE

TOME SEPTIÈME

PARIS

CALMANN LÉVY, ÉDITEUR

ANCIENNE MAISON MICHEL LÉVY FRÈRES

3, RUE AUBER, 3

1883

Droits de reproduction et de traduction réservés.

NOUVEAUX LUNDIS

Lundi 4 janvier 1864.

ANTHOLOGIE GRECQUE

TRADUITE POUR LA PREMIÈRE FOIS EN FRANÇAIS (1)

ET

DE LA QUESTION DES ANCIENS ET DES MODERNES

Il m'est échappé de dire, il y a quelque temps, en parlant de la Grèce et à l'occasion d'une Dissertation de M. Grenier sur Homère, que je craignais fort que, dans cette lutte engagée avec l'esprit moderne, et qui, ouvertement ou sourdement, se continue, les Anciens ne perdissent tôt ou tard, sinon toute la bataille, du moins une partie et une aile de la bataille. Cette parole

(1) Deux volumes in-18, librairie Hachette, boulevard Saint-Germain.

de fâcheux augure m'a été reprochée par des amis bienveillants, et ils ont cru y voir de ma part un signe de faiblesse. Dieu m'est témoin pourtant que c'est bien une crainte que j'exprimais, et non une opinion tant soit peu favorable à une telle issue, ni l'ombre d'un assentiment. Mais je crois, en effet, que les choses humaines sont emportées de plus en plus dans un courant qui les sépare à jamais, et par tout un abîme, du goût et de l'esprit littéraire de l'Antiquité, et qu'il n'y aura dans l'avenir qu'une rare élite à qui il sera donné de conserver la tradition intacte, de préserver le feu sacré et le flambeau. Qu'elle le garde le mieux possible et l'entretienne toujours dans sa pureté : c'est mon vœu. Mais, avant de revenir sur ce point qui mérite quelque discussion, je veux parler d'un travail important et neuf qui vient d'ouvrir à tous l'accès d'un Recueil souvent cité et très-peu lu, l'Anthologie.

I.

L'Anthologie grecque n'est autre chose qu'un assortiment, un bouquet de fleurs poétiques. Dès que vint l'âge des grammairiens, des rhéteurs, des critiques, et, après la grande moisson faite, on dut songer en Grèce à rassembler un tel choix de jolies poésies, d'épigrammes ou inscriptions en vers, de petites pièces qui couraient risque de se perdre si on ne les rattachait par un fil. Le premier Recueil de ce genre dont on ait gardé souvenir était celui que Méléagre avait désigné du nom de *Couronne,* et qu'il avait tressée en effet de mille fleurs. Méléagre vivait cent ans environ avant Jésus-Christ; charmant poëte lui-même, auteur d'idylles et d'épigrammes amoureuses remplies de grâce ou de flamme, il réunissait toutes les conditions pour réussir à un travail qui demandait une main heureuse. D'autres recueils analogues, et sur le patron du sien, s'étaient refaits depuis, d'âge en âge, durant cette longue et lente décadence de la Grèce; chaque fois seulement, on y faisait entrer une plus grande partie de poésies légères contemporaines, et comme le panier ne s'élargissait pas à proportion, il en tombait quelques-unes des anciennes : ce qui était à regretter, car la plupart de ces poésies nouvelles n'étaient que des imitations, et l'originalité avait disparu. Au xe siècle, un fin amateur de poésie, Céphalas, compila toutes les Anthologies antérieures, et au xive enfin, un moine de Constantinople, Planude, plus estimable que délicat, remania encore, en augmentant d'une part et en l'écourtant de l'autre, le travail de Céphalas.

L'illustre Grec Lascaris fut le premier qui rapporta de Constantinople et fit connaître en Occident l'Anthologie de Planude. Il la fit imprimer à Florence en 1494; des éditions plus ou moins soignées s'en multiplièrent au xvie siècle; on traduisit ce grec en latin, ce qui était la vulgarisation d'alors, et l'on se flattait de tout posséder. D'Homère à l'Anthologie, en effet, dans son beau comme dans son joli, on a toute la Grèce. On en était là, lorsque le grand Saumaise découvrit à Heidelberg en 1616 (une date devenue chère aux érudits), dans la bibliothèque des comtes Palatins, le manuscrit de l'Anthologie de Constantin Céphalas, antérieure à celle de Planude : c'était le trésor dans sa pureté. Saumaise en prit des copies qui circulèrent dans le monde savant et furent longtemps la friandise des plus doctes. On se les passait de main en main ; les La Monnoye, les Bouhier en faisaient leur régal et leurs délices. Ces copies, incomplétement imprimées, arrivaient ainsi peu à peu, et par bribes, dans le public lettré ; un extrait venait, tant bien que mal, s'ajouter à l'autre, jusqu'à ce que Brunck, à Strasbourg, en 1772, avec l'initiative et la décision qui le caractérisent, publia un texte complet, un peu travaillé à sa manière, et dans un cadre arbitrairement distribué ; mais enfin, on put jouir, grâce à lui, de cette récolte exquise de tous les miels de la Grèce. C'est là-dessus qu'André Chénier travailla et s'inspira dans son retour à l'antique.

Cependant le manuscrit d'Heidelberg trouvé par Saumaise, la source et l'objet de tout ce travail nouveau, avait passé dans la bibliothèque du Vatican, et du Vatican, par un revers étrange des vicissitudes humaines, avait été apporté à Paris comme une des dépouilles de la conquête, à la suite du Traité de Tolentino (1797). Ce manuscrit, dès lors accessible à tous, permit et provoqua de nouvelles études, et un savant allemand, Jacobs, qui s'était dès longtemps appliqué à entourer l'Anthologie de Céphalas, telle que Brunck l'avait publiée, de toutes les lumières de l'érudition et du goût, put lui-même en donner une édition plus exacte et définitive, en 1813. Que de fortunes diverses, que de hasards ! et, ne le voyez-vous pas ? combien il a tenu à peu de chose que tel ou tel de ces trésors d'autrefois fût perdu ou conservé ! Établissez après cela des lois générales, et venez trancher sur des questions qu'il eût suffi d'une découverte imprévue et inespérée pour résoudre en sens contraire !

Les savants vivaient donc, ils vivront longtemps et toujours sur l'Anthologie publiée et commentée par Jacobs; mais les profanes étaient exclus. Comment traduire en effet, à l'usage de tous, cette quantité de petites pièces qui exigent tant d'explications, de notes, une connaissance si particulière, et dont quelques-unes, par leur sujet, semblent si impossibles dans nos mœurs, et si faites à bon droit pour éloigner ? Chaque érudit ou curieux, selon son besoin ou son caprice, se bornait donc à aller y butiner à son tour; avec un peu d'étude et d'initiation, on savait bientôt les sentiers, assez pour y trouver ce qu'on désirait, et l'on négligeait le reste. M. Dehèque (car c'est lui), un savant modeste, aimable, qui n'a cessé, dès sa tendre jeunesse, de cultiver les lettres grecques au milieu des soins d'une administration laborieuse, et que l'Institut a fini par reconnaître et adopter pour l'un des siens; M. Dehèque, qui tient à l'Antiquité par toutes sortes d'affinités et de liens, — et je n'ai garde en parlant ainsi d'oublier M. Egger, son gendre, — a eu l'idée d'ouvrir à tous ce parc réservé et, moyennant quelques précautions indispensables, de faire jouir tout le monde du parterre où jusqu'ici (selon une expression heureuse) « quelques-uns seulement allaient discrètement cueillir quelques charmants boutons. » Ah! je sais bien que cela même a pu donner quelques regrets à de doctes et fins esprits qui craignent de voir profaner ce qu'ils aiment, de voir pratiquer une grande route à travers un bois sacré. « Pour moi, j'aimais à m'y perdre, m'écrit à ce sujet un de ces fins dilettanti de l'Antiquité, et si je ne savais pas bien en reconnaître les fleurs, je sentais au moins quelque chose de leur parfum. Maintenant ce sera un jardin public, et peut-être, au lieu des fleurs, n'y trouvera-t-on plus que de la jonchée... Et pourquoi tout donner d'un coup? pourquoi semer à plein sac, quand on pouvait se contenter, comme disait Corinne, de semer du bout des doigts?... Pardonnez-moi, ajoute aussitôt l'aimable contradicteur, pardonnez cette boutade; c'est un petit mouvement d'humeur jalouse. J'aime, je l'avoue, les parcs réservés, et, à l'ouverture de celui-ci, je me suis dit :

> Nous n'irons plus au bois,
> Les *rosiers* sont coupés. »

Hélas! oui; il n'y a plus de parc de Monceaux; ceux qui y allaient autrefois par faveur, et deux à deux, ne peuvent plus s'y oublier. Le public est partout, il veut tout ; il faut lui obéir et le servir. M. Dehèque l'a compris; mais, en même temps, si nous tenons encore à être du petit nombre, tranquillisons-nous; il y aura toujours assez à faire, même après sa traduction excellente. Il y aura des coins réservés (1). Les bons guides tels que lui ne sont jamais de trop dans ce champ de l'Antiquité où, pour peu qu'on veuille approfondir, on est arrêté à chaque pas.

L'Anthologie, telle qu'il nous la donne dans sa vraie

---

(1) « On a renversé le panier : aux délicats maintenant de reconnaître dans la mêlée les cerises du dessus. » C'est encore ce que m'écrit, après avoir lu le présent article et en se ravisant, le spirituel correspondant dont on vient de voir les craintes, et que je prends sur moi de nommer, M. Reinhold Dezeimeris. — Et puis, tout n'est point parfait du premier coup. Plus on a, plus on exige. Celui même qui trouvera à redire qu'on donne trop sera le premier à s'apercevoir si vous oubliez quelque chose. « Comment, dans les notices de la fin, me fait remarquer le même correspondant, comment a-t-on omis une des plus importantes notices, celle de Paul le Silentiaire (celle de Philétas manque aussi)? Et comment a-t-on oublié de traduire le grand Préambule qu'Agathias avait mis en tête de son Anthologie? Il est vrai qu'il était difficile à rendre à cause de la forme allégorique du commencement. (Ce n'est plus à une Couronne qu'Agathias comparait son recueil, c'est à un de ces repas collectifs où chaque convive paye son écot, et contribue par un mets particulier : il y contribuait lui-même et en était de plus l'ordonnateur.) Mais M. Dehèque serait venu à bout de la difficulté ; puis, à la rigueur, il eût pu reproduire la traduction latine de Visconti, que peu de personnes savent aller chercher à la fin de la Préface du tome V^e de l'Anthologie de Bosch. Ce préambule étendu, qui contient de charmantes choses, est un document précieux pour l'histoire de l'Anthologie. Il devrait se trouver, chez M. Dehèque, à côté de la petite Préface, tome Ier, p. 17. C'est une grosse lacune. » Enfin, un jeune savant de Bordeaux, helléniste de la première distinction, mort depuis, M. Lespine, trouvait quelques taches dans la traduction même de M. Dehèque; et notamment, tome Ier, p. 173, l'épigramme 316, qui paraît être une *Épitaphe de Timon le Misanthrope,* offre un vrai contre-sens. Quelle traduction peut se vanter d'en être exempte? La meilleure est celle qui en a le moins. (Voir aussi le mémoire *De la Parure au temps jadis* par M. J. Lapaume, Grenoble, 1866, page 15.)

forme, se divise en plusieurs livres et se compose uniquement d'épigrammes. Les Anciens entendaient par ce mot d'*épigramme* quelque chose de plus général que ce que nous désignons sous ce nom. L'épigramme, pour eux, était une petite pièce qui ne passait guère huit ou dix vers, et qui allait rarement au delà, d'ordinaire en vers hexamètres et pentamètres ; c'était une inscription (1) soit tumulaire, soit triomphale, soit votive ou descriptive, une peinture pastorale trop courte pour faire une idylle, une déclaration ou une plainte amoureuse trop peu développée pour faire une élégie. La raillerie y a aussi sa part, mais une part restreinte, tandis que, dans les épigrammes modernes, elle est presque tout et que c'est toujours le trait et la pointe finale à quoi l'on vise. Un grand nombre de ces épigrammes anciennes, par leur vivacité et leur crudité, échappent à la citation. Il en est pourtant de morales et dans le sens des anciens sages. Il y en a aussi d'héroïques et de grandioses ; car le genre de l'épigramme, il faut bien le savoir, n'est pas un genre de décadence ; il a été perpétuel en Grèce et a commencé dès le jour où l'on a eu une inscription à tracer en l'honneur des dieux ou des héros. C'étaient des épigrammes du plus grand style que celles de Simonide en l'honneur des Trois cents et pour le tombeau de Léonidas. Platon est resté fidèle à son grand goût jusque dans la grâce de ses épigrammes ; par exemple :

(1) *Inscription*, c'est le sens même du mot *Épigramme*, l'acception littérale et primitive ; et, en effet, les plus anciennes épigrammes

Laïs consacre son miroir à Vénus.

« Celle qui s'est ri si dédaigneusement de toute la Grèce, celle qui avait à sa porte un essaim de jeunes amants, Laïs consacre son miroir à Vénus; car, me voir telle que je suis, je ne le veux pas; et me voir telle que j'étais, je ne le puis. »

Et comme l'a traduit heureusement Voltaire, mais en y mettant un peu plus d'esprit :

> Je le donne à Vénus puisqu'elle est toujours belle,
>   Il redouble trop mes ennuis.
> Je ne saurais me voir dans ce miroir fidèle,
>   Ni telle que j'étais, ni telle que je suis.

Puisqu'elle est toujours belle était inutile à dire à des Grecs; mais c'est une raison charmante à donner à des Français.

Le très-grand nombre des épigrammes amoureuses sont dans le sens épicurien, dans le sens d'Horace, pour rappeler que le plaisir est rapide et qu'il faut le cueillir dans sa fleur, tandis qu'il en est temps encore. J'en citerai une moins connue que les autres, et qui les résume ; elle est d'un poëte nommé Thymoclès, dont on n'a que ces quatre vers. Il s'adresse avec un regard de satisfaction à l'objet insensible de ses feux, mais dont il se voit vengé, car il a suffi d'une ou de deux saisons pour lui ôter sa grâce première :

« Tu te souviens sans doute, tu te souviens que je t'ai dit cette parole sacrée : La jeunesse est la plus belle chose, et la jeunesse est aussi la plus fugitive; le plus rapide des

---

connues sont précisément celles que nous ont transmises les marbres de la Grèce.

oiseaux dans l'air ne vole pas plus vite que la jeunesse. Et maintenant, vois, toutes tes fleurs sont par terre, éparses et répandues. »

Presque à côté je remarque une autre épigramme dont la conclusion, toujours la même, est exprimée d'une manière un peu plus raffinée, plus platonique, et sentant déjà le futur troubadour; elle est d'Alphius de Mitylène :

« Malheureux, ceux dont la vie se passe sans amour! car il n'est facile de rien faire ni de rien dire sans sa flamme. Et moi aussi, à l'heure qu'il est, je suis lent et lourd; mais que je voie Xénophile, et je volerai plus rapide que l'éclair. C'est pourquoi ne point fuir le doux désir, mais le poursuivre, c'est ce que je dis à tous : *l'Amour est la pierre à aiguiser de l'âme.* »

D'autres épigrammes (et il en est de très-belles en ce genre) sont pour décrire des tableaux ou des statues. Supposons donc que l'on soit devant une suite de tableaux que le poëte décrit et s'attache à caractériser l'un après l'autre, comme étant l'expression vivante des personnages représentés; on arrive ainsi devant un tableau de Philoctète à Lemnos. Le poëte, un certain Glaucus, peu connu d'ailleurs, mais qui a de l'art et du sentiment, s'écrie :

« C'est après l'avoir vu, le douloureux héros de Trachine, que Parrhasius s'est mis à peindre ce Philoctète : car dans ses yeux desséchés habite une larme muette, et au dedans est la douleur qui le ronge. O le plus grand des peintres, tu es sans doute un génie, mais il était bien temps de laisser respirer de ses maux ce mortel de tant de douleur. »

Il demande grâce pour le héros torturé, tant il prend au sérieux la peinture ! C'est l'éloge le plus flatteur, sous forme de reproche au peintre.

Je trouverais ainsi, en le voulant bien, à offrir des échantillons des différentes sortes d'épigrammes; mais je préfère aujourd'hui m'attacher à un seul nom, à un poëte qui n'a été autre chose qu'un auteur d'épigrammes et qui me paraît au premier rang (les grands poëtes exceptés), parmi ceux qui ont contribué à l'Anthologie dès son origine : Il s'agit de Léonidas de Tarente que la plupart ne connaissent sans doute que pour l'avoir vu mentionné en tête de quelque imitation d'André Chénier. Il mérite vraiment qu'on le distingue, qu'on lui recompose sa physionomie, et qu'avec les petites pièces qu'il a laissées, au nombre de cent environ, on se forme une idée un peu nette de sa destinée, de sa vie et de son talent. S'étant essayé avec succès dans la plupart des genres, excepté le tendre, il nous sera comme un abrégé vivant de l'Anthologie, dans sa partie du moins la plus honorable et la plus digne.

II.

Léonidas de Tarente était natif, comme son nom l'indique, de la Grande-Grèce; il vivait du temps de Pyrrhus dont il a célébré l'une des victoires, environ l'an 276 avant Jésus-Christ. Il était pauvre. Il paraît que la guerre de Pyrrhus et des Romains l'arracha à sa patrie, qu'il passa le reste de sa vie errant, et mourut dans l'exil. Trois savants hommes, dans la seconde moitié du siècle dernier, se sont attachés à le faire connaître, à dégager son œuvre, sa personnalité en tant que poëte, Reiske, Ilgen et Meinecke : ces noms, familiers aux savants, présentent l'idée d'une érudition profonde unie à un goût sûr; on ne court pas risque de s'égarer en les suivant, et en ayant de plus M. Dehèque pour traducteur. Voici quelques-unes des épigrammes de Léonidas. Il en a, je l'ai dit, dans presque tous les genres que comprend l'Anthologie.

Tout d'abord ce sont deux musiciennes, Mélo et Satyra, qui dédient et consacrent les instruments de leur art aux Muses :

« Mélo et Satyra, arrivées à un grand âge, filles d'Antigénide, les dociles desservantes des Muses (ont fait ces offrandes) : Mélo consacre aux Muses de Pimplée ces flûtes que la lèvre rapide effleure, et l'étui en buis qui les renferme; Satyra, amie des amours, consacre cette syrinx dont elle-même a réuni les tuyaux avec de la cire, douce flûte, nocturne compagne des buveurs, avec laquelle après toute une nuit elle a vu bien souvent se lever l'aurore battant la mesure aux portes des cours et des maisons (1). »

(1) Depuis que ces articles ont paru pour la première fois dans *le Constitutionnel*, M. Dübner a donné le premier volume de son édition *variorum* de l'Anthologie dans la collection Didot; on y trouve tout rassemblé, traduit, discuté, élucidé autant qu'il est possible : j'en ai profité trop tard : j'ai aussi et surtout usé des observations orales de ce bon et savant homme, dont l'amitié m'est précieuse et chère. — Le dernier vers de cette épigramme, me fait-il remarquer, est très-corrompu; le sens probable est : « Chantant aux jeunes gens pendant qu'ils assiégent et enfoncent les portes des belles. »

Ces deux demoiselles étaient des musiciennes un peu ambulantes qu'on louait, surtout la seconde, pour des sérénades.

Puis, c'est une jeune femme, Atthis, qui, relevant d'une couche pénible, offre à Diane sa ceinture et sa tunique virginale pour la remercier d'avoir amené sain et sauf à la vie son enfant; — c'est ensuite une autre accouchée qui consacre à Ilithyie, déesse des accouchements, les bandelettes de ses cheveux et son voile pour avoir mis au monde, et à terme, deux jumeaux. — Ou bien c'est un menuisier émérite qui consacre à Minerve ses outils :

Théris, l'habile ouvrier, consacre à Minerve une coudée bien droite, une longue scie courbée du côté du dos, une hache, un rabot bien coupant, une tarière avec sa courroie, outils d'une profession qu'il a cessé d'exercer. »

Il y en a même un second, Léonticus, qui s'acquitte du même vœu avec plus de détail encore. Évidemment Léonidas était connu pour son talent de versificateur, et on venait lui demander, lui commander des dédicaces dans tout son quartier.

Les courtisanes elles-mêmes ne se privaient pas de ces offrandes, et l'une d'elles, Calliclée, en se retirant, faisait comme Laïs, mais d'un air plus satisfait, et consacrait à Vénus ses instruments de toilette, devenus inutiles :

« Cet Amour d'argent, une frange pour la cheville du pied, ce tour lesbien de cheveux foncés, une bandelette transparente pour soutenir le sein, ce miroir de bronze, ce large peigne de buis qui coule comme à pleine eau dans l'onde de la chevelure (1), — voilà ce qu'ayant gagné ce qu'elle voulait, ô libérale Vénus, Calliclée vient déposer dans ton sanctuaire. »

A côté de cela, une petite fille pieuse et fervente, — elle ou ses parents, — s'adressait à la déesse Rhéa pour obtenir d'arriver au seuil de l'hyménée dans toute sa fleur et sa fraîcheur :

« O toi qui règnes sur le mont Dindyme et sur les crêtes de la Phrygie brûlante, Mère auguste des dieux, que par toi la petite Aristodice, la fille de Siléné, arrive fraîche et belle jusqu'à l'hyménée, jusqu'à la couche nuptiale, terme de sa vie de jeune fille; elle le mérite pour avoir bien souvent, et dans le vestibule de ton temple et devant l'autel, agité çà et là (dans une sainte fureur) sa chevelure virginale ! »

Trois jeunes filles se sont mises à broder une robe pour Diane; elles tiennent à marquer leur part à chacune dans l'offrande. Léonidas leur sert de truchement.

« La partie droite de cette bordure de robe, dans une longueur de neuf pouces et quatre doigts, est l'œuvre de Bittium; Antianire a fait toute la partie gauche. Le Méandre qui circule au milieu, les jeunes filles qui jouent sur ses bords, c'est Bitia qui les a brodés. O la plus belle des filles de Jupiter, Diane, place sur ton cœur, agrée ce tissu, cette triple émulation de zèle. »

Sans doute Léonidas ne faisait pas payer cher ses

---

(1) A la lettre : « Pêcheur à la seine dans les cheveux. » (Note de M. Dübner.)

épigrammes : aussi les pauvres gens s'adressaient volontiers à lui, comme à un bon faiseur et à bon compte; je suis sûr qu'il en faisait même quelquefois pour rien. Un jour, d'honnêtes filles, de pauvres ouvrières trop peu occupées, ont l'idée d'offrir à Minerve un don, pour obtenir plus de travail et de commandes ; Léonidas les fait ainsi parler :

« Nous, filles de Lycamédé, Athéno, Mélitée, Phinto et Glinis, ouvrières diligentes, consacrons la dîme de notre cher travail, ainsi que la quenouille laborieuse, la navette qui parcourt en chantant les fils de la trame, l'actif fuseau, ces paniers naguère pleins de laine, et ces spathes pesantes, offrande modeste : pauvres et n'ayant que peu, nous donnons peu. »

Pauvres filles en effet ! elles offrent à leur manière un cierge à Minerve (1). — Une mère a la pensée de consacrer son fils à Bacchus, espérant que cela lui portera bonheur. Elle a fait faire, à cette intention, un portrait grossier de son enfant, qu'elle place dans le temple :

« La mère du petit Micythe, à cause de sa pauvreté, le

(1) Je donne l'interprétation qui me semble la plus probable, et j'épargne aux lecteurs en tout ceci les frais du commentaire. S'il fallait défendre le sens que je donne à cette épigramme, je dirais que ce sont ici des ouvrières en pleine activité qui parlent, qu'elles offrent à la déesse la dîme de leur travail, et que, si elles y ajoutent les instruments mêmes, ce n'est pas sans doute qu'elles y renoncent, c'est probablement qu'elles n'ont fait qu'en changer. — « C'est en effet ce que l'on doit penser, me fait l'amitié de me dire M. Dübner. L'épigramme est des plus désespérées; à partir du vers 3, pas un seul dont la leçon soit certaine. »

consacre et le donne à Bacchus, ayant fait ébaucher son image. O Bacchus, fais grandir et prospérer Micytho; si le don est peu de chose, c'est l'extrême pauvreté qui te l'offre. »

Par tous ces exemples, et tous ceux que j'omets, on voit à quel point le Recueil de l'Anthologie nous fait assister aux moindres coutumes, aux mœurs journalières de l'Antiquité. Une autre fois, c'est un simple portefaix, l'honnête Miccalion, qui fait son offrande aux dieux :

« Cette statue, ô Passant, est une consécration du portefaix Miccalion; mais elle n'a pas échappé à Mercure, la piété du portefaix qui, dans son pauvre métier, a trouvé moyen de lui faire une offrande : toujours et partout l'homme de bien est homme de bien. »

Mais la fleur des épigrammes de Léonidas en faveur du pauvre monde me paraît être l'épitaphe qu'il composa pour la bonne ouvrière Platthis, morte à quatre-vingts ans :

« Soir et matin, la vieille Platthis a bien souvent repoussé le sommeil pour combattre la pauvreté; elle a chanté aussi sa petite chanson à la quenouille et au fuseau, son compagnon d'ouvrage, jusqu'au terme de la blanche vieillesse; se tenant à son métier jusqu'à l'aurore, elle parcourait avec les Grâces le stade de Minerve, dévidant d'une main tremblante, autour de son genou tremblant, l'écheveau qui devait suffire à la trame, l'aimable vieille ! et à quatre-vingts ans elle a vu l'onde de l'Achéron, l'ouvrière Platthis qui avait fait de si beaux tissus et si bien. »

Heureux, dans toutes les professions qui demandent l'intelligence et qui n'excluent pas l'agrément, celui qui peut, au terme de sa carrière, se rendre ce témoignage, comme on l'a dit de la bonne Platthis, qu'il a accompli et « parcouru en compagnie des Grâces le stade de Minerve! »

III.

Pourtant, si Léonidas n'avait traité que de tels sujets, il y aurait lieu de regretter qu'il fût venu en un temps où la grande carrière était fermée, et que la misère l'eût confiné à des emplois si humbles. Les habiles critiques qui ont étudié et éclairé ses œuvres ont remarqué combien, en cela, il fut peu favorisé du sort, combien sa faculté poétique ne rencontra guère que de chétives occasions, et ils ont répondu pour lui, et à sa décharge, en alléguant l'exemple de Martial, à qui l'on demandait, sur des riens, des épigrammes pleines de feu : « Tu me demandes, ô Cæcilianus, des épigrammes toutes piquantes et toutes vives, et tu ne m'offres que des thèmes froids et morts. Comment est-ce possible? Vous voulez, messieurs, qu'on vous serve du miel de l'Hybla ou de l'Hymette, et vous n'offrez à l'abeille attique que du thym de Corse ou de Sardaigne. » Mais Léonidas, heureusement pour lui, nous a montré quelquefois ce qu'il pouvait dans les sujets plus élevés ou plus délicats. C'est de lui cette jolie pièce sur une Statue d'Anacréon, l'harmonieux vieillard aux jambes avinées :

« C'est le vieil Anacréon tout battu du vin comme d'une tempête, et qu'on dirait tournoyant sur ce socle arrondi! Vois comme le vieillard, aux regards noyés et humides, traîne jusque sur ses talons son manteau. De ses deux sandales, il en a perdu une, comme un homme ivre qu'il est : l'autre tient encore à son pied ridé. Il chante ou l'aimable Bathylle ou Mégistès, et tient suspendue dans sa main sa lyre aux amours douloureuses. Mais, ô puissant dieu du vin, protége-le, car il ne sied pas qu'un serviteur de Bacchus tombe par le fait de Bacchus! »

C'est de lui cette épigramme tant goûtée des connaisseurs sur la Vénus Anadyomède, sur la Vénus d'Apelles :

« Échappée à peine du sein de sa mère et encore toute frémissante d'écume, lorsque Apelles eut vu la tendre Cypris, la beauté même, il l'a rendue non pas en peinture, mais toute vive. C'est bien elle, en effet, qui du bout de ses doigts exprime l'onde de sa chevelure ; c'est bien ce regard où luit l'éclat riant du désir, et ce sein qui, dans sa fraîcheur nouvelle, mûrit déjà (1). Et Minerve elle-même et celle qui partage la couche de Jupiter vont dire : « O Jupiter, nous quittons la partie. »

Et sur la Vache merveilleuse du sculpteur Myron :

« Non, Miron ne m'a pas sculptée, il ment; mais tandis

---

(1) Passage intraduisible ; car si l'on veut traduire littéralement, on cesse d'être délicat : l'expression grecque est à la fois sensible et légère.

que j'étais à paître, m'ayant chassée du troupeau, il m'a attachée sur ce socle de pierre. »

Sparte prétendait avoir sa Vénus, mais une Vénus armée. Léonidas le nie spirituellement et s'inscrit en faux dans ce petit dialogue :

« Un jour l'Eurotas dit à Cypris : « Ou prends des armes, ou sors de Sparte : la ville a la fureur des armes. » Et elle, souriant mollement : « Et je serai toujours sans armes, dit-elle, et j'habiterai Lacédémone. » Et Cypris est restée sans armes, et après cela il y a encore d'effrontés témoins qui viendront nous conter que chez eux la déesse est armée. »

Comme variété de ton, je noterai une piquante épigramme dans un sens ironique et de parodie : il s'agit d'un philosophe rébarbatif, d'un laid cynique, Posocharès, qui s'est laissé prendre aux filets d'un jeune objet charmant ; et celui-ci, comme on fait d'un trophée après une victoire, se complaît à suspendre dans le temple de Vénus toute la défroque du cynique, son bâton, ses sandales, « et cette burette crasseuse, et ce reste d'une besace aux mille trous, toute pleine de l'antique sagesse. » Ceux qui savent leur Moyen-Age peuvent rapprocher cette épigramme du fabliau connu sous le titre du *Lai d'Aristote*.

Dans les tons riants et doux, quel plus gracieux et plus engageant appel que cet avis aux navigateurs, qui réveille dans nos esprits le souvenir des odes printanières d'Horace (*Solvitur acris hyems... Diffugere nives...*), et qui les a précédées, peut-être inspirées :

« C'est la saison de prendre la mer, car déjà la babillarde hirondelle est revenue, et le gracieux zéphire; les prairies fleurissent, la mer se tait, hier encore toute hérissée de vagues au souffle des vents; lève l'ancre, matelot, détache les amarres et navigue à toutes voiles. C'est ce que je te recommande, moi, Priape, le gardien des ports, pour que tu ailles partout où le commerce t'appelle. »

Léonidas n'eut pas seulement affaire aux pauvres gens et à ceux du commun ; nul n'a exprimé mieux que lui la délicatesse de cœur et d'esprit du parfait galant homme ; lisez plutôt cette Épitaphe d'Aristocratès, de l'homme aimable par excellence :

« O Tombeau, de quel mortel tu couvres ici les ossements dans ta nuit! de quel homme tu as englouti la tête chérie, ô Terre! Il se plaisait avant tout au commerce délicat des Grâces, et il était dans la mémoire de tous, Aristocratès. Il savait, Aristocratès, tenir d'agréables discours en public, et, vertueux, ne pas froncer un sourcil sévère. Il savait aussi, autour des coupes de Bacchus, diriger sans querelle le babil qui sied aux banquets. Il savait se montrer plein d'accueil et avec les étrangers et avec ses concitoyens. Terre aimable, tel est le mort que tu possèdes! »

Il n'y avait rien de banal dans cet éloge ; une seconde épigramme de Léonidas sur le même Aristocratès nous donne de nouveaux détails et nous apprend que cet homme gracieux et sensible avait eu, en mourant, un regret : c'était d'être resté célibataire, d'avoir eu sous les yeux, à sa dernière heure, un foyer bientôt désert et une maison sans enfants : « Une maison sans colonnes est triste à voir. » Mais, tout compte fait, et bien que sachant le mieux, il s'en était tenu au plus sûr : il avait craint la perfidie du sexe.

Une très-belle épigramme de Léonidas, et qui tranche par le ton avec les précédentes, est celle qu'il fit pour un certain Phidon qui s'était donné la mort à lui-même, et qui paraît y avoir été poussé par pur dégoût de la vie, par une sorte de mélancolie méditative et philosophique :

« Infini, ô Homme, était le temps avant que tu vinsses au rivage de l'Aurore ; infini aussi sera le temps après que tu auras disparu dans l'Érèbe. Quelle portion d'existence t'est laissée, si ce n'est un point, ou s'il est quelque chose encore au-dessous d'un point ? Et cette existence que tu as si petite, elle est comme écrasée : elle n'a rien en elle-même d'agréable; mais elle est plus triste que l'odieuse mort. Dérobe-toi donc à une vie pleines d'orages, et regagne le port, comme moi-même Phidon, fils de Critus, qui a fui dans le Ténare. »

Cette vie humaine qui n'est qu'un point serré et comme écrasé entre les deux infinis rappelle Pascal. On ne saurait méconnaître ici un accent profond et d'une sincère amertume, un accent à la Lucrèce. On est trop prompt à refuser aux Anciens d'avoir senti tout ce que nous avons senti nous-mêmes.

IV.

Il semble qu'on peut, sans trop s'aventurer aux conjectures, faire en le lisant cette remarque, que Léonidas, même en dehors des épitaphes ou dédicaces commandées, avait sympathie et compassion pour les malheureux, pour les naufragés et les noyés que la vague rejetait sur le rivage, pour les inconnus enterrés trop près du grand chemin, et dont la roue en passant offensait les restes : « Malheureux, s'écrie-t-il, pour qui personne n'a une larme ! » Il a nombre d'épigrammes dans un sentiment triste et humain. Lui-même, je l'ai dit, fut très-malheureux ; ses propres aveux le prouvent ; au sortir d'une maladie, s'adressant à Vénus, il disait :

« Déesse du mystère, Vénus, de ma pauvreté errante reçois cette offrande, reçois de l'indigent et chétif Léonidas des gâteaux onctueux, une olive bien conservée, cette figue verte qui vient de quitter sa branche, un grappillon de cinq grains détaché d'une grosse grappe, et cette libation d'un fond d'amphore. O déesse! tu m'as guéri d'une grave maladie, et, si tu me délivres aussi de l'odieuse misère, je t'immolerai un chevreau. »

Il était visité dans sa pauvre demeure par des hôtes affamés qu'il renvoyait en disant :

« Retirez-vous de ma chaumière, Souris qui vous cachez dans l'ombre; la pauvre huche à pain de Léonidas ne saurait nourrir des souris. C'est un vieillard qui se contente de peu, à qui suffit du sel, deux pains d'orge, et qui vit sans se plaindre, comme ont vécu ses pères. Que cherchez-vous donc chez lui, Souris friandes? Vous n'y trouverez pas les miettes d'un dîner. En toute hâte allez chez mes voisins. Moi je n'ai rien, mais chez eux de plus amples provisions vous attendent. »

Il avait connu l'exil et les misères chez l'étranger, et,

bornant ses vœux au plus strict nécessaire, il s'écriait dans un ton bien éloigné de l'*Hoc erat in votis* d'Horace, et qui rappelle plutôt le *Moretum* de Virgile :

« Ne te consume point, ô Homme! en traînant une vie errante, en roulant d'un pays dans un autre ; ne te consume pas ainsi! Qu'un nid vide te recouvre et t'abrite, une masure que réchauffe un petit feu flambant, quand même tu n'y aurais qu'un pain commun, d'une farine mal blutée, pétrie de tes mains dans une pierre creuse, et pourvu que tu y aies encore et du pouliot, et du thym, et de ce gros sel amer si doux à mêler aux aliments. »

Enfin l'on a son Épitaphe, composée par lui en perspective de sa mort prochaine ; on est loin ici du bonheur champêtre de cet autre vieillard de Tarente que nous a montré Virgile. Léonidas pourtant nourrit une consolation élevée ; il a foi aux Muses, et elles ne l'ont point tout à fait trompé, puisque son nom, son œuvre éparse, nous occupent encore aujourd'hui :

« Je gis bien loin de la terre italienne et de Tarente, ma patrie ; et cela m'est plus amer que la mort. Vivre ainsi errant, ce n'est pas vivre ; mais les Muses m'ont chéri, et en échange de mes peines, j'ai une douceur. Le nom de Léonidas n'a point sombré, et les dons mêmes des Muses me préconiseront pour tous les soleils à venir. »

Il se promettait hardiment l'immortalité ; il se chantait à lui-même son *Exegi monumentum* ; chaque poëte est sujet à se le chanter. Qu'avait-il fait de plus que ce que nous avons, pour concevoir et proclamer de si ambitieuses espérances? Du moins, le peu qui s'est conservé de lui le sauve.

V.

J'ai réservé pour la fin quelques-unes de ses petites pièces pastorales. Il en a un grand nombre; il n'était pas seulement un interprète poétique pour les ouvriers des villes : les chevriers, les laboureurs, les chasseurs, les pêcheurs, lui demandaient de traduire en vers élégants leurs offrandes. Un voyageur altéré, Aristoclès, a bu avec plaisir de l'eau d'une source où se voyaient des statues de Nymphes, œuvre rustique des bergers; reconnaissant, il offre aux Nymphes elles-mêmes la coupe dans laquelle il a bu, pour qu'elle serve aux autres passants qui auront soif comme lui :

« Onde fraîche qui jaillis d'un double rocher, salut! Et vous statues en bois des Nymphes, ouvrages des bergers, et vous réservoirs des sources, et aussi vos petites images, ô Nymphes, vos figurines qui baignent dans ces eaux (1), salut! Moi Aristoclès, faisant route par ici, après avoir étanché ma soif, je donne cette coupe de corne dans laquelle j'ai bu. »

Tantôt c'est un avis bienveillant et utile qui s'adresse au voyageur, l'avertit de prendre garde t le renseigne avec grâce :

« Ne bois pas, ô Passant! l'eau chaude et vaseuse de ce

---

(1) « Le texte avait ici de graves corruptions qui expliquent l'incertitude des traducteurs et qu'il a fallu rectifier. Toutes corrections faites, voici l'ordre suivi dans cette exacte dévotion : il y a d'abord les statues en bois des Nymphes, puis les réservoirs qui forment bassin pour y boire; enfin le poëte parle des statuettes plus petites (et comme des poupées), des Nymphes placées dans l'eau. » (Note de M. Dübner.)

ravin où paissent des brebis, mais va un peu au delà du tertre où tu vois des génisses, et là, auprès d'un pin cher aux bergers, tu trouveras une eau murmurante jaillissant d'une roche et plus froide que les neiges du Nord. »

Mais voici la plus belle épigramme pastorale de Léonidas, et, selon moi, son chef-d'œuvre; c'est le testament bucolique, le souhait suprême d'un ancien berger :

« Bergers qui menez paître sur la crête de cette montagne vos chèvres et vos brebis à longues laines, accordez à Clitagoras, de par la Terre, une grâce légère mais bien douce, faites-le par égard pour la souterraine Proserpine. Que les brebis bêlent autour de moi, et qu'assis sur un rocher, tandis qu'elles broutent, le berger me joue ses plus doux airs; qu'aux premiers jours du printemps, le villageois, ayant cueilli des fleurs de la prairie, en couronne ma tombe, et que, pressant la mamelle d'une brebis mère, il en fasse jaillir le lait sur le tertre funéraire. Il y a même pour les morts, il y a de ces bonnes grâces mutuelles, et qui sont chères encore à ceux qui ne sont plus. »

Il semble qu'il y ait eu quelque réminiscence de ce vœu pastoral et une observance des rites voulus, dans les funérailles que l'aimable Daphnis et son amie Chloé célébrèrent en l'honneur du bouvier Dorcon, et auxquelles le troupeau lui-même, errant et mugissant, sembla prendre sa part. Mais c'est André Chénier surtout que cette épigramme-idylle nous rappelle; il l'a traduite, ou plutôt imitée et développée dans des vers que tout jeune ami des Muses a gravés de bonne heure dans sa mémoire; c'est devenu chez lui toute une élégie :

MNAÏS.

Bergers, vous dont ici la chèvre vagabonde,
La brebis se traînant sous sa laine féconde,
Au front de la colline accompagnent les pas,
A la jeune Mnaïs, rendez, rendez, hélas!
Par Cybèle et Cérès, et sa fille adorée,
Une grâce légère, une grâce sacrée.
Naguère, auprès de vous, elle avait son berceau,
Et sa vingtième année a trouvé le tombeau.
Que vos agneaux au moins viennent, près de ma cendre,
Me bêler les accents de leur voix douce et tendre,
Et paître auprès d'un roc où, d'un son enchanteur,
La flûte parlera sous les doigts du pasteur.
Qu'au retour du printemps, dépouillant la prairie,
Des dons du villageois ma tombe soit fleurie;
Puis d'une brebis mère et docile à sa main,
En un vase d'argile (1) il pressera le sein;
Et sera chaque jour d'un lait pur arrosée
La pierre en ce tombeau sur mes mânes posée.
Morts et vivants, il est encor, pour nous unir,
Un commerce d'amour et de doux souvenir.

Mais pourquoi, demanderai-je, cette substitution de Mnaïs la bergère au berger Clitagoras? pourquoi cette jeune fille enlevée par la mort à vingt ans, et qui est là pour simuler l'élégie, pour émouvoir et surprendre la sensibilité des lecteurs et surtout des lectrices? Le

---

(1) André Chénier a légèrement arrangé cet endroit, comme le reste. Dans l'épigramme originale, le villageois ne prend pas ce détour de traire la brebis dans un *vase d'argile* pour en arroser ensuite la tombe : il amène directement la brebis mère sur le tertre funéraire, et soulevant la mamelle, μαστὸν ἀνασχόμενος, tenant haut le pis (expression d'un pittoresque rustique), il fait jaillir le lait sur la terre même. (Note de M. Dübner.)

dirai-je? c'est qu'en France la poésie toute seule, dans sa simplicité et son charme nu, ne nous touche que médiocrement; c'est que le vœu tout pastoral de l'ancien berger fait moins d'effet que si on le met dans la bouche d'une bergère, d'une Estelle, d'une Nina quelconque, d'une infortunée. André Chénier le savait bien; il se méfiait du goût de son siècle et de son pays, et il croyait devoir y sacrifier un peu. Aussi ne lui reprocherai-je pas ce léger enjolivement et cette féminisation du petit chef-d'œuvre antique. Un coin de roman chez nous n'a jamais nui au succès; un peu de sentimental fait bien et nous dispose favorablement : cela aide à faire passer la poésie. Il est donné à très-peu de l'aimer et de la goûter toute sincère et toute pure.

Lundi 11 janvier 1864.

ANTHOLOGIE GRECQUE

TRADUITE POUR LA PREMIÈRE FOIS EN FRANÇAIS

ET

DE LA QUESTION DES ANCIENS ET DES MODERNES

(SUITE ET FIN.)

Ce que j'ai essayé de faire sur Léonidas de Tarente pourrait se renouveler également pour plus d'un autre des poëtes de l'Anthologie; avec un peu d'attention on arrive, en rapprochant leurs petites pièces, à retrouver en partie leurs traits et à recomposer leur physionomie. Il en est d'eux comme des étoiles de moindre grandeur, vues au télescope; on finit par les distinguer assez nettement. J'ai souvent regretté qu'un travail tout spécial n'ait pas été fait en ce sens sur deux poëtes amis qui vivaient du temps de Justinien, Agathias et Paul le Silentiaire, avocats tous deux, poëtes et amoureux dans leur jeunesse, et qui devinrent, par la suite, des hommes sérieux comme on dit, l'un historien, l'autre fonctionnaire. Jeunes et dans leurs vacances du Palais, ils s'envoyaient de jolis vers, des plus légers et des plus vifs, d'un rivage à l'autre de l'Hellespont. Dans ce court intervalle des affaires, ils jouaient au Tibulle ou à l'Anacréon. J'avais plus d'une fois prié M. Boissonade de vouloir bien faire cette petite édition à part, en l'environnant de tout ce qui pouvait l'égayer : c'eût été un pendant à ses éditions de Parny et de Bertin ; les deux avocats érotiques en regard des deux chevaliers. Je recommande aujourd'hui ce travail à l'helléniste de loisir, à l'amateur le plus capable d'y réussir et de nous le faire goûter, M. Reinhold Dezeimeris. — Étude biographique sur les deux amis ; tableau des mœurs, état des lettres et de la poésie sous Justinien ; traduction élégante, celle même de M. Dehèque, avec quelques variantes çà et là pour plus de fidélité encore ; le texte grec au bas des pages ; quantité de notes érudites et fines pour les imitations et rapprochements, à la fin du volume ; l'impression de Perrin de Lyon, sur le tout : voilà mon programme (1).

(1) N'ai-je point un peu trop accordé ici à la conjecture ou même à la fantaisie en faisant de Paul le Silentiaire un *avocat*? J'exprimai mon doute dans une lettre adressée à l'aimable savant même auquel je venais de faire cette espèce de provocation. M. Reinhold Dezeimeris me répondit : « Il peut bien se faire que Paul, et même Agathias, n'aient point été absolument ce que nous appelons des avocats ; mais que nous importe au fond pour leur portrait? Le trait saillant me paraît saisi ; vous avez, par quelques mots, *traduit* pour des Français la situation respective des deux

Mais j'en viens, il en est temps, à la seconde partie de mon dire, et j'ai à expliquer, sans trop vouloir le défendre, le mot qui m'a été amicalement reproché : « Les Anciens, je le crains, perdront tôt ou tard une partie de la bataille. »

I.

La difficulté de faire admirer et goûter les Anciens à ceux qui n'en veulent pas et qui les sentent peu, est extrême. J'ai, en tout ceci, plus particulièrement en vue les Grecs, qui furent la grande source originale et le premier modèle du beau littéraire dont les Latins ne sont que la seconde épreuve, fort belle encore, mais retouchée. Et je prendrai tout d'abord pour exemple cette Anthologie même qui paraît aujourd'hui traduite au complet : il y a certes du mélange dans ce nombre si considérable d'épigrammes ; mais, en général, et à n'en prendre que la meilleure partie, tous les érudits gens de goût en ont fait leur régal ; Grotius les a traduites, d'après le recueil de Planude, en vers latins

poëtes dans la première phase de leur vie. D'ailleurs, vous n'avez pas pu vous tromper de beaucoup. Par Agathias (*Hist.* V) nous savons que Paul, « issu de parents haut placés et riche fils de « famille, s'était de bonne heure livré à l'étude et à l'éloquence, et par « son mérite personnel avait accru la renommée qui s'attachait à « son origine. » — Par Paul (*Anthologie*), nous savons qu'Agathias était légiste; par Michel Scholasticus (*ibid*), qu'il cultivait l'éloquence comme son ami. Sous le règne de Justinien, comment supposer que ces hommes n'étaient pas des avocats? »

élégants; les poëtes de tout pays s'en sont inspirés, et souvent une seule goutte de cette liqueur exquise, tombée dans leur coupe, a suffi pour aiguiser le breuvage. Eh bien! les adversaires des Anciens peuvent s'en emparer demain pour vous dire : « Quoi! ce sont là ces épigrammes si vantées! Savez-vous qu'elles sont plates et insipides, vos épigrammes, quand elles ne sont pas grossières ou alambiquées ; elles sont surtout très-fades la plupart du temps, et Perrault, La Motte et Fontenelle, dans cette querelle fameuse, avaient grandement raison lorsque, voulant parler de madrigaux sans pointe, d'épigrammes sans sel ni sauge, ils disaient d'un seul mot : « Ce sont des épigrammes *à la grecque.* »

Ce que je suppose s'est même déjà réalisé. Un homme instruit, et que j'estime assez, quand il s'en tient à des questions de sa compétence, — les simples questions de grammaire, — a pris les devants. Dans un article intitulé *l'Idolâtrie de l'Antiquité,* il s'est attaqué à une traduction qui a été faite, il y a quelques années, de Méléagre, le premier collecteur de l'Anthologie ; il a trouvé fort plaisante l'appréciation favorable qu'on avait donnée de cet élégant poëte, à qui pourtant M. de Humboldt, peu sujet de sa nature à idolâtrie, n'a pas dédaigné de faire une place dans son *Cosmos* et qu'il a nommé avec honneur pour son idylle du *Printemps.* M. Bernard Jullien, docteur ès lettres, licencié ès sciences, un esprit précautionné qui a pris ses degrés et qui est sûr de son fait, a tancé d'importance le traducteur et le critique qui s'était permis de louer ce qu'il croyait sentir :

« Rien, nous dit M. Jullien d'un air tout à fait pénétré et plein de commisération à notre égard (1), rien n'est assurément plus fâcheux dans la critique littéraire que ce parti pris d'admiration, qui nous fait louer, *même contre notre sentiment,* les œuvres consacrées par l'enthousiasme ou la vénération des siècles. Ce sont surtout les Anciens qui sont l'objet de cette idolâtrie; et l'on ne pense guère la plupart du temps jusqu'où les meilleurs esprits peuvent se laisser entraîner. Mauvais goût, faux jugements, faux sens pour justifier leurs préférences, c'est un système entier d'erreurs et de chimères où l'on se précipite tête baissée, et tout cela pour ne pas démordre d'une estime conçue et nourrie *sur la parole d'autrui,* avant que nous ayons pu nous-même étudier et apprécier ces œuvres si vantées. »

Et après ces aménités à notre adresse, il en vient à examiner les épigrammes mêmes de Méléagre, qu'il trouve « presque toutes fort plates, sans sel, sans tournure, sans originalité. » Il est vrai que lorsqu'il essaye d'aborder la critique de détail, il se trahit et prouve qu'il ne possède pas à fond son sujet. Méléagre, par exemple, dans une pièce qui servait de préface à son Recueil, à sa *Couronne* (ainsi qu'il l'appelait), s'attache-t-il à symboliser, comme on l'a fait depuis dans d'autres Guirlandes, la manière et le ton de chaque poëte par une fleur assortie, telle femme poëte par un *lis,* telle autre par un *iris,* Sapho par une *rose,* l'élégiaque Callimaque par le *myrte,* Archiloque le satirique par la feuille d'*acanthe,* « aux piquants redoutables, »

(1) *Thèses supplémentaires de Métrique et de Musique anciennes, de Grammaire et de Littérature,* par M. B. Jullien (un volume in-8°, librairie Hachette, 1861).

oh! là-dessus, M. B. Jullien se récrie, il se raille fort de
ces piquants et de ces dards qu'on prête, selon lui, à
Archiloque ; il n'y veut voir qu'une gracieuse *aubépine*,
et il fait absolument comme quelqu'un qui trouverait
mauvais et ridicule que dans un bouquet analogue composé de pièces de poésies du xviiie siècle, à côté du
myrte de Parny ou de la *rose* de Bertin, on eût parlé de
l'*ortie* piquante de Piron ; il aimerait mieux la *blanche
aubépine* de Piron. Et se trompant de la sorte, donnant
à côté du sens et du texte bien lu, il n'en triomphe pas
moins d'un air satisfait (1). Voilà donc un homme assez
instruit, un homme bienveillant d'ailleurs, qui, ayant
son opinion faite sur le chapitre des Anciens, n'hésite
pas à supposer, chez ceux qui ne les admirent qu'après
les avoir étudiés de près, toutes sortes de sottises et de
bévues, plutôt que de leur donner raison à quelque
degré et de leur accorder quelque crédit en telle
matière. Mais comment lui prouver, comment prouver
à la demi-science tenace, loquace et raisonneuse, comment démontrer, s'il vous plaît, à M. Prudhomme docteur ès lettres, — le mot que j'avais depuis un moment
sur le bout des lèvres vient de m'échapper, — qu'on

---

(1) M. B. Jullien est si peu au fait de ce dont il parle, en matière
d'Anthologie, qu'il croit trouver une preuve du sens anodin qu'il
donne à la fleur, emblème d'Archiloque, en ce que, dit-il, « les vers
recueillis d'Archiloque dans l'Anthologie sont tous parfaitement
innocents. » Et il ne prend pas garde que l'Anthologie qu'on possède n'est pas le recueil de Méléagre, mais celui de Céphalas, postérieur de plus de mille ans, et que la plupart des vers d'Archiloque,
précédemment donnés, ont eu tout le temps de se perdre en
chemin.

ne sent pas plus mal ni plus à faux que lui, et que l'on n'a pas si tort de goûter ce qu'il rejette?

Ah! Monsieur Jullien, j'ai lu de vos vers français, car vous en avez commis, et quels vers, bon Dieu! d'un commun, d'un prosaïsme mélangé de suranné et de vulgaire! des vers français d'un écolier de quatrième! J'en pourrais citer ici à l'appui; je les ai lus, et j'ai compris votre sentiment sur les Anciens. Après de tels vers (1), vous êtes à jamais hors de cause pour juger de la poésie.

Il y a de cet Archiloque, dont vous parlez si à votre

(1) Les curieux et ceux qui aiment à vérifier les trouveront dans le volume intitulé : *Thèses de Critique, et Poésies*, par M. B. Jullien (un volume in-8°, Hachette, 1858). — Et pour le grand nombre qui n'ira pas les chercher là, je veux pourtant en donner ici un petit échantillon. Par exemple, dans une odelette galante intitulée *les Parisiennes* :

> Jupin croyait, quand il nous eut pétris,
> Donner aux dieux leurs plus belles étrennes;
> Il dut rougir quand l'Amour et les Ris
>   Eurent formé les Parisiennes.
>
> Rien de si beau n'avait été créé.
> Ne parlez plus de vos grâces païennes :
> Je mets Thalie, Euphrosine, Aglaé,
>   A cent piques des Parisiennes...

Ailleurs, dans une pièce intitulée *le Jeu de Boules* (et ceci devient tout à fait anacréontique) :

> Près de Paphos, dans des bois solitaires,
> Les Jeux, les Ris et les Grâces légères
> Au *cochonnet* jouaient à qui mieux mieux.
> Psyché parut, plus brillante et plus belle;
> L'Amour la vit, l'Amour brûla pour elle :
> L'Amour, bientôt, la mit au rang des dieux...

C'est ce même rimailleur soi-disant classique qui, dans une pièce aise, ou d'un de ses disciples, je crois, une petite épigramme qui me revient à l'esprit à l'instant même :

« Peste soit de ces critiques au front bas, qui ont la physionomie d'une brebis contente d'elle-même ! Et ce sont eux qui prétendent peser nos fleurs ! »

Combien d'autres, plus ou moins, sont ainsi, parmi ceux qui se font juges et arbitres des élégances ! Ce n'est certes pas avec le précédent contradicteur et adversaire, un esprit trop élémentaire vraiment, que j'irai confondre M. Eugène Véron pour son livre de la *Supériorité des Arts modernes sur les Arts anciens* (1). Celui-ci est un vrai philosophe ; il connaît l'Antiquité, et il a puisé à ses plus hautes sources. Son analyse d'Homère, son explication du procédé tout instinctif qu'il suppose avoir été observé et suivi dans les tableaux de l'*Iliade* et de l'*Odyssée* ; ce qu'il accorde en sincérité, en fidélité naïve et spontanée, à l'auteur ou aux auteurs de ces poëmes, ce qu'il leur refuse de personnalité, d'individualité bien définie ; tout cela est ingé-

critique et satirique de 1825, qu'il s'est bien gardé de perdre et qu'il a tenu à conserver, débutait par ces mots :

> Et j'ai dit dans mon cœur : « Notre ami Lamartine
> Définitivement a le timbre fêlé... »

Et ce sont là les auteurs de pareilles inepties et platitudes qui se mêlent de juger à première vue les plus délicats d'entre les poëtes de l'Éolie et de l'Ionie !

(1) Voici le titre complet : *Du Progrès intellectuel dans l'Humanité ; Supériorité des Arts modernes sur les Arts anciens* : — Poésie, — Sculpture, — Peinture, — Musique ; — par M. Eugène Véron (un vol. in-8°, librairie de Guillaumin, 1862).

nieux et me paraît en grande partie fondé. Il est bien vrai que ces poëmes sont le produit d'un état moral et primitif dans lequel, avant tout, il est besoin de se replacer pour bien se rendre compte, sinon de leur charme qui se sent de lui-même, du moins de leur mérite; autrement on est sujet à leur prêter, après coup, quantité d'intentions et de beautés réfléchies qui ne sont, à vrai dire, que des reflets de notre propre esprit, des projections de nous-mêmes, de pures illusions de perspective. J'accorde tout à fait que, « dès qu'on ouvre Homère, on se sent transporté dans le monde de l'instinct; » qu'on sent qu'on a affaire à des passions du monde enfant ou adolescent; que lorsqu'on se laisser aller au courant de ces poëmes, « c'est moins encore telle ou telle scène qui nous émeut, que le ton général et, en quelque sorte, l'air qu'on y respire et qui nous enivre. » J'accorde que « les descriptions d'Homère n'étant que des copies des impressions les plus générales, nous nous trouvons en face de ces descriptions dans la même situation qu'en face de la nature, » c'est-à-dire d'un objet et d'un spectacle inépuisable :

> « Il est dès lors facile de comprendre pourquoi on peut toujours relire Homère sans se lasser. C'est que notre propre progrès est incessant, et que, par la même illusion, nous attribuons toujours au vieux poëte les émotions nouvelles et de plus en plus profondes, dont la lecture de ses poëmes est pour nous l'occasion... Chaque lecture nous révèle un développement nouveau. Il ne faut donc pas s'étonner qu'on fasse chaque jour de nouveaux commentaires d'Homère. Chacun

se retrouve lui-même dans le poëte, et, en réalité, il y a autant d'Homères qu'il y a de lecteurs d'Homère, comme un paysage est aussi divers qu'il y a de divers spectateurs. »

Mais que de conditions ne sont-elles pas nécessaires pour bien lire, pour lire du plus près possible, et en se rapprochant de l'esprit qui les a inspirés, ces antiques poëmes, pour se dépouiller des sentiments acquis ou perfectionnés qui, à tout instant, font anachronisme avec ceux des personnages héroïques, et qui viennent créer comme un malentendu entre eux et nous!

Ce n'est pas que, quelque disposition qu'on y apporte, toute lecture d'Homère ne soit bonne, comme l'est une journée ou une heure de retraite passée au sein de la grande et saine nature. Pourtant on n'est pas également dans le vrai à tous les points de vue où l'on se place ; autre chose est de juger Homère avec Eustathe et Mme Dacier, autre chose avec Ottfried Müller. M. Auguste Widal, professeur à la Faculté de Douai, dans une suite de leçons sur Homère qu'il a données au public et qu'il n'a cessé de revoir et d'améliorer depuis, s'est placé, sans prendre de parti, à une sorte de station moyenne qui lui a permis d'unir bien des comparaisons, de combiner bien des rapprochements, et il a fait un livre qui, dans sa seconde édition surtout, est devenu une excellente et fort agréable étude (1). Des notes fréquentes ouvrent des aperçus à droite et à gauche et

(1) *Études littéraires et morales sur Homère; première partie. l'Iliade,* par M. Auguste Widal, deuxième édition (un vol. in-8°, Hachette, 1863).

varient la route sans trop retarder la marche. Je me permettrai, — car en tout ceci je ne cherche rien tant que matière et occasion à littérature, — de lui signaler les quatre Leçons, professées à Oxford, par M. Matthew Arnold, sur Homère et sur la manière de le traduire (1). Jamais on n'a mieux senti ni mieux marqué le mouvement et le large courant naturel et facile du discours ou fleuve homérique que ne l'a fait M. Arnold. J'y trouve, heureusement rappelée par lui, une anecdote d'un beau caractère, et qui montre une fois de plus combien ces hommes d'État de la Grande-Bretagne sont la plupart imbus d'une forte et indélébile éducation classique.

II.

On sait le beau passage de l'*Iliade* (chant xii) lorsque Sarpédon, venu de Lycie au secours des Troyens, se jette dans la mêlée et prête la main à Hector au moment où il est en train de forcer le camp des Grecs. Sarpédon, voulant entraîner son ami Glaucus avec lui, et l'exhortant à faire tête en avant, lui tient un langage aussi naturel qu'élevé : « Nous sommes honorés dans la Lycie, lui dit-il, comme des rois, comme des dieux ; nous y avons, à ce titre, de riches domaines ; nous tenons la première place aux festins et ailleurs. Il est juste que nous soyons aussi au premier rang dans les

---

(1) Elles ont été publiées à Londres, chez Longman, 1861 et 1862.

combats, afin que chacun des nôtres dise, en nous voyant : S'ils font la meilleure chère et boivent le vin le plus doux, ils ont aussi l'énergie et la force quand ils combattent à notre tête. » — Et il ajoute, dans un sentiment bien conforme à l'héroïsme naïf de ces premiers temps, avant l'invention du point d'honneur chevaleresque :

« O mon cher, si nous devions, en évitant le combat, vivre toujours jeunes et immortels, ni moi-même je ne combattrais au premier rang, ni je ne t'engagerais, toi aussi, à entrer dans la mêlée glorieuse; mais maintenant, puisque mille chances de mort sont suspendues sur nos têtes, sans qu'il soit donné à un mortel ni de les fuir ni de les éviter, allons, soit que nous devions fournir à d'autres le triomphe, soit qu'ils nous le donnent! »

Or, on était en 1762, à la fin de la guerre de Sept-Ans. Robert Wood, autrefois voyageur en Orient et dans la Troade, et qui préparait un *Essai sur le génie d'Homère* dont Gœthe parle comme d'un des livres qui donnèrent à son esprit une impulsion propice, Wood, arraché un moment aux Lettres, occupait, à cette date, le poste de sous-secrétaire d'État dans le ministère dont le comte de Granville était le président. Cet homme d'État lettré, avec lequel il n'avait guère jamais eu d'entretien pour prendre ses ordres sans qu'après l'affaire traitée il ne fût dit quelques mots de la Grèce et d'Homère, était alors malade, et presque à l'extrémité, de la maladie dont il mourut peu de jours après. C'est à ce moment que Wood eut charge de porter à Sa Seigneurie les préliminaires du Traité de Paris, si glorieux et si fructueux pour l'Angleterre : « Je le trouvai, dit-il, dans un tel état de faiblesse que je lui proposai de remettre l'affaire à un autre jour. Mais il insista pour que je demeurasse, disant que cela ne servirait en rien à prolonger sa vie que de négliger un devoir. » Et à l'instant, lord Granville se mit à réciter en grec les vers d'Homère, ces mêmes paroles généreuses de Sarpédon à Glaucus, ayant soin d'élever la voix et d'appuyer avec une certaine emphase orgueilleuse sur ce vers qui lui rappelait la haute part qu'il avait prise aux affaires publiques : « Tu ne me verrais point *combattre moi-même* comme je le fais, *au premier rang.* » Et il se ranima en disant : « Mais allons !... mais allons ! ἴομεν... », répétant ce dernier mot plusieurs fois dans un sentiment de résignation courageuse. Puis, après une pause sérieuse de quelques minutes, il se fit lire le Traité qu'il écouta d'un bout à l'autre avec une grande attention, et il reprit assez de force pour avoir la satisfaction suprême de donner « l'approbation d'un homme d'État mourant (ce furent ses propres paroles) à la plus glorieuse guerre et à la plus honorable paix que la nation eût jamais vue. »

Et c'est ainsi que se révèle dans un noble exemple le commerce familier que l'aristocratie anglaise au dernier siècle n'avait cessé d'entretenir avec l'Antiquité grecque, et aussi la générosité vivifiante de sentiments et de pensées dont Homère est la source. Cette *Iliade*, qui avait été le livre de chevet d'Alexandre durant ses conquêtes, et la veille ou le soir des victoires, servait encore, après deux mille ans, à redonner du ton comme dans un dernier breuvage, à remettre un éclair de vie et de flamme au cœur, déjà à demi glacé, du fier et patriotique insulaire.

III.

Je ne m'oublie point, et je reviens à la question que je me suis posée et qu'il ne me déplaît pas d'agiter en divers sens. Parmi les écrivains et critiques du jour les plus faits pour rendre courage aux amis un peu timides de l'antiquité et pour contre-balancer leurs craintes, je distingue M. Léo Joubert (1), dont la parole érudite, exacte, agréable, n'a pas encore acquis, par le trop de modestie de l'auteur, toute l'autorité, ce semble, qu'elle devrait avoir. Ses morceaux sur les *Études homériques* de M. Gladstone (un autre homme d'État et ministre anglais des plus noblement *scholars*), sur l'*Histoire de la Grèce* de M. Grote, sur Alcée et Sapho, sur Théocrite, sont d'un esprit juste et net, ferme et prudent, qui sait et qui pense, et aussi d'une plume qui dit ce qu'elle veut et comme elle le veut. Il y a toujours à s'instruire et à apprendre dans ce qu'il écrit. Mais un autre écrivain des mêmes générations, M. Louis Ménard (2), a de plus hautes visées et une ambition plus originale : c'est proprement l'adversaire de M. Eugène Véron ; lui, il a

---

(1) *Essais de Critique et d'Histoire,* par M. Léo Joubert (un vol. in-18, librairie de Firmin Didot, 1863).

(2) *De la Morale avant les Philosophes,* par M. Louis Ménard, docteur ès lettres (un vol. in-8º, Firmin Didot, 1860).

placé hardiment son idéal au berceau même de la Grèce, à l'époque printanière de cet épanouissement mythologique que les philosophes, avant et après Socrate, ont raillé, méconnu, blasphémé ou interprété à contre-sens, et qu'il prétend, au contraire, ressaisir plus intelligemment et pouvoir réhabiliter dans une large mesure. Il ne craint pas même d'y découvrir et d'y voir une sorte de perfection morale naturelle qui ne s'est plus rencontrée depuis; il y admire une morale primitive et populaire « qui ne se traduisait pas par des préceptes et des sentences, mais qui produisait de si grandes actions et de si grands peuples, » — petits en nombre, grands par le cœur. M. Ménard, qui est peintre et poëte, et même chimiste, me dit-on, et aussi un peu polythéiste (c'est évident), a des pages où brillent et respirent la lumière et la flamme qu'il a puisées dans la vive méditation de son sujet. Après avoir parlé de la race née aux confins de la terre des monstres, dans la limoneuse vallée du Nil, et de l'autre race dite sémitique, habitante du désert et de l'antique Arabie, après les avoir définies l'une et l'autre, et les avoir montrées fléchissant de respect et de superstitieuse terreur, ou comme anéanties sous la main souveraine en face d'un ciel d'airain, il ajoute, par un vivant contraste, en leur opposant la race aryenne venue du haut berceau de l'Asie, et de laquelle est sortie à certain jour et s'est détachée la branche hellénique, le rameau d'or :

« Une autre race encore s'éveille sur les hauteurs, aux pre-

mières lueurs du matin; les yeux au ciel, elle suit pas à pas
la marche de l'aurore, elle s'enivre de ce mobile et merveilleux spectacle du jour naissant; elle mêle une note humaine
à cette immense symphonie, un chant d'admiration, de reconnaissance et d'amour : c'est la race pure des Aryas; leur
première langue est la poésie; leurs premiers Dieux, les
aspects changeants du jour, les formes multiples de la sainte
lumière. Sur les sommets sublimes, ils se sentent trop près
du ciel pour être écrasés par sa grandeur; baignés dans
l'éther calme, nourris de la fraîche rosée des montagnes,
entourés de nuages d'or, ils vivent avec les Dieux.

« La forte race grandit sous les célestes influences; une
voix mystérieuse lui dit que ce vaste monde qui s'étend sous
ses pieds lui appartient. L'audace et la curiosité vagabonde
qui pousse l'oiseau hors du nid entraîne les peuples adolescents loin du berceau commun. L'un d'eux, est-ce l'aîné? on
l'ignore, mais sans doute le plus fort et le plus beau des
enfants de la lumière, prend possession de cette terre bénie
qui fut depuis la Grèce. Sous un ciel clair où les nuages
blancs semblent des éclats de marbre, au milieu d'une mer
semée d'îles, s'étend ce petit pays, hérissé de montagnes et
de rochers sculptés, coupé de ruisseaux, pénétré de golfes
sinueux, bordé de côtes anguleuses, de promontoires aux
arêtes vives. Des lignes nettes, de purs horizons, des contours
simples dans leur infinie variété, des formes à la fois sévères
et gracieuses, qu'on admire sans effroi : nulle part de ces
immensités qui humilient la pensée. En Grèce, il n'y a de
grand que l'homme; la nature se proportionne à sa taille et
forme le fond du tableau dont il occupe toujours le premier
plan. C'est là que grandit, pour la gloire et le bonheur de
l'espèce humaine, ce peuple artiste et poëte qui s'éleva à la
connaissance de la justice par le culte de la beauté. »

Le livre de M. Ménard, tout en l'honneur de la Grèce
primitive, de la Grèce religieuse et héroïque, peut se

résumer en ces mots : « Aucun rêve ne fut plus beau que le sien, et aucun peuple n'approcha plus près de son rêve. »

Peuple à jamais aimable, en effet, dont le caractère se marquait en tout, et dès la première rencontre! Les Grecs s'abordaient au nom de la joie et de la grâce; les Romains, au nom de la santé. Ceux-ci, gens positifs, disaient d'abord *Salvè;* les autres disaient Χαῖρε, et on répondait : Ἀντιχαιρε. Cette idée de grâce, les Grecs la portaient en tout ; pour dire les gens comme il faut, les gens bien élevés, les honnêtes gens, même au sens politique, les *Conservateurs,* ils avaient ce mot charmant : οἱ χαρίεντες, comme qui dirait : les *gracieux,* les *agréables.* Ailleurs, on a dit grossièrement les hommes *riches* ou les hommes *utiles* (*utiles homines*) : les Grecs le disaient aussi quelquefois, mais ils savaient aussi le dire autrement.

Puisque j'en suis à énumérer quelques-uns des écrits plus ou moins récents qui militent en faveur des antiques études de la Grèce, comment ne compterais-je pas M. Egger pour ses savants Mémoires où, sur quantité de sujets, grands ou moindres, sont rassemblées tant d'utiles et instructives analyses (1)? Il n'est aucun critique français aussi bien informé de l'état des questions que M. Egger : il les traite avec curiosité, netteté, et au complet, sans rien négliger, même d'accessoire et qui s'y rattache de plus ou moins près. Il a et il applique

---

(1) *Mémoires de littérature ancienne,* par M. Egger (un vol. in-8°, librairie de Durand, 1862).

une méthode très-caractérisée, et par laquelle il donne
tout à fait la main à l'esprit moderne : c'est la méthode
historique qu'il oppose sans hésiter à celle des anciens
rhéteurs et des humanistes. Ceux-ci, en effet, admirent
les Anciens d'abord et ensuite, en tout et partout, et
tels qu'on les leur offre, ne s'inquiétant que de leur
impression personnelle et directe, qu'ils confondent
volontiers d'ailleurs avec la donnée traditionnelle.
M. Egger, auparavant, s'informe de la nature et de la
qualité des textes, de l'historique des écrits, de tout ce
qui les a précédés, motivés, de ce qui infirme ou
appuie les idées reçues. En procédant ainsi, il a mille
fois raison de s'affranchir et de nous tirer du lieu
commun et du convenu. L'admiration, en définitive,
pour être plus éclairée et moins commandée, n'y perd
pas : j'aurais trop de regret, pour mon compte, à voir
disparaître cette forme de critique émue, éloquente,
telle que les Cicéron, les Quintilien, les Longin, nous
en ont donné des modèles, et telle que M. Villemain
nous l'a si souvent rendue. L'art suprême, aujourd'hui,
consisterait non à sacrifier l'une des deux critiques à
l'autre, mais à savoir les combiner, s'il se peut, et,
après avoir tout regardé avec l'œil de l'analyse, à
réagir, à se remettre au point de vue et à retrouver
l'admiration, non plus exagérée, grossie, et à tout propos, mais encore élevée et féconde. Pour avoir descendu
un moment de leur piédestal ces demi-dieux et les
avoir mesurés d'aussi près que possible, leurs statues
et leurs bustes ne sont pas tombés en poussière : redres-
sons-les de nouveau, et hâtons-nous de les replacer

sur leur base de marbre, à leur juste hauteur. Quelques-uns seulement y auront perdu : Aristarque, je le sais, tel que l'analyse nous l'offre, ne répond plus tout à fait à l'idée proverbiale et grandiose qu'en avaient conçue les Anciens ; c'est le sort et le malheur des plus excellents critiques, dont les services se consomment en quelque sorte sur place, et qui travaillent à se rendre inutiles. Mais, pour avoir raisonné d'Homère tout au long avec Wolf, l'œuvre homérique n'en demeure pas moins à nos yeux le plus admirable produit de la poésie humaine ; Théocrite, pour avoir eu des précurseurs dans son genre, et pour n'être pas un inventeur et un créateur, absolument parlant, n'en reste pas moins la plus charmante et la plus fraîche des flûtes pastorales.

IV.

J'en ai dit assez pour montrer que, sur ces questions de l'Antiquité comparée et mise en face de l'esprit moderne, s'il ne se livre pas de combats réguliers comme à d'autres époques, il y a toujours deux camps. L'Antiquité ne perd pas au point de vue historique ; là-dessus je suis tranquille ; la Grèce, ainsi considérée comme un anneau d'or dans la chaîne des temps, se classe et se coordonne de plus en plus ; mais, au point de vue du goût et pour le sentiment direct, pour la familiarité véritable entretenue avec les sources, je suis moins rassuré, et je ne m'en prends de cela à personne ;

je considère simplement les circonstances où nous vivons.

C'est dans la jeunesse qu'il faut apprendre à lire les Anciens. Alors la page de l'esprit est toute blanche, et la mémoire boit avidement tout ce qu'on y verse. Plus tard, la place est occupée; les affaires, les soucis, les soins de chaque jour la remplissent, et il n'y a plus guère moyen qu'avec un trop grand effort de repousser la vie présente qui nous envahit de tous côtés et qui nous déborde, pour aller se reporter en idée à trois mille ans en arrière (1). Et encore, pour y revenir, quand on sait les chemins, quelle préparation est nécessaire! que de conditions pour arriver à goûter de nouveau ce qu'on a senti une fois! Après quelques années d'interruption, essayez un peu, et vous verrez la difficulté. Il est besoin auparavant de se recueillir, de s'isoler de la vie qui fait bruit et de lui fermer la porte, de faire comme on faisait autrefois quand on voulait s'approcher des mystères, de prendre toute une semaine de retraite, de demi-ombre et de silence, de mettre son

---

(1) Il y a (il faut bien le dire) des esprits distingués, mais essentiellement modernes et présents, qui restent et resteront à jamais fermés à l'intelligence et au vrai sentiment de l'Antiquité, et qu'il faut désespérer d'y convertir. Un moraliste à la façon de Nicole les a très-bien définis en ces mots : « Ce sont des esprits trop remplis d'eux-mêmes et des images présentes qui les occupent, pour pouvoir s'ouvrir et faire place en eux à d'autres idées que les leurs, et surtout quand il s'agit d'admettre et de comprendre les choses du passé. » De ces esprits exclusivement voués au monde moderne, aux impressions actives de chaque jour, et qui ne sauraient s'en déprendre, il en est, d'ailleurs, je le sais, de bien fermes et, à tous autres égards, d'excellents.

esprit au régime des ablutions et de le sevrer de la nourriture moderne. Soyez sobre, soyez à jeun; n'allez pas, à vos jours de communion avec l'Antiquité, lire tous les journaux dès le matin.

Il est une belle page du docteur Arnold que je veux soumettre à la réflexion. Elle s'applique aux Anciens et à tous ceux des grands poëtes qui sont déjà, à quelques égards, ou qui seront un jour eux-mêmes des Anciens, à tous ceux qui ne sont plus nos contemporains et vers lesquels on ne revient qu'en remontant à force de rames le courant du passé :

« Les œuvres des grands poëtes, dit-il, demandent qu'on les approche au début avec une foi entière en leur excellence; le lecteur doit être convaincu que, s'il ne les admire point pleinement, c'est sa faute et non la leur. Ce n'est là rien de plus qu'un juste tribut payé à leur renommée; en d'autres termes, c'est la modestie convenable à tout individu de penser que son jugement inexpérimenté est sujet à se méprendre plutôt que la voix unanime du public. C'est le propre des plus grandes œuvres du génie en tout genre qu'à la première vue on est généralement désappointé. Les cartons de Raphaël à Hampton-Court, les fresques du même grand peintre dans les galeries du Vatican, les fameuses statues du Laocoon et de l'Apollon du Belvédère, et l'église de Saint-Pierre à Rome, le plus magnifique édifice qui soit peut-être au monde, produisent également cet effet le plus ordinaire de désappointer le spectateur à première vue. Mais qu'il se rassure; qu'il se persuade qu'ils sont excellents, et qu'il ne lui manque que le goût et la connaissance pour les mieux apprécier; et bientôt chaque visite nouvelle lui ouvrira les yeux de plus en plus, jusqu'à ce qu'il ait appris à les admirer, jamais autant qu'il le méritent, assez du moins pour enrichir et élargir sa propre intelligence par la compréhension de la parfaite beauté. Il en est ainsi des grands poëtes : ils doivent être lus souvent et étudiés avec révérence, avant qu'un esprit neuf puisse acquérir quelque chose comme une connaissance égale à leur mérite. En attendant, la méthode est des plus utiles en elle-même : il est bon de douter de sa propre sagesse, il est bon de croire, il est bon d'admirer. En tenant continuellement les regards élevés, nos esprits eux-mêmes s'élèvent; et tout ainsi qu'un homme, en s'abandonnant aux habitudes de dédain et de mépris pour les autres, est sûr de descendre au niveau de ce qu'il méprise, ainsi les habitudes opposées d'admiration et de respect enthousiaste pour le beau nous communiquent a nous-mêmes une partie des qualités que nous admirons; et ici, comme en toute autre chose, l'humilité est la voie la plus sûre à l'élévation (1). »

Entendez ces belles paroles du docteur Arnold comme elles le méritent, et dans le sens où elles sont dites en effet, — avec religion, non avec idolâtrie. Il faut, en toute espèce d'art, une éducation préalable et une première docilité de l'esprit.

Oh! je le sais, dans le tourbillon accéléré qui entraîne le monde et les sociétés modernes, tout change, tout s'agrandit et se modifie incessamment. Des formes nouvelles de talents se produisent chaque jour; toutes les règles, d'après lesquelles on s'était accoutumé à juger les choses mêmes de l'esprit, sont déjouées; l'étonnement est devenu une habitude; nous marchons de

(1) Voir dans le volume de Mélanges du docteur Arnold, seconde édition, publiée à Londres en 1858, à la page 256. — M. Matthew Arnold, précédemment cité dans le courant de cet article, est le fils du célèbre docteur, et s'est placé lui-même au premier rang parmi les critiques littéraires de son pays.

monstres en monstres. Le vrai d'hier, déjà incomplet ce matin, sera demain tout à fait dépassé et laissé derrière. Les moules, fixés à peine, deviennent aussitôt trop étroits et insuffisants. Aussi, j'y ai souvent pensé : de même qu'autour d'un vaisseau menacé d'être pris par les glaces, on est occupé incessamment à briser le cercle rigide qui menace de l'emprisonner, de même chacun à chaque instant devrait être occupé à briser dans son esprit le moule qui est près de prendre et de se former. Ne nous figeons pas; tenons nos esprits vivants et fluides.

Mais aussi, que le présent, que l'avenir le plus prochain, ne nous possèdent point tout entiers; que l'orgueil et l'abondance de la vie ne nous enivrent pas; que le passé, là où il a offert de parfaits modèles et exemplaires, ne cesse d'être considéré de nous et compris. C'est par les yeux, c'est par les arts encore, c'est par les débris des monuments qui ont gardé je ne sais quoi de leur fleur première et de leur éclat de nouveauté, que les Anciens, les Grecs, se sauvent le plus aisément aujourd'hui. Les marbres sont devenus comme les garants des livres. Phidias a été inspiré par Homère ; il le lui rend et le protége à son tour. Mais cela ne suffit pas; et je réclame la prééminence pour l'art des arts, la poésie.

O vous qu'un noble orgueil anime, qui avez pris à votre tour possession de la vie et des splendeurs du soleil, qui vous sentez hautement de la race et de l'étoffe de ceux qui ont droit de se dire : « Et nous aussi, soyons les premiers et excellons! » vous qu'un sang généreux pousse aux nouvelles et incessantes conquêtes de l'art et du génie, et qu'impatiente, qu'ennuie à la fin cet éternel passé qu'on déclare inimitable, veuillez y songer un peu : les Anciens, si vantés qu'ils soient, ne doivent pas nous inspirer de jalousie; trop de choses nous séparent; la société moderne obéit à des conditions trop différentes; nous sommes trop loin les uns des autres pour nous considérer comme des rivaux et des concurrents. Les problèmes en art, en science, en industrie, en tout ce qui est de la guerre ou de la paix, se posent pour nous tout autrement : nous avons l'étendue, la multitude, l'océan, tous les océans devant nous, des nations vastes, le genre humain tout entier : nous sondons l'infini du ciel; nous avons la clef des choses, nous avons Descartes, et Newton, et Laplace; nous avons nos calculs et nos méthodes, nos instruments en tout genre, poudre à canon, lunettes, vapeur, analyse chimique, électricité : Prométhée n'a cessé de marcher et de dérober les dieux. Nous avons une morale pratique plus largement humaine, qu'on la prenne chez saint Vincent de Paul ou chez Franklin. Mais c'est une raison de plus pour que notre fond de perspective ne cesse de nous montrer cette beauté première, cette excellence parfaite dans son cadre et en ses contours limités. Que l'admiration de nous à eux, des modernes aux vrais Anciens, à ceux qui ont le mieux connu le beau, s'entretienne de phare en phare, de colline en colline, et ne s'éteigne pas; que l'enthousiasme de ce côté n'aille pas mourir, — ce serait une diminution du génie humain lui-même; — non un enthousiasme crédule, aveugle et indigne d'eux comme de nous, mais un enthousiasme léger, clairvoyant, intelligent, divinateur et réparateur, qui n'est que l'émotion la plus délicate et la plus vive en face de tant de belles choses, accomplies une fois en leur juste cercle et à jamais disparues.

Lundi 18 janvier 1864.

HISTOIRE DE LOUVOIS

ET

DE SON ADMINISTRATION POLITIQUE ET MILITAIRE

PAR M. CAMILLE ROUSSET (1).

M. Camille Rousset vient de terminer l'ouvrage et, on peut dire, le monument qu'il a consacré à Louvois et à l'histoire de son ministère. Les deux derniers volumes sont dignes des premiers, et l'auteur dans sa méthode originale et sûre, qui consiste à ne marcher qu'avec des pièces d'État, et, en grande partie, des pièces toute neuves, n'a point faibli un seul instant. Malgré la difficulté qu'on rencontre à rien extraire d'une trame si dense, à rien tailler et découper dans une matière si bien cimentée, nous essayerons, par

(1) Les tomes III et IV, librairie Didier, quai des Augustins, 35.

l'analyse de quelques chapitres, de donner idée de l'intérêt sérieux qui fait le prix de cette œuvre durable.

I.

Louis XIV venait de dicter la Paix de Nimègue (1678) : il avait quarante ans et se voyait au comble de l'ambition et de la gloire. Le soleil était à son midi. Louvois, âgé de trente-sept ans, le servait avec un zèle, une fougue et une capacité sans égale, n'ayant d'autre souci que son propre agrandissement de pouvoir au sein de la grandeur de son maître ; n'ayant d'autre scrupule que celui de n'en pas faire assez. Jamais ambition royale n'avait rencontré à son service une vigueur et une faculté ministérielle plus appropriée, plus habile, plus astucieuse, plus violente, plus minutieuse et en même temps plus réglée et plus soumise : ce ne fut que plus tard et à la fin que cette soumission se démentit un peu.

La Paix de Nimègue, qui aurait pour longtemps rempli les vœux d'un souverain modéré, n'était qu'un temps d'arrêt, une trêve pour Louis XIV, et il comptait bien ne pas s'y tenir. Louvois surtout, par son activité et ses instincts de guerre, poussait son maître dans cette voie, si tant est qu'il eût besoin de l'y pousser. La paix pour lui était un élément nouveau : il l'accommoda à son usage. « Les mots, selon la remarque de M. Rousset, n'ont de valeur que par le sens qu'on y attache. Il faut reconnaître que la paix selon Louvois et la paix selon l'Europe ne signifiaient point une seule et même chose : Louvois avait une façon d'entendre et de pratiquer la paix qui n'était véritablement qu'à lui. Il avait imaginé *une sorte de paix rongeante et envahissante* qui devait exclure les risques et les inconvénients de la guerre, pour ne laisser subsister que les avantages qu'elle aurait procurés, — beaucoup de profit sans effusion de sang et sans grosse dépense. » C'est cette paix ambiguë et d'une espèce toute particulière dont l'historien nous fait suivre pas à pas la procédure et les progrès.

Il paraît bien que Louvois pensa un moment à se retourner en faveur de la Hollande, qu'il avait tant combattue et qui avait fini par forcer son estime. Il s'ouvrit brusquement, un jour, aux envoyés de cette puissance à Paris; il les surprit l'un après l'autre par cette offre soudaine d'une alliance étroite avec la France. Repoussé avec politesse et réserve, il en revint à sa première pensée, la plus naturelle, d'agrandir le royaume du côté des frontières du Nord ou de l'Est, et il échappa ainsi au péril d'aller chercher trop loin gloire et succès au Midi, en Italie, et de verser, comme au temps de François Ier, de l'autre côté des monts, hors de portée de la France. Il n'échappa pourtant à cette tentation qu'à demi.

Son affaire principale, dans le moment présent, était de tirer parti des traités précédemment conclus, en les interprétant dans le sens le plus subtil comme le procureur le plus madré l'aurait pu faire, et en leur donnant toutes les petites entorses possibles, le tout à bonne et excellente fin sans doute, pour arrondir le royaume et pour absorber, pour niveler les restes de souverainetés étrangères qui s'y trouvaient enclavées. Mais quelquefois il dépassait le bord et tondait d'une largeur de langue sur le pré du voisin. Exemple : le Traité de Nimègue donnait à la France, pour lui être livré dans le délai d'un an après l'échange des ratifications, soit Charlemont, soit Dinant, — Charlemont qui appartenait aux Espagnols, ou Dinant qui appartenait à l'évêque et aux États de Liége. C'était au choix, et sauf aux propriétaires et détenteurs des deux villes à s'entendre entre eux et avec la France. Louvois, au terme échu (février 1680), signifia qu'on eût à opter entre la remise des deux places. En attendant la réponse de l'Espagnol pour Charlemont, une garnison française occupait Dinant à titre provisoire. Cependant, après avoir hésité quelques semaines, le gouverneur des Pays-Bas espagnols, voyant les Français en force manger le pays autour de Charlemont, se décida enfin à leur livrer la ville. Les troupes du maréchal d'Humières y entrèrent; mais, pour cela, fit-on évacuer Dinant? Pas le moins du monde. Grâce à je ne sais quel arrangement particulier conclu dans l'intervalle entre la France et l'électeur de Cologne (en même temps évêque de Liége), la France garda Dinant, et, au lieu d'une place, elle en eut deux. On se moqua de l'Espagnol dont la bonne foi recevait un pied de nez, et Coulanges en faisait une chanson :

>   L'Espagnol est tout étonné
>   Quand on parle de guerre;

> Louis est un enfant gâté,
> On lui laisse tout faire.

Gare le lendemain! Il en cuira plus tard à Louis XIV de ces espiègleries et de ces chansons.

Pour la délimitation exacte de la frontière du côté des Pays-Bas, on avait établi une conférence à Courtrai ; elle dura deux ans : les délais sur cette frontière convenaient à Louvois, « afin d'user les résistances espagnoles et d'endormir les défiances hollandaises. » Mais sur le Rhin et la Moselle, il lui convenait d'aller plus vite et d'être expéditif : il le fut. Le Parlement de Besançon, le Parlement ou Conseil souverain pour l'Alsace siégeant à Brisach, le Parlement de Metz avec adjonction d'une Chambre spéciale dite de *réunion,* se virent chargés de connaître de l'état des terres comprises dans l'étendue de leur juridiction, et d'en connaître au point de vue de la *souveraineté.* Moyennant ce biais, de simples Cours de Justice étaient admises à trancher à petit bruit des questions diplomatiques restées plus ou moins douteuses. Il sembla à Louvois qu'en remontant par delà la Paix de Nimègue jusqu'aux Traités mêmes de Westphalie, et en les étudiant mieux qu'on ne l'avait fait, on pouvait en user habilement dans l'intérêt de la France, et il s'appliqua à y voir ce qu'on n'y avait pas su lire avant lui. M. Rousset compare en ceci Louvois à un commentateur qui découvre, à la réflexion, dans un auteur classique une foule de beautés et d'intentions qu'on n'y avait pas vues avant lui. Louvois découvrait, à sa manière, dans certains articles, des beautés et vertus diplomatiques qu'il se chargeait ensuite de faire traduire en arrêts : les gros bataillons et les canons qu'il avait sous la main facilitaient singulièrement le commentaire. On s'adjugeait ainsi la souveraineté de quantité de villages ou de seigneuries qui jusque-là avaient aimé à se rattacher par un dernier lien à l'Empire : on les forçait à se retourner et à regarder désormais du côté de la France. Le ministre français près la Diète de Ratisbonne, M. de Verjus, recevait de Louvois l'ordre de répondre de la bonne sorte aux plaintes des Allemands, — c'est-à-dire de ne rien répondre à la Diète en corps, et de ne daigner s'expliquer qu'à l'oreille des amis en particulier :

« Le droit de Sa Majesté est si bien établi par le Traité de Munster, qu'il ne sera rien dit pour le justifier. Dans les discours familiers que le sieur de Verjus pourra avoir avec les députés bien intentionnés de la Diète, Sa Majesté a jugé avec beaucoup de raison qu'il serait bon qu'en même temps que ledit sieur de Verjus s'expliquerait avec la hauteur et la fermeté nécessaires pour faire connaître au corps de la Diète qu'elle n'est pas pour rien changer aux ordres qu'elle a donnés, il fut en état de faire connaître que Sa Majesté garde toute la modération et toute la justice que l'on peut raisonnablement désirer d'elle. »

Louvois, en donnant ainsi des ordres à un envoyé diplomatique, empiétait d'ailleurs sans façon sur son collègue M. de Croissy, qui avait succédé lui-même au trop mol et trop modéré Pomponne dans le département des Affaires étrangères : il faisait acte de dictature diplomatique.

On a, pour ce procédé de réunion, tout le détail des instructions confidentielles données par lui à ses agents. L'un deux, Ravaux, Procureur général au Parlement de Metz, était son principal instrument et son homme dans les trois évêchés de Metz, Toul et Verdun. Il était arrivé qu'autrefois des évêques souverains de ces trois Églises avaient aliéné des biens et fiefs qui en dépendaient, soit par népotisme et pour favoriser de leurs parents, soit par échange et convention. Il s'agissait de revenir sur ces aliénations, sous quelque prétexte que ce fût, et de revendiquer le droit que prétendaient les nouveaux évêques sur tous ces anciens vassaux plus ou moins émancipés. Louvois écrivait là-dessus à Ravaux pour le bien mettre au point de vue et lui expliquer au juste ce qu'on exigeait de lui sous toutes les apparences de la légalité. On n'entendait pas déclarer et fulminer en un rien de temps une réunion sommaire et en bloc à la Couronne, ce qui eût fait crier en Europe ; on devait y aller plus doucement et pas à pas :

« Je vous prie, lui disait Louvois, de vous bien mettre dans l'esprit qu'il n'est point question d'avoir réuni en un ou deux mois à la Couronne les lieux que l'on croit être en état de prouver qui en dépendent, mais bien de le faire de manière que toute l'Europe connaisse que Sa Majesté n'agit point avec violence, ne se prévaut point de l'état de supériorité où sa vertu l'a mise sur tous les princes de l'Europe pour usurper des États, mais seulement qu'elle rend justice à des Églises dont les biens ont été usurpés, desquelles Églises Sa Majesté est demeurée protecteur et souverain, en même temps que, par le Traité de Munster, l'Empire a renoncé, en sa faveur, à tous les droits qu'il pouvait y avoir...

« Il faut donc se contenter de faire assigner à la requête des évêques, abbés, etc., les maires et échevins des lieux qu'ils prétendent leur avoir été usurpés par les ducs de Lorraine ou avoir été engagés par leurs prédécesseurs. De cette manière, le roi paraîtra faire justice et la fera en effet, et la Chambre, en adjugeant à l'évêque ce qui lui appartient, réunira à la couronne de Sa Majesté la souveraineté des lieux que les évêques auront fait assigner... Afin de ne point faire trop de bruit, il ne faut comprendre dans une même requête que cinq ou six villages, et, de huitaine en huitaine, en faire présenter sous le nom de chacun desdits évêques, moyennant quoi, en peu de temps, l'on aura fait assigner tous les lieux qu'on peut prétendre avoir été autrefois desdits évêchés. »

La tactique est assez nettement indiquée; on voit la marche de cette politique rongeante qui bientôt ne se contenta point d'absorber les petits feudataires enclavés, mais qui s'essayait parfois à sortir du cercle et à pousser jusqu'en pays allemand, à la grande clameur des seigneurs, princes ou même rois qui se sentaient atteints. La Diète de Ratisbonne, prise à tout instant pour juge et harcelée de réclamations, ne savait qu'opposer un veto impuissant, réserver les droits, se plaindre et demander que la France voulût bien produire une bonne fois toutes ses prétentions : c'était, disait-elle, le seul moyen pour elle de couper court d'un seul coup à « ce *chancre de prétentions* que la France proposait sans cesse, et qui ne pourrait être qu'irrémédiablement contagieux pour l'Empire. » On en vint même, dans cette guerre de chicane, jusqu'à soupçonner que, parmi les titres qu'on produisait à l'appui du droit de la France, tous les parchemins n'étaient pas aussi vieux qu'on le disait. Quoi! était-ce possible? aurait-on osé? Un tel soupçon était-il le moins du monde admissible? M. Camille Rousset, dans son impartialité, nous indique un cas particulier où la fraude matérielle put bien ne pas être étrangère, et où il put y avoir production de pièces faites après coup. Ceci est d'une date un peu postérieure.

Il s'agissait, en 1687, de construire dans un repli de la Moselle, entre Trèves et Coblentz, la forteresse de Mont-Royal. Le Rocher de Traben, qui en devint la base, faisait partie du territoire de Traerbach, et Louvois, le trouvant si fort à sa convenance, s'imagina aisément que c'était à nous. Il paraît d'abord l'avoir cru de bonne foi. Traerbach avait-il donc été en effet réuni à la France? L'Allemagne le niait. Louvois, surpris, écrivit aussitôt au premier président du Parlement de Metz :

« Les commissaires de l'Empereur à la Diète de Ratisbonne ont mis en fait que Traerbach et ses dépendances n'avaient point été réunies; sur quoi Sa Majesté m'a donné ordre de vérifier ce qui en est; et comme le Mont-Royal, duquel cette seigneurie dépend, est d'une extrême conséquence, j'ai cru ne pouvoir mieux faire que de m'adresser à vous pour vous prier d'examiner sans délai, et sans que personne sache que vous en avez reçu d'ordre, ce qui a été fait sur ce sujet. Je crois me souvenir que Traerbach n'a point été réuni nommément, mais que Veldenz ayant été réuni avec ses dépendances, Traerbach, qui en relève, a dû être aussi réuni du jour de l'arrêt de Veldenz. Je vous supplie d'examiner ce qui en est, observant de vous conduire de manière que personne ne puisse croire que le roi doute de son droit sur ledit Traerbach et sur le Mont-Royal. »

Et quelques jours après, Louvois écrivait à l'intendant La Goupillière, qui avait dû lever des impositions sur ce lieu s'il avait été en effet réuni. Notez qu'il était capital pour le point en litige qu'il y eût preuve que ces impositions avaient été faites avant le 1er août 1681 ; car la Diète avait consenti à reconnaître en fait, sinon en droit, les réunions consommées avant cette date. Louvois écrivait donc à l'intendant, pour ne pas rester démuni de pièces dans son dire :

« Il est important que si vous n'avez point fait d'impositions sur ce lieu, ou que vous n'en ayez pas gardé de copies, *vous ne laissiez pas de m'envoyer des copies d'ordres et d'impositions* faites sur la seigneurie de Traerbach et sur quelques autres lieux de la seigneurie de Sponheim, dont le roi est en possession, *lesquelles vous daterez d'entre le 1er mai 1681 et le 10 juillet,* et me les enverrez par le retour de ce courrier, avec cette lettre que vous me renverrez aussi en même temps, observant de faire en sorte que personne ne puisse avoir connaissance de ce que je vous mande. »

Cela fait et les pièces réelles ou fictives obtenues, il était tout naturel que Louvois pût écrire à M. de Croissy, son collègue des Affaires étrangères, et qui ne voyait, de tout ce manége, que la surface :

« Vous trouverez dans ce paquet les pièces nécessaires pour mettre M. de Crécy (le ministre qui représentait la France près de la Diète) en état de faire voir aux députés à la Diète de Ratisbonne que le roi a été en possession de Traerbach auparavant le 1er août 1681. Les procès-verbaux sont ci-joints *en original, lesquels sont signés des officiers des lieux, afin que l'on ne puisse point dire que ces pièces aient été faites après coup.* »

Avait-on retrouvé heureusement ces pièces réclamées par Louvois, ou bien, en cas de défaut et de manque, y avait-on suppléé, comme il l'avait désiré? La question se pose dans toute sa netteté, et c'est déjà trop.

Mais comment résister aussi au désir d'user de ce rocher si propice comme de son bien propre, pour y élever « l'inaccessible forteresse de Mont-Royal, » de laquelle, dans un accès de verve à la Vauban et dans son ardeur de fortification, il disait comme eût fait un artiste, et en s'applaudissant de son idée :

« Rien n'est plus beau que le poste que j'ai été visiter sur la Moselle, qui mettra les frontières du roi en telle sûreté, et les Électeurs de Cologne, Trèves, Mayence et le Palatin en telle dépendance, que cette frontière-ci sera meilleure et plus aisée à défendre que n'est celle de Flandre. »

Une telle utilité justifiait à ses yeux bien des moyens. En lisant cette histoire de Louvois, en la voyant ainsi montrée à nu et comme par le revers de la tapisserie, je crois entendre continuellement ce mot de la tragédie grecque, qui résonne et se murmure de lui-même à mon oreille : « S'il faut violer le droit, c'est pour l'empire et la domination, c'est en haute matière d'État qu'il est beau de le faire : dans tout le reste, observe la bonne foi et la justice. » Je paraphrase un peu la parole d'Euripide, cette parole si détestée de Cicéron.

Histoire, n'es-tu donc que cela jusque dans tes meilleurs et tes plus grands jours? un mélange d'ambition, d'habileté, de fraude et de grandeur! Louvois n'était pas un Aristide; c'était un peu un Caton l'Ancien pour l'égoïsme et l'âpreté de son patriotisme. Que celui qui aurait osé, s'il avait été Romain, reprocher à l'antique Sénat sa politique persévérante, conquérante et assimilatrice à tout prix, cette politique qui agissait et opérait uniquement en vue de la grandeur et des destinées de Rome, que celui-là jette la pierre à Louvois, tout occupé de former et de remparer d'une enceinte infranchissable ce vaste quartier de terre, ce *pré carré,* comme l'appelait Vauban, ce beau gâteau compacte qui constitua depuis lors l'unité de notre territoire!

Et que faisait, en effet, le plus auguste des Sénats pour fonder cette toute-puissance romaine si laborieuse e si pénible, de laquelle le poëte a dit : *Tantæ molis erat...?* Écoutons la sagesse de Montesquieu :

« Comme ils (les Romains) ne faisaient jamais la paix de bonne foi et que, dans le dessein d'envahir tout, leurs traités n'étaient proprement que des suspensions de guerre, ils y mettaient des conditions qui commençaient toujours la ruine de l'État qui les acceptait...

« Quelquefois ils abusaient de la subtilité des termes de leur langue. Ils détruisirent Carthage, disant qu'ils avaient promis de conserver la cité, et non pas la ville. On sait comment les Étoliens, qui s'étaient abandonnés à leur foi, furent trompés : les Romains prétendirent que la signification de ces mots, *s'abandonner à la foi d'un ennemi,* emportait la perte de toutes sortes de choses, des personnes, des terres, des villes, des temples et des sépultures même.

« Ils pouvaient même donner à un traité une interprétation arbitraire : ainsi, lorsqu'ils voulurent abaisser les Rhodiens, ils dirent qu'ils ne leur avaient pas donné autrefois la Lycie comme présent, mais comme amie et alliée. »

Il semblerait vraiment, à les voir agir, que Louis XIV et Louvois eussent étudié les Romains de plus près qu'ils ne l'avaient fait sans doute, et qu'ils eussent pris des leçons de cette politique tant vantée. La nature en eux y suppléait; chaque grand ambitieux n'a pas tant d'effort à faire pour réinventer cette sorte de machiavélisme à son usage. Ils avaient cela de commun avec les Romains d'être ambitieux par orgueil autant que par intérêt; ils voulaient non-seulement acquérir, mais commander. Par malheur, la prudence, l'art profond qui avait dirigé le Sénat dans les beaux siècles de la République, la suite et la durée qui n'est donnée qu'aux corps et aux institutions et qui est refusée aux individus, leur manquèrent, et l'on est trop informé aussi, à leur égard, de certains détails qui gagneraient à se confondre dans l'éloignement.

II.

Pour Strasbourg du moins, l'historien veut bien nous rassurer, et il estime que de ce côté, qui est la plus glorieuse affaire consommée alors par Louvois, l'utilité n'était point séparée du droit et de la justice :

« Il y a, nous dit M. C. Rousset dans une page excellente, il y a, pour les productions de la terre, des procédés artificiels qui peuvent hâter ou même suppléer le travail de la nature. Un fruit peut mûrir hors de sa saison, une plante rare fleurir hors de son climat, parce qu'une science habile aura fait à cette plante et à ce fruit le climat et la saison qui

4.

leur conviennent. Ce sont là des expériences curieuses et coûteuses; elles ne prouvent rien contre la grande loi divine qui veut que chaque chose arrive en son lieu et à son heure. Dans les affaires humaines, cette loi est plus absolue encore; elle ne souffre aucune exception. Quelquefois, souvent même, des faits inopinés se produisent avec un grand éclat, rapides conquêtes, institutions neuves, États qui s'improvisent; parmi les spectateurs, le petit nombre s'étonne et s'inquiète : la foule admire, applaudit et s'exclame. Un beau jour, l'œuvre inopinée s'écroule; la maturation lui avait manqué; la durée lui manque. L'histoire est remplie de ces ruines. On compte les hommes d'État qui ont su discerner toujours ce qui était mûr de ce qui n'était que prématuré. Et c'est déjà, pour un homme d'État, une assez grande gloire que d'avoir, parmi des tentatives prématurées, accompli quelque œuvre mûre. C'est la gloire de Louvois qui, parmi tant d'annexions téméraires et caduques, a donné Strasbourg à la France. »

A qui eût regardé une carte du royaume, Strasbourg, en effet, présentait une anomalie frappante : enclavée dans le territoire français, dans l'Alsace acquise depuis le traité de Munster, cette petite république ou ville libre faisait l'effet d'un îlot à demi noyé par l'Océan. Se maintenir neutre entre l'Allemagne et la France, dans un parfait équilibre, obtenir le respect et la faveur de l'une et de l'autre, était chose impossible. Tant que Strasbourg n'était pas déclarée une cité française, des affinités naturelles de tout genre et des habitudes invétérées la rattachaient instinctivement à l'Allemagne; la France, en chaque occasion douteuse, devait avoir, à son sujet, des motifs légitimes de plainte et des griefs sans cesse renaissants. Turenne et Créqui, dans les dernières campagnes, avaient eu lieu d'être mécontents d'elle, et si la petite république n'avait pas été annexée plus tôt et comprise dans un article du Traité de Nimègue, c'est que Louvois comptait bien s'en accommoder bientôt après à meilleur marché, et sans qu'il fût demandé en retour de compensation d'aucune sorte ni d'équivalent. Cette affaire de Strasbourg dont il fit la sienne fut conduite avec un art et une habileté consommée ; il se posa le problème à loisir, le caressa et en trouva la solution la plus parfaite et, j'ose le dire, la plus élégante. C'est un chef-d'œuvre en son genre.

Dans un voyage qu'il fit en Alsace, en juin 1679, les magistrats de Strasbourg étaient venus à Schelestadt lui faire leurs protestations les plus humbles pour l'avenir ; il dissimula, répondit par des paroles assez polies, et noua probablement dès lors des intelligences secrètes avec quelques-uns du dedans. La ville de Strasbourg s'appelant en latin *Argentina,* on pensait aussi (les malins du moins et les faiseurs de calembours le disaient) qu'*Argentum,* l'argent, n'avait pas laissé de pleuvoir et de s'infiltrer dans la place. Deux années s'écoulèrent encore, durant lesquelles la poire mûrissait.

En attendant, on cernait de plus en plus, on serrait de près la république : le Conseil souverain siégeant à Brisach réunissait une à une les petites localités d'alentour ; on isolait la ville, on lui coupait ses attaches et ses racines. Avant de mettre la cognée à l'arbre, on le déchaussait.

Louvois voulait même, s'il se pouvait, éviter d'y mettre la cognée proprement dite ; il désirait que l'arbre tombât de lui-même sans secousse, sans un coup donné, sans effort ni assaut retentissant, et à la seule vue du bûcheron.

Il ne fallait plus qu'un prétexte pour feindre un mécontentement récent. On le trouva dans une visite que fit à Strasbourg un envoyé impérial, le baron de Merci; on parut croire qu'il était venu pour ménager une rentrée des Impériaux. Le grief trouvé, l'heure était venue, Louvois fit distribuer dans des lieux circonvoisins, et assez peu éloignés les uns des autres, des troupes en nombre considérable qui paraissaient disséminées, mais qui pouvaient se réunir et se concentrer au premier signal. Le roi en personne était prêt, en cas de résistance, à se mettre à la tête de cette soudaine armée. L'argent pour le payement des troupes, une fois qu'elles seraient en campagne, fut envoyé à l'avance avec des précautions infinies, de manière à ne donner aucun éveil et que les trésoriers ordinaires des troupes, auxquels on ne voulait pas confier le secret du projet, n'en eussent vent ni soupçon. Ces trésoriers avaient coutume d'envoyer les fonds nécessaires au moyen de lettres de change payables à Strasbourg, et ce n'était pas ici le compte, puisqu'on allait agir contre Strasbourg même. L'argent comptant en beaux louis d'or ou en pistoles d'Espagne (30,000 louis) s'expédia en six ballots soigneusement plombés à la douane et qu'on avait établis de la longueur d'un fusil ou d'un mousquet : pour mieux donner le change, on avait fait peindre une de ces armes sur chaque ballot. Le commandant du roi à Besançon les recevait à ce titre :

« Je vous envoie, lui écrivait Louvois à la date du 25 août 1684, six ballots remplis d'armes curieuses, plombés par la douane, lesquelles vous mettrez dans votre chambre et garderez soigneusement jusqu'à ce que je vous mande ce que vous aurez à en faire. Vous en donnerez un reçu à celui qui vous les remettra, et prendrez grand soin que le plomb mis auxdits ballots ne soit point gâté, en sorte que l'on connaisse, lorsque l'on vous les demandera, que lesdits ballots n'auront point été ouverts. »

Ces ballots, dont la destination était si bien masquée, ne furent ouverts, et l'argent utilisé, qu'au moment de l'exécution. De même, les farines que le roi faisait voiturer à Schelestadt et à Béfort voyageaient sous apparence de ballots remplis d'armes. L'ordre d'agir enfin, envoyé de Fontainebleau, et pendant que tout le monde semblait en fête, fut apporté avec des précautions non moins mystérieuses :

« Le 10 septembre 1684, nous dit M. C. Rousset, deux cavaliers s'arrêtent à la porte d'un obscur cabaret de Franche-Comté; bientôt après deux autres cavaliers arrivent; les uns et les autres portent à leur chapeau du ruban bleu et jaune : c'est un signal; ils se rapprochent, ils murmurent quelques mots; une certaine cassette est échangée contre un certain billet; après quoi les inconnus se séparent, remontent à cheval et disparaissent. Qu'est cela? Ce sont les dernières instructions de M. le marquis de Louvois pour M. l'Intendant d'Alsace, et les gens du premier, venus de Fontainebleau, les ont transmises aux gens du second, venus de Brisach ou de Béfort. »

On aurait dit d'une conjuration. En conséquence des ordres ainsi donnés, dans la nuit du 27 au 28 septembre, les troupes françaises, commandées par le baron d'Asfeld, se rapprochèrent brusquement de Strasbourg et investirent la redoute la plus voisine du Rhin. Quelques coups de fusil à peine échangés, les Français furent dedans aussitôt et occupèrent la tête du pont. La ville prit l'alarme; le tocsin sonna. Le résident de France à Strasbourg, interrogé par les magistrats sur ces mouvements inopinés, ne savait rien, n'avait rien à répondre. Il n'était pas plus dans le secret que le bourgmestre de Sardam.

Les magistrats aux abois s'adressèrent alors au baron d'Asfeld lui-même, lequel excipa de ses ordres et renvoya les réclamants à celui de qui il les tenait, le baron de Montclar. Celui-ci leur signifia tout net l'injonction de se soumettre purement et simplement à l'autorité du roi, avec promesse de tous ménagements et de toutes faveurs en cas de bonne volonté; sinon, on recourrait à la force. Elle se montrait et se dressait devant eux de toutes parts. Les magistrats, après une courte délibération, fléchirent. Ils obtinrent seulement de Louvois, qui venait d'arriver sur les lieux, d'assembler une dernière fois la bourgeoisie, pour consommer du moins selon les formes de la légalité cet acte suprême de leur anéantissement politique. Tout se passa tristement et tranquillement. Par mesure de prudence, les magistrats avaient eu soin de laisser sans poudre les canons du rempart, afin d'ôter aux mauvaises têtes, s'il y en avait, le moyen de commencer un jeu qui aurait mal fini pour la population tout entière.

L'effet, en Allemagne et en Europe, fut ce qu'on peut

croire. La foudre, pour être tombée sans bruit et sans éclair, n'en parut que plus prodigieuse. « Tout le monde, écrivait-on de Wurtzbourg quelques jours après au baron de Montclar, ne peut revenir de la consternation où l'on est de ce que les Français ont pris Strasbourg sans tirer un seul coup; et tout le monde dit que c'est une roue du chariot sur lequel on doit entrer dans l'Empire, et que la porte de l'Alsace est fermée présentement. » Cette *roue de chariot* peut paraître un peu hardie et hasardée; mais ce qui est certain, c'est que la porte, hier encore ouverte sur la terre française, se fermait pour ne se rouvrir désormais que dans le sens opposé. L'Allemagne n'avait plus un pied chez nous.

Incontestablement, il y avait utilité; mais où est la morale? Dix fois dans ce récit, on est tenté d'interrompre et de se dire : « Si les choses justes ou que le résultat justifie et consacre se font ainsi, comment donc se font les choses injustes? » Éternel problème où le droit de la force se dresse à nos yeux et nous apparaît régnant, dans le monde de l'histoire comme dans l'ordre de la nature! Mais cette vue toute philosophique mènerait trop loin; rentrons vite dans notre analyse.

Strasbourg, cessant d'exister comme république, garda comme cité ses institutions municipales, sa juridiction civile et criminelle, ses priviléges en matière d'impôt, la liberté de son culte : « l'évêque et le Clergé catholique rentraient en possession de la cathédrale; mais les Luthériens conservaient toutes les autres églises, les écoles et les biens ecclésiastiques en géné- » ral. Le marquis de Chamilly, depuis maréchal de

France, commandant militaire à Strasbourg, avait une femme très-dévote, très-zélée et qui était fort liée avec le parti janséniste. Elle eut, dans le principe, de grandes ardeurs de conversion et d'édification, tant dans l'armée que dans la cité. M. de Chamilly se vit obligé de l'en excuser auprès de Louvois. Elle avait fait imprimer des prières qui avaient été distribuées dans les corps de garde : elle visitait les soldats dans les hôpitaux ; elle avait donné un jour à dîner à tout un détachement qui était de garde à son hôtel. La lettre de M. de Chamilly, par laquelle il essaye de disculper sa femme de ce trop de zèle, porte les apostilles suivantes de la main même de Louvois, et c'est en ce sens qu'il dut lui être répondu ; on croit entendre une de ces lettres impératives et sensées comme nous en connaissons, écrites sous une dictée puissante :

« Il est bon que Mme de Chamilly se mêle de son domestique et de rien autre chose sur les affaires de cette nature. Les soins de Mme de Chamilly sont louables, mais il faut qu'ils s'étendent à son domestique et rien davantage ; et puisqu'il (M. de Chamilly) connaît les raisons dont on s'est servi pour blâmer sa conduite, qu'il s'étudie de manière qu'il n'y donne aucun lieu. Il est bon qu'il fasse retirer ces billets-là tout doucement des corps de garde sans faire de bruit. » (Et au sujet des visites dans les hôpitaux) : « Elle est fort louable de faire cela, et si elle y trouve quelque chose de mal, elle me fera plaisir de m'en avertir ; mais il ne faut voir que l'hôpital du roi et n'aller que rarement dans celui de la ville, à moins qu'elle ne sût qu'il y eût quelque catholique auquel on refusât de donner les assistances spirituelles, auquel cas il serait fort à propos d'en avertir. »

Louvois, l'approbateur, sinon l'inventeur des dragonnades, qui, dans les années suivantes, allait être si dur et si impitoyable pour les Protestants du cœur du royaume, anciens et bons Français, se montrait ici prudent et politique à l'égard d'une cité luthérienne, nouvellement française. Son bon sens, quand il n'était pas traversé de cupidités étrangères, et dans les affaires de son service direct, était suprême. N'oublions pas d'ailleurs (c'est le seul point que je puisse ajouter au récit complet de M. Rousset) que Mme de Chamilly était janséniste, « adonnée aux nouveautés, » qu'elle allait être considérée par le parti comme une Mère de l'Église, et que cela fut poussé au point qu'à la mort du maréchal on crut devoir lui refuser la pension qu'il était d'usage d'accorder aux veuves des maréchaux (1).

On fit venir, l'année suivante, à Strasbourg, des Pères de l'Oratoire, dont était le célèbre Du Guet, pour tâter encore les consciences et sonder le terrain sur cette œuvre des conversions : elles ne prirent pas, — ni chez les Catholiques, ni chez les Protestants :

« Les Catholiques, écrivait Du Guet (1682), sont soldats pour la plupart, occupés à la citadelle, aux forts, à autre chose qu'à leur conscience; les hérétiques bourgeois sont sur leurs gardes, et le magistrat est un homme délicat qui a l'œil à tout, qui se plaint de tout, et qui fait de toutes choses une affaire d'État. »

Strasbourg, en maintenant sa communion mi-partie et en sauvant quelques-unes de ses franchises munici-

---

(1) *Mémoires du duc de Luynes*, tome II, page 94.

pales, fut vite assimilée et gagnée aux sentiments et aux destinées de sa patrie nouvelle. Noble cité qui n'a gardé de l'Allemagne que la science et la bonté, et devenue toute guerrière et toute française par le cœur! N'est-ce pas chez elle qu'a mérité de reposer, sous son marbre funéraire, le plus aimable et le plus Français de nos héros adoptifs, Maurice de Saxe? N'est-ce pas à Strasbourg que fut composée l'immortelle *Marseillaise?* N'est-ce pas du haut de son Minster que prit l'essor l'Hymne enflammé qui parcourut d'un coup d'aile toutes nos frontières et plana sur nos jeunes armées comme une Victoire?

La capitulation si aisée de Strasbourg avait mis en gaieté Louis XIV; lui, si grave dans l'habitude, il lui échappa de faire une plaisanterie sur son heureux ministre qui, cette fois, avait tout conclu sans lui et n'avait pas eu besoin de sa présence. Qui sait? si sa politique de roi était satisfaite et pleinement triomphante, son glorieux amour-propre personnel se sentait peut-être un peu déçu. Comme on s'entretenait le 2 octobre, à son coucher, des nouvelles du jour, à savoir qu'une partie de nos troupes était entrée à Strasbourg dans l'après-midi du 30 septembre, et que le reste n'avait fait son entrée que le lendemain, le roi dit en riant qu'il fallait que, dès ce premier jour même, la sûreté y fût bien entière, puisque M. de Louvois y avait couché. Il était reconnu que Louvois, en campagne, prenait toutes les sûretés pour ce qui regardait sa précieuse personne. La plaisanterie, d'ailleurs, portait à faux, Louvois n'ayant pas couché dans la place ce soir-là.

De son côté, Louvois fit sa plaisanterie et sa gentillesse, mais c'est à Messieurs de Strasbourg qu'il l'adressa. Quelques jours après et pendant le voyage que fit le roi en Alsace (octobre 1681), comme on visitait la fonderie de Brisach, où se voyaient certains mortiers formidables et d'invention nouvelle, il s'avisa de les faire tirer devant les députés de Strasbourg là présents, « pour leur faire connaître, disait-il agréablement, combien ils avaient été sages de se rendre. » Chacun fait ses gentillesses à sa manière.

On vient d'assister au chef-d'œuvre de réunion opéré par Louvois. Strasbourg est le plus beau trophée de sa politique patriotique et française. Casal au contraire, en Italie, à l'extrémité du Piémont, Casal, que les troupes françaises eurent ordre d'occuper dans le même temps, est la pointe la plus avancée, la plus aventurée, une des grosses erreurs ambitieuses de ce ministre insatiable, et qui ne croyait jamais que les raisins fussent trop verts. Ces chapitres de M. C. Rousset sont de vraies découvertes historiques au sein du règne de Louis XIV. On y apprend du neuf à chaque pas. Nous devrons y insister.

Lundi 25 janvier 1864.

HISTOIRE DE LOUVOIS

PAR M. CAMILLE ROUSSET

VICTOR-AMÉDÉE, DUC DE SAVOIE.

SUITE ET FIN.

L'affaire de Casal en Italie, la prise de possession de cette place par les troupes de Louis XIV le même jour et presque à la même heure qu'on entrait dans Strasbourg (30 septembre 1681), n'est qu'un incident de la politique pratiquée et suivie envers la Cour de Turin, et cette politique mérite un examen particulier. L'ouvrage de M. Rousset, entre autres révélations curieuses, éclaire d'un jour inattendu et prolongé la figure si compliquée et si difficile de Victor-Amédée, duc de Savoie. Il est parvenu, par le seul exposé des faits et la pénétration du détail, à rendre intéressant en même temps que distinct ce personnage si peu gracieux, si peu brillant, si peu sympathique, et en apparence si indéchiffrable; désormais Louis XIV, avec sa physionomie solaire, nous apparaît comme encadré entre ses deux grands ennemis pâles et sombres, le prince d'Orange, Guillaume, et le duc de Savoie, Victor-Amédée. Ce dernier, en vertu des documents actuellement mis en œuvre, acquiert un relief qui le constitue un des caractères les plus originaux de l'histoire. Étudions-le donc, et Louis XIV avec lui.

I.

Et dès l'abord, disons-nous bien de qui nous parlons : aucun des adversaires de Louis XIV, y compris le prince d'Orange, ne fut plus nuisible au glorieux monarque et n'apporta un appoint plus fâcheux, plus malencontreux, dans la coalition européenne qui se forma contre lui et qu'avaient provoquée les violences et les hauteurs du grand roi et de son ministre, nul ne pesa plus à contre-temps pour nous et plus à notre détriment dans la balance, que ce petit souverain qui, dans son plus grand effort, n'avait au plus qu'un budget de six millions et une force militaire de dix mille hommes; nul, à un moment donné, ne prit Louis XIV plus en flanc, au défaut de la cuirasse, par le côté faible. C'était, on l'a dit, le moucheron piquant et déconcertant le lion. La conduite astucieuse de ce duc, la duplicité constante dont il fit preuve, ne mériteraient que détestation et flétrissure, si Louis XIV ne se l'était complétement attirée par ses abus de force, et si le faible, en usant de toute la ruse dont il était capable, n'avait justement payé de retour l'orgueilleux et le puissant.

Il est vrai que Victor-Amédée était tout disposé par la nature et façonné par l'éducation pour un tel rôle. Il avait pour mère une Française, Marie de Nemours, qui devint régente de l'État à la mort de son époux Charles-Emmanuel, enlevé dans la force de l'âge (12 juin 1675). L'enfant n'avait alors que neuf ans. On rapporte qu'au moment où son père venait d'expirer, le jeune duc s'approcha de Mme Servien, femme de l'ambassadeur de France, et lui dit en pleurant « qu'il priait M. l'ambassadeur d'assurer Sa Majesté qu'il était son très-humble serviteur, et qu'il le suppliait très-humblement de vouloir lui servir de papa, puisqu'il avait perdu le sien. » Ce petit discours, suggéré ou venu naturellement, et prononcé d'une voix sanglotante, fut le premier acte politique de Victor-Amédée. Comment Louis XIV et Louvois y répondirent-ils? Quel père et quel tuteur l'orphelin trouva-t-il en eux?

Madame Royale (ainsi nommait-on la duchesse mère qui prit en main la Régence) tint toute la première, à l'égard de son fils, une ligne de conduite très-peu maternelle : elle aimait le pouvoir, elle ne haïssait pas le plaisir, elle ne songea point à élever son fils en vue d'un prochain partage et exercice de l'autorité; elle le traita avec froideur, avec roideur, non en mère française, mais en mettant sans cesse l'étiquette entre elle et lui. Sa première et sa plus chère idée, dès qu'elle le vit en âge, fut de penser à l'éloigner de ses États héréditaires et à le reléguer au loin sur un trône, elle devant continuer de régner et de gouverner par elle-même ou par ses ministres favoris.

La politique de Mazarin et de Lionne, qui était d'exercer sur le Piémont une influence habile et encore plus réelle qu'apparente, était dépassée ; Louis XIV et Louvois voulaient plus : ils entendaient avoir le Piémont dans leur main, à leur dévotion, pour leurs projets sur la Péninsule et contre le Milanais. La Régence ne s'y prêtait point de bonne grâce, et elle ne cédait que quand on la pressait trop. Une fois, pourtant, elle se décida à rendre un vrai service, et dont il lui serait tenu compte. Louvois voulait acquérir Casal du duc de Mantoue et y mettre une garnison française pour s'ouvrir une porte sur le Milanais. Le comte Mattioli, l'un des ministres du duc de Mantoue, et qu'on se flattait d'avoir gagné, promettait de conclure l'affaire moyennant finance ; il y avait déjà production de traités et signature engagée de la part de la France ; mais le fourbe trompait tout le monde et livrait le secret de la négociation aux ennemis. La Régente informée avertit Louvois et donna les mains à l'arrestation qu'on fit de Mattioli conduit adroitement hors de Turin et amené dans une hôtellerie sur le territoire français. Ce traître Mattioli pris au piége (Catinat présent), arrêté, bâillonné, garrotté, fut mis dans la citadelle de Pignerol, et n'est autre, selon M. Camille Rousset, que le fameux *Masque de fer*.

Louvois, avec les précautions minutieuses qu'il aimait, avec ce mélange de terreur et de mystère qui ne lui déplaisait pas, a bien pu, effectivement, en ordonner ainsi à l'égard d'un homme dangereux qu'il avait tout intérêt à supprimer et à faire disparaître. Cette explication rabat bien du romanesque. On aime à voir quelque chose de plus qu'un petit ministre intrigant et traître dans le personnage devenu légendaire. L'imagination s'en mêle et ne se tiendra probablement pas encore pour vaincue. La porte d'*ivoire* par laquelle, selon le poëte, s'échappent les songes faux, est toujours plus agréable que la porte de *corne* qui seule donne passage à la vérité.

Le jeune duc de Savoie apprenait vers ce temps que sa mère prétendait le marier à l'infante de Portugal, avec perspective pour lui d'être roi par la suite, ou plutôt le mari de la reine, dans un lointain et perpétuel exil. Le rejeton de vieille race était attaché à ses rochers. Cette nouvelle le rendit fort mélancolique pendant deux jours; puis il dissimula, mais pas aussi bien qu'il le fit plus tard.

« Ce prince, disait dès lors un bon observateur, est naturellement caché et secret; quelque soin qu'on prenne de pénétrer ses véritables sentiments, on les connaît difficilement, et j'ai remarqué qu'il fait des amitiés à des gens pour qui je sais qu'il a de l'aversion... Je suis fort trompé si Madame Royale elle-même doit faire beaucoup de fondement sur sa tendresse et sur sa déférence, quand il sera le maître. Comme il est dans un âge où il n'a point encore acquis tout le pouvoir sur lui qu'il aura sans doute avec le temps, il lui échappe quelquefois de dire de certaines choses dont Madame

Royale est informée, par le soin qu'on a de veiller continuellement sur ses actions et sur ses paroles... Ce qui doit augmenter l'inquiétude de Madame Royale, c'est qu'on voit que M. le duc de Savoie est vif, impatient et sensible, et que, dans les premières années de sa régence, elle l'a traité avec une sévérité dont à peine elle s'est relâchée depuis quelques mois... »

Le jeune prince en était dès lors à éprouver pour sa mère un sentiment de répulsion et presque d'aversion. Admis, le soir, à lui baiser la main, selon l'étiquette, et rarement le visage, il lui arrivait, lorsque cette dernière faveur lui avait été accordée par hasard, de se frotter la joue en sortant de la chambre « comme s'il avait approché d'un pestiféré, » avouant à son valet de chambre favori qu'il savait et désapprouvait de tout son cœur les actions et déportements de sa mère.

Moins maître de lui qu'il ne le fut ensuite, il laissa un jour échapper un signe non équivoque de son animosité contre la France. Un jeune Piémontais, âgé de quinze ans, le comte de Frine, nommé à une place de page dans la Grande-Écurie de Louis XIV, et faisant des armes peu avant son départ avec un autre enfant de qualité du même âge, se prit de querelle avec lui par trop de vanterie; les camarades s'étant mis du côté du plus faible, une rixe s'ensuivit avec bourrades et coups, et l'escrimeur battu provoqua ses agresseurs en duel. Ce qu'apprenant Victor-Amédée, il fit venir le jeune comte dans sa chambre, lui ôta son épée, en lui demandant s'il ne savait pas que le duel était un crime d'État; puis, ne se contenant plus, il se jeta sur lui, le

5.

frappa avec rage, lui répétant à chaque coup « d'aller porter cela en France, qu'il n'était qu'un palefrenier, qu'il allât servir le roi de France, etc. » On arracha de ses mains le jeune homme tout meurtri et qui n'osait se défendre; les parents non plus n'osèrent se plaindre. Louvois savait en détail tous ces faits et ces traits significatifs par ses espions à la Cour de Turin. Il s'en servait pour peser de tout son poids sur l'esprit de la Régente dont il voulait faire purement et simplement la créature de la France : à ce prix, il lui promettait de la protéger, de la soutenir envers et contre tous, à l'expiration de la Régence, dans le maintien et la prolongation du pouvoir.

Cette Régence expirait légalement le 14 mai 1680. La veille de ce jour où le jeune duc avait ses quatorze ans accomplis, l'Académie de Turin tint une séance extraordinaire, et l'abbé de Saint-Réal y prononça le Panégyrique de Madame Royale. Jamais discours académique ne remplit mieux toutes les conditions, s'il est vrai que la première de ces conditions, indépendamment de l'élégance, soit l'embellissement continuel, le travestissement flatteur de la vérité. Il faut voir comme l'orateur, après avoir exalté toutes les vertus de la mère, y célèbre dans le jeune prince —

« Le rayon divin qui brille avec tant d'éclat sur son visage et dans toute sa personne; cet air noble, fin et délicat, cette vivacité ingénieuse qui n'a rien de rude, de léger ni d'emporté; cette physionomie haute, sérieuse et rassise qu'on lui voit prendre dans les fonctions publiques, et qui donne un nouveau lustre aux grâces naïves de son âge;

enfin l'agrément inexprimable que le Ciel a répandu dans toutes ses actions, qui le rend le centre des cœurs aussi bien que des yeux dans les assemblées et dans les cérémonies, qui le distingue beaucoup plus que le rang qu'il y tient, et dans lequel on entrevoit toujours pour dernier charme un fond de bonté, de droiture, de discernement et de raison qui se découvre tous les jours de plus en plus dans tous ses sentiments et toutes ses inclinations.

« Qui le croirait, Messieurs? s'écriait Saint-Réal dans un transport d'éloquence, à quatorze ans sa parole est un gage inviolable... Vous le savez, ô la plus heureuse des mères!... »

Le thème était des mieux brodés. Je ne vois à mettre en regard, et comme pendant, que certain écran que le cardinal d'Estrées avait donné, il y avait quelques mois, à Madame Royale en manière de surprise, et dont Mme de La Fayette, amie de la Régente, avait soigné les détails et fourni le dessin :

« Vous savez, écrivait Mme de Sévigné, la tête pleine de ce galant cadeau, et voulant en donner idée à sa fille (13 décembre 1679), que Madame Royale ne souhaite rien tant au monde que l'accomplissement du mariage de son fils avec l'infante de Portugal; c'est l'évangile du jour. Cet écran est d'une grandeur médiocre : du côté du tableau, c'est Madame Royale peinte en miniature, très-ressemblante, environ grande comme la main, accompagnée des Vertus, avec ce qui la fait reconnaître : cela fait un groupe fort beau et fort charmant. Vis-à-vis de la princesse est le jeune prince, beau comme un ange, d'après nature aussi, entouré des Grâces et des Amours; cette petite troupe est fort agréable. Madame Royale montre à son fils, avec la main droite, la mer et la ville de Lisbonne. La Gloire et la Renommée sont en l'air, qui l'attendent avec des couronnes. Sous les pieds du prince, c'est un vers de Virgile : *Matre dea monstrante viam*...

« Rien n'est mieux imaginé. L'autre côté de l'écran est d'une très-belle et très-riche broderie d'or et d'argent. Les clous qui clouent le galon sont de diamant. Le pied est de vermeil doré, très-riche... On prétend que Madame, sortant de son cabinet, verra tout d'un coup ce joli écran, sans savoir d'où ni comment il se trouve là... Voilà des présents comme je voudrais bien en pouvoir faire à qui vous savez : je ne sais si je vous l'ai bien dépeint. »

Eh bien ! Saint-Réal avait composé aussi son écran : c'était ce Panégyrique. Lui qui est célèbre par plus d'un roman historique, il n'en a jamais imaginé de plus complet.

Louvois, mieux avisé, en présence de ce naturel fermé de si bonne heure et de cette précoce dissimulation du jeune duc, et quand on lui parlait des variations de physionomie et de sentiments qu'il laissait apercevoir pour ce mariage de Portugal, écrivait à son agent : « Je crains également le chagrin et la gaieté de M. le duc de Savoie. »

Le jeune prince, une fois majeur, n'eut plus qu'une pensée : prendre le pouvoir, mais aussi cacher ses desseins. A chaque acte d'autorité que la France faisait à Turin, il était maître de lui et dévorait ses dégoûts en silence. Un jour, il arriva qu'un noble Piémontais, le marquis Dronero, ambassadeur extraordinaire de Savoie en Portugal, où il avait célébré la cérémonie des fiançailles, étant de retour à Turin, fut apostrophé en plein palais, en pleine Cour, par l'ambassadeur de

Louis XIV, comme accusé d'avoir mal parlé de la
France et d'être entré en liaison avec ses ennemis.
L'abbé d'Estrades, après avoir salué la duchesse mère,
allant droit au marquis Dronero, lui signifia à brûle-
pourpoint devant tous le mécontentement du roi, son
maître. L'infortuné marquis tomba du coup sans connaissance : ce fut une exécution. Toute la noblesse
s'émut de cette scène blessante ; la duchesse elle-même
ne put s'empêcher de se plaindre de n'avoir pas été
prévenue. Seul, le jeune duc garda un visage impassible, écouta avec calme les explications de l'abbé
d'Estrades, et lui dit qu'il était persuadé de la justice
des motifs qui avaient causé le mécontentement du
roi contre le marquis Dronero.

C'est ainsi que, dans un cœur fier et un esprit profond, s'accumulaient contre Louis XIV et son ministre
des trésors de rancune qui devaient sortir à leur moment.

II.

L'affaire de Casal, sourdement menée jusqu'alors,
qui passait pour manquée, et qui s'était renouée très-
secrètement avec le duc de Mantoue et ses ministres
après la trahison de Mattioli, éclata sur ce temps.
L'abbé d'Estrades demanda le passage des troupes
françaises à travers le Piémont, pour qu'elles allassent
occuper cette citadelle de Casal, vendue à la France à
beaux deniers comptants. La demande de passage était
de pure formalité. Comment refuser en effet ? En cas

de résistance, le marquis de Boufflers avait ordre de forcer les obstacles et de charger les troupes qui s'y opposeraient. Les Français traversèrent donc le Piémont de part en part et entrèrent dans la citadelle le 30 décembre (1681). Catinat, depuis quelque temps caché sous un faux nom dans la citadelle de Pignerol où il passait pour un certain *Guibert* ingénieur, qui aurait été arrêté par ordre du roi pour avoir emporté des plans de places fortes à la frontière de Flandre (ce qui ne laisse pas de faire un rôle étrange dans l'idée qu'on s'est formée à bon droit du grave et sérieux personnage), — Catinat jeta tout d'un coup son déguisement, redevint homme de guerre et alla prendre possession du gouvernement de Casal. C'était là aussi, comme à Strasbourg, une manière de conjuration qui réussissait, mais une conjuration lointaine et sujette à bien des risques, à bien des retours. Quoi qu'il en soit et sur l'heure même, entre Casal et Pignerol, Turin se trouvait pris entre deux feux, et toute indépendance anéantie. La duchesse mère en frémissait elle-même et s'en révoltait tout bas. Le jeune duc, seul de toute sa Cour et de tout son peuple, semblait impassible.

Louvois, moins confiant en cette jeune âme d'ambitieux, faisait représenter à sa mère que si elle voulait garder le pouvoir, elle se mît au plus tôt en mesure et prît ses sûretés en se donnant toute à la France; il essayait de lui forcer la main pour qu'elle livrât au roi places et citadelles de son pays, afin de retenir à ce prix cette ombre d'autorité qu'on lui aurait laissée.

Il faut rendre cette justice à une femme, d'ailleurs mobile et peu conséquente, qu'elle résista à de si abaissantes propositions. Ses tergiversations continuelles, son ambition et ses faiblesses allaient recevoir des deux côtés le payement qu'elles méritaient.

Elle avait compté toujours que son fils partirait pour le Portugal et que, lui laissant désormais le champ libre, il irait accomplir ce mariage si désiré d'elle, si craint et abhorré des Piémontais. Le jeune duc, dans les derniers temps, paraissait soumis, résigné, caressant même, quand une maladie inopinée vint tout à coup à la traverse de ce parfait semblant d'obéissance. Qu'en penser? Était-ce feinte? était-ce un simple contre-temps? Jamais maladie n'était venue plus à point pour le jeune duc qui, malgré son secret désir, en semblait fort contrarié. Bien habile qui aurait su là dedans démêler le vrai du faux! Le marquis de La Trousse, envoyé militaire de Louvois à Turin, écrivait:

« Il (le duc) a dit hier à M. de Cadaval (l'ambassadeur de Portugal) que ce qui lui donnait le plus de chagrin de son mal, était le retardement qu'il apportait à l'envie de s'aller jeter aux pieds de l'infante. Cependant il est constant qu'il ne fait qu'avec répugnance ce mariage. La crainte de la France peut beaucoup sur lui. Il est dissimulé; il me fait des merveilles, quoique je sois persuadé que mon séjour dans ce pays ne lui plaise pas. Il me témoigne souvent, par des termes assez choisis, les sentiments respectueux et la reconnaissance qu'il a des bontés que Sa Majesté a pour lui. »

Tant que l'ambassadeur Cadaval fut à Turin, le jeune duc semblait aller de mal en pis. Les médecins ne savaient plus que penser de cette consomption lente et capricieuse; il les voulait voir à peine : on ne pénétrait point jusqu'à lui. Il avait quitté Turin pour Moncalieri, dont l'air semblait meilleur; de là il devait aller à Nice; puis il ne voulait plus. On sut un jour qu'il avait demandé son confesseur. L'ambassadeur portugais partit, de guerre lasse, fort mécontent et exhalant son mépris. Trois jours après, le jeune duc était en pleine convalescence : cette fièvre portugaise avait passé comme par enchantement.

Doit-on s'en étonner? l'oppression, la contrainte, le sentiment de sa faiblesse joint à la conscience de ce qu'il était et à l'orgueil de sa royale nature, avaient produit dans cette âme adolescente des replis de l'âme avancée d'un Louis XI ou d'un Tibère.

Cependant, le ministre influent, jusque-là créature de la France et instrument de Madame Royale, le marquis de Pianesse, pressentant le naturel du duc et sa force future, se retournait un matin de son côté, lui faisait conseiller sous main de se tirer de la tutelle où il était, et lui offrait pour cela ses services. Le jeune duc écouta l'émissaire de Pianesse, se fit remettre de la part du ministre des mémoires écrits, détaillés, utiles, et, tout bien pesé, tout balancé, il prit le parti de conter toute l'intrigue à sa mère. Pianesse se vit arrêté et incarcéré. Le duc entendait bien profiter des bons conseils de ses ennemis, mais il commençait par se défaire d'eux et par les sacrifier. Il ne se confiait point en eux, il ne comptait que sur lui pour l'avenir.

Pianesse était détesté à Turin comme l'homme de la

France. Lorsque le jeune duc reparut dans sa capitale pour la première fois depuis cette terrible maladie, vraie ou feinte, depuis ce mariage impopulaire qui avait manqué, et le lendemain de la chute d'un ministre odieux, la population tout entière le salua avec transport. Le 11 janvier 1683 fut véritablement sa journée d'émancipation et d'avénement ; Madame Royale y put pressentir la ruine prochaine de son pouvoir : « Sous le regard impérieux de sa mère, nous dit M. C. Rousset, il baissait encore les yeux, mais avec peine et après une certaine lutte. L'enfant timide disparaissait : le jeune homme commençait à se révéler. » On remarqua aussi, vers ce même temps, qu'il était moins farouche auprès des femmes, et Mlle de Saluces commençait à l'humaniser.

Louvois, sentant que la crise approchait, tenta un dernier effort pour avoir raison des résistances de Madame Royale et pour lui arracher une occupation militaire des principales places du Piémont par la France : à ce prix, elle était assurée de l'entière et absolue protection du roi contre tout ce que pourrait entreprendre son fils. C'était une usurpation masquée qu'on offrait de garantir. Ainsi mise en demeure, et au dernier moment, elle recula devant ce qu'elle-même avait semblé proposer. Et pourtant elle commençait à connaître à qui elle avait affaire désormais en la personne du jeune duc. Voici le portrait confidentiel que traçait de lui celle que Saint-Réal avait appelée *la meilleure et la plus heureuse des mères* :

« Pour faire connaître à M. de Louvois, écrivait-elle, la

confiance entière que j'ai en lui et en sa discrétion, je vais lui dépeindre l'humeur de Son Altesse Royale, dont il ne rendra compte qu'au roi comme mon protecteur, à qui je me confie très-respectueusement, et auquel j'ouvre le plus secret de mon cœur, avec la liberté qu'il m'a permise. Je lui dirai que j'ai remarqué, depuis mon retour de Moncallier, une mélancolie morne en Son Altesse Royale, une dissimulation profonde et une inquiétude perpétuelle dans son esprit, que j'ai même jugée quelquefois pouvoir venir aussi bien d'un reste de maladie ou d'une inégalité de tempérament, que de quelque dessein caché... Il passe des temps considérables de la journée ou dans une cave ou sur un lit; rien ne le contente ni ne le divertit. Il a presque quitté le plaisir de la chasse, qui était sa passion dominante. Il affecte en enfant d'être au-dessus des passions; il a beaucoup d'ostentation dans ce qu'il dit et dans ce qu'il fait. Il paraît avoir de l'aversion pour les personnes qu'il croit dans mes intérêts. Je lui vois, à regret, un naturel porté à la rigueur et à la violence, peu de tendresse et de sûreté... »

Mais, à ce même moment, le jeune duc déjouait sa mère par une tactique hardie et habile; il sentait où était la force, la menace d'oppression; il essayait de la conjurer en feignant de l'accepter sans réserve, et il faisait de son côté des contre-propositions toutes soumises et tout humbles à Louis XIV. A l'entendre, si sa mère le poussait trop loin et prétendait lui imposer plus que des conseils, lesquels il serait toujours ravi de recevoir; si l'on oubliait pourtant qu'il était majeur enfin et voulait être maître, il ne demandait pour juge et arbitre en ce conflit que le roi lui-même, ajoutant :

« Qu'il ne pouvait croire que le roi voulût empêcher un prince légitime de gouverner ses États; qu'il lui enverrait quelqu'un de confiance pour lui marquer son zèle et son respect; qu'il n'entrerait jamais dans d'autres intérêts que les siens; qu'il ne se marierait que de sa main, et que, se tenant dans ces termes et que faisant encore plus pour son service que n'avait fait Madame Royale, il était persuadé de n'être point désapprouvé de lui dans les démarches qui pouvaient lui donner à lui-même un peu de considération. »

Il allait plus loin à certains moments, et comme s'il avait obéi à un élan de son cœur :

« Eh bien! s'écriait-il, si l'on veut me perdre auprès du roi, je prendrai la poste, j'irai le trouver; je m'assure qu'un si grand monarque, et qui a tant de belles qualités personnelles, ne m'abandonnera point; j'irai même servir de volontaire auprès de sa personne, en cas qu'il entreprenne quelque chose; car j'ai fortement dans la tête de mériter son estime. » — « Mais, lui répondait-on, les princes comme Votre Altesse Royale n'ont point accoutumé d'aller ainsi; une telle démarche surprendrait fort le roi de France. » — « Non, répliquait-il, je sais bien que je n'ai rien à craindre en me jetant entre les bras du roi, qui est aussi honnête homme que grand monarque. »

Et Louis XIV, touché à l'endroit chatouilleux, s'adoucissait pour le jeune prince, dont les effusions lui arrivaient par le canal de M. de La Trousse et de Louvois, tandis que son envoyé officiel, l'abbé d'Estrades, lui écrivait dans le même temps :

« L'on doit cette justice à M. le duc de Savoie que c'est un prince qui a beaucoup d'esprit, qui est fort éloigné de tous les amusements ordinaires aux personnes de son âge, et que toutes ses occupations marquent des sentiments fort élevés, et beaucoup d'inclination pour la guerre et pour les affaires. »

Le duc de Savoie marchait sur ses dix-huit ans. Il épousa Mademoiselle de Valois, fille de Monsieur, duc d'Orléans, et il devint ainsi le neveu par alliance de Louis XIV. La duchesse mère dut abdiquer tout pouvoir; Victor-Amédée régna. Devait-il donc régner au profit de Louis XIV; et du caractère dont il était et dont on avait contribué à le faire, devait-on raisonnablement l'espérer?

III.

Les fruits de la virilité et de la maturité furent dignes d'une telle enfance. Si Louis XIV, voyant ce jeune couple de dix-huit ans et de quinze régner en Savoie, se flatta de les tenir à la lisière, il se préparait du mécompte. Comme premier signe d'émancipation, le jeune duc se montra assez détaché de la duchesse son épouse, et il ne se refusait pas les distractions ou même les liaisons déclarées. D'ailleurs il s'adonnait aux affaires et ne laissait personne lire dans ses pensées. Un jour, dans l'automne de 1684, il eut le projet d'aller passer quelques semaines à Venise. Aussitôt Louis XIV s'en émut, s'en alarma, recommanda à tous ses agents d'éclairer de près les démarches du duc. Puis bientôt, passant outre, il déclara ce voyage impossible et se montra prêt à l'empêcher à tout prix, à ce point, signifiait-il, que « si le duc de Savoie ne voulait pas absolument changer de résolution, il ferait passer les Alpes à sept ou huit mille hommes qui séjourneraient en Piémont et tiendraient le pays. »

L'ambassadeur de Louis XIV, ce même abbé d'Estrades, crut devoir taire les menaces qui auraient aigri le duc; il lui en dit pourtant assez pour lui faire comprendre l'improbation royale. D'un air calme, le duc répondit qu'il s'étonnait qu'une pareille misère eût pu aller jusqu'au roi. Mais on conçoit l'irritation secrète d'une nature fine et fière, ainsi humiliée à plaisir. M. Camille Rousset l'a très-bien dit de Louis XIV, pour ce cas et pour quelques autres pareils : « C'était là faire, non plus la politique, mais la police de l'Europe. »

Une autre fois, le prince Eugène, cousin du jeune duc et déjà au service de l'Empereur, fait un voyage à Turin (décembre 1684). Sa présence y porte ombrage à Louis XIV; sa conduite n'y donne lieu toutefois à aucune remarque importante. Seulement Victor-Amédée lui fait cadeau d'un cheval d'Espagne et de vingt mille livres de Piémont. Cette magnificence déplaît à Louis XIV; il fait signifier là-dessus par son ambassadeur, sans autre explication, qu'il suspend le payement du subside qui était stipulé pour près de quatre années encore, laissant le duc de Savoie maître de réformer à son choix une partie de ses troupes. Victor-Amédée reçoit l'outrage et dissimule en public : il se met aussitôt à licencier en effet une partie de son armée. Mais que pense-t-il au fond? que dit-il dans la familiarité? Il dit qu'on le traite « comme un colonel de petite condition, dont on réforme le régiment sans daigner l'avertir. » Et son peuple lui-même, et toute l'Italie qui le voit traiter « comme un sujet, non comme un souverain, » prend parti pour lui et souffre à son exemple. Il n'est jamais bon ni politique d'humilier les hommes et les peuples. Louvois et Louis XIV l'oublièrent trop dans cette période triomphante. Le mot de *verges* revient souvent dans les ordres et dépêches de ce temps : il y est question de *montrer les verges* aux nations et aux souverains, comme aux enfants, pour leur faire peur. Cette politique d'épouvantail est la pire. Elle irrite et laisse dans les cœurs des ulcérations incurables. Pareille chose et pareil excès se sont renouvelés du temps de notre jeunesse : on sait trop les suites. Les réactions, ainsi motivées et préparées de longue main, seront terribles.

La révocation de l'Édit de Nantes était une mesure cruelle et impolitique en France ; mais que dire lorsqu'elle allait s'étendre jusqu'en Piémont, par delà nos frontières ? Il y a dans les vallées vaudoises du Piémont de pauvres religionnaires établis depuis des siècles et de temps immémorial, qui y vivent en paix. Louis XIV exige qu'on leur fasse la guerre, qu'on les convertisse ou qu'on les expulse. Le prétexte est que les religionnaires français, traqués de toutes parts, cherchent un refuge parmi leurs frères de Piémont. Le duc de Savoie, après avoir regardé autour de lui en Europe et ne voyant aucun moyen présent et actuel de résister à l'injonction, prend le parti de céder et d'obéir. Mais il ne peut agir seul contre ses sujets :

qu'à cela ne tienne! Louis XIV lui donne pour auxiliaire Catinat, gouverneur de Casal. Le vertueux, le sage, le philanthrope Catinat se voit chargé d'exterminer ce peuple paisible et fidèle, au cœur de ses vallées : homme de devoir et, après tout, de consigne, il fera son métier en conscience ; il fouille le pays en tous sens, il relance dans les lieux inaccessibles ces gens « plus difficiles à trouver qu'à vaincre. » Après moins de trois semaines de campagne, il se donne la triste satisfaction d'écrire à Louvois (9 mai 1686) :

« Ce pays est parfaitement désolé ; il n'y a plus du tout ni peuples ni bestiaux. Les troupes ont eu de la peine par l'âpreté du pays ; mais le soldat en a été bien récompensé par le butin. M. le duc de Savoie a autour de 8,000 âmes entre ses mains. J'espère que nous ne quitterons point ce pays-ci que cette race de *barbets* n'en soit entièrement extirpée. J'ai ordonné que l'on eût un peu de cruauté pour ceux que l'on trouve cachés dans les montagnes, qui donnent la peine de les aller chercher, et qui ont soin de paraître sans armes, lorsqu'ils se voient surpris étant les plus faibles. Ceux que l'on peut prendre les armes à la main, et qui ne sont pas tués, passent par les mains du bourreau. »

Exécration ! voilà ce que le guerrier le plus humain se voit, pour exécuter ses ordres, contraint et forcé de faire.

Victor-Amédée, lui aussi, contraint à son corps défendant de marcher avec Catinat, en profite pour apprendre le métier de la guerre sous un excellent maître, contre qui il se mesurera un jour. On le verra bientôt, au début de la grande lutte européenne (1688), avoir un camp à Saluggia, y exécuter des manœuvres, tout faire de sa personne pour se tremper, se rompre aux fatigues et acquérir une constitution robuste que lui avait refusée la nature. Jamais puissance de la volonté ne se marqua mieux que dans toute la conduite et le manége divers de Victor-Amédée.

Aux approches de la ligue et coalition contre Louis XIV, le duc fit ce fameux voyage à Venise qu'on lui avait interdit quelques années auparavant. C'était dans le temps du carnaval (février 1687). Il y vit comme par hasard son cousin Eugène, et, sous air de ne chercher que la distraction, il y noua sans nul doute avec l'Allemagne et l'Empire des intelligences sérieuses. Il appliquait en toute occasion ce mot qui lui était échappé, parlant à son ancien gouverneur, « que dorénavant il voudrait, s'il lui était possible, négocier et traiter d'affaires sous terre. » On ne savait jamais au juste, en effet, quand on traitait avec lui, où l'on en était ni où l'atteindre. On le croyait à un endroit, et il s'était déjà dérobé : il était ailleurs. S'il se sentait un moment découvert, il rentrait aussitôt dans son labyrinthe. C'était un Protée qui vous échappait. « On peut dire de lui, écrivait le marquis d'Arcy, ambassadeur à Turin, ce qu'on disait de Charles-Emmanuel (le contemporain de Henri IV), que son cœur est couvert de montagnes comme son pays. »

Ses démonstrations et ses semblants sont pour Louis XIV : son goût est pour le prince d'Orange. Il l'admirait sincèrement et eût voulu lui ressembler. Sur un moindre théâtre, il se montra un aussi grand politique que lui, moins honnête parce qu'il était plus faible. Il n'était pas assez libre de position et d'allure pour se livrer à sa haine. Il n'y donna cours que par accès, et l'intérêt reprenait bientôt le dessus. Dès 1687, il est décidé au fond contre Louis XIV ; comment ne le serait-il pas après tant d'injures ? Mais il temporise, il attend son heure et l'occasion : il se ménage aussi des prétextes pour ne point paraître l'agresseur. Que de chicanes il soulève dans ses rapports avec la France ! Ce sont chaque jour de nouveaux incidents, des objections de détail : questions de douanes, questions de régiments à accorder au roi et du chiffre des hommes, tout devient matière à discussion, à retard. Il vire et revire dans son procédé, à chaque changement de fortune plus ou moins favorable à nos armes. Par moments, il a l'air de ne s'occuper en rien de la politique générale : on le croirait décidément un homme de plaisir. Amoureux de Mme de Verrue, il lui sacrifie Mme de Prié. Lui, si économe, il choisit l'instant où la guerre menace sa frontière découverte, pour faire, avec toute sa Cour, un voyage d'agrément à Nice. On dirait qu'il prend plaisir à taquiner et à harceler Louis XIV par les variations de son humeur. Il fait affaire de tout ; il additionne grief sur grief pour en former une somme de plaintes, pour se donner l'air d'une victime. On se perd dans ces mille artifices qui se croisent et se multiplient, jusqu'à ce qu'enfin l'hostilité se déclare et qu'il devienne et apparaisse, aux yeux de tous, ce qu'il est bien réellement quand il ose, un jeune prince glorieux, fier et obstiné.

Catinat, à la tête d'une petite armée, reparaît en Piémont en 1690 : c'est l'homme que Louvois aime à opposer de ce côté aux ennemis de la France et qui possède le mieux cet échiquier. Catinat connaît à fond le duc de Savoie ; il se laisse pourtant, en plus d'une rencontre, amuser et retarder par lui. Cette fois, Louis XIV voulait des gages et des garanties contre ce souverain suspect ; il voulait lui prendre ses troupes pour les avoir à son service et faire occuper la citadelle de Turin et Verrue. Catinat, en négociateur militaire et bref, posait son ultimatum. Poussé à cette extrémité, Victor-Amédée a pris son parti ; il feint une dernière irrésolution, endort un instant Catinat, et cependant il fait appel à son peuple, il fortifie Turin ; il tentera le sort des batailles. Louis XIV, en l'apprenant, s'en étonne comme s'il n'avait pas dû s'y attendre : il compte jusqu'au dernier moment sur un repentir. Mais le duc de Savoie est d'une race guerrière et lui-même un guerrier : il est brave et vaillant ; il a soif aussi de la gloire, ou du moins de cette considération qui, pour un prince, s'acquiert surtout l'épée à la main. Il a hâte de se mesurer avec ce capitaine estimé, à côté de qui il a appris le métier dans les vallées vaudoises ; il est le premier à le chercher et se fait battre à Staffarde.

Victoire stérile et sans résultat, comme le sera plus tard celle de la Marsaglia ! Je n'ai pas à entrer dans le détail de cette guerre : cela nous mènerait trop loin. On trouve, en lisant M. Camille Rousset, les éléments originaux d'un portrait militaire, et moral aussi, de Catinat. Réservons ce beau sujet bien fait pour tenter tout peintre moraliste qui ne craint pas d'entremêler dans une figure les lumières et les ombres.

Entré le dernier dans la coalition, Victor-Amédée en sortit aussi le premier; il fit sa paix particulière avant tous les autres, et pourvut à ses intérêts comme souverain. Il regagna Pignerol, démantelé, il est vrai : Casal, en revanche, fut également démoli. Il maria sa fille aînée au duc de Bourgogne, l'aîné des petits-fils de Louis XIV. Il entrevoyait et se préparait la royauté future qu'une seconde coalition lui valut. S'ouvrant au comte de Tessé en juin 1696, au moment où il consentait (car c'était son tour alors de consentir) à ratifier sa paix particulière, il disait :

» Au moins, Monsieur le comte, suppliez le roi de me donner un ambassadeur qui nous laisse en repos avec nos moutons, nos femmes, nos mères, nos maîtresses et nos domestiques; le charbonnier doit être le patron dans sa cassine; et depuis le jour que j'ai eu l'usage de raison, jusqu'au jour que j'ai eu le malheur d'entrer dans cette malheureuse guerre, il ne s'est quasi pas passé une semaine que l'on n'ait exigé de moi, soit par rapport à ma conduite ou à ma famille, dix choses où, lorsque je n'en ai accordé que neuf, l'on m'a menacé. Vous entendez bien, sans vous en dire davantage, ce que cela signifie. »

On n'oserait affirmer que, sans Louis XIV et ses procédés écrasants, Victor-Amédée, né comme il était, eût eu une conduite toute différente, moins retorse et moins subtile; il suivait la politique obligée de sa position géographique et de sa maison. Mais Louis XIV contribua certainement à hâter le développement et les fruits de cette politique tortueuse. Il recueillait en partie ce qu'il avait semé.

Singulière figure, aujourd'hui tout entière éclairée, que celle de ce prince de Savoie, opiniâtre et mobile, versatile et fixe d'idée, pliant et grandissant toujours ! Ayant senti de bonne heure tous les inconvénients de la faiblesse, il aspirait à en sortir par tous les moyens, et il s'était fait un principe de l'infidélité. On le voit plus tard, généralissime de notre armée, se battre au premier rang comme soldat et nous trahir au même moment comme général, en communiquant nos plans à l'ennemi. Guerrier d'une espèce à part et qui mettait sa franchise à masquer le politique ! Une fois sur le terrain, il y allait d'autant mieux de bon cœur qu'il était plus de mauvaise foi : son courage même, son intrépidité au feu était une de ses ruses.

Il semble qu'en tout ceci j'aie un peu oublié Louvois. Les dernières réformes de ce grand organisateur ; comme quoi elles manquèrent et furent la plupart neutralisées ou révoquées après lui ; — comment lui-même, par sa brusque et foudroyante disparition, manqua tout à fait à la guerre qui était en plein cours et à celles qui suivirent ; — ce qu'était la guerre avec Louvois, et la guerre sans lui ; — comment il était trop nécessaire et indispensable quand il disparut, pour être à la veille d'une chute, ainsi qu'on l'a tant dit et répété : — tous ces points et bien d'autres, dans l'ouvrage de M. Camille Rousset, sont l'objet de chapitres aussi intéressants que solides, et d'un judicieux qui emporte avec soi la conviction.

En un mot, c'est une mine que ces volumes : je n'en ai extrait qu'un riche filon.

———

6.

Lundi 1er février 1864.

DOMINIQUE,

PAR M. EUGÈNE FROMENTIN (1).

*UN ÉTÉ DANS LE SAHARA — UNE ANNÉE
DANS LE SAHEL* (2).

M. Fromentin a un privilége que je n'ai encore vu personne posséder à un degré égal : il a deux muses ; il est peintre en deux langues ; il n'est pas amateur dans l'une ou dans l'autre, il est artiste consciencieux, sévère et fin dans toutes deux. Son éducation première ne l'avait destiné ni à être peintre, ni à être précisément écrivain : c'est une double vocation qui l'a entraîné, à des heures différentes et bientôt alternatives. Après d'excellentes études littéraires, sa famille le diri-

(1) Un vol. in-18, librairie Hachette, boulevard Saint-Germain, 79.
(2) Deux vol. in-18, Michel Lévy.

geait vers la magistrature ; il était avocat, et presque
déjà docteur en droit, si je ne me trompe, quand le
génie de la couleur l'a séduit. Il a étudié le paysage,
— sous un maître à peine ; on n'étudie pas le paysage
sous un maître, — mais d'après nature. Il visita l'Algérie une première fois en 1847-1848, puis une seconde
et une troisième fois ; il vit et revit le Sahara, le désert.
Tous ces voyages furent féconds ; il devint le peintre
algérien, le paysagiste qu'on sait et que tous admirent
pour sa vérité de ton, sa fermeté, sa finesse, pour cette
verve même qui s'est déclarée dans ses derniers
tableaux. Il y devint aussi l'écrivain pittoresque, le
paysagiste littéraire, parfait et accompli du premier
coup, dont les pages, publiées d'abord dans la *Revue
de Paris* (1), puis dans la *Revue des Deux Mondes* (2),
ont charmé tous les lecteurs.

Doublement peintre et par des procédés différents, il
ne confond point ses deux manières. Il semble que cet
esprit distingué, armé des deux mains et adroit à
volonté, qui peut choisir dans ses moyens d'expression,
se soit dédoublé à dessein de bonne heure, et qu'il se
soit dit : « Je ne puis tout exprimer avec mon pinceau,
je ne puis tout rendre avec ma plume ; atteignons d'un
côté ce qui nécessairement nous échappe en partie de
l'autre ; complétons-nous, sans nous répéter. Prenons
notre revanche alternativement au profit des deux arts,
sans les mélanger, sans les forcer et en observant une

---

(1) *Un Été dans le Sahara* (1857).
(2) *Une Année dans le Sahel* (1859).

limite que d'autres plus hardis, plus aventureux, plus singulièrement doués, ne craignent pas de franchir, mais qu'il me paraît bon, à moi, de maintenir et de respecter. » — Distinguant donc entre les idées visuelles ou plastiques et les idées littéraires, il rend les premières sur ses toiles, réservant les secondes pour ses pages écrites, attentif à se servir en chaque chose de l'art le plus approprié. Il dessine et colore avec son pinceau ; il voudrait colorer aussi dans sa prose, mais avec des mots abstraits si l'on peut dire, et en demandant des nuances, quand il le faut, non plus à la sensation seule, mais à la sensibilité elle-même : de l'école directe en cela de Bernardin de Saint-Pierre, de laquelle nous avons vu récemment un autre aimable et heureux exemple dans Maurice de Guérin.

I.

Un été dans le Sahara, le plus complet et le mieux venu des deux ouvrages algériens de M. Fromentin, agréable et attachant à lire d'un bout à l'autre, mérite qu'on le reprenne avec réflexion : il nous offre, dans la suite des peintures variées qui s'y succèdent, une belle image du talent et aussi une application de la théorie de l'auteur ; il nous livre le résultat excellent de sa manière, en même temps qu'il nous dévoile sa pensée particulière sur l'art.

Après avoir vu une première fois le désert et y avoir

pénétré par un autre point plus à l'est en 1848, M. Fromentin, voyageur de nouveau en 1853, veut le revoir avec moins de surprise et en jouir avec plus de recueillement. Il est ressaisi du désir de vivre dans « le pays céleste du bleu, » comme il l'appelle. Il se propose de l'observer et de le décrire en détail, sous plus d'un aspect; il veut demander à une nature neuve et grandiose des leçons qui ressortent moins vives des spectacles plus habituels auxquels sont faits nos yeux émoussés. Son but est complexe; c'est à nous, lecteurs et raisonneurs, qu'il laisse le soin de le dégager; il se contente de le résumer de la manière la plus générale, lorsqu'il dit à celui de ses amis auquel il adresse le Journal de ses impressions : « Admets seulement que j'aime passionnément le bleu, et qu'il y a deux choses que je brûle de revoir : le ciel sans nuages, au-dessus du désert sans ombre. »

Parti de Médéah dans la direction du sud, il va traverser le pâté de montagnes qui le sépare du désert, et il ne nous laisse rien perdre, chemin faisant, de la physionomie du paysage. Il n'y a d'abord rien de bien oriental dans cette contrée montueuse, où l'élévation compense en partie la latitude. Les premières étapes rappellent assez les vues de France. Du côté du sud, c'est-à-dire du côté où l'on va et que masquent les hauteurs, il n'y a pas de vue ; si l'on se retourne du côté de la Méditerranée, devenue ici la mer du Nord et qui a disparu à l'horizon; si l'on regarde aussi vers le couchant, on domine « une assez grande étendue de collines et de petites vallées, clair-semées de bouquets de bois, de prairies naturelles et de quelques champs cultivés :

« Les collines se couvraient d'ombres, les bois étaient couleur de bronze, les champs avaient la pâleur exquise des blés nouveaux ; le contour des bois s'indiquait par un filet d'ombres bleues. On eût dit un tapis de velours de trois couleurs et d'épaisseur inégale ; rasé court à l'endroit des champs, plus laineux à l'endroit des bois. Dans tout cela, rien de farouche et qui fasse penser au voisinage des lions. »

La première veillée de bivouac (à *El-Gouëa,* autrement dit *la Clairière*) est bien rendue et rappelle, pour le ton, le *Journal* de Chateaubriand voyageant dans les forêts américaines. Quelques citations nous familiariseront vite avec la manière du peintre ; outre qu'elles sont agréables, elles sont nécessaires pour motiver notre jugement et pour associer le lecteur aux conclusions que nous allons tirer au fur et à mesure :

« *Onze heures.* — J'achève, en regardant la nuit, cette première veillée de bivouac. L'air n'est plus humide, mais la terre est toute molle, la toile des tentes est trempée de rosée ; la lune, qui va se lever, commence à blanchir l'horizon au-dessus des bois. Notre bivouac repose dans une obscurité profonde. Le feu allumé au milieu des tentes, et près duquel les Arabes ont jusqu'à présent chuchoté, se racontant je ne sais quoi, mais assurément pas les histoires d'Antar, quoi qu'en disent les voyageurs revenus d'Orient, — le feu abandonné s'est éteint et ne répand plus qu'une vague odeur de résine qui parfume encore tout le camp ; nos chevaux ont de temps en temps des frissons amoureux, et poussent, vers une femelle invisible qui les enflamme, des hennissements aigus comme un éclat de trompette ; tandis qu'une chouette, perchée je ne sais où, exhale à temps égaux, au milieu du plus grand silence, cette petite note unique, plaintive, qui fait *clou!* et semble une respiration sonore plutôt qu'un chant. »

Ce n'est pas seulement vu et peint, c'est écouté, c'est modulé. Il se sert de tous ses sens, Il n'a pas trop d'eux tous pour rendre son impression totale et harmonieuse.

Dans cette suite de montagnes et de vallées qu'on traverse et qui ont leur grandeur, il rencontre dans la vallée du Chéliff un pays, un lieu extraordinairement aride et qui réalise bien l'idée d'une Afrique entièrement africaine (non pas *Boghar* plus connu, plus en vue, mais *Boghari*), qu'on découvre à main gauche en entrant dans la vallée, — un village perché sur un rocher, au fond d'un amphithéâtre désolé, mais flamboyant de lumière :

« C'est bizarre, frappant ; je ne connaissais rien de pareil, et jusqu'à présent je n'avais rien imaginé d'aussi complétement fauve, — disons le mot qui me coûte à dire, — d'aussi jaune. Je serais désolé qu'on s'emparât du mot, car on a déjà trop abusé de la chose ; le mot d'ailleurs est brutal ; il dénature un ton de toute finesse et qui n'est qu'une apparence. Exprimer l'action du soleil sur cette terre ardente en disant que cette terre est jaune, c'est enlaidir et gâter tout. Autant vaut donc ne pas parler de couleur et déclarer que c'est très-beau ; libre à ceux qui n'ont pas vu Boghari d'en fixer le ton d'après la préférence de leur esprit. »

Je remarque à la fois chez le peintre écrivain et sa répugnance à employer un ton cru, et son autre répugnance à créer ou à introduire un nom technique pour un ton nouveau : l'indice du procédé et du scrupule de

M. Fromentin nous est donné. En tout, il sera ainsi : l'expression fine et légère, pas trop marquée, caractéristique pourtant, est celle qu'il préférera. Il usera avec un art infini de toutes les ressources connues du vocabulaire ou de la palette, sans innover décidément et sans faire rage ; il vise à ses plus grands effets, en combinant merveilleusement des procédés moyens.

Il nous donne, dès la seconde étape, la description d'un bal arabe qui se forme peu à peu aux feux du bivouac ; cette peinture de nuit qui commence par ces mots : « Ce n'était pas du Delacroix, toute couleur avait disparu pour ne laisser voir qu'un dessin tantôt estompé d'ombres confuses, tantôt rayé de larges traits de lumière..., » est du Fromentin déjà excellent. Le sens moral et tendre de la danse exécutée par la danseuse arabe est interprété avec grâce, avec chasteté et mesure.

On arrive à la limite des terres cultivées ou cultivables appelées le *Tell* : ce n'est pas le désert encore, on est à la lisière du désert. On quitte les mulets de montagne pour les chameaux ; la caravane décidément se forme et s'organise ; les cavaliers montent à cheval au nombre de trente environ et prennent la tête du convoi.

La vallée du Chéliff, ou plutôt la plaine inégale et caillouteuse ravinée par le Chéliff, s'offre à nous avec son caractère d'aridité surprenante ; le peintre ici se montre tout à nu et nous rend le terrain dans sa crudité géologique, comme le ferait un Saussure qui saurait colorer aussi bien que dessiner :

« Imagine (il s'adresse toujours à son ami) un pays tout de terre et de pierres vives, battu par des vents arides et brûlé jusqu'aux entrailles; une terre marneuse, polie comme de la terre à poterie, presque luisante à l'œil, tant elle est nue; et qui semble, tant elle est sèche, avoir subi l'action du feu; sans la moindre trace de culture, sans une herbe, sans un chardon; — des collines horizontales qu'on dirait aplaties avec la main ou découpées par une fantaisie étrange en dentelures aiguës, formant crochet, comme des cornes tranchantes ou des fers de faux; au centre, d'étroites vallées, aussi propres, aussi nues qu'une aire à battre le grain; quelquefois, un morne bizarre, encore plus désolé, si c'est possible, avec un bloc informe posé sans adhérence au sommet, comme un aérolithe tombé là sur un amas de silex en fusion; — et tout cela, d'un bout à l'autre, aussi loin que la vue peut s'étendre, ni rouge, ni tout à fait jaune, ni bistré, mais exactement couleur de peau de lion. »

Après de telles pages, on n'a plus rien à demander au peintre pour le technique de son art : il s'est traduit en prose avec un ton égal à son objet. Mais l'homme, mais l'être sensible, on lui demande mieux, et nous le retrouvons dès le surlendemain, lorsque après une journée de marche dans la première plaine du sud, après une nuit passée au plus triste bivouac, au bord d'un marais vaseux et fétide, il décrit de la sorte l'impression qu'il reçoit de ce pays sans caractère et sans nom, qui n'est ni la vraie plaine ni le vrai désert, et où il n'y a de vie que ce qu'il en faut pour mieux faire sentir la mort et l'abandon :

« Était-ce fatigue? était-ce un effet du lieu? Je ne sais, mais cette journée là fut longue, sérieuse, et nous la passâmes presque tous à dormir sous la tente. Ce premier aspect d'un pays désert m'avait plongé dans un singulier abattement. Ce n'était pas l'impression d'un beau pays frappé de mort et condamné par le soleil à demeurer stérile ; ce n'était plus le squelette osseux de Boghari, effrayant, bizarre, mais bien construit ; c'était une grande chose sans forme, presque sans couleur, le rien, le vide et comme un oubli du bon Dieu ; des lignes fuyantes, des ondulations indécises ; derrière, au delà, partout, la même couverture d'un vert pâle étendue sur la terre ; çà et là des taches plus grises, ou plus vertes, ou plus jaunes ; d'un côté, les Seba'Rous (les *sept Pitons*) à peine éclairées par un pâle soleil couchant ; de l'autre, les hautes montagnes du Tell encore plus effacées dans les brumes incolores ; et là-dessus, un ciel balayé, brouillé, soucieux, plein de pâleurs fades, d'où le soleil se retirait sans pompe et comme avec de froids sourires. Seul, au milieu du silence profond, un vent doux qui venait du nord-ouest et nous amenait lentement un orage, formait de légers murmures autour des joncs du marais. Je passai une heure entière couché près de la source à regarder ce pays pâle, ce soleil pâle, à écouter ce vent si doux et si triste. La nuit qui tombait n'augmenta ni la solitude, ni l'abandon, ni l'inexprimable désolation de ce lieu. »

Je note en passant ce « ciel balayé, brouillé, *soucieux*, » cette transposition et comme ce reflet de l'âme au ciel et aux objets environnants. C'est le signe de l'école même à laquelle se rattache M. Fromentin ; c'est sa marque de séparation d'avec une autre école uniquement pittoresque. Malgré les points communs et de ressemblance, on ne saurait se le dissimuler en effet, il y a divorce sur un point grave, et je l'exposerai sans prétendre m'ériger en juge. C'est ainsi encore qu'en plein désert, durant une nuit caniculaire, il dira : « L'heure était si belle, la nuit si tranquille, *un si cal-*

mant éclat descendait des étoiles, il y avait tant de bien-être à se sentir vivre et penser dans un tel accord de sensations et de rêves, que je ne me rappelle pas avoir été plus satisfait de ma vie... » *Un si calmant éclat,* voilà encore un effet moral qui devient une nuance pittoresque, et la beauté du son, sa largeur, s'y joint pour compléter l'impression. Les grands poëtes de l'Antiquité ont fait ainsi. Lucrèce avait dit de même en parlant des astres, mais dans une intention de terreur plutôt que de douceur et de paix : *Et noctis signa severa... Severa silentia noctis...,* le *dur* éclat des étoiles, l'*austère* silence de la nuit. On sait le *per amica silentia lunæ* de Virgile. Il y a de ces épithètes moitié morales, moitié naturelles, essentiellement poétiques, qui font entrer dans le secret des choses et en éveillent le sentiment intime en nous. Sénancour, le grand paysagiste triste, est plein de ces mots trouvés qui peignent avec profondeur la physionomie des lieux. Il ne faut pas abuser, sans doute, de cette fusion du moral dans le naturel ; il faudrait encore moins se l'interdire et s'en tenir systématiquement à la couleur toute pure. Il est une certaine voie moyenne à tenir. M. Fromentin le sait bien ; tout en usant des acquisitions pittoresques modernes et du droit de détail qui est le nôtre, il se rattache néanmoins par des traits essentiels et par l'esprit à la grande école des Anciens, Lucrèce, Virgile, et à celle, je le répète, de Bernardin de Saint-Pierre, discrètement entendue.

Le paysagiste pur reparaît dans mainte page, — dans la halte si bien décrite autour du pistachier, cet arbre à tête ronde et aux larges rameaux en parasol, qui abrite un moment à midi la caravane rassemblée :

« L'arbre reçoit sur sa tête ronde les rayons blancs de midi ; par-dessous, tout paraît noir ; des éclairs de bleu traversent en tous sens le réseau des branches ; la plaine ardente flamboie autour du groupe obscur ; et l'on voit le désert grisâtre se dégrader sous le ventre roux des dromadaires. »

Quand il nous décrit, au contraire, la végétation monotone de l'*alfa,* espèce de petit jonc, plante utile qui sert de nourriture aux chevaux, mais la plus ennuyeuse aux yeux qui se puisse voir, et qui, régnant sur des étendues infinies, ressemble à « une immense moisson qui ne veut pas mûrir, et qui se flétrit sans se dorer, » on retrouve l'homme dont le sentiment souffre et dont l'âme s'ennuie. Puis tout à coup, sur un terrain plus rude et franchement stérile, sur un sol pierreux où croissent le romarin et l'absinthe et où s'agite et rampe tout un peuple de lézards, de scorpions et de vipères, il entend les alouettes, et des alouettes de France, et des rouges-gorges aussi, ces « autres chanteurs d'automne, qui leur répondent du haut des amandiers sans feuilles. » Il se demande pourquoi ces oiseaux du pays natal et de la même espèce que les nôtres, perdus dans le Sahara, et pour qui ils chantent là, dans le voisinage des autruches et dans la morne compagnie des reptiles. « Qui sait? sans eux il n'y aurait plus d'oiseaux peut-être pour saluer les soleils qui se lèvent. — *Allah!* Dieu est grand! »

II.

Une petite dissertation ici s'intercale. L'auteur s'est échappé à comparer une tribu nomade en marche à la migration des tribus d'Israël. Tout à coup il se repent et craint qu'on ne voie dans sa comparaison une adhésion indirecte au système qui consisterait à rendre en peinture aux personnages de la Bible le costume des Arabes modernes. C'était, on le sait, l'idée d'Horace Vernet : M. Fromentin se déclare contre, par la raison, dit-il, « que les hommes de génie ont toujours raison, et que les gens de talent ont souvent tort :

« Costumer la Bible, ajoute-t-il, c'est la détruire; comme habiller un demi-dieu, c'est en faire un homme. La placer en un lieu reconnaissable, c'est la faire mentir à son esprit; c'est traduire en histoire un livre antéhistorique. Comme, à toute force, il faut vêtir l'idée, les maîtres ont compris que dépouiller la forme et la simplifier, c'est-à-dire supprimer toute couleur locale, c'était se tenir aussi près que possible de la vérité... »

S'il m'est permis d'avoir un avis en telle matière, je ne trouve pas que les raisons de M. Fromentin soient souverainement décisives. Raphaël et Poussin ont donné aux personnages hébreux des costumes romains : ont-ils bien fait? Ils ont fait selon le goût de leur temps, et leurs chefs-d'œuvre ont consacré l'anachronisme. Peut-on aujourd'hui le réparer? Non, sans doute; mais si l'on ne peut restituer la vérité et la couleur locale, parce qu'on n'est pas en présence du pur costume hébreu et qu'on peut toujours révoquer en doute la parfaite similitude du costume arabe moderne avec celui des patriarches, est-ce une raison pour trouver que Raphaël et Poussin aient fait pour le mieux, et que moins ils ont été fidèles en cela à la réalité, plus ils ont agi selon l'art? Je ne le crois pas. Je suis loin de les blâmer d'avoir pris un parti de convention, mais je ne vais pas non plus jusqu'à les en admirer davantage; je ne leur fais pas, d'une inadvertance ou d'une imperfection, un titre ni un mérite. Et M. Fromentin lui même, quoiqu'il affirme « qu'avec le *burnouss* saharien ou le *mach'la* de Syrie on ne représentera jamais que des Bédouins, » et non d'antiques Hébreux, ne peut s'empêcher quand il voit les Arabes sous un beau jour et quelque noble tribu en marche, quelque noble chei donnant audience ou exerçant dignement l'hospitalité, d'être frappé avant toute réflexion et de faire un rapprochement instantané, involontaire, avec cette antique civilisation patriarcale : sa sensation de peintre vient, bon gré, mal gré, à la traverse de sa doctrine classique par trop respectueuse.

Ce n'est pas à nous, d'ailleurs, qu'il conviendrait de lui reprocher son admiration pour les maîtres, ce culte de la tradition qu'il sait entremêler au culte direct de la nature. L'originalité comme le charme du talent littéraire de M. Fromentin est dans cette alliance intime et cette combinaison même : le peintre, l'homme de goût, l'homme de sentiment alternent ou plutôt s'unissent et ne font qu'un le plus souvent dans ses pages. Au moment d'entrer dans le vrai désert, dans le Sahara brûlant, mais n'y ayant pas encore atteint, il se prend à contempler ce pays qui, à cause de son élévation, garde quelque chose encore de la végétation du Nord et offre l'aspect d'un steppe, où des champs d'alfa se dessinent vaguement :

« Cette tache lointaine d'alfa s'aperçoit à peine, nous dit-il, dans l'ensemble de ce paysage que je ne sais comment peindre, mais dont il faudrait faire un tableau clair, somnolent, flétri. Chose admirable et accablante! la nature détaille et résume tout à la fois. Nous, nous ne pouvons tout au plus que résumer; heureux quand nous le savons faire! Les petits esprits préfèrent le détail. Les maîtres seuls sont d'intelligence avec la nature; ils l'ont tant observée qu'à leur tour ils la font comprendre. Ils ont appris d'elle ce secret de simplicité, qui est la clef de tant de mystères. Elle leur a fait voir que le but est d'exprimer, et que, pour y arriver, les moyens les plus simples sont les meilleurs. Elle leur a dit que l'idée est légère et demande à être peu vêtue... Devais-je donc venir si loin du Louvre chercher cette importante exhortation de voir les choses par le côté simple, pour en obtenir la forme vraie et grande? »

Voilà la théorie qui se dessine bien nettement. Même en regardant la nature, M. Fromentin ne s'y absorbe pas; il pense aux maîtres, à l'art, à ce qui a été fait, à ce qui peut se faire encore; même en voyant du nouveau et en faisant du neuf, il ne croit pas qu'il convienne de rompre en visière avec le passé; il n'est nullement d'avis qu'il convienne de changer absolument de méthode selon les lieux et les temps; qu'il faille désormais tout détailler, tout montrer. Il choisit dans ses impressions. La réalité, — toute la réalité, telle qu'il la voit, n'est pas son fait. Il y a de laids côtés qu'il dérobe, qu'il se contente d'indiquer en passant; il n'y insiste pas, il glisse. Il est d'autres parties qu'il respecte et qu'il ne laissera voir que de loin, en vertu d'un autre principe supérieur au goût même. Par exemple, à Aïn-Mahdy, la ville sainte, il s'abstiendra d'entrer dans la mosquée. Il s'arrête au seuil, dans la ruelle qui y conduit; il lui suffit d'y voir entrer la foule des dévots et dévotes. Pourquoi? La curiosité d'un voyageur, le pinceau d'un peintre, ont-ils donc de ces scrupules? Oui, nous dit-il, et il en donne les raisons :

« Peut-être m'eût-il été possible d'entrer dans la mosquée; mais je ne l'essayai point. Pénétrer plus avant qu'il n'est permis dans la vie arabe, me semble d'une curiosité mal entendue. Il faut regarder ce peuple à la distance où il lui convient de se montrer : les hommes de près, les femmes de loin ; la chambre à coucher, la mosquée, jamais. Décrire un appartement de femmes ou peindre les cérémonies du culte arabe, est, à mon avis, plus grave qu'une fraude : c'est commettre, sous le rapport de l'art, une erreur de point de vue. »

C'est ingénieux, c'est délicat; j'oserais dire que c'est digne d'un Vauvenargues ou d'un Racine. Et pourtant un beau tableau d'intérieur, la vue prolongée d'une mosquée ou d'un harem ferait pardonner bien des indiscrétions. Mais M. Fromentin a de ces pudeurs d'éducation et de nature. Il ne va pas jusqu'au bout, il ne pousse pas toutes choses l'épée dans les reins. Il a la mesure. Nous retrouverons de cette disposition dans son roman.

Il y a, dans son *Sahara,* un admirable passage qui résume sous forme visible et poétique toute sa doctrine. Il aime, dit-il, en arrivant dans une ville arabe, à choisir, pour bien voir, le point de vue le plus élevé, le pied d'une tour, ce qu'on appellerait en Grèce l'*acropole;* et là, montant dès le matin, il passe en contemplation et en rêverie des heures entières. Ainsi il a fait à El-Aghouat, ainsi à Aïn-Mahdy; et du haut de cette station dominante, promenant partout le regard, pensant aussi aux luttes sanglantes dont ces villes ignorées furent le théâtre, à ces siéges qu'elles soutinrent, et aux scènes humaines émouvantes qui durent se passer autour de ces murailles, il dira :

« De ma terrasse, en m'accoudant sur un mur crénelé qui fait partie du rempart, j'embrasse une grande moitié de l'oasis et toute la plaine, depuis le sud où le ciel enflammé vibre sous la réverbération lointaine du désert, jusqu'au nord-ouest où la plaine aride, brûlée, couleur de cendre chaude, se relève insensiblement vers les montages. Ces vues de haut me plaisent toujours, et toujours j'ai rêvé de grandes figures dans une action simple, exposées sur le ciel et dominant un vaste pays. Hélène et Priam, au sommet de la tour, nommant les chefs de l'armée grecque; Antigone, amenée par son gouverneur sur la terrasse du palais d'Œdipe et cherchant à reconnaître son frère au milieu du camp des Sept-Chefs, voilà des tableaux qui me passionnent et qui me semblent contenir toutes les solennités possibles de la nature et du drame humain. « Quel est ce guerrier au panache blanc qui marche en tête de l'armée ?... — Princesse, c'est un chef. — Mais où est donc ce frère chéri ? — Il est debout à côté d'Adraste, près du tombeau des sept filles de Niobé. Le vois-tu? — Je le vois, mais pas trop distinctement (1). »

« Je pense en ce moment qu'il y eut des scènes pareilles, avec les mêmes sentiments peut-être, sur cette terrasse où je t'écris. Je regarde la place vide où était le camp, et je vois le bloc carré et blanc de l'*Aïn,* pareil au tombeau de Zéthus. »

Je n'étonnerai donc plus personne en disant que M. Fromentin, malgré ses pages si neuves de description et si ardentes, malgré ses avidités et ses audaces d'incursion dans le désert, n'est qu'un classique, raffiné peut-être, mais vif et sincère, un classique rajeuni.

III.

Nous avons laissé le voyageur à la lisière du désert : il le cherchait encore, il l'appelait dans son âpre nudité; il voulait le pays du bleu, le pays de l'éternel azur, le royaume du soleil; il le voulait affronter dans sa saison la plus violente; il l'aura. A cette dernière limite si triste et si indécise, qui représente comme des limbes intermédiaires, au formes languissantes, il éprouve cependant encore une sensation exquise, d'une nature particulière, et qu'il excelle à exprimer : c'est celle du silence. Le peintre, avec son pinceau, peut rendre bien des choses, en dehors même de la couleur pure; il peut donner idée

(1) Euripide, dans *les Phéniciennes.*

du mouvement, du bruit, du fracas; mais le silence, comment l'exprimer? M. Fromentin se dédommage en le traduisant dans son autre langue. Il commence par bien poser son cadre : il est à l'une de ses dernières haltes, sur le plateau nu du D'jelfa; la journée s'achève, il est environ cinq heures du soir; sa tente est tournée au midi, à ce midi encore voilé vers lequel il aspire; il est seul, ses compagnons absents ou endormis; il savoure un vent tiède qui souffle faiblement du sud-est; pour toute vue, il a une moitié de l'horizon, bornée d'un côté par un grand *bordj* ou maison solitaire, et de l'autre par un groupe de chameaux bruns, qui se dessine sur une ligne de terrains pâles; tout est repos, tranquillité, paix profonde :

« S'il arrive qu'un ramier passe au-dessus de ma tête, dit-il, je vois son ombre glisser sur le terrain, tant ce terrain est uni! et j'entends le bruit de ses ailes, tant le silence qui se fait autour de moi est grand! Le silence est un des charmes les plus subtils de ce pays solitaire et vide. Il communique à l'âme un équilibre que tu ne connais pas, toi qui as toujours vécu dans le tumulte; loin de l'accabler, il la dispose aux pensées légères; on croit qu'il représente l'absence du bruit, comme l'obscurité résulte de l'absence de la lumière : c'est une erreur. Si je puis comparer les sensations de l'oreille à celles de la vue, le silence répandu sur les grands espaces est plutôt une sorte de transparence aérienne, qui rend les perceptions plus claires, nous ouvre le monde ignoré des infiniment petits bruits, et nous révèle une étendue d'inexprimables jouissances. Je me pénètre ainsi, par tous mes sens satisfaits, du bonheur de vivre en nomade... »

Il a, en toute occasion, de ces définitions du *silence*,

lequel sous un seul mot (comme celui de l'*ombre*) sous-entend et comprend tant de nuances à tous les degrés imaginables, depuis la douceur et l'atténuation fugitive des sons jusqu'à l'absence totale des bruits (1).

Il a de même, pour la lumière, les définitions les plus diverses et qui font en cela sa plume égale pour le moins à son pinceau. Ainsi, pour cette lumière vague qui revêt ce paysage pâli à travers lequel il s'achemine pour arriver au splendide éclat, il nous la montre d'une incroyable vivacité sans doute, mais, comme dans l'Élysée de Virgile, diffuse et sans rayonnement direct, ne causant ni éblouissement ni fatigue :

« Elle vous baigne également, comme une seconde atmosphère, de flots impalpables. Elle enveloppe et n'aveugle pas. D'ailleurs, l'éclat du ciel s'adoucit par des bleus si tendres, la couleur de ces vastes plateaux, couverts d'un petit foin déjà flétri, est si molle, l'ombre elle-même de tout ce qui fait ombre se noie de tant de reflets, que la vue n'éprouve aucune violence, et qu'il faut presque la réflexion pour comprendre à quel point cette lumière est intense...

« Elle se retire insensiblement devant la nuit qui s'approche, sans avoir été précédée d'aucune ombre. Jusqu'à la dernière minute du jour, le Sahara demeure en pleine lumière. La nuit vient ici comme un évanouissement. »

Mais enfin il atteint le but, il est à El-Aghouat, la

(1) Les curieux et les lettrés ne manqueront pas de faire un rapprochement et d'opposer par contraste ce silence vague, si éteint et si disséminé, du désert, ce silence en quelque sorte raréfié, au silence aigu, attentif, intense, d'une foule qui écoute, d'un auditoire en suspens, — le *silentium acre et intentum* de Pline le Jeune.

ville du désert. Elle s'est démasquée tout à coup à ses yeux au sortir d'une vallée, — un monticule blanc sur un ciel d'argent mat que ferme une barre violette, et dans l'intervalle une étendue sablonneuse, frappée de lumière.

C'est là, à El-Aghouat, dans cette ville conquise de la veille et tout récemment française, qu'il va passer plusieurs semaines à peindre, à regarder, à s'imbiber de lumière et de soleil ; c'est de là qu'il fera une pointe de quelques jours jusqu'à Aïn-Mahdy à l'ouest, une ville sainte, célèbre par le siége qu'elle soutint contre Abd-el-Kader et par une lutte fratricide qui n'est pas à l'honneur de ce dernier.

M. Fromentin nous a montré dans un tableau exposé en 1859 une *Rue à El-Aghouat :* il est curieux de comparer cette rue peinte (1) avec cette même rue décrite, « étroite, raboteuse, glissante, pavée de blanc et flamboyante à midi. » Il s'agit dans ces journées ardentes d'y trouver un peu d'ombre ; cette ombre, nulle à midi même, ne commence à se dessiner faiblement que vers une heure :

« Assis, on n'en a pas encore sur les pieds ; debout, le soleil vous effleure encore la tête ; il faut se coller contre la muraille et se faire étroit. La réverbération du sol et des murs est épouvantable ; les chiens poussent de petits cris quand il leur arrive de passer sur ce pavé métallique ; toutes les boutiques exposées au soleil sont fermées : l'extrémité de

(1) Voir dans la *Gazette des Beaux-Arts* (année 1859, tome II, page 293) une belle gravure de ce tableau par Piaud, d'après un dessin d'Ed. Hédouin.

la rue, vers le couchant, ondoie dans des flammes blanches. On sent vibrer dans l'air de faibles bruits qu'on prendrait pour la respiration de la terre haletante. Peu à peu, cependant, on voit sortir des porches entre-bâillés de grandes figures pâles, mornes, vêtues de blanc, avec l'air plutôt exténué que pensif; elles arrivent les yeux clignotants, la tête basse, et se faisant, de l'ombre de leur voile, un abri pour tout le corps, sous ce soleil perpendiculaire. L'une après l'autre, elles se rangent au mur, assises ou couchées quand elles en trouvent la place. Ce sont les maris, les frères, les jeunes gens, qui viennent achever leur journée. Ils l'ont commencée du côté gauche du pavé, ils la continuent du côté droit; c'est la seule différence qu'il y ait dans leurs habitudes entre le matin et le soir. »

Voilà le commentaire du tableau : sur la toile, le dessin exact, le caractère et le ton fixe; ici, les variations du plus au moins et la succession notée des divers moments. C'est plaisir de pouvoir se compléter ainsi.

Mais le sommet, en quelque sorte, du livre, le point culminant, c'est la station du peintre sur la hauteur, au pied de la tour de l'Est : l'aspect grandiose du pays, dans sa sévérité majestueuse et toute-puissante, y est exprimé en des traits qui se transmettent et qu'on n'oublie plus; le génie du climat y apparaît, s'y révèle tout entier et s'y fait comprendre. On conçoit que les Sahariens adorent leur pays; que comme le Norvégien est attaché à son sol natal, à ses lacs plaintifs et à ses grandes forêts de sapins, les habitants d'une ville perdue dans une maigre oasis aux confins du désert soient fixés au sol et se sentent pris d'un grave et poignant amour pour « ce tableau ardent et inanimé, composé

de soleil, d'étendue et de solitude. » Voici quelques-
unes des pages qui font centre dans le récit de M. Fromentin, et qui nous apparaissent elles-mêmes tout
inondées de lumière et de splendeur :

« C'est sur les hauteurs, le plus souvent au pied de la tour
de l'Est, en face de cet énorme horizon libre de toutes parts,
sans obstacles pour la vue, dominant tout, de l'est à l'ouest,
du sud au nord, montagnes, villes, oasis et désert, que je
passe mes meilleures heures, celles qui seront un jour pour
moi les plus regrettables. J'y suis le matin, j'y suis à midi,
j'y retourne le soir; j'y suis seul et n'y vois personne, hormis de rares visiteurs qui s'approchent, attirés par le signal
blanc de mon ombrelle, et sans doute étonnés du goût que
j'ai pour ces lieux élevés... A l'heure où j'arrive, un peu
après le lever du soleil, j'y trouve une sentinelle indigène
encore endormie et couchée contre le pied de la tour. Peu
après, on vient la relever, car ce poste n'est gardé que la
nuit. A cette heure-là, le pays tout entier est rose, d'un rose
vif, avec des fonds fleur de pêcher; la ville est criblée de
points d'ombre, et quelques petits marabouts blancs, répan-
dus sur la lisière des palmiers, brillent assez gaiement dans
cette morne campagne qui semble, pendant un court moment
de fraîcheur, sourire au soleil levant. Il y a dans l'air de
vagues bruits, et je ne sais quoi de presque chantant qui
fait comprendre que tous les pays du monde ont le réveil
joyeux. »

C'est à ce moment que tous les jours, à la même
heure, presque à la même minute, passent des oiseaux
en bandes, par petits bataillons, des *gangas,* jolies per-
drix au bec et aux pieds rouges, au plumage bariolé,
qui, venus du désert, vont boire aux sources; une heure
après environ, ils repassent dans le même ordre et du

nord au sud. On peut dire alors que la matinée est finie ; « la seule heure à peu près riante de la journée s'est passée entre l'aller et le retour des *gangas*. » Le paysage change d'aspect et, de rose qu'il était, devient fauve ; la ville elle-même devient plus grise à mesure que le soleil s'élève ; des exhalaisons chaudes semblent monter des sables. La retraite sonne, comme ailleurs à l'entrée de la nuit ; c'est midi qui commence :

« A cette heure-là, je n'ai plus à craindre aucune visite ; car personne autre que moi n'aurait l'idée de s'aventurer là-haut. Le soleil monte, abrégeant l'ombre de la tour, et finit par être directement sur ma tête. Je n'ai plus que l'abri étroit de mon parasol, et je m'y rassemble ; mes pieds posent dans le sable ou sur des grès étincelants ; mon carton se tord à côté de moi sous le soleil ; ma boîte à couleurs craque, comme du bois qui brûle. On n'entend plus rien. Il y a là quatre heures d'un calme et d'une stupeur incroyables. La ville dort au-dessous de moi, muette et comme une masse alors toute violette, avec ses terrasses vides, où le soleil éclaire une multitude de claies pleines de petits abricots roses, exposés là pour sécher... De chaque côté de la ville s'étend l'oasis, aussi muette et comme endormie de même sous la pesanteur du jour... »

On l'a remarqué sans être allé si loin, et dès qu'on arrive dans le Midi : les heures auxquelles il faut voir les paysages sont celles du matin et de l'approche du soir ; le plein midi éteint tout et nivelle tout. Qu'est-ce donc quand c'est le soleil caniculaire qui plane littéralement, qui darde d'aplomb et sans la moindre obliquité, qui consterne les hommes et les choses ? La peinture est impuissante à rendre de tels effets ; elle en désespère. Mais M. Fromentin a la ressource de sa seconde peinture et de cette analyse animée, développée, dont il use en maître :

« C'est aussi l'heure, dit-il, où le désert se transforme en une plaine obscure. Le soleil, suspendu à son centre, l'inscrit dans un cercle de lumière dont les rayons égaux le frappent en plein, dans tous les sens et partout à la fois. Ce n'est plus ni de la clarté, ni de l'ombre; la perspective, indiquée par les couleurs fuyantes, cesse à peu près de mesurer les distances; tout se couvre d'un ton brun, prolongé sans rayure, sans mélange; ce sont quinze ou vingt lieues d'un pays uniforme et plat comme un plancher. Il semble que le plus petit objet saillant y devrait apparaître; pourtant on n'y découvre rien; même, on ne saurait plus dire où il y a du sable, de la terre ou des parties pierreuses; et l'immobilité de cette mer solide devient alors plus frappante que jamais. On se demande, en la voyant commencer à ses pieds, puis s'étendre, s'enfoncer vers le sud, vers l'est, vers l'ouest, sans route tracée, sans inflexion, quel peut être ce pays silencieux, revêtu d'un ton douteux qui semble la couleur du vide; d'où personne ne vient, où personne ne s'en va, et qui se termine par une raie si droite et si nette sur le ciel; — l'ignorât-on, on sent qu'il ne finit pas là et que ce n'est, pour ainsi dire, que l'entrée de la haute mer... — J'ai devant moi le commencement de cette énigme. C'est ici que je voudrais voir le Sphinx égyptien. »

Enfin ce long et lent midi s'écoule; peu à peu les couleurs, les demi-rougeurs reparaissent avec les ombres; les oiseaux se remettent à chanter; le bruit de la vie renaît insensiblement; l'éclat recommence avec l'inclinaison de la lumière : il est une heure de ce déclin où « le désert ressemble à une plaque d'or. »

L'espèce d'ivresse que le contemplateur emporte avec lui après de telles journées de douze heures et plus d'immersion solaire, cette sorte de clarté intérieure qui le poursuit jusque dans le sommeil, et jusqu'à l'aveugler, complète le tableau. Il doit être content. — Qu'allez-vous faire? lui demandait-on, quand on le voyait partir pour le désert. — Je veux voir l'été, répondait-il. — Il l'a voulu voir, il l'a vu, il l'a bu par tous les pores. Il emporte dans le cœur un foyer que rien ne pourra éteindre. Il en a, pour sa vie durant, de sa provision de soleil.

M. Fromentin ne se borne pas, dans ses Voyages, à l'expression directe du pays; il s'inquiète de l'historique, du passé, des mœurs et du naturel des habitants, du caractère différent et individuel de ceux qu'à première vue on est porté à confondre. Même dans ce pays de désolante ardeur où il n'y a plus lieu de dire avec Bernardin de Saint-Pierre « qu'un paysage est le fond du tableau de la vie humaine, » même au sein de cette accablante nature, avec lui, l'homme ne fait jamais défaut; la pensée et la vie du témoin, sa sympathie, ne sont jamais absentes.

Nous avons à parler du roman de M. Fromentin, et à en parler comme il convient, à loisir et tout à notre aise.

Lundi 8 février 1864.

DOMINIQUE,

PAR M. EUGÈNE FROMENTIN.

(SUITE ET FIN.)

Si Africain qu'ait pu paraître jusqu'ici M. Fromentin dans ses tableaux et dans ses deux premiers ouvrages, il ne l'est point en vertu d'un choix et d'une prédilection particulière : il a vu l'Afrique tout d'abord et par occasion ; il en a été saisi et en a rapporté de vives images ; il nous l'a rendue sous toutes les formes. Le public, qui aime à mettre vite une étiquette à chaque talent, l'a pris et adopté par ce côté, l'a classé comme un des peintres du Midi et de l'Orient, si bien que plus d'un lecteur a pu s'étonner de voir le paysagiste aux teintes éclatantes changer brusquement de pays, de sujet, de cadre, et nous donner des descriptions d'un aspect tout différent, d'une lumière modérée, et qui sont tout à fait françaises de ton et de caractère. Mais il en faut prendre dorénavant son parti : M. Fromentin est évidemment un talent aussi souple que complexe ; il peut s'appliquer à tout, nous rendre les aspects de nature les plus opposés, et pénétrer aussi dans les replis du cœur humain avec la dernière finesse, ainsi que l'a prouvé son roman de *Dominique.*

Enfin, j'ai rencontré un roman qui m'émeut doucement et qui me touche. Autrefois, quand on ouvrait un livre de ce genre, un roman nouveau, on voulait être touché, ému, intéressé : maintenant, et depuis longtemps, on veut être *empoigné,* c'est le mot, — violent et dur comme la chose. On a haussé et forcé la clef de tout. Mais enfin je retrouve quelqu'un qui laisse la note dans son naturel et qui me prend par mes fibres délicates, sans me heurter, sans m'offenser et me faire souffrir. Je retrouve, comme dirait Fénelon, un auteur aimable et qui s'insinue. Oh ! que de fois je me suis écrié, en voyant tant de talents énergiques dont quelques-uns me sont chers et que j'apprécie pour leur qualité de relief et de couleur, — que de fois j'ai dit tout bas : Qui donc unira la force à la délicatesse ? ou même, ne fût-ce que pour changer, qui me donnera la délicatesse toute seule ? qui me rendra celle du cœur ou, à son défaut, celle même de l'esprit ? qui me fera penser et parler d'honnêtes gens, des natures non gâtées, comme elles ont l'habitude de sentir et comme elles s'expriment ? *Dominique,* par sa douce lecture, m'a procuré quelques heures de ce plaisir depuis si longtemps perdu.

I.

Dominique, c'est l'histoire de l'enfance, des premiers sentiments et de la jeunesse du personnage qui porte ce nom; lui-même raconte à un ami cette histoire toute simple, tout intérieure, en partie délicieuse, en partie douloureuse, et lui fait de vive voix sa confession. Les deux premiers chapitres servent d'introduction et de préambule au récit, et y préparent. L'auteur est censé rencontrer un jour à la chasse, dans une campagne qui doit être voisine de Niort ou de la Rochelle, ce M. Dominique, homme de plus de quarante ans alors et tout adonné aux occupations rurales. Il nous est montré comme fort grave, à la physionomie paisible, et « ne manquant pas d'une certaine élégance sérieuse. » Riche propriétaire du pays, il y a été élevé et y a passé son enfance, sa première jeunesse; il y est revenu après une assez longue absence, pour ne plus le quitter; il est marié, il a une femme jeune encore et sérieuse, et deux enfants; il a tout l'extérieur du bonheur. Les paysans qui l'ont vu naître et grandir, et qui le retrouvent aux lieux où vivait son père, le respectent et l'aiment; il s'arrange lui-même pour les aimer assez, surtout pour les servir et ne pas trop voir leurs laideurs et leurs défauts. M. Dominique de Bray (c'est son nom complet) est un noble qui, par sa simplicité, oublie et fait oublier qu'il l'est. Il y a des jours où le maître du château et le maire de la commune (car il est l'un et l'autre) ne craint pas, à l'exemple de ses administrés, d'endosser la blouse. La première fois que l'auteur est censé le visiter et pénétrer dans son intérieur, c'est à une soirée de vendange et à l'occasion de la danse champêtre qui se fait le soir, devant la grille de la ferme, au son du biniou. La description de ce bal improvisé, et du pressoir voisin où le travail s'achève, m'ont rappelé la belle idylle de Théocrite qui a pour titre *les Thalysies,* la fête de la récolte. Veut-on voir ce tableau d'une teinte adoucie et riche encore, agreste et fumeux, plein de vie, curieux à observer après les splendeurs et les stupeurs torrides du Sahara :

« On dansait devant la grille de la ferme sur une esplanade en forme d'aire, entourée de grands arbres, et parmi des herbes mouillées par l'humidité du soir comme s'il avait plu. La lune illuminait si bien ce bal improvisé, qu'on pouvait se passer d'autres lumières. Il n'y avait guère, en fait de danseurs, que les vendangeurs de la maison, et peut-être un ou deux jeunes gens des environs que le signal de la cornemuse avait attirés. Je ne saurais dire si le musicien qui jouait du biniou s'en acquittait avec talent, mais il en jouait du moins avec une violence telle, il en tirait des sons si longuement prolongés, si perçants et qui déchiraient avec tant d'aigreur l'air sonore et calme de la nuit, que je ne m'étonnais plus, en l'écoutant, que le bruit d'un pareil instrument nous fût parvenu de si loin ; à une demi-lieue à la ronde, on pouvait l'entendre... Les garçons avaient seulement ôté leurs vestes, les filles avaient changé de coiffes et relevé leurs tabliers de ratine ; mais tous avaient gardé leurs sabots, — disons comme eux, leurs *bots,* — sans doute pour se donner plus d'aplomb et pour mieux marquer, avec ces lourds patins, la mesure de cette lourde et sautante pantomime appelée la *bourrée.* Pendant ce temps, dans la cour de la ferme, des servantes passaient, une chandelle à la main, allant et venant de la cuisine au réfectoire, et quand l'instrument s'arrêtait pour reprendre haleine, on distinguait les craquements du treuil où les hommes de corvée pressaient la vendange.

« C'est là que nous trouvâmes M. Dominique, au milieu de ce laboratoire singulier, plein de charpentes, de madriers, de cabestans, de roues en mouvement, qu'on appelle un pressoir. Deux ou trois lampes dispersées dans ce grand espace, encombré de volumineuses machines et d'échafaudages, l'éclairaient aussi peu que possible. On était en train de couper la *treuillée,* c'est-à-dire qu'on équarrissait de nouveau la vendange écrasée par la pression des machines, et qu'on la reconstruisait en plateau régulier pour en exprimer tout le jus restant. Le moût, qui ne s'égouttait plus que faiblement, descendait avec un bruit de fontaine épuisée dans les auges de pierre; et un long tuyau de cuir, pareil aux tuyaux d'incendie, le prenait aux réservoirs et le conduisait dans les profondeurs d'un cellier où la saveur sucrée des raisins foulés se changeait en odeur de vin, et aux approches duquel la chaleur était très-forte. Tout ruisselait de vin nouveau. Les murs transpiraient humectés de vendanges. Des vapeurs capiteuses formaient un brouillard autour des lampes. M. Dominique était parmi ses vignerons, monté sur les étais du treuil, et les éclairant lui-même avec une lampe de main qui nous le fit découvrir dans ces demi-ténèbres. Il avait gardé sa tenue de chasse et rien ne l'eût distingué des hommes de peine, si chacun d'eux ne l'eût appelé *Monsieur notre maître.* »

Le paysage de cette contrée mitoyenne, un peu en deçà du Midi et y confinant sans en être encore, qui tient de la Vendée et de l'Anjou, qui mêle l'air salin de la mer et la fraîcheur du bocage, et que Henri IV avait déjà décrite dans une charmante lettre à Gabrielle, datée de Marans, trouve en M. Fromentin un peintre heureux, naturel et comme natal; à en juger par cette application toute nouvelle qui semble une métamorphose, cela ne m'étonnerait pas si bientôt, à l'un des prochains salons, on voyait de lui, sortant de son pinceau comme ici de sa plume, des paysages français de Normandie ou de Touraine, ou de cette même Sèvre niortaise, pour faire pendant et contraste aux précédents tableaux de l'Algérie.

Les relations de l'auteur avec M. Dominique une fois nouées et commencées, l'amitié entre eux s'ensuit, mais elle ne vient point tout d'un coup; il y faut du temps, quelque intervalle : une absence y aide. Il en est de l'absence comme de la mémoire : on sait que lorsqu'on veut apprendre une leçon, il n'est rien de tel que de la lire et de la relire une ou deux fois le soir, au lit, avant de s'endormir; le lendemain, au réveil, il se trouve qu'on la sait presque par cœur. Que s'est-il passé? quelles fibres imperceptibles et muettes ont donc travaillé et joué en nous pendant le sommeil? quelle digestion intellectuelle s'est donc opérée au plus profond de notre cerveau? Le fait, quoi qu'il en soit, est constant. Eh bien! l'absence, dans certains cas, agit à peu près de même, selon M. Fromentin. La Rochefoucauld a dit depuis longtemps, parlant des passions, que « l'absence diminue les médiocres et augmente les grandes, comme le vent qui éteint les bougies et qui allume le feu. » Mais il n'est pas question ici de passion, il s'agit seulement d'une amitié commencée, croissante, bientôt solide, toute composée d'estime et de confiance. M. Fromentin en analyse finement les progrès :

« L'absence, dit-il, a des effets singuliers... L'absence unit et désunit, elle rapproche aussi bien qu'elle divise, elle fait se souvenir, elle fait oublier ; elle relâche certains liens très-solides, elle les tend et les éprouve au point de les briser ; il y a des liaisons soi-disant indestructibles dans lesquelles elle fait d'irrémédiables avaries ; elle accumule des mondes d'indifférence sur des promesses de souvenirs éternels. Et puis d'un germe imperceptible, d'un lien inaperçu, d'un *adieu, monsieur,* qui ne devait pas avoir de lendemain, elle compose, avec des riens, en les tissant je ne sais comment, une de ces trames vigoureuses sur lesquelles deux amitiés viriles peuvent très-bien se reposer pour le reste de leur vie, car ses attaches-là sont de toute durée... Une année se passe. On s'est quitté sans se dire au revoir ; on se retrouve, et pendant ce temps l'amitié a fait en nous de tels progrès que toutes les barrières sont tombées, toutes les précautions ont disparu. »

On arrive un matin, on ne s'était pas fait annoncer, et voilà qu'on était attendu. Que s'est-il donc passé dans l'intervalle ? On ne s'était pas écrit, on n'avait pas communiqué. Tout au plus, de temps en temps, un souvenir, un regret vague, le besoin qu'on pouvait avoir l'un de l'autre, s'était fait sentir confusément et sans qu'on s'en rendît bien compte ; le résultat seul nous en avertit. « L'ingénieuse absence avait agi sans nous et pour nous. »

Un jour donc, Dominique se laisse aller à ouvrir son cœur et à livrer le secret de sa jeunesse à son nouvel ami, devenu son hôte au château des Trembles, — c'est ainsi qu'on nomme sa maison de famille; — et cet ami, à son tour, nous fait part de la confidence. Tout ce préambule a du charme, de l'intérêt; il y a peut-être un peu de lenteur.

Il faut s'y accoutumer avec Dominique; sa vie ne se compose d'aucun grand événement extérieur; elle est toute de sensations, de sentiments et d'analyse. Son roman est une autobiographie. Il est orphelin de naissance et d'enfance; il a perdu sa mère presque en naissant, et, peu d'années après, son père; il a grandi au milieu des vieux domestiques de la maison, et a eu pour compagnons de jeux les enfants des paysans du voisinage. Plus tard, il a été élevé par une tante paternelle, qui est venue s'installer exprès au château des Trembles, bonne dame, mais qui n'a pas eu d'action ni d'influence sur son neveu. L'éducation de Dominique a été toute personnelle, toute rêveuse; ç'a été une enfance à la Rousseau. Il aimait à courir la campagne, moins encore pour tendre les piéges aux oiseaux, que pour prêter l'oreille à la nature, qui déjà lui murmurait je ne sais quoi de secret, et pour converser avec l'esprit voilé de ces verts et doux paysages. Ce qui lui est resté de distinct entre ses plus anciens et ses premiers souvenirs, ce n'est aucun fait particulier, mais « la vision très-nette de certains lieux, la note exacte de l'heure et de la saison, et jusqu'à la perception de certains bruits qui n'ont cessé depuis de se faire entendre :

« Peut-être vous paraîtra-t-il assez puéril de me rappeler qu'il y a trente-cinq ans tout à l'heure, un soir que je relevais mes piéges dans un guéret labouré de la veille, il faisait tel temps, tel vent; que l'air était calme, le ciel gris; que des tourterelles de septembre passaient dans la campagne avec un battement d'ailes très-sonore, et que tout autour de la plaine, les moulins à vent, dépouillés de leur toile, attendaient le vent qui ne venait pas. Vous dire comment une particularité de si peu de valeur a pu se fixer dans ma mémoire, avec la date précise de l'année et, peut-être bien, du jour, au point de trouver sa place en ce moment dans la conversation d'un homme plus que mûr, je l'ignore; mais si je vous cite ce fait entre mille autres, c'est afin de vous indiquer que quelque chose se dégageait déjà de ma vie extérieure, et qu'il se formait en moi je ne sais quelle mémoire spéciale assez peu sensible aux faits, mais d'une aptitude singulière à se pénétrer des impressions. »

Un précepteur qu'on lui donne, pour le mettre en état d'entrer bientôt au collége, ne réussit qu'à partager l'esprit du jeune enfant et à y introduire un élément d'étude régulière, sans rien supprimer d'une sensibilité vague et discrète qui ne se laissait pas soupçonner. Le devoir fait, la tâche remplie, l'enfant continuait de vaquer à ses rêves; il est évident, à lire ces pages de description détaillée et comme attendrie, que l'enfance de Dominique n'est pas une fiction de l'auteur, et qu'il y a là-dessous une réalité vive et sensible, prise sur le fait et étudiée d'après nature; on y sent l'observation de quelqu'un qui a vécu au sein de la campagne, qui a vu passer bien des fois et repasser sur sa tête le tour des saisons, qui en sait les harmonies et les moindres mystères :

« Chaque saison nous ramenait ses hôtes, et chacun d'eux choisissait aussitôt ses logements, les oiseaux de printemps dans les arbres à fleurs, ceux d'automne un peu plus haut, ceux d'hiver dans les broussailles, les buissons persistants et les lauriers. Quelquefois en plein hiver ou bien aux premières brumes, un matin, un oiseau plus rare s'envolait à l'endroit du bois le plus abandonné avec un battement d'ailes inconnu, très-bruyant et un peu gauche, quoique rapide. C'était une bécasse arrivée la nuit; elle montait en battant les branches et se glissait entre les rameaux des grands arbres nus; à peine apparaissait-elle une seconde, de manière à montrer son long bec droit. Puis on n'en rencontrait plus que l'année suivante, à la même époque, au même lieu, à ce point qu'il semblait que c'était le même émigrant qui revenait. »

Tout ceci est du chasseur autant que du naturaliste; ce qui suit est particulièrement du peintre :

« Des tourterelles de bois arrivaient en mai, en même temps que les coucous. Ils murmuraient doucement à de longs intervalles, surtout par des soirées tièdes, et quand il y avait dans l'air je ne sais quel épanouissement plus actif de séve nouvelle et de jeunesse. Dans les profondeurs des feuillages, sur la limite du jardin, dans les cerisiers blancs, dans les troènes en fleur, dans les lilas chargés de bouquets et d'aromes, toute la nuit, — pendant ces longues nuits où je dormais peu, où la lune éclairait, où la pluie quelquefois tombait, paisible, chaude et sans bruit, comme des pleurs de joie, — pour mes délices et pour mon tourment, toute la nuit les rossignols chantaient. Dès que le temps était triste, ils se taisaient; ils reprenaient avec le soleil, avec les vents plus doux, avec l'espoir de l'été prochain. Puis, les couvées faites, on ne les entendait plus. Et quelquefois, à la fin de juin, par un jour brûlant, dans la robuste épaisseur d'un arbre en pleines feuilles, je voyais un petit oiseau muet et de couleur douteuse, peureux, dépaysé, qui errait tout seul et prenait son vol : c'était l'oiseau du printemps qui nous quittait. »

Augustin, le précepteur de Dominique, est un très-jeune homme, d'une nature tout opposée à celle de son élève : c'est un homme de livres, de logique, de science, un cerveau ; après bien des labeurs, après des âpretés et des difficultés sans nombre de carrière et de destinée, il arrivera un jour à se faire un nom parmi les écrivains sérieux de son pays, à se faire une haute situation même ; ce sera un politique, un économiste, un conseiller d'État, un ministre, que sais-je ? En attendant il acquiert à la fin, comme précepteur, du pouvoir et de l'ascendant sur l'esprit de son élève ; il en vient à le bien comprendre. Le dernier devoir qu'il lui donne à faire avant le départ pour le collége et comme essai de sa force, a précisément pour sujet le départ d'Annibal à la veille de son retour en Afrique et ses *adieux à l'Italie*, à cette proie si chère dont il lui faut s'arracher. Dominique, à la veille de quitter les Trembles et se sentant arraché lui-même du lieu où il a pris racine et où il a mis tout son cœur, avait mêlé de ses sentiments à ceux du héros carthaginois, et il avait écrit cette composition scolaire les yeux tout baignés de larmes ; la nature lui parlait plus haut qu'Annibal en ce moment et par cette belle après-midi d'automne, où il essayait de le mettre en scène et de le traduire :

« La pierre qui me servait de pupitre était tiède ; des lézards s'y promenaient à côté de ma main sous un soleil doux. Les arbres, qui déjà n'étaient plus verts, le jour moins ardent, les ombres plus longues, les nuées plus tranquilles, tout parlait, avec le charme sérieux propre à l'automne, de déclin, de défaillance et d'adieux. Les pampres tombaient un à un, sans qu'un souffle d'air agitât les treilles. Le parc était paisible. Des oiseaux chantaient avec un accent qui me remuait jusqu'au fond du cœur. Un attendrissement subit, impossible à motiver, plus impossible encore à contenir, montait en moi comme un flot prêt à jaillir, mêlé d'amertume et de ravissement. Quand Augustin descendit sur la terrasse, il me trouva tout en larmes.

« — Qu'avez-vous? me dit-il. Est-ce Annibal qui vous fait pleurer? » —

« Mais je lui tendis, sans répondre, la page que je venais d'écrire. »

II.

Et quand donc commencera le roman, dira-t-on? Peu nous importe! nous avons l'histoire d'une âme. Dominique a atteint sa seizième année; il est envoyé au collége de la ville voisine (un *Ormesson* quelconque) à douze lieues de là, où sa tante habite quand elle n'est pas aux Trembles. Il entre en seconde. Le passage de la vie libre des champs au régime claustral et rigide d'une école est rendu avec un sentiment de froid qui resserre. Du premier jour, pourtant, Dominique s'y fait un ami d'un jeune gentilhomme du nom d'Olivier d'Orsel, venu récemment de Paris, qui en a déjà respiré le souffle, qui n'a rien de provincial ni de scolaire, et qui n'est et ne sera jamais qu'un charmant mauvais écolier, puis un charmant mauvais sujet fort aimable et naturel. Le contraste avec Dominique, et en même temps certain rapport insaisissable qui les rapproche, donnent à penser pour la suite et commencent à diversifier le récit. Olivier, qui est du pays et qui a dans la ville son oncle et deux jeunes cousines, invite Dominique à venir passer dans sa famille, à l'hôtel d'Orsel, les journées de congé, et nous entrevoyons une complication naissante.

Des deux cousines d'Olivier, l'une, Madeleine, est plus âgée d'un an à peu près que les deux écoliers; elle a dix-sept ans, quand ils en ont seize. Au premier abord, cette disproportion ne se fait pas encore sentir :

« Elle sortait du couvent; elle en gardait la tenue comprimée, les gaucheries de geste, l'embarras d'elle-même; elle en portait la livrée modeste; elle usait encore, au moment dont je vous parle (c'est Dominique qui raconte), une série de robes tristes, étroites, montantes, limées au corsage par le frottement des pupitres, et fripées aux genoux par les génuflexions sur le pavé de la chapelle. Blanche, elle avait des froideurs de teint qui sentaient la vie à l'ombre et l'absence totale d'émotions, des yeux qui s'ouvraient mal comme au sortir du sommeil; ni grande, ni petite, ni maigre, ni grasse, avec une taille indécise qui avait besoin de se définir et de se former : on la disait déjà fort jolie, et je le répétais volontiers, sans y prendre garde et sans y croire. »

Patience! il suffira d'une année et que Dominique ait atteint ses dix-sept ans, que Madeleine en ait dix-huit, pour que le rayon arrive, à elle d'abord et à sa beauté dans sa fleur première, à lui ensuite et à son cœur qu'un soudain regard vient éclairer. Ce charme d'un amour adolescent se mêle et se confond pour lui avec l'amour de la nature au printemps, et avec une vague inspiration poétique qui depuis longtemps couvait et qui éclate enfin. Il y a là une certaine journée d'avril, un jeudi (car n'oublions pas qu'il est encore au collége), qui est toute une révélation de tendresse et une explosion continuelle d'émotions délicieuses. Un voyage que fait Madeleine, l'été de cette année, avec ses parents à une ville d'eaux, cette courte absence d'où elle reviendra tout à fait grande personne et jeune fille accomplie, contribue fort à mûrir l'amour au cœur de Dominique et à lui apprendre ce qu'il ne se disait qu'assez vaguement. Une conversation avec Olivier, jeune homme des plus avancés et qui l'initie à ses propres intrigues, n'y aide pas moins ; cette confidence est comme un breuvage capiteux qui l'enhardit et l'excite ; une émulation instinctive, bien que fort différente dans son procédé, se déclare. L'adolescent, tout en restant écolier encore, a passé d'un âge à l'autre ; il a franchi la ligne qui sépare l'enfant du jeune homme.

Le portrait de Madeleine, au retour de son voyage, est admirablement conçu et présenté. Nous retrouverions ici l'occasion de faire quelques-unes des remarques que nous ont inspirées les paysages africains de l'auteur : M. Fromentin applique, en effet, aux figures le même mode d'expression qu'il a porté dans ses tableaux naturels ; au lieu de s'en tenir à la description pure des traits, du teint, des cheveux et de chaque partie de la personne, à ces signalements minutieux et saillants, qui, à force de tout montrer, nous empêchent parfois de voir et de nous faire une juste idée de l'ensemble, M. Fromentin ne s'attache qu'aux traits principaux, à ce qui frappe et à ce qu'on retient, au mouvement, au geste, à l'étincelle. Assistons un peu avec lui, ou plutôt avec Dominique, dont c'est le récit, à la rentrée de Madeleine au retour de son voyage :

« Elle arriva vers la fin de juillet. De loin, j'entendis les grelots des chevaux, et je vis approcher, encadrée dans le rideau vert des charmilles, la chaise de poste, toute blanche de poussière, qui les amena par le jardin jusque devant le perron. Ce que j'aperçus d'abord, ce fut le voile bleu de Madeleine, qui flottait à la portière de la voiture. Elle en descendit légèrement et se jeta au cou d'Olivier. Je sentis, à la vive et fraternelle étreinte de ses deux petites mains cordialement posées dans les miennes, que la réalité de mon rêve était revenue ; puis, s'emparant avec une familiarité de sœur aînée du bras d'Olivier et du mien, s'appuyant également sur l'un et sur l'autre, et versant sur tous les deux, comme un rayon de vrai soleil, la limpide lumière de son regard direct et franc, comme une personne un peu lasse, elle monta les escaliers du salon. »

Est-il besoin de remarquer que Dominique, le narrateur qui est ici le peintre, n'a fait entrer dans son tableau que ce qu'il a eu réellement motif de voir, d'entendre, de retenir, ce qui est en rapport avec son sentiment, — le son des *grelots* qui lui annonçait l'approche désirée, — le *voile bleu* qui tout d'abord a frappé son regard ? Il s'est bien gardé de nous peindre le postillon au trot, ou le sabot du cheval en l'air, ou de nous montrer, au front de Madeleine, des bandeaux ou des boucles de cheveux qu'il n'a pas eu le temps de regarder. Tout ce qui est nécessaire à son effet s'y trouve, et rien de plus. Continuons avec lui d'assister en idée à ce frais retour, à ce portrait parlant où tout respire le mouvement naïf et la grâce virginale :

« Cette soirée-là fut pleine d'effusion. Madeleine avait tant à nous dire! Elle avait vu de beaux pays, découvert toutes sortes de nouveautés, de mœurs, d'idées, de costumes. Elle en parlait, dans le premier désordre d'une mémoire encombrée de souvenirs tumultueux, avec la volubilité d'un esprit impatient de répandre en quelques minutes cette multitude d'acquisitions faites en deux mois. De temps en temps elle s'interrompait, essoufflée de parler, comme si elle l'eût été de monter et de descendre encore les échelons de montagne où son récit nous conduisait. Elle passait la main sur son front, sur ses yeux, relevait en arrière de ses tempes ses épais cheveux, un peu hérissés par la poussière et le vent du voyage. On eût dit que ce geste d'une personne qui marche et qui a chaud rafraîchissait aussi sa mémoire… Quoique brisée par un long voyage en voiture, il lui restait encore de ce perpétuel déplacement une habitude de se mouvoir vite qui la faisait dix fois de suite se lever, agir, changer de place, jeter les yeux dans le jardin, donner un coup d'œil de bienvenue aux meubles, aux objets retrouvés. Quelquefois elle nous regardait, Olivier et moi, attentivement, comme pour être bien assurée de se reconnaître et mieux constater son retour et sa présence au milieu de nous… »

M. Fromentin, si j'ose dire, a fait là, à sa manière, la critique des procédés différents du sien; il a fait de la critique indirecte, comme il n'est donné qu'à l'artiste d'en savoir le secret; il l'a mise en image et en action.

Le portrait physique, pourtant, ne manque pas; de ce qu'il y introduit la teinte morale, il ne s'ensuit pas du tout qu'il supprime, pour cela, la réalité visible;

c'est l'accord des deux tons, et non le sacrifice de l'un à l'autre, que je tiens à signaler :

« Elle avait bruni. Son teint, ranimé par un hâle léger, rapportait de ses courses en plein air comme un reflet de lumière et de chaleur qui le dorait. Elle avait le regard plus rapide avec le visage un peu plus maigre, les yeux comme élargis par l'effort d'une vie très-remplie et par l'habitude d'embrasser de grands horizons. Sa voix, toujours caressante et timbrée pour l'expression des mots tendres, avait acquis je ne sais quelle plénitude nouvelle... Elle marchait mieux, d'une façon plus libre... »

Par cette manière d'entendre le portrait, comme par la façon dont il traite le paysage, M. Fromentin se rattache à l'école des maîtres et des modernes classiques en ce genre : J.-J. Rousseau dans ce charmant passage des *Confessions*, voulant peindre Mme Basile, n'a pas fait autrement.

Madeleine est donc transformée et métamorphosée. Dominique s'enivre de sa vue; il ne se nourrit plus que d'une pensée unique, et, dans son reste d'enfance, il ne conçoit pas la moindre crainte pour l'avenir; il ne s'est pas aperçu que parmi les objets de voyage qu'on déballait, près d'un bouquet de rhododendrons rapporté de quelque ascension lointaine et enveloppé avec soin, une carte d'homme s'est détachée, dont Olivier s'est emparé aussitôt, et qu'un nom inconnu a été prononcé pour la première fois : *Comte Alfred de Nièvres*. On devine : c'est le prochain mari de Madeleine, celui dont la rencontre avec elle était d'avance arrangée dans cette ville d'eaux. L'ignorance de Dominique et son imprévoyant bonheur durent quelque temps encore : il ne cesse de mêler à ses impressions la nature ; cette fin d'été lui suggère des descriptions pittoresques non moins touchantes que ne l'avait fait le printemps ; mais je remarque que chacune de ses journées heureuses, de ses promenades champêtres, se termine par des vers, par quelque chose d'écrit. Il y a donc chez lui, même dans la passion, un partage entre l'amour et la muse ; la nature aussi y intervient un peu plus que comme cadre ou accompagnement : c'est un amant des choses agrestes et des harmonies naturelles à qui l'on a véritablement affaire. Olivier d'Orsel son ami est, au contraire, un amoureux pur, un homme qui, quand il suit une piste féminine, s'y attache uniquement, et qui ne se consolerait pas de la manquer. D'un autre côté, Augustin, l'ancien précepteur, jeune lui-même, établi à Paris où il lutte contre les difficultés d'un début, est un auteur pur, un publiciste acharné, un ambitieux d'idées et de principes. Dominique a du mélange en lui : ni tout à fait amant, ni tout à fait poëte ou écrivain, il aura des ressources dans ces demi-partis mêmes. C'est une âme et un esprit que se disputent le sentiment et le bon sens, la poésie et la morale : la passion ne l'a pas marqué au front ; il n'y est pas voué. Aussi finira-t-il, tous rêves évanouis, toutes douleurs épuisées, par se faire propriétaire rural, non pas *médiocre,* comme il le dit lui-même (il ne faut jamais prendre au mot ces faiseurs de confessions), mais modéré, distingué et assez tristement heureux.

III.

Je n'analyserai pas davantage et avec plus de détail ce roman du genre intime, et dont le charme est tout entier dans le développement et les nuances. Je veux cependant noter encore quelques-uns des points principaux, pour y rattacher quelques remarques.

Consterné d'abord du mariage de Madeleine qui se fait peu après, Dominique, ayant terminé vers le même temps ses classes, vient à Paris, et là une nouvelle vie commence. Entre lui et Madeleine, mariée, femme du monde, il s'engage un jeu délicat, périlleux, dans lequel calme, supérieure, affectueuse et sans émotion d'abord, elle s'efforce de le ramener, de le guérir. Un voyage qu'elle fait aux Trembles avec lui, et où il repasse près d'elle tous ses anciens souvenirs ravivés et aiguisés par des impressions toutes nouvelles, ce séjour de deux mois, que la présence de M. de Nièvres n'amortit qu'à peine, n'est guère propre à remettre en paix le cœur du pauvre Dominique. Plus en proie et plus déchiré que jamais, il se résout alors à un grand parti; il entreprend un lointain voyage, mais d'où il revient vite et sans tenir tout ce qu'il s'était juré en partant. Madeleine, dans sa générosité innocente, se remet à le vouloir consoler; elle y apporte, cette fois, une hardiesse de candeur qui fait trembler; mais un jour, comme il arrive d'ordinaire en ces sortes de cas, en tournant trop autour de la flamme, elle-même se prend et s'allume ; la passion l'a touchée, sa physionomie change et s'éclaire d'une pâle lueur. Dominique qui, de son côté, essaye de tout pour se guérir, qui s'est jeté dans une vie intellectuelle forcée et qui a complétement cessé de la voir, visitant un jour un Salon d'exposition, s'arrête tout étonné devant une figure de femme, signée d'un illustre pinceau, et tout effrayante de réalité et de tristesse : il y peut lire dans un reflet étrange, dans un regard foudroyant d'éclat, l'aveu d'une âme qui souffre et qui aime. Ce portrait est celui de Madeleine.

Ici, et dans toutes les scènes déchirantes, et incomplètes de solution, qui remplissent la dernière partie du récit jusqu'à l'entière rupture, j'oserai me permettre une critique. Le lecteur n'est point satisfait ; la situation si bien amenée, si bien poussée jusqu'au bord extrême du précipice, n'est point vidée avec une entière franchise et n'aboutit pas. Le roman n'est pas entièrement d'accord avec la vérité humaine, avec l'entière vérité telle que les grands peintres de la passion l'ont de tout temps conçue. Il y a un fait constant, et d'observation morale : le propre de la passion arrivée à son paroxysme est de n'avoir aucun scrupule. Quand la passion est montée à ce degré chez deux êtres, elle ne marchande plus ; elle n'a aucun remords actuel. Entendons-nous bien : je ne veux pas dire que plus tard, après, au réveil, le remords ne se réveillera pas aussi en de certaines âmes ; mais, au moment où l'incendie intérieur est si ardent et attisé, ce remords est aisément étouffé, et il est compté pour peu, pour rien. Or, il n'y avait que deux solutions tout à fait vraies à la situation de Dominique et de Madeleine : ou bien la chute de Madeleine, résultat de leur commune imprudence ; ou bien le départ, en effet, de Dominique, trop timide, et qui a usé le plus fort de sa passion, déjà ancienne, dans des luttes stériles ; mais alors la vérité qu'il faudrait dire, c'est que Madeleine chez qui, au contraire, la passion est dans son plein et à son comble, doit lui en vouloir et le mépriser un peu de l'avoir amenée là pour reculer ensuite. Qu'avait-il à faire de souffler pendant des années le feu, pour se dérober et s'enfuir au moment où il voit la flamme ? Ce Dominique, non plus, ne doit pas être content de lui, et il ne saurait nous être présenté, en définitive, comme une manière de sage qui a triomphé de sa passion. Ce n'est qu'un amoureux faible qui a pris sa crainte pour de la vertu, sa timidité naturelle pour un stoïque effort. Je sais bien que l'auteur lui fait faire un léger *meâ culpâ* dans sa confession ; qu'il se blâme volontiers en parlant de lui-même, et qu'il est porté à se déprécier, tout en caressant ses souvenirs. C'est égal, de quelque côté qu'on la prenne, cette fin laisse, selon moi, à désirer ; et, comme dans un certain nombre de romans vrais, mais auxquels il fallait un dénoûment, je suis bien sûr qu'ici, s'il y a quelque réalité dessous, la vérité n'a été suivie que jusqu'à un certain point et jusqu'à un certain endroit.

Mais je prends peut-être bien à cœur cette conclusion. Je ne suis plus tout à fait juge ; il faut être jeune pour se bien mettre au point de vue de tels livres, quand ils sont, comme celui-ci, tout de sentiment : chaque lecteur alors ajoute, retranche, rêve à son gré, et devient proprement collaborateur dans sa lecture. Autrement il y a une certaine ironie à s'occuper de ces questions de jeunesse hors de saison. Le temps, rien qu'en marchant, égalise tout. Qu'on ait possédé Madeleine ou qu'on y ait renoncé, après vingt ans écoulés, hélas! tout ce passé perdu revient à peu près au même. Dominique ne se le dit peut-être pas assez.

IV.

Ces légères réserves et ces réflexions faites, on n'a que des remercîments à adresser à l'auteur pour le plaisir qu'on lui a dû; on n'a que des éloges à lui donner pour la délicatesse des sentiments et le juste emploi des couleurs. Les cent pages où il nous a rendu l'enfance et l'adolescence de Dominique sont et resteront véritablement charmantes. Nous sommes revenus à l'analyse morale la plus déliée, sans retomber dans le vague et le gris qui ôtait le relief et la forme aux objets environnants. Une chose, entre autres, m'y plaît encore : c'est que la description si riche et si vive y est pourtant toujours à sa place et n'empiète pas au delà, comme on eût pu l'attendre et le craindre de la part d'un peintre. Qu'on me permette d'insister sur ce point en terminant et de mettre ma pensée en pleine lumière. Je prends pour exemple l'hôtel d'Orsel où vont ces deux jeunes gens, Olivier et Dominique, pendant leurs années d'études. Il était bien facile de décrire en détail cet hôtel d'Orsel de la rue des Carmélites, cette vieille et très-belle maison de province; il y avait de quoi tenter une autre plume que celle de M. Fromentin. Mais à quoi bon une telle description? A la bonne heure pour le château des Trembles où Dominique a mis, à chaque place, à chaque coin et recoin, une part de son âme; où il a semé le plus cher de sa vie première! Mais dans l'hôtel d'Orsel, c'est surtout aux hôtes, c'est aux jeunes et charmants visages qu'il fait attention, et il néglige volontiers le reste. Trop souvent, le dirai-je? les romanciers modernes, quand ils entrent dans un lieu et qu'ils nous y introduisent à leur suite, se comportent comme des antiquaires, ou comme des enrichis : ils commencent par tout regarder, comme s'ils n'étaient pas chez eux, non plus que les personnages qu'ils y conduisent. L'homme bien né, ainsi qu'on l'entendait autrefois, était au milieu des belles choses comme dans son élément; il y était chez lui, non pas insensible sans doute à la finesse et à la noble élégance des objets qui l'entouraient, mais il ne s'y montrait pas non plus perpétuellement attentif et tout occupé de les faire remarquer aux autres; il vivait au milieu, il en usait, et il vaquait à ses affaires, à ses plaisirs, à ses sentiments. Dominique est de cette race; il nous raconte bien des choses, il en décrit beaucoup, mais seulement celles qui l'ont touché, ému. Il ne s'arrête sans motif ni aux meubles, ni aux toilettes, ni aux vaisselles, à rien de ce dont un parvenu serait émerveillé et ébloui; contrairement au goût et à la manie du jour, il ne nous fait pas, à propos de tout, un inventaire comme pour une vente; il n'y a pas trace de collectionneur ou de commissaire-priseur dans son récit. Une fois, pendant le premier voyage de Madeleine, quand elle est aux eaux, il pénètre jusque dans la chambre de la jeune fille; mais avec quelle discrétion, remarquez-le! C'est à la tombée de la nuit : « le bois sombre de quelques meubles anciens se distingue à peine, l'or des marqueteries ne luit que faiblement; des étoffes de couleur sobre, des mousselines flottantes, tout un ensemble de choses pâles et douces y répand une sorte de léger crépuscule et de blancheur, de l'effet le plus tranquille et le plus recueilli; l'air tiède y vient du dehors avec les exhalaisons du jardin en fleur; mais surtout une odeur subtile, plus émouvante à respirer que toutes les autres, l'habite comme un souvenir opiniâtre de Madeleine. » Voilà des descriptions comme les amoureux les savent faire; ils ne disent que ce qu'ils ont vu, ce qu'ils ont senti, — l'impression pénétrante.

Lundi 15 février 1864.

ENTRETIENS
SUR L'ARCHITECTURE
PAR M. VIOLLET-LE-DUC (1).

LETTRES SUR LA SICILE. — LETTRES ÉCRITES D'ALLEMAGNE (2).

J'assistais, il y a trois semaines environ, à la leçon d'ouverture du Cours de M. Viollet-Le-Duc à l'École des Beaux-Arts, où se pressait une affluence d'auditeurs inaccoutumée. Cette école, on le sait, a été réformée d'après un décret de l'Empereur, venu à la suite de considérations exposées dans un double rapport du ministre et du surintendant des Beaux-Arts. Il ne m'ap-

(1) Le premier volume a paru; librairie de Morel, rue Bonaparte, 13.
(2) Chez le même libraire, ainsi que les autres ouvrages de M. Viollet-Le-Duc.

partient point d'entrer dans l'examen des idées émises ni des réformes qui ont suivi (1). Ce que je sais, comme spectateur et témoin des mouvements et variations de notre temps, c'est que la plupart des idées et des réformes indiquées étaient depuis longtemps dans la pensée et dans les discours des hommes éclairés qui s'occupaient le plus de beaux-arts en dehors des Académies, et qu'elles venaient, bien qu'un peu tard, réaliser des vœux qu'ils n'avaient cessé d'exprimer. Or, il est arrivé ce qui s'est vu en bien des cas : c'est que ce qu'on avait tant réclamé, du moment qu'on l'obtenait, est devenu moins agréable à quelques-uns ; au lieu de remercier, ou du moins d'attendre et d'écouter, on s'est remis à discuter de plus belle. La mobilité française, qu'on croit toujours vaincue et qui reparaît toujours, a fait de nouveau ses preuves. Les hommes influents, les Corps dont la réforme opérée diminuait radicalement, — ou plutôt momentanément, comme je le crois, — l'autorité et l'influence, ont parlé haut et se sont récriés : la jeunesse, qui ne demande jamais mieux que de remuer et de s'agiter, ne fût-ce que pour le mouvement seul,

---

(1) Sur le fond de la question, on peut voir, indépendamment des pièces et rapports publiés dans *le Moniteur*, la *Lettre* ou *Réponse* de M. Ingres qui a ouvert le débat; le cri d'alarme de M. Beulé dans la *Revue des Deux Mondes* du 15 décembre dernier; les articles du *Constitutionnel*, de M. Ernest Chesneau; ceux de MM. Trélat et Paul de Saint-Victor, dans *la Presse;* un article de M. Charles Clément dans *les Débats;* une dernière réclamation et défense de M. Beulé, dans le même journal du 1er février et enfin la brochure spirituelle, polie, riche en faits et en raisons, de M. Giraud, intitulée : *De la réorganisation de l'École des Beaux-Arts: Réponse à la Lettre de M. Ingres.*

s'est partagée en deux camps, fort inégaux, il est vrai.
M. Viollet-Le-Duc était, de tous les professeurs nouvellement nommés, celui dont le Cours était le plus attendu
parce que l'*Histoire de l'Architecture* qui en fait le sujet
est d'un intérêt plus général, et que le professeur
représente un esprit connu, un esprit nouveau dans
l'enseignement. Il a donc été écouté, mais pas avec
toute l'attention et le silence qui sont dus à tout organe
de l'enseignement public, et auxquels avait droit particulièrement un savant qui est maître en son genre.
J'ai emporté de cette première leçon une impression
pénible; j'ai reconnu une fois de plus qu'il suffit de
quelques malveillants obstinés pour tenir en échec la
bonne volonté du grand nombre. Mais ces petites résistances intérieures sont aujourd'hui vaincues, je l'espère; on en a eu raison sans trop d'effort; les légèretés
de la jeunesse sont excusables. Ce qui l'est moins, ce
qui m'a le plus, je ne dirai pas étonné, mais choqué,
c'est que les hommes considérables qui n'avaient certainement pas voulu pousser à cette résistance devenue
du désordre, qui cependant, et très-involontairement
sans doute, n'y avaient pas nui, ne se soient pas tenus
pour avertis, ne se soient pas arrêtés aussitôt après ces
manifestations d'un assez mauvais caractère, et qu'ils
aient cru devoir continuer publiquement la polémique
engagée, en gens non informés et prétextant d'ignorance, comme si de rien n'était. Est-ce donc à eux
qu'il faut rappeler que l'Institut et le bruit des rues ne
vont pas ensemble? L'esprit ne gagne jamais à avoir
pour auxiliaire ce qui est le contraire de l'esprit. Mais

laissons ce coin fâcheux du débat (1). Ayant depuis longtemps lu et étudié, pour mon compte, quelques-uns des écrits de M. Viollet-Le-Duc qui ne sont pas trop spéciaux, j'ai pensé qu'il y avait lieu de profiter d'une circonstance qui le met tout d'un coup en vue et en contact avec le public pour expliquer à ceux qui le connaissent moins, quel il est, et l'ordre d'idées qu'il représente dans l'art, dans l'histoire et l'érudition littéraire. Tout ce qui est d'intelligence générale et qui intéresse l'esprit humain appartient de droit à la littérature.

I.

M. Viollet-Le-Duc, né en 1814, avait pour père un homme d'esprit et fort instruit, qui a laissé sa trace dans l'étude critique de notre poésie au xvie siècle, et pour

---

(1) Malgré l'espoir que j'exprimais, les suites de ce débat et de ce mauvais vouloir obstinément prolongé ont été, après un certain nombre de leçons (sept en tout), la retraite et la démission de M. Viollet-Le-Duc que l'autorité, il faut le dire, avait très-médiocrement appuyé et secondé. Il est de règle en France qu'on ne sait pas faire respecter un professeur insulté indécemment, et c'est toujours lui, en définitive, qui doit céder. M. Viollet-Le-Duc, après avoir fait son devoir pendant le temps voulu, a quitté la partie trop inégale et a très-bien fait. M. Taine, devenu professeur à son tour, l'année suivante, a été tout d'un coup applaudi dans cette même chaire ; il le mérite assurément pour son rare talent ; mais il apportait de plus, dans son nouvel enseignement, une popularité toute faite et créée ailleurs. Et puis il n'était pas architecte, et il paraît bien que la petite émeute, organisée et entretenue contre M. Viollet-Le-Duc, partait surtout de ces ateliers rivaux. Peut-être faudrait-il cacher et ensevelir ces misères qui font peu d'honneur à ce qu'on est convenu d'appeler les Arts libéraux.

oncle il avait M. Delécluze. Élevé près de ce dernier à Fontenay-aux-Roses, dans l'institution de M. Morin, il y reçut cette éducation moyenne, sans trop de tradition et sans trop de formules universitaires, à la fois professionnelle et suffisamment classique, que je voudrais voir devenir un jour celle de la majorité de nos concitoyens. L'avantage d'une telle éducation, pour ceux qui ne se destinent pas à desservir en lévites fidèles les autels de l'Antiquité, c'est qu'elle laisse de la liberté aux aptitudes, qu'elle ne prolonge pas sans raison les années scolaires, qu'elle donne pourtant le moyen de suivre plus tard, si le besoin s'en fait sentir, telle ou telle branche d'érudition confinant à l'Antiquité, et que, vers seize ou dix-sept ans, le jeune homme peut s'appliquer sans retard à ce qui va être l'emploi principal de toute sa vie. M. Viollet-Le-Duc ne perdit pas un moment. Sorti de chez M. Morin, en 1829, à seize ans, il se mit aussitôt à l'étude de l'architecture. Ce que demande de connaissances positives et accessoires cet art de premier ordre, qui en embrasse et en subordonne plusieurs autres, est inimaginable. Neuf ou dix années se passèrent pour lui en études spéciales, en voyages : il parcourut en tous sens, et le crayon à la main, la France, l'Espagne, l'Italie ; il séjourna au moins une année à Rome. Il visita alors, ou depuis, la Sicile ; il n'a point vu la Grèce.

Ceux qui croiraient pourtant que le sentiment de l'antique a fait défaut à M. Viollet-Le-Duc dans sa première éducation se tromperaient fort. Il a parlé, en une occasion, de ses impressions à Rome, rien qu'incidemment, il est vrai, mais d'une manière qui laisse peu à désirer aux plus fervents. Parcourant plus tard l'Allemagne et étant à Nuremberg, cette ville gothique, toute dévote à elle-même, tout occupée à se conserver, à se repeindre, et qui est « une collection plutôt qu'une ville, » il remarque qu'au milieu des raretés qu'elle offre à chaque pas « on a peine à trouver une de ces œuvres qui laissent un souvenir durable ; on est souvent étonné, jamais ému ; c'est toujours le dernier objet qui frappe le plus et qui fait oublier les autres :

« Je me souviens à ce propos, dit-il, de l'impression que nous ressentîmes à Rome, il y a de cela dix-huit ans (1836). Arrivant dans la Ville éternelle, l'esprit plein de tout ce que l'on dit sur les monuments dont elle est couverte, nous crûmes les premiers jours à une mystification. Les palais nous semblaient assez maussades, insignifiants ; les églises, ou de misérables baraques en brique et sapin mal bâties, ou des amas de formes d'architecture les plus monstrueuses ; les ruines antiques... la plupart d'une mauvaise époque, des édifices cent fois remaniés et ayant perdu leur caractère. Mais, ce premier examen terminé et dans le calme profond dont on jouit si pleinement au milieu de la vaste cité aux trois quarts déserte, quelques monuments, quelques peintures revenaient dans la mémoire, en y laissant chaque jour des traces plus profondes ; bientôt ils formaient comme des points lumineux dont les reflets jetaient la clarté jusque sur les objets les plus médiocres en apparence. Après une année de séjour, nous étions arrivé, comme tant d'autres avant nous, à vénérer les plus humbles pierres de la grande cité, à les considérer avec amour, à trouver à toute chose un parfum d'art, une poésie enfin que nulle autre ville ne possède... »

Nuremberg, en effet, ne saurait tenir, ne fût-ce qu'un

instant, devant Rome. Si la première impression que reçut M. Viollet-Le-Duc de la ville éternelle peut sembler un peu légère à ceux qui ont en ces matières assez de religion pour ne pas oser s'avouer à eux-mêmes tout leur sentiment, la seconde impression est la bonne, la véritable, et il l'a reproduite dignement, en mainte page de son œuvre, par le crayon ou par la parole.

Au retour de ses voyages, M. Viollet-Le-Duc fut appliqué aux travaux publics et passa par les différents degrés qui mènent à la maîtrise d'architecture. Entré à la Sainte-Chapelle en qualité d'inspecteur vers 1840, il dut se mettre à étudier particulièrement l'architecture gothique; il recommença, en ce sens, des voyages; il refit des comparaisons sans nombre, et plus attentives, en France, en Allemagne, en Italie encore, et bientôt sa vocation dans ce genre fut déterminée et constatée. On lui confia les restaurations les plus importantes, celle de l'église de Vézelay, entre autres, qui dura quinze ans à exécuter. Il y eut concours en 1843 pour la restauration de Notre-Dame : il mérita d'en être chargé avec le regrettable Lassus. Mais je n'ai pas ici à énumérer ses travaux techniques dans cette branche si riche et si variée d'architecture du Moyen-Age; ce sont les idées qu'il en déduisit et qu'il a exposées en ses divers ouvrages, qu'il importe de bien mettre en lumière.

II.

Et je remarquerai d'abord qu'il arrivait au moment le plus favorable pour tout préciser et coordonner. On était à l'œuvre depuis plus de dix ans, — j'entends, à l'œuvre exacte et déjà serrée de près de toutes parts. Il ne s'agissait plus de s'enflammer à tout bout de champ pour le gothique, de le préconiser avec esprit et avec feu, mais de le bien connaître et de s'en rendre compte dès sa naissance, dans ses progrès, ses transformations et ses différents âges. L'étude des monuments de pierre, qui précéda de peu chez nous l'étude et la recherche des vieilles *Chansons de geste,* avait déjà pris du développement et de l'essor vers la fin de la Restauration. Charles Nodier, Victor Hugo, avaient énergiquement tonné contre la *bande noire;* des savants positifs, les antiquaires de Normandie, M. de Caumont, Auguste Le Prevost, un si bon et si aimable esprit, décrivaient et remettaient en honneur les monuments, églises, restes d'abbayes et de moutiers, de leur riche province; pionniers utiles, ils amassaient des matériaux pour un futur classement complet qui se ferait d'après l'observation comparée des caractères. M. Vitet, déjà prêt par ses voyages antérieurs, devenu inspecteur général des monuments historiques après Juillet 1830, homme de verve et de science, donnait à ce genre d'études une impulsion nouvelle, en l'éclairant d'une vue plus générale et en traçant, le premier, avec vérité et largeur le cadre des époques : il a eu l'initiative. M. Mérimée, après lui, précis, attentif et positif comme pas un, allait continuer pendant des années cette suite de services d'un détail infini, et qui exigent des déplacements continuels, une sagacité infatigable ; il sauvait de la ruine quantité d'édifices intéressants, menacés et méconnus. Mais j'en reviens aux premiers temps, à ceux dont j'ai pu juger comme témoin et assistant, parfois comme pèlerin aussi de ces bons et vieux arts. C'était en effet une sorte de pèlerinage où se portaient dévotement les fidèles ; on courait les provinces, on se dirigeait aux bords du Rhin ; de Strasbourg à Cologne, on saluait du plus loin, à l'horizon, chaque ville qui laissait apercevoir un clocher, une flèche « montrant comme du doigt le ciel ; » c'était une vraie course au clocher et à l'ogive. Dans les villes mêmes, à peine entrés et sans se donner un instant de repos, on s'égarait çà et là ; évitant de parti pris les élégances modernes, fuyant les larges quais, les grandes rues, on cherchait tout exprès les plus vieux quartiers, les plus étroites ruelles ; on s'arrêtait à chaque vieille pierre ornée et ciselée, à chaque petit hôtel ayant sa marque de fin de xve siècle ou de Renaissance ; on entrait sans façon dans les cours. Les Ramey, les Didron datent de ce temps où l'ardeur menait vite à l'érudition. La poésie, la haute imagination se mettait de la partie et prenait les devants. L'apparition de la *Notre-Dame* de Victor Hugo fut un événement, un signal et comme un fanal allumé sur les hautes tours. La *Notre-Dame* du poëte, c'était une inspiration à côté, une création plutôt qu'une copie fidèle et une histoire du monument. N'importe ! toute cette façade du vieux parvis en était désormais illuminée. La fondation par M. Guizot, en 1835, du Comité historique de la langue, de la littérature et des arts près le ministère de l'Instruction publique, donna un point d'appui et de ralliement aux travaux ultérieurs. Je ne parle pas du Comité, bien autrement essentiel, des monuments historiques, institué près le ministère de l'Intérieur, et qui y aidait, qui y subvenait tout directement; je ne dirai que ce que je sais. Le Comité historique de la langue et des arts était plutôt une chose de luxe et de surcroît, une réunion où l'agrément avait sa bonne part. M. Charles Lenormant, Auguste Le Prevost, le comte de Montalembert, MM. Hugo, Vitet, Mérimée, Ampère, MM. Lenoir, Didron, Lassus, en étaient à l'origine. J'avais l'honneur aussi d'en faire partie (1). Que de courses archéologiques je me rappelle et à Paris et hors de Paris, à l'abbaye de Saint-Denis, à l'église de Sarcelles, à Écouen, ou tout simplement au réfectoire de Saint-Martin des Champs, en la compagnie de ces savants hommes; que d'occasions de bien savoir et d'apprendre, dont j'ai trop peu profité! Je faisais cela poétiquement, c'est-à-dire vaguement et au gré du rêve, tout comme nous faisions des herborisations à Morfontaine et à Ermenonville avec Adrien de Jussieu, sans en devenir pour cela plus botaniste.

(1) J'eus également l'honneur, comme secrétaire du Comité en ces commencements, de dresser la première Circulaire, signée du ministre et insérée au *Moniteur* (18 mai 1835), l'Instruction concernant la langue et la littérature. — (Au lieu de *sottises*, lisez-y *sotties*.)

Il m'en est resté, du moins, l'impression très-nette du degré d'avancement où était alors cette science des monuments du Moyen-Age. M. Viollet-Le-Duc, quand il s'y mit résolûment en 1840, venait donc à point pour recueillir les fruits de toute cette étude et de cette battue antérieure, pour tout comprendre dans l'examen de cette époque de l'art et en développer l'ensemble, l'organisme véritable et l'esprit.

Quoique sa vocation, bientôt si prononcée, semble n'avoir guère été déterminée que par le fait et l'à-propos de son entrée à la Sainte-Chapelle, il y était préparé et prédisposé par plus d'une circonstance antérieure et presque de famille. Fils d'un père qui avait goûté l'un des premiers la vieille poésie française, ou ce que l'on appelait alors de ce nom, la poésie de la Renaissance, il devait être tenté de remonter au delà et de s'assurer dans un autre ordre, à sa manière, du mérite des œuvres et des maîtres du vieux temps. Entendant son respectable et très-aimé oncle Delécluze louer et recommander en toute rencontre les procédés de l'art et de l'architecture classique, il devait être tenté aussi de vérifier ces assertions, et peut-être de les contredire un peu. Filiation et contradiction, ce sont deux éléments qu'aime volontiers à associer la jeunesse et qu'elle s'entend très-bien à mêler et à combiner. Lorsqu'il se vit le restaurateur en titre de Notre-Dame, il aurait même pu retrouver, après coup, un signe et comme un présage de sa destinée d'artiste, dans une impression d'enfance qu'il a quelque part racontée :

« Il m'est resté, dit-il, le souvenir d'une émotion d'enfant très-vive et encore fraîche aujourd'hui dans mon esprit, bien que le fait en question ait dû me frapper à un âge dont on ne garde que des souvenirs très-vagues. On me confiait souvent à un vieux domestique qui me menait promener où sa fantaisie le conduisait. Un jour il me fit entrer dans l'église de Notre-Dame, et me portait dans ses bras, car la foule était grande. La cathédrale était tendue de noir. Mes regards se fixèrent sur les vitraux de la rose méridionale à travers laquelle passaient les rayons du soleil, colorés des nuances les plus éclatantes. Je vois encore la place où nous étions arrêtés par la foule. Tout à coup les grandes orgues se firent entendre : pour moi, c'était la rose que j'avais devant les yeux, qui chantait. Mon vieux guide voulut en vain me détromper; sous cette impression de plus en plus vive, puisque j'en venais, dans mon imagination, à croire que tels panneaux de vitraux produisaient des sons graves, tels autres des sons aigus, je fus saisi d'une si belle terreur qu'il fallut me faire sortir... »

J'en conclus seulement que M. Viollet-Le-Duc eut de bonne heure une organisation très-déliée et très-vibrante aux diverses expressions de l'art, une faculté de transposition d'un art et d'un sens à l'autre.

III.

Je vais exposer d'après lui l'idée qu'il s'est faite du développement graduel de l'architecture en ses âges et à ses époques les plus caractéristiques. — Je passerai vite sur les commencements trop obscurs et qui prêtent à trop d'hypothèses. De quelle façon les premiers hommes qui, après le besoin de se loger et de s'abriter, eurent l'idée de se faire un tombeau ou d'élever un monument, un temple en l'honneur de l'Être qu'ils adoraient, de quelle façon instinctive et inexpérimentée s'y prirent-ils dans les différents groupes de la famille humaine? Y a-t-il, à cet égard, des différences fondamentales et premières qui tiennent à la race même et aux dispositions physiologiques originelles, de telle sorte qu'une certaine race n'eut guère d'aptitude que pour agglutiner et pétrir des mélanges de matériaux, telle autre pour empiler industrieusement des pierres, tandis qu'une autre encore, supérieure aux deux précédentes, eut l'idée de bonne heure d'employer le bois et de construire, à l'aide de la charpente, quelque chose de plus savant? Sont-ce là, en un mot, des spécialités inhérentes à la race, et les différences en ce genre tiennent-elles à une autre cause qu'à l'état des matières premières qu'on avait sous la main dans des lieux différents? De telles questions sont environnées de trop d'incertitudes pour pouvoir sans doute être jamais tranchées. Avec l'Égypte, avec la Grèce, commencent les questions précises et solubles. Les Grecs, dont on voudrait bien présenter M. Viollet-Le-Duc comme un adversaire et un ennemi, ont eu un art à part et, selon lui, incomparable, un talent unique, délié, fin, composé d'instinct et de réflexion, qui les a conduits dans tout ce qu'ils ont fait à choisir, à corriger, à rectifier, à épurer; à s'approprier les emprunts mêmes, à les convertir, à les transformer; à trouver l'expression la plus noble, la plus élégante; à deviner, par la perfection des sens, des combinaisons de lignes que l'expérience a converties plus tard en lois de stabilité. Que voulez-vous de plus? Le Grec est essentiellement éclectique et arrangeur avec génie, avec grâce. M. Viollet-Le-Duc fait de lui au Romain, à cet égard, la plus grande différence. On ne saurait trop y insister; car de loin on est porté à confondre les deux influences, et en littérature comme en architecture, ce n'est que depuis quelque temps qu'on est arrivé à les bien distinguer. En France, quoiqu'il y ait dans notre génie, dans notre tour naturel d'esprit et de langage, ainsi qu'Henri Estienne l'a dès longtemps observé, quelque chose qui nous rapproche davantage des Grecs, nous tenons des Romains par une filiation presque immédiate; nous y tenons aussi par réflexion, par habitude et routine; nous empruntons d'eux volontiers nos formules en tout; dans nos jugements et dans nos raisonnements sur l'art, nous sommes latinistes.

En architecture (puisque c'est de cela qu'il s'agit en ce moment), le Romain, qu'on ne prétend nullement déprécier parce qu'on essaye de le définir, est grand bâtisseur, et il l'est en vue surtout de l'utilité publique comme de la majesté de l'Empire; il porte dans les monuments qu'il élève une structure puissante, logique, sensée, uniforme, qui affecte l'éternité et va de soi à la grandeur. M. Viollet-Le-Duc, qui démontrera et justifiera dans le détail cette manière de juger et de considérer l'art romain, nous offre, en maint endroit de ses *Entretiens,* des passages frappants qui font portrait :

« Le Romain est avant tout politique et administrateur, il

a fondé la civilisation moderne ; est-il artiste comme l'étaient les Grecs? Non, certes! Est-il pourvu de cet instinct qui porte certaines organisations privilégiées à donner à tout ce qu'elles conçoivent une forme émanée directement de l'art? Non. Il procède tout autrement. Si nous analysons les édifices des Grecs, nous rencontrons toujours cet esprit fin, délicat, qui sait tirer parti de toute difficulté, de tout obstacle, au profit de l'art, jusque dans les moindres détails. L'analyse du monument romain nous révèle d'autres instincts, d'autres préoccupations. Le Romain ne voit que l'ensemble, la satisfaction d'un besoin rempli ; il n'est pas artiste, il gouverne, il administre, il construit. La forme n'est pour lui qu'un vêtement dont il couvre ses constructions, sans se préoccuper si ce vêtement est en harmonie parfaite avec le corps, et si toutes ses parties sont la déduction d'un principe. Il ne s'arrête pas à ces subtilités ; pourvu que le vêtement soit ample et solide, qu'il soit digne de la chose vêtue, qu'il fasse honneur à celui qui le fait faire, peu lui importe d'ailleurs s'il ne remplit pas les conditions d'art que recherche le Grec! »

Et encore, dans un *Entretien* suivant, après avoir insisté sur les différences et le contraste qu'il y a entre une architecture légère, équilibrée, habilement pondérée, et la masse imposante d'un chef-d'œuvre romain duquel on peut dire : *Mole sua stat,* M. Viollet-Le-Duc s'avance jusqu'à penser que l'édifice romain, en général, n'aurait guère plus de beauté, ne ferait guère plus d'effet, si on le suppose complétement restauré, et qu'il gagne plutôt peut-être à la ruine, puisque c'est par là encore que s'atteste le mieux son double caractère dominant, solidité et grandeur ; mais il maintient que ce serait le contraire pour les Grecs qui, eux, tenaient si grand compte dans tout ce qu'ils édifiaient des circonstances environnantes et des accessoires :

« Le Romain est peu sensible au contour, à la forme apparente de l'œuvre d'art : ses monuments composent souvent une silhouette peu attrayante; il faut se figurer la masse restaurée des grands monuments qui appartiennent à son génie pour reconnaître que, la dimension mise de côté, cette masse devait former des lignes, des contours qui sont bien éloignés de l'élégance grecque. Les Grecs, dans leur architecture, comptaient avec la lumière, la transparence de l'air, avec les sites environnants; ils apportaient une étude toute particulière dans l'arrangement des angles de leurs édifices, se détachant en silhouette sur le ciel ou sur le fond bleuâtre des montagnes. Il est visible qu'ils n'étudiaient pas ces parties importantes de l'architecture *en géométral,* mais qu'ils se rendaient un compte très-exact et très-fin de l'effet perspectif; c'était véritablement en artistes qu'ils combinaient ces effets... Ces calculs de l'homme doué d'un sentiment juste et délicat de la forme n'entrent pas dans le cerveau du Romain... »

Ce n'est certes pas déprécier ces grandes et belles architectures anciennes en vue de celle du Moyen-Age, que de les différencier ainsi. Le Romain compte sans doute, et il compte énormément; mais il n'est pas tout. Sachons comprendre toutes les formes, ne pas les confondre, et ne pas non plus sacrifier l'une à l'autre. Je ne ferai que rentrer dans l'esprit de ces *Entretiens* de M. Viollet-Le-Duc, en citant sur les monuments d'Athènes à la plus belle époque une page de Plutarque qui m'a toujours semblé des plus heureuses, et que je demande à offrir ici dans l'entière vérité d'une traduction plus exacte qu'on ne se les permet d'ordinaire. C'est en parlant du Parthénon et des autres monuments de cette date, que Plutarque dans sa *Vie de Périclès* nous dit :

« Pendant que ces ouvrages s'élevaient fiers de grandeur autant qu'inimitables par la beauté et la grâce, les artistes s'efforçant à l'envi de surpasser leur création par la délicatesse du détail, ce qu'il y avait de plus admirable encore, c'était la rapidité. Car ces choses, dont chacune semblait pouvoir être à peine terminée en bien des générations et des âges, s'accomplirent toutes dans le cours florissant d'une seule administration. Et pourtant on dit que comme Agatharcus le peintre était tout fier de ce qu'il faisait des animaux très-vite et facilement, Zeuxis, qui l'entendait se vanter, lui dit : « Mais moi, c'est avec bien du temps que j'en viens à bout. » Car la facilité dans le faire et la promptitude ne donnent pas à l'œuvre un poids stable ni la perfection de la beauté : au contraire, le temps qu'on emprunte d'avance pour la création se retrouvera ensuite en force et en santé dans l'œuvre produite. Et c'est aussi ce qui rend plus merveilleux de voir que les ouvrages de Périclès aient été faits pour un si long temps et si vite : car, en ce qui est de la beauté, chacun était dès lors et tout d'abord comme antique, et, pour la fleur, aujourd'hui encore ils sont aussi frais et paraissent aussi jeunes que jamais : tellement il y fleurit je ne sais quel éclat de nouveauté qui en préserve la vue des atteintes du temps, ces ouvrages ayant en eux-mêmes un souffle d'éternelle fraîcheur et une âme secrète qui ne vieillit pas !

« C'était Phidias qui les lui dirigeait tous et qui en était l'inspecteur universel... »

C'est cette fleur, cet éclat de jeunesse dont le Parthénon à demi ruiné jouit encore aujourd'hui, qui manque aux monuments de Rome : ils portent la marque du Peuple-roi, c'est beaucoup; mais ils sont et semblent antiques. Le Panthéon d'Agrippa, le mieux conservé et le plus entier des édifices purement romains, même quand on se le représente dans la splendeur et la nouveauté de sa magnificence première, ne devait donner qu'une impression de gravité suprême et de majesté.

Combattant l'idée d'une symétrie absolue dont on a fait depuis une règle inflexible, et qui, pour la plupart des esprits, est devenue synonyme de l'idée même de l'art, M. Viollet-Le-Duc montre que les Grecs, plus souples, plus avisés que les Romains, et surtout que les imitateurs des Romains, ne s'y soumettaient pas rigoureusement, et que cette symétrie, pour eux, cédait quelquefois à des raisons fines et d'un ordre supérieur. Prenant pour exemple, sur l'Acropole même d'Athènes, l'*Erechtheïum,* « ce groupe de trois temples ou salles dont deux se commandent, avec trois portiques à des niveaux différents, » se replaçant en idée dans ce bel âge de la Grèce, il suppose que le monument terminé, au moment où l'échafaud disparaît et où l'effet d'ensemble se révèle, un mécontent, un critique sort de la foule et accuse publiquement l'architecte d'avoir violé les règles au gré de sa fantaisie; et l'artiste alors, heureux d'avoir à s'expliquer devant un peuple véritablement artiste et qui saura le comprendre, réfute agréablement son contradicteur, non sans flatter un peu son auditoire :

« Celui qui vient de parler si légèrement, Athéniens, est

probablement un étranger, puisqu'il est nécessaire de lui expliquer les principes d'un art dans l'exercice duquel vous dépassez les autres peuples. Il n'a certainement pas pris la peine de regarder autour de lui, de faire quelques pas, soit dans l'Acropole, soit dans la ville, avant de porter un jugement sur un édifice dont il ne connaît ni la destination sacrée, ni la place. Pour lui, sinon pour vous, je donnerai les raisons qui m'ont guidé, afin qu'il sache qu'un architecte athénien, soigneux de sa réputation, mais plus encore de la gloire d'Athènes, ne fait rien sans avoir mûrement réfléchi sur les dispositions et les apparences qu'il doit donner aux monuments dont la construction lui est confiée. On m'a demandé, vous le savez, trois temples, ou plutôt deux temples réunis : l'un consacré à Neptune Érechthée, l'autre à Minerve, et un édicule consacré à Pandrose (1) ; ce n'est pas ici le lieu propre à parler des choses sacrées. Vous savez si je pouvais me permettre de toucher au sol vénéré que je devais protéger ; les deux sanctuaires consacrés à Neptune et à Minerve sont sous un même toit, etc. »

Suivent les raisons solides, de haute convenance et d'art, subtilement déduites. Ce sont véritablement des *Entretiens* que des leçons si animées.

Ne dirait-on pas que dans cette lutte pressentie et dès lors peut-être engagée avec le critique et le professeur éminent qui descend de l'Acropole, et sur le terrain même de M. Beulé, en face de ce glorieux Parthénon, M. Viollet-Le-Duc se soit piqué d'honneur et ait tenu à faire ses preuves d'homme de goût ? Allons ! monsieur Beulé, homme de mérite et de talent comme

(1) Pandrose, une des filles de Cécrops, honorée après sa mort, une toute petite sainte de l'Antiquité, tandis que Minerve et Neptune étaient deux grands dieux.

vous l'êtes, et à qui il ne doit pas coûter d'en reconnaître chez les autres, convenez que ce n'est pas trop mal pour un de ces « architectes diocésains, » que vous accusiez l'autre jour de n'avoir d'yeux que pour le Moyen-Age. Pourquoi faut-il, parce que l'un, dans sa carrière, a commencé par monter un escalier de l'Acropole, et l'autre par restaurer les voûtes de Notre-Dame (une merveille aussi!), qu'il y ait de ces paroles de dédain qui ne sont pas à leur place entre esprits si distingués? Le propre de l'intelligence est de comprendre et d'apprécier, même ce qu'on ne fait pas. Le talent peut bien n'être à demeure et n'élire domicile qu'en un seul endroit, mais l'esprit doit être et chez lui et surtout hors de chez lui. *Toujours autre part, toujours ailleurs* est sa devise (1).

Il me reste pourtant, sans entrer dans le technique de l'art, à bien marquer le point vif sur lequel M. Viollet-Le-Duc se sépare des architectes classiques proprement dits, à le suivre dans les fines et savantes explications qu'il a données de l'architecture française des XIIe et XIIIe siècles, sa grande et principale étude, son vrai domaine royal, si je puis ainsi parler, et à y reconnaître avec lui, sous des formes si différentes à l'œil,

---

(1) Je dois dire que M. Beulé a comme répondu à cet appel que je faisais à sa générosité et à son goût : dès le mois suivant, à propos d'un livre sur les *Antiquités mexicaines* dont l'Introduction était due à M. Viollet-Le-Duc, il a rencontré ou saisi l'occasion de parler de lui avec éloge dans le *Journal des Savants* (mars 1864) : il a rendu pleine justice à l'archéologue et à l'érudit. Mais il y a en Viollet-Le-Duc autre chose encore.

et si grandioses à leur tour ou si charmantes, quelque chose de ces mêmes principes et de ce libre génie dont l'art s'est inspiré et s'inspira toujours aux époques d'invention heureuse et de florissante originalité ; tellement qu'à ne voir que l'esprit, il y a plus de rapport véritable entre les grands artistes de la Grèce et nos vieux maîtres laïques bâtisseurs de cathédrales, qu'entre ces mêmes Phidias ou Ictinus d'immortelle mémoire et les disciples savants, réguliers, formalistes, qui croient les continuer aujourd'hui.

Lundi 22 février 1864.

ENTRETIENS

SUR L'ARCHITECTURE

PAR M. VIOLLET-LE-DUC

LETTRES SUR LA SICILE. — LETTRES ÉCRITES D'ALLEMAGNE.

SUITE ET FIN.

I.

On craint toujours, quand on généralise, d'être trop absolu : la vérité est complexe, et rarement peut-on, en tout ce qui est vivant ou historique, la résumer et la formuler d'un mot, sans qu'il faille y apporter aussitôt des correctifs et des explications qui l'adoucissent et la modifient.

Le rôle que le peuple romain a tenu dans l'art, l'esprit qu'il a porté dans ses bâtisses et ses monuments, tel que nous l'avons défini d'après M. Viollet-Le-Duc, est certes conforme à l'idée qu'on en doit prendre, et rentre bien aussi dans le programme qu'avait tracé Virgile lui-même dans le beau temps : « D'autres sauront demander à l'airain ou au marbre de mieux exprimer la vie ; d'autres seront plus éloquents aux harangues, ou excelleront à décrire les astres et à embrasser du compas les révolutions des cieux ; mais à toi, Romain, il appartient de régir le monde et de gouverner les peuples : ce sont là tes arts, à toi... » Tel était aussi le Romain en architecture, dans cet art qui faisait comme partie intégrante de son administration et de son établissement politique en tout lieu ; tel il se montra dans la construction de son Panthéon, de ses thermes, de ses aqueducs, de ses amphithéâtres et de son gigantesque Colisée, dans tout ce qu'il n'empruntait pas directement des Grecs, se souciant bien plus du grandiose et de l'imposant que du fin et du délicat ; mais aussi, en ce genre d'installation souveraine, de glorification conquérante et historique, quand il lui arriva d'y réussir, il eut son originalité sans pareille et il y mit la marque insigne de son génie. La colonne Trajane en est un magnifique et sublime exemple : « Il y a, dit M. Viollet-Le-Duc, dans cette façon d'écrire l'histoire d'une conquête sur une spirale de marbre, terminée par la statue du conquérant, quelque chose d'étranger à l'esprit grec. Les Athéniens étaient trop envieux pour rendre un honneur pareil à un homme, et ils n'avaient pas ces idées d'ordre en politique, qui se traduisent d'une manière si puissante dans la colonne du Forum de Trajan. De la base au faîte de ce monument, on retrouve, pour ainsi dire, l'empreinte du génie politique et administratif des Romains. » Et analysant le chef-d'œuvre, y montrant la pensée triomphale dans son déroulement ascendant et dans le double étage de son orgueilleuse spirale, il déclare cette fois l'art grec vaincu, « sinon dans sa forme, au moins dans son esprit. »

L'art romain, l'architecture qui s'impose avec la domination romaine aux municipes et aux provinces de l'Empire, reste généralement uniforme et stationnaire pendant les premiers siècles : ce n'est qu'en repassant en Grèce, en retournant à son berceau et en devenant byzantine, que cette architecture subit une transformation, une évolution nouvelle. Les Grecs, en tant qu'ils servent d'ouvriers aux Romains pendant la domination absolue de ces derniers, à l'extrême déclin de la république et depuis Auguste jusqu'à Constantin, subissent la volonté du maître, exécutent ses programmes et se bornent à les orner et à les varier dans le détail, à moins qu'on ne leur permette de rester plus fidèles à l'art grec dans quelques petits temples et monuments : ils sont subordonnés dans tout le reste. Mais l'Empire, en se transportant à Byzance, rend au génie grec, subtil, raisonneur, inventeur, son ascendant et sa supériorité : dès lors, la Grèce byzantine va prendre la tête des arts, et mettre sa marque et comme sa signature à un style nouveau. La première Grèce était simple dans son principe architectural : ce principe, c'était la ligne horizontale, la *plate-bande* (comme on dit en termes techniques) posant horizontalement sur deux points d'appui verticaux; la stabilité résultait des simples lois de la pesanteur, sans qu'il fût besoin de l'adhérence des matériaux. Les Romains, au contraire, soit qu'ils l'aient trouvé d'eux-mêmes ou qu'ils l'aient emprunté d'ailleurs, avaient adopté le principe de l'arc plein-cintre, et, par suite, de la voûte moulée, de la ruche ou calotte hémisphérique. Ils avaient combiné ce nouveau principe, comme ils l'avaient pu, avec celui des Grecs, et avaient obtenu la solidité en ne ménageant pas la force des appuis et moyennant un système de matériaux homogènes, broyés et cimentés. L'art romain impérial, en émigrant à Byzance, retomba sous l'influence grecque directe qui se mit aussitôt à le travailler, à le modifier, à l'évider, pour ainsi dire, avec la subtilité propre à son génie. La principale modification qu'on apporta à cette voûte romaine transplantée fut de la rendre plus hardie, plus légère, et de la soutenir plus élégamment. Le Panthéon romain, la rotonde d'Agrippa, c'est une calotte de brique portant en plein sur un cylindre ou mur circulaire : la coupole byzantine, celle de Sainte-Sophie, la plus vaste qui existe, c'est une calotte portant sur des pendentifs et suspendue plutôt que soutenue sur quatre piles seulement. Sans entrer dans les différences de détail, sans recourir à des termes spéciaux qu'il nous siérait moins qu'à tout autre d'employer, et nous bornant à noter avec M. Viollet-Le-Duc la marche de l'architecture en ses moments principaux, nous dirons que l'art byzantin ne doit nullement être considéré comme

« une suite de la décadence des arts romains; » c'est un nouveau temps, c'est « l'art romain renouvelé par l'esprit grec, un art, non point à son déclin, mais au contraire rajeuni, pouvant fournir une longue carrière et donner jour à des principes jusqu'alors inconnus. » Cet art byzantin fut inoculé par les Nestoriens fugitifs aux Arabes; il poussa de ce côté une de ses branches, bientôt florissante; et il s'insinua, il s'infiltra aussi, tout à l'opposé, dans notre Occident, dans notre Gaule, vers l'époque de Charlemagne, et entra pour beaucoup dans la formation de notre premier style roman.

Nous approchons de l'époque tant étudiée par M. Viollet-Le-Duc, et sur laquelle ses comparaisons incessantes et son excellent esprit ont réuni tant de remarques essentielles qu'on peut dire que ses travaux dans cette direction sont allés jusqu'à constituer des découvertes.

Comment les Francs mêlés aux Gaulois, qui allaient devenir des Français, comment ces habitants d'un sol aussi remué et ravagé, aussi partagé qu'il le fut au lendemain de Charlemagne et dans cette époque de rude transition, parvinrent-ils à élever des monuments qui bientôt eurent leur caractère à eux, de gravité, d'élévation, de sincérité, et qui ne se rattachèrent plus que par des rapports indirects à la tradition romaine antérieure? La société, telle qu'elle se formait alors, toute féodale et religieuse, demandait aux constructeurs d'élever force monastères, force églises, des palais aussi, des châteaux surtout et des remparts. Ces constructeurs ne disposaient nullement des moyens de toutes sortes qu'avaient eus à leur service les Romains, ces puissants dominateurs ; ils n'avaient ni les mêmes matériaux, ni les mêmes facilités de transport, ni les mêmes aides ; ils avaient à pourvoir à des besoins tout spéciaux, nés d'une civilisation nouvelle et toute locale, toute morcelée encore : ils profitèrent des traditions sans doute, ils continuèrent d'insister tant qu'ils purent sur les errements du passé, et là où ils ne purent continuer, ils s'ingénièrent, ils tâtonnèrent et firent des essais ; ces essais souvent étaient des écoles, ils se redressèrent. Ils se formèrent sous le maître des maîtres, la pratique et l'expérience. A la longue leur patience fut couronnée du succès : l'originalité un jour leur était née.

Comment naît l'originalité dans un art et chez un peuple ? Comment le germe qui dormait s'anime-t-il tout à coup ? Comment se produit le réveil et la vie ? Difficile et insoluble question : sujet de méditation éternelle. Je comparerai ce qui se passa ici dans l'architecture à ce qui s'est vu, à ce qui s'est opéré et accompli dans la langue elle-même. La langue des Romains, en général, était devenue celle de nos aïeux dans presque toute la Gaule ; on la parlait tant bien que mal, mais on la parlait. Puis la domination romaine ayant disparu, les écoles aussi et tous les foyers d'instruction et de lumières étant détruits et dissipés, le latin s'altéra partout à la fois et diversement ; on le gâta, on l'écorcha, on lui fit subir tous les outrages de la grossièreté et de la barbarie. On avait cependant à s'entretenir, à s'entendre, à discourir sur toutes sortes de sujets ; les moines et les clercs parlaient toujours latin assez correctement, le latin d'autrefois : mais le peuple, mais les prêcheurs qui s'adressaient journellement aux populations des villes ou des campagnes, mais les rois et les barons qui traitaient entre eux de leurs affaires avaient besoin d'une langue commune ; et, tout en la dénaturant à qui mieux mieux, ils la faisaient. Un jour vint et une heure, un moment social, non calculé, non prévu, général, universel, où il se trouva, — sans que personne pût dire ni à quelle minute précise, ni par quelle transformation cela s'était fait, — où, dis-je, il se trouva qu'une langue nouvelle était née au sein même de la confusion, que cette langue toute jeune, qui n'était plus l'ancienne langue dégradée et dénaturée, offrait une forme actuelle et viable, animée d'un souffle à elle, ayant ses instincts, ses inclinations, ses flexions et ses grâces : le français des xie et xiie siècles, cette production naïve, simple et encore rude et bien gauche, ingénieuse pourtant, qui allait bientôt se diversifier et s'épanouir dans des poëmes sans nombre, dans de vastes chansons chevaleresques, dans des contes joyeux, des récits et des commencements d'histoires, venait d'apparaître et d'éclore aux lèvres de tout un peuple.

Ainsi de l'architecture romane et gothique : il y eut un jour où elle naquit, où elle sortit de terre de toutes parts, et couvrit le sol comme une végétation nouvelle. Une distinction capitale, pourtant, est à faire entre les deux formes dites *romane* et *gothique* de l'architecture au Moyen-Age. La première, en date, la *romane*, qui

n'employait guère que le plein-cintre, se rattache plus
sensiblement aux traditions romaines, bien que ce
rapport de ressemblance soit plus superficiel que réel
et que de nouveaux principes, introduits déjà, la diri-
gent. Elle eut chez nous, pour constructeurs principaux
dans la France centrale, des moines, notamment ceux
de l'Ordre de Cluny, le plus puissant d'alors. Ce grand
Ordre eut ses architectes à lui, qui atteignirent assez
tôt à la perfection de leur forme, à Cluny même,
aujourd'hui détruit, à l'église de Vézelay, encore exs-
tante, et dont M. Viollet-Le-Duc a mieux que personne
surpris tout l'art secret et complexe en la réparant et
la sauvant de la ruine. On ne devait pas en rester là.
Vers la fin du XIIe siècle, une nouvelle révolution ou
évolution, comme on voudra l'appeler, était en plein
cours : la construction échappe aux moines. Une puissante école de constructeurs laïques, protégée par
l'épiscopat, accueillie par les seigneurs, favorisée par
le peuple, supplante l'école religieuse précédente et
porte dans la conception et l'exécution de ses œuvres
la plus grande indépendance. C'est l'école de l'architecture *gothique* proprement dite, de l'architecture *à
ogive,* qui s'est produite d'abord dans l'Ile-de-France
et aux environs du domaine royal, donnant la main à
l'émancipation des Communes et représentant le génie
du Moyen-Age en ce qu'il avait de plus libre, de plus
habile et de plus audacieux; il en est sorti les cathédrales de Noyon, de Laon, de Reims, de Beauvais,
d'Amiens..., et Notre-Dame de Paris, avec cette façade
qui est une des merveilles du monde.

Quant à l'ogive même, sur laquelle on a tant rêvé, tant raisonné et déraisonné avant lui, M. Viollet-Le-Duc, en étudiant de près la construction des édifices de cette époque, qu'il eut plus d'une fois à rebâtir à son tour, a très-bien vu et démontré qu'il n'y avait pas à chercher si loin une explication dont la clef est dans la nature même des choses ; que cet art gothique s'était formé graduellement et avait été, pour ainsi dire, commandé par la nécessité, du moment qu'on ne s'arrêtait pas et que le progrès continuait. Ce fut comme un enchaînement et une déduction logique que le talent exécuta dans l'art. Étant donnés le climat, les mœurs de la France, les matériaux, le fonds d'art préexistant, c'est-à-dire quelques traditions venues des Romains et des Byzantins, l'architecture romane est née et devait naître la première : et déjà impliquée en celle-ci, s'y laissant d'abord entrevoir par places, la seconde, plus élancée et à ogive, l'architecture gothique se produit à un certain moment avec hardiesse et se déduit comme d'elle-même, grâce à des gens qui raisonnent juste, et qui, par émulation et par zèle, sont poussés à toujours mieux faire. Ces architectes laïques, dans leur fièvre de construction et d'art, semblaient avoir pris pour devise et avoir inscrit sur leur bannière, comme cet intrépide voyageur de la poésie de Longfellow : *Excelsior! excelsior!*.

Voulant toujours exhausser les voûtes et agrandir les nefs, ils ont été amenés, par une conséquence inévitable, à cette forme et à tout ce qui a suivi, à cette pondération habile, à cette solidarité de tous les membres de l'édifice se faisant équilibre entre eux, à cet appuis fermement distribués sur certains points, à ces contre-forts et à ces arcs-boutants extérieurs où les médisants ont voulu voir des béquilles, où il est aussi aisé de voir des rames ou des ailes, *remigium alarum*. Et certes une église gothique, — ce beau vaisseau, cette nef de haut bord avec toutes ses mâtures et armatures, se détachant sur un fond de ciel brumeux ou dans un couchant enflammé, — ne perd point à être vue du dehors : du plus loin, la flèche ; de près, la façade ; et, sur les flancs mêmes, des portails secondaires, merveilleux d'ornements, peuplés de saints et saintes dans leurs niches ! Mais c'est surtout pour le dedans qu'elle est faite, c'est par le dedans qu'elle a grandi, et c'est par là aussi qu'elle doit être vue ; ces églises sont bâties pour des fidèles qui y entrent et qui y prient ; les vitraux, ternes au dehors, ne s'illuminent et n'ouvrent leurs rosaces mystérieuses qu'au dedans ; jamais monument sacré ne fut plus conforme au génie qui l'inspira, à la foi qui s'y nourrit et s'y enflamme, à la dévotion qui s'y prosterne et y adore. Qu'on se figure, dans ce cadre auguste et approprié, une de ces solennités telles qu'on les célébrait au Moyen-Age les grands jours de fêtes saintes, un de ces drames liturgiques comme il s'en représentait alors dans les églises, avec musique et personnages, le clergé faisant les rôles, — les trois Mages à la crèche, les trois Maries au saint Tombeau, ou la scène des disciples d'Emmaüs au lendemain de la résurrection du Sauveur. Que manquait-il à l'illusion du croyant, à l'avant-goût des joies célestes ? Jamais il ne fut plus vrai de dire avec M. Viollet-Le-Duc : « Montrez-moi l'architecture d'un peuple, et je vous dirai ce qu'il est. » Ou encore : « Les édifices sont l'enveloppe de la société à une époque. »

Le Parthénon d'Athènes, le Panthéon de Rome, Sainte-Sophie de Constantinople, et une nef, une façade gothique dans toute sa gloire, Notre-Dame de Paris : voilà les quatre points culminants de l'histoire de l'architecture, en tant que l'invention y préside, que la beauté s'y joint à la sincérité, et que le fond et la forme s'y marient.

Et ce n'est pas seulement l'architecture religieuse, qui prenait son essor vers ce temps d'une merveilleuse et franche renaissance, aux premières années du XIIIe siècle : « L'architecture civile et militaire suit pas à pas la marche de l'architecture religieuse, et dans la ville où l'on construit une cathédrale gothique, on élève en même temps des édifices civils, des maisons et des remparts qui se dépouillent entièrement des traditions romanes. » Le château, de son côté, tout en se revêtant à neuf et en prenant sa forme féodale, appropriée aux besoins de la défense, reçoit à l'intérieur son arrangement et sa distribution en vue de l'agrément et même du luxe qui s'introduit peu à peu : il se meuble de mille objets curieux, que les romans du temps nous font connaître, et dont M. Viollet-Le-Duc a dressé l'inventaire dans un de ses ouvrages les plus intéressants (1).

(1) *Dictionnaire raisonné du Mobilier français, de l'époque carlovingienne à la Renaissance*; 1 vol. in-8°.

En même temps que l'architecture est en train de s'épanouir et même, comme il arrive après tout triomphe, de passer outre en exagérant ses moyens, la poésie aussi, de rude qu'elle était d'abord, va se polir, se raffiner et se broder à l'excès en des romans de la Table ronde et autres pareils, où la chevalerie et la galanterie se donnent carrière. La philosophie, distincte de la théologie, perce elle-même à ce moment; elle a des visées bien hautes. Abélard, en son rude raisonnement, est de bien loin dépassé. Roger Bacon, ce moine de génie, aborde les sciences, envisage en face l'autorité et la réduit à ce qu'elle est : « L'autorité n'a pas de valeur, dit-il, si l'on n'en rend compte : elle ne fait rien comprendre, elle fait seulement croire. » Lui, il ne veut plus croire, mais vérifier; et, arrachant à l'antiquité son titre même, le retournant au profit de l'avenir, il pose ce principe du progrès moderne, que « les plus jeunes sont en réalité les plus vieux. » Trois siècles et demi après, l'autre Bacon ne fera que le répéter, lorsqu'il dira dans un autre aphorisme mémorable : « *Antiquitas sæculi, juventus mundi;* ceux qu'on appelle les anciens sont de fait les plus jeunes. » On a la contre-partie de la même pensée.

Ce n'est pas une glorification du Moyen-Age qu'on prétend faire, c'est le signalement et la reconnaissance, au sein du Moyen-Age et à son sommet, d'un mouvement unique et trop rapide d'émancipation, d'expansion et de fécondité. Que ceux qui trouvent qu'on en dit trop ne se hâtent pas de crier à l'enthousiasme. Patience ! nous le savons de reste, les choses humaines, dès qu'elles ont atteint une certaine hauteur, retombent assez vite, s'embrouillent et se gâtent assez tôt; et sans sortir du domaine de l'architecture, cette Notre-Dame de Paris dont la façade s'était élevée en moins de quinze ans avec une célérité prodigieuse, œuvre d'un maître dont on a oublié de nous transmettre le nom, ne fut pas même terminée d'après le plan primitif : il manqua toujours les deux flèches au front des deux tours, d'où elles se seraient élancées, également aériennes et légères, mais variées sans doute dans leur dentelure et dissemblables entre elles sur leur double base. La force ou la volonté fit défaut pour l'achèvement : la cathédrale des rois, au sein de la capitale et jusque dans sa grandeur, est restée découronnée.

En France les goûts changent vite ; on se prend et on se déprend ; on se rompt en visière à soi-même. S'il est vrai, comme on le redit souvent et comme il nous est doux de le penser, que la France suive la grande ligne de la civilisation, pourquoi faut-il que ce ne soit trop souvent qu'à travers un zigzag d'injustices et, pour tout dire, d'ingratitudes envers soi et les siens? Ainsi notre propre Moyen-Age, en ce qu'il a eu de meilleur et d'excellent, notre architecture d'alors, bien nationale, bien originale, née chez nous dans l'Ile-de-France ou aux environs, a eu tort à nos yeux, et l'on est allé, dans la suite, chercher ailleurs, à l'étranger, bien loin, ce dont on avait la clef sous la main et chez soi. Longtemps on s'est plu à regarder la cathédrale de Cologne, qui est une imitation de celles d'Amiens et de Beauvais, et qui leur est postérieure de près de cin-

quante ans, « comme le prototype de l'art gothique. »
Ainsi nous faisons sans cesse, toujours en action et en
réaction ; nous nous chargeons volontiers d'être nos
propres *mépriseurs*. Nous initions et nous rompons ;
nous adorons et nous brisons. Le mot de Philibert
Delorme, qui s'en plaignait amèrement en son temps,
est juste encore : « Le naturel du Français, disait-il, est
de priser beaucoup plus les artisans et artifices des
nations étranges que ceux de sa patrie, bien qu'ils
soient très-ingénieux et excellents. » M. Viollet-Le-Duc
fait mieux que de protester contre cette manie ; il en
démontre sur des points essentiels la fausseté et l'erreur. On peut dire qu'il a eu l'honneur de restituer à
notre architecture gothique ses vrais titres au complet ;
on ne les lui enlèvera plus.

Nous n'avons pas à le suivre avec la même attention
dans ce qui est au delà. Il a cependant très-bien marqué encore en quoi notre Renaissance, — ce qu'on
appelle de ce nom dans l'architecture, — est une
Renaissance bien particulière, ayant son goût propre et
sa saveur à elle, entée de longue main sur l'art gothique,
et non pas purement transplantée et copiée de l'Italie.

II.

J'ai déjà indiqué, parmi les ouvrages de M. Viollet-Le-Duc, un des plus curieux pour l'étude et l'intelligence
entière du Moyen-Age, le *Dictionnaire raisonné du*

Mobilier français durant cette époque ; c'est le complément naturel et tout agréable de son grand *Dictionnaire de l'Architecture française* dans les mêmes siècles. Ce genre de travail et d'inventaire l'a conduit à nous tracer un tableau de la vie privée de la noblesse féodale en ces âges où les mœurs, dans les hautes classes et les classes aisées, cessèrent d'être barbares dès le XIIe siècle et devinrent même assez raffinées au XIVe. Il emprunte à tous les ouvrages du temps des témoignages et des descriptions qui viennent à l'appui de ses définitions techniques. Les cérémonies, sacres, couronnements, noces, obsèques, nous sont présentés comme si nous y assistions ; nous sommes censés faire en sa compagnie une tournée chez les plus habiles ouvriers et fabricants des divers métiers, sur la fin du XIIIe siècle, — maître Jacques le huchier; Pierre Aubri l'écrinier, qui fabrique de si jolis coffrets d'ivoire; — Guillaume Beriot, l'imagier le plus occupé de Paris, un ornemaniste, comme nous dirions, — maître Hugues le serrurier qui, tout vieux qu'il est, travaille suivant la nouvelle mode, non sans regretter l'ancienne, plus solide et plus savante; — maître Alain le lampier, qui excelle à modeler et à fondre de grands chandeliers, des candélabres d'autel, des bras pour recevoir des cierges, des lampesiers ou lustres, et qui regrette, lui aussi, le bel art du temps passé. Monteil avait ouvert la voie, dans son *Histoire des Français des divers états aux cinq derniers siècles*; on avait alors pour source presque unique d'informations le musée des Petits-Augustins formé à si grand'peine par Alexandre Lenoir et trop brusquement dissipé, le musée de Cluny fondé par feu Dusommerard, et si augmenté depuis, si bien dirigé par son fils. M. Viollet-Le-Duc a poussé ce genre de curiosité plus loin que personne avant lui ; par sa science précise de détail, il est véritablement contemporain de chaque moment du Moyen-Age ; il est l'hôte familier de chaque classe et de chaque maison. On s'est fort occupé dans un temps, chez les érudits classiques, de ce qu'était une maison romaine, ou encore et de plus près, de ce qu'était la toilette d'une dame romaine. Un savant allemand, Bœttiger, a fait tout un livre là-dessus (1) ; même depuis la collection Campana et les innombrables bijoux d'usage rassemblés aujourd'hui sous nos yeux, le livre de Bœttiger ne nous paraît pas trop arriéré. M. Viollet-Le-Duc, par son travail complet, et qui bientôt ne laissera rien à désirer, a mis à contribution pour le Moyen-Age tous les livres de recherches antérieurs, et, indépendamment des objets mêmes qu'il a dû voir, il a voulu connaître tout ce qu'on en a dit ; il a puisé abondamment pour cela aux sources originales, c'est-à-dire aux chroniques, aux romans chevaleresques, aux traités moraux et didactiques d'alors, tels que le *Livre du chevalier de La Tour-Landry pour l'enseignement de ses filles* (2), ou le

---

(1) *Sabine, ou la Matinée d'une Dame romaine à sa toilette, à la fin du premier siècle de notre ère.*

(2) Ce recueil d'instructions paternelles, dont M. Le Roux de Lincy avait donné des extraits dans ses *Femmes célèbres de l'ancienne France*, a été intégralement publié par M. Anatole de Montaiglon dans la Bibliothèque elzévirienne de Jannet (1854).

Ménagier de Paris (1). Et il me plaît ici, pour diversifier ce sujet un peu grave, de montrer une petite scène d'intérieur, de soulever un coin de la tapisserie qui dérobait la toilette d'une dame de haute qualité au Moyen-Age. Je suppose donc que j'ouvre le *Dictionnaire*, non plus du *Mobilier*, mais des *Ustensiles*, au mot *Tressoir*, — ce dernier Dictionnaire n'a point encore paru, mais il est sous presse, et, comme on dit, en préparation : — qu'y trouvé-je? *Tressoir* est le nom qu'on donnait à un grand peigne, au peigne à dents écartées, que nous appelons *démêloir*; c'est peut-être aussi un ornement de tête et de la coiffure. Une scène de roman va nous édifier à ce sujet, et si agréablement que nous ne l'oublierons plus. Ce qui suit est tiré d'un roman-poëme du xiiie siècle, *Partonopeus de Blois*, œuvre de Denis Pyram, un poëte des plus polis. Il y est donné une description détaillée de la toilette des dames de la Cour de Melior, — je ne sais quelle Cour fabuleuse orientale, — pas si fabuleuse pourtant : chaque dame est enfermée avec sa femme de chambre et se met dans ses plus beaux atours pour la noce de la belle Melior, l'impératrice de Constantinople. Voici ce petit tableau et ce colloque, plein de mouvement, de coquetterie et de grâce :

« Les dames mirent beaucoup de temps à faire leur toilette. Il n'y eut aucun pli de leurs vêtements qui ne fût dis-

(1) *Le Ménagier de Paris, traité de morale et d'économie domestique,* composé vers 1393 par un bourgeois parisien, et publié par M. Jérôme Pichon, au nom de la Société des Bibliophiles (2 vol. in-8°, 1846).

posé avec art. Leurs robes sont justes, et elles portent de
petites franges d'or et d'argent depuis les poignets jusqu'aux
hanches, qui sont très-belles et très-blanches. Elles se sont
coiffées et lacées et habillées debout; elles ramènent par
devant les ouvertures et les pendants de leur ceintures, et
vont souvent se regardant, afin qu'il n'y ait rien de disgra-
cieux et de mésavenant. Leur tresse est disposée en natte
avec une élégante frisure, et à l'aide de *tressoirs* bien fins,
leurs cheveux sont artistement ornés de fils d'argent et
d'or (1). Leur visage est lavé à l'eau rose. Celle qui voulut
employer d'autres préparations (le fard) fit apporter les
objets devant elle (2); quelques-unes ne s'en soucient point,
tant la nature leur a donné de beauté! Il y eut un grand
embarras au moment de nouer la tresse : tantôt elle est trop
haute, tantôt trop plate; tantôt elle a trop d'ouverture, tantôt
ce gonflement ne sied pas bien; tantôt elle est trop lâche,
tantôt trop étroite. Tantôt : « Je n'aime rien à côté de ce
pli. » D'autres fois : « Prends garde tout autour. Là, montre-
moi ce miroir; regarde derrière, et moi devant. Fais-moi là
un tour plus ample; à présent découvre-moi un peu la joue,
baisse le pli qui touche aux yeux; tire en bas, tire en haut;
rabaisse un peu au milieu du front; tire un peu de là en
arrière, j'en aurai une figure plus large. Hausse encore; assez,
arrête : c'est au mieux, c'est parfait. Si tu avais ôté ce poil
que je vois en travers à mon sourcil, je serais alors tout à
fait à mon gré. Que t'en semble-t-il, je t'en prie? » — « Madame, j'ai beau regarder, je ne vois plus rien à retoucher.
Certes, si je l'osais dire, Madame va bien exciter l'envie. »

(1) Je ne sais si je puis avoir un avis en matière si interdite
aux profanes, mais il me semble que *tressoir* ici veut dire tout
autre chose encore que *déméloir;* ce doit être quelque chose de
plus fin. Au lieu d'un instrument, ce pourrait bien être aussi un
ornement, une sorte de résille.

(2) Remarquez que le poëte a la délicatesse de ne pas nommer
le fard qui était en général mal porté, comme on dit. C'étaient les
folles femmes surtout qui avaient la réputation de se farder.

Et moi je demande : N'est-ce pas comme aujourd'hui? n'est-ce pas comme à l'une de ces toilettes galantes du XVIIIe siècle? n'est-ce pas comme de tout temps? Ovide ne décrivait pas plus coquettement la toilette d'une dame romaine. Et c'est ainsi qu'à la faveur du mot *Tressoir*, nous voilà entrés et initiés dans le boudoir élégant d'une châtelaine au plus bel âge gothique.

III.

Il pourra paraître jusqu'ici assez difficile de comprendre comment M. Viollet-Le-Duc, par cette série de travaux neufs, exacts, scrupuleux, incontestables, que je ne fais en ce moment qu'effleurer, est parvenu à s'acquérir l'opposition et presque l'inimitié des savants artistes et architectes qui se sont partagé, pour les cultiver, d'autres domaines de l'art. Ce serait pourtant mal connaître le cœur humain que de le croire si disposé à rendre justice à ce qui est bien, même quand ce qui est bien ne barre le chemin de personne et augmente le savoir de tous. Et puis, il faut le dire; il y a eu un moment et un jour où les chemins se sont croisés, et où l'on a dû se rencontrer, se heurter et se contrecarrer très-nettement.

Autant, en effet, il a de respect et de goût pour l'art libre, original, ayant en soi sa raison d'être et son principe de développement, autant M. Viollet-Le-Duc est sévère pour l'art emprunté, copié, extérieur, fastueux, plus apparent que réel, pour l'art massif qui s'impose et qui ne correspond ni à un état de civilisation, ni à un besoin réel, ni à une pensée sincère, ni à un bien-être, à une habitude ou à une convenance de la société régnante et vivante. L'art de l'architecture sous Louis XIV lui est antipathique. Ce faux romain pris de toutes pièces et alourdi lui paraît, ou peu s'en faut, une barbarie masquée. Il distingue, au reste, entre le Louis XIV du début et celui de la fin. « Personne ne contestera, dit-il, que l'art de l'architecture était plus brillant au moment de la majorité de Louis XIV qu'à sa mort. Il en est des architectes du grand roi comme de ses ministres et de ses généraux : il a commencé par avoir près de lui des Colbert et des Louvois ; il a fini par des Chamillart et des Pontchartrain. » De même, il avait trouvé d'abord pour architectes des de Brosse, des Blondel, des François Mansart, et il a fini par le second des Mansart. Ce dernier est particulièrement odieux à M. Viollet-Le-Duc ; et s'il a, comme je crois l'avoir vu, le portrait du premier Mansart, du seul digne de renom, dans son cabinet et sur sa cheminée, il faut même que ce soit un pinceau bien habile et bien cher qui le lui ait fait accepter : autrement il eût préféré, sans nul doute, un maître de la pure Renaissance.

Le goût de Louis XIV pesa sur l'art de son temps et contribua à l'appesantir. On le sait, le grand roi se flattait d'avoir le compas dans l'œil ; il se piquait, à la simple vue, de saisir la moindre irrégularité dans la pose d'une pierre, dans le tracé d'une fenêtre : il était esclave de la symétrie. Lorsque Mme de Maintenon se morfondait dans un de ces grands appartements de

Versailles si peu faits pour être habités, et qu'elle essayait d'entourer son fauteuil d'un paravent, Louis XIV, en entrant, faisait la mine ; car la symétrie était violée. Il fallait donc geler, bon gré, mal gré, en l'honneur du principe, geler dans les formes, et, comme elle le disait spirituellement, *périr en symétrie.*

Mais du moins, sous Louis XIV, si l'on visait au majestueux à tout propos, si l'on se fourvoyait en partant d'un faux principe, on se trompait avec grandeur ; depuis lors on a gardé le faux principe, et la grandeur a diminué. L'architecture, sans caractère propre, a cessé d'être ce qu'elle était au Moyen-Age et jusqu'à la Renaissance inclusivement, l'enveloppe de la société, le vêtement qui se prêtait aux formes et aux mouvements du corps :

« Ce vêtement est devenu la chose principale ; il a gêné le corps, partant l'esprit. Il s'est formé à la longue une compagnie privilégiée qui a fini par ne plus permettre qu'une seule coupe d'habit, quel que fût le corps à vêtir : cela évitait la difficulté de chercher des combinaisons nouvelles, et celle, non moins grande, d'étudier les diverses formes adoptées chez nous dans les siècles antérieurs et d'y recourir au besoin. »

Voilà le grief. Pourquoi aussi M. Viollet-Le-Duc s'avise-t-il de penser et de dire de ces choses ? pourquoi pense-t-il de la plupart des architectes modernes les mieux établis et les plus favorisés que ce sont gens qui, pleins des formes du passé, — d'un passé lointain, — et obéissant à une idée préconçue, procèdent dans leur œuvre du dehors au dedans, font d'abord une boîte pour les yeux, un couvercle de grande apparence selon les règles dites du beau, et qui ne songent qu'ensuite et secondairement à ce qui sera à l'intérieur, à ce qui doit s'y loger, y agir, s'y mouvoir et s'en accommoder? Voilà un bloc, non pas informe, mais cette fois tout taillé, creusé et construit en monument : qu'en fera-t-on? Une bourse, — une église, — un palais, — un ministère? *Sera-t-il dieu, table ou cuvette?* Le même surtout de pierre, avec portiques et colonnes selon la formule, pourra servir presque indifféremment à plusieurs usages. Mais est-ce que les Grecs dont on parle sans cesse ont fait ainsi? Les Romains, passe encore! ils ont aimé l'uniformité, la régularité en tout temps et en tout lieu; eux aussi, ils auraient pu dire, comme un illustre préfet moderne : « Il entre toujours les trois quarts au moins d'administration dans ce qu'on appelle architecture, » quoique encore dans leurs villas, leurs thermes, leurs basiliques, ces mêmes Romains aient songé principalement, et largement pourvu à la destination, à la commodité présente et à l'usage. Mais nous, préoccupés de je ne sais quelles idées traditionnelles que nous éternisons, nous ne raisonnons plus comme ces Anciens que nous invoquons toujours. Nous nous asservissons à eux, et nous importons pour d'autres mœurs, pour d'autres usages et sous un autre climat, des formes toutes faites dont nous méconnaissons le principe originel et l'esprit.

C'est l'esprit et la manière de raisonner des anciens architectes, non la lettre et la forme qu'il faut prendre. Est-ce à dire, comme quelques-uns le lui imputent, que

M. Viollet-Le-Duc veuille qu'on imite le gothique au détriment de l'antique? Oh! je reconnais bien là cette éternelle façon de combattre celui qui nous gêne et qui nous déplaît. Il a une qualité, un mérite qu'on ne peut lui contester : vite on prétend l'enfermer et l'emprisonner dans ce mérite; on se sert de cette qualité comme d'une arme pour l'écarter et le repousser de tout le reste. Vous avez étudié le gothique, vous le savez; restez-y, vous n'êtes propre qu'à cela. Mais M. Viollet-Le-Duc se permet d'en sortir; voilà ce qui déplaît à ceux qui font monopole de l'antique. Ce que demande M. Viollet, c'est d'abord qu'on ne prenne pas l'antique pour le transporter tel quel, chez nous, sans motif, sans égard à tout ce qui diffère profondément entre des sociétés si dissemblables; et de notre passé à nous, de notre ancienne architecture nationale, il veut qu'on n'en prenne que ce qui s'applique à nos mœurs actuelles, à notre objet, aux matériaux dont nous nous servons, et surtout qu'on s'inspire du bon sens extraordinaire dont ces vieux architectes du XIIIe siècle ont fait preuve. Sa doctrine bien simple, et si peu suivie aujourd'hui, est de faire des édifices pour leur destination, et non pour la seule apparence extérieure. Sa règle est que la disposition d'un bâtiment est commandée par l'usage qu'on en veut faire. L'ornementation, à laquelle aujourd'hui on sacrifie tout, ne vient qu'en seconde ligne, et elle doit, comme la disposition générale, tirer son caractère de sa destination.

Dans un des articles de son grand *Dictionnaire* (1),

---

(1) Au mot *Fenêtre*.

il décrit la salle synodale de Sens, une de ces vastes
salles destinées à des réunions nombreuses, où il fallait trouver de la lumière, de l'air, de grandes dispositions; il nous la montre réunissant toutes les conditions
d'utilité et de beauté. Cet édifice, bâti sous saint Louis,
est admirable de bon sens, aussi bien approprié à sa
destination que la salle des États au Louvre l'est peu.

Oh! qui donc nous rendra une architecture originale,
si elle est encore possible, celle de la société présente
et à venir? Grand problème. Comment échapper enfin
au convenu? comment secouer la formule soit classique,
soit gothique, soit néo-romaine, et trouver la nôtre?
comment se débarrasser du malheur de venir si tard et
d'avoir l'imagination encombrée de souvenirs? Le bon
sens tout seul qui préserverait de l'inconvenant et de
l'absurde, suffit-il pour faire qu'on crée à son tour,
qu'on retrouve le neuf en accord avec le beau, qu'on
rejoigne l'élégant avec l'utile? Je me garderai bien de
m'embarquer dans de telles questions (1); mais j'en ai
dit assez pour indiquer le point juste et le point vif
où M. Viollet-Le-Duc a piqué les académiques. Ils ne
savent que faire pour le lui rendre aujourd'hui.

IV.

C'est encore une tactique à leur usage, de le représenter comme un homme instruit, il est vrai, mais un

(1) On peut voir dans les *Lettres adressées d'Allemagne à
M. A. Lance, architecte,* par M. Viollet-Le-Duc, surtout dans la
XIe, de libres et rapides réflexions sur l'état de l'art en France,
mises dans la bouche d'un Berlinois.

architecte de livres et de cabinet, un pur archéologue :
c'est ainsi que d'un général instruit on dira, pour le
déprécier aux yeux des troupes, qu'il a fait son chemin
dans les bureaux, ou d'un médecin, pour dégoûter de
lui les malades, que c'est un érudit et non un praticien.
Or cela est tout à fait inexact en ce qui regarde M. Viollet-Le-Duc. Élevé, je l'ai dit, par un père de qui il a
reçu une très-bonne instruction littéraire, il a puisé de
bonne heure auprès de son oncle Delécluze le goût des
arts. Celui-ci ne cessait de lui montrer de belles
estampes, de beaux modèles; il lui faisait copier des
statues grecques, ce qu'il y avait de mieux en gravures. C'est ainsi que ce bon et digne homme, très-classique, très-entiché d'un beau de convention et fort
médiocre en tant qu'artiste, a cependant réussi à former un artiste excellent et ne lui ressemblant en rien.
De très-bonne heure le jeune Viollet a usé de son crayon
pour vivre ; il faisait des décorations, des modèles pour
des étoffes, pour des meubles, un peu de tout. On
comprend les avantages et le profit qu'un esprit juste,
élevé, a pu tirer ensuite de tous ces détails et de tout
cet acquit pour la pratique de son art. Un bon juge, et
qui l'a vu à l'œuvre, me disait : « Je ne connais personne qui dessine mieux, plus facilement, et qui rende
plus exactement le *caractère* de l'objet qu'il dessine. Je
l'ai vu, grimpé sur une corniche à 60 pieds du pavé,
dessiner debout aussi bien que s'il avait été dans son
cabinet. » Le premier grand travail dont il ait été
chargé a été la restauration de l'église de Vézelay ;
cette grande et belle église, chef-d'œuvre des archi-

tectes clunisiens, était en si mauvais état, qu'il avait
été plus d'une fois question de la démolir; il était à
craindre qu'au premier coup de marteau tout ne tombât. M. Mérimée, inspecteur alors des monuments historiques, crut devoir consulter auparavant M. Delécluze, et lui demanda si on ne faisait pas courir un
trop grand risque à son neveu en lui confiant une
restauration si difficile et si dangereuse. M. Delécluze,
fier au delà de tout de ce jeune neveu, son élève, qui
contrariait pourtant ses idées les plus chères, répondit : « Si Eugène a dit qu'il s'en chargeait, ne craignez
rien, il réussira. »

Depuis lors, M. Viollet-Le-Duc n'a cessé d'être chargé
de grands travaux par le gouvernement, il est le
conservateur et le réparateur de l'enceinte militaire
de Carcassonne, ce modèle de fortification datant du
xiiie siècle. Il a bâti un hôtel de ville à Narbonne; il est
en train de réparer et de restituer le château de Pierrefonds, qui était à la fois une place militaire et une
habitation de luxe; il est inspecteur des édifices diocésains, et il construit même, bon an mal an, deux ou
trois maisons à Paris pour de simples bourgeois. C'est
donc un homme du métier, s'il en fut. Ajoutez-y des
livres très-étudiés de tout point et où rien n'est négligé, qu'il poursuit et qu'il achève. Que d'emplois!
dira-t-on; et j'en omets peut-être. Son activité et son
habitude de travail suffisent à tout. Dans ses travaux
d'architecte, on n'attend jamais avec lui. Il fait chaque
chose, m'assure-t-on, également bien, *minutieusement*
bien. Dans ses constructions et réparations, il ne s'en

remet qu'à lui-même des moindres détails. Il n'y a pas à Notre-Dame un ornement qu'il n'ait dessiné de la grandeur d'exécution. Pour moi, et là où je suis plus à même d'en juger, c'est avant tout un esprit bien fait, net, délié, philosophique, au courant de toute science et de toute branche d'étude; un écrivain facile, alerte, spirituel. Ses *Lettres sur la Sicile*, insérées dans le *Moniteur* à l'époque de l'expédition de Garibaldi et pendant cette expédition même, précédaient, pour ainsi dire, les événements, et elles ont montré sa sagacité comme observateur. En un mot, on peut dire de lui ce que je crois avoir lu quelque part, au sujet d'un maître d'autrefois, qu'il tient également bien.

Le compas, le crayon, la truelle et la plume.

Lundi 29 février 1864.

CORNEILLE.

LE CID.

Corneille a été, dans ces dernières années, et il est plus que jamais en ce moment, l'objet d'une quantité de travaux qui convergent et qui fixeront définitivement la critique et les jugements qu'elle doit porter sur ce père de notre théâtre. Les jugements de goût sont depuis longtemps épuisés, et ils ne seront pas surpassés. La double opinion de ceux qui préfèrent ouvertement Corneille à Racine et de ceux qui, au contraire, préfèrent incomparablement Racine à Corneille, ou encore le suffrage impartial et équitable des arbitres entre ces deux illustres rivaux, ont été exprimés d'une façon heureuse et sans réplique par ces plumes fines et d'une qualité rare, Saint-Évremond, Fontenelle, Fénelon, Vauvenargues, La Bruyère, Voltaire, même La Harpe; nous nous tourmentons fort pour dire autre-

ment; nous ne dirons jamais mieux ni aussi bien.
Mais le cercle s'est élargi, la vue s'est fort étendue
depuis eux en dehors des horizons purement français :
Shakspeare a grandi, Gœthe s'est élevé, la connaissance
des littératures étrangères a découvert les sources
et permis de juger avec la dernière exactitude la quantité et la valeur des emprunts. L'Antiquité grecque,
son théâtre avec son génie et son style, mieux compris, ont donné les points nécessaires, les hauteurs
essentielles pour les mesures comparées. En ce qui est
de notre langue, on s'est détaché de plus en plus de
cette manière de voir exclusive qui rapportait tout à
un moment unique de politesse et d'élégance, qui
ne voulait admettre qu'un seul patron de bon langage,
et qui déclarait fautif ou barbare tout ce qui s'en écartait. L'Académie française, il faut lui rendre cette justice, n'a pas été des dernières à appeler les esprits
dans cette voie plus libre et à la proclamer ouverte
désormais. Elle a semblé accueillir et reconnaître à son
tour cette vérité, que les grands poëtes ont chacun une
langue à part, une langue originale qui, en même
temps qu'elle est ou qu'elle devient celle de tous, est
la leur aussi en particulier. Qu'on appelle cela *style* ou
langue peu importe, car qui dit langue dit aussi
tours et locutions. Après avoir commencé par demander
un *Lexique de Molière,* l'Académie a mis au concours,
en 1858, un *Lexique de Corneille,* indiquant assez par
là même que le Commentaire de Voltaire sur le grand
tragique était remis en question, et entièrement à refaire. Le prix fut décerné l'année suivante, en premier

lieu au travail considérable de M. Marty-Laveaux, et, pour une part aussi, à un travail des plus estimables de M. Frédéric Godefroy. Ce dernier écrivain a depuis publié son manuscrit (1). Quant à M. Marty-Laveaux, il n'en a encore donné que le Discours préliminaire (2), se réservant de produire son Lexique augmenté et perfectionné, comme annexe et appendice à la nouvelle édition dont il est chargé dans la Collection des Classiques français publiés chez M. Hachette et dirigés par M. Ad. Regnier.

Cette édition (3) où le texte est soigneusement collationné, où l'on donne les variantes, les corrections successives et authentiques, où rien n'est oublié au sujet de chaque pièce, ni les sources et origines, ni les termes de comparaison, ni les morceaux même de polémique qui s'y rapportent; où l'on insérera des lettres de Corneille jusqu'ici éparses ou restées manuscrites, des pièces de vers publiées çà et là dans des recueils du temps et jusqu'aux plus minces productions du grand poëte, promet d'être un modèle en son genre et tout à fait monumentale. Il est bon que de tels travaux complets soient faits, une fois pour toutes, par un éditeur qui connaît tous ses devoirs et qui est de force à les porter. Le goût, dans sa délicatesse et

(1) *Lexique comparé de la Langue de Corneille et de la Langue du* XVIIe *siècle en général*, par M. Frédéric Godefroy (librairie de Didier, 2 vol. in-8°, 1862).

(2) *De la langue de Corneille*, par M. Ch. Marty-Laveaux (Extrait de la *Bibliothèque de l'École des Chartes*, 1861).

(3) *Les grands Écrivains de la France, nouvelles éditions publiées sous la direction de M. Ad. Regnier; Pierre Corneille* (10 volumes).

ses promptitudes de fatigue, peut gémir que tant d'appareil critique, grammatical, philologique, etc., soit devenu nécessaire, et qu'il faille dresser toute cette immensité d'échafaudage, pour quatre ou cinq chefs-d'œuvre, les seuls qu'on relise et qui vivront; mais la science ne fait point de ces partages, dès qu'elle prend les choses en main; elle établit sa méthode et ne souffre pas de choix ni d'exception. Cette œuvre méritoire et d'un si grand labeur, entreprise à bonne fin, pour l'honneur des Lettres, est digne de tout encouragement et de tout éloge.

En ce qui est du texte seul, s'il semblait qu'il eût suffi de le rétablir couramment dans sa pureté sans avoir à en dire ses raisons, on se tromperait fort, et ce ne serait pas le moyen de convaincre que d'en agir de la sorte. Je ne prendrai qu'un exemple que M. Marty-Laveaux me fournit. Dans *Cinna,* acte I, scène III, Cinna, racontant à Émilie comment il s'y est pris pour échauffer les conjurés et les animer contre le tyran, lui redit une partie de son discours et des sanglants griefs qu'il a étalés devant eux : d'abord le tableau des guerres civiles et de ces batailles impies, les horreurs du triumvirat et les listes de proscription, les plus grands personnages de Rome immolés; puis il a ajouté :

. . . . Toutes ces cruautés,
La perte de nos biens et de nos libertés,
Le ravage des champs, le pillage des villes,
Et les proscriptions, et les guerres civiles
Sont les degrés sanglants dont Auguste a fait choix
Pour *monter dans le trône* et nous donner des lois.

Je vous le demande, suffira-t-il de rétablir « *dans* le trône, » au lieu de « *sur* le trône, » sans dire le pourquoi? Est-il un homme de goût, de rapide lecture, un Voltaire tout le premier, est-il un correcteur d'imprimerie attentif, qui laisse passer cela, qui ne se dise aussitôt : « *Dans* le trône n'est pas possible, c'est *sur* le trône qu'il fallait mettre? Rendons service à Corneille en le débarrassant d'une faute ridicule? » Ainsi l'on a fait effectivement dans les éditions corrigées d'après celle de Voltaire. Mais Corneille a bien mis pourtant « *dans* le trône. » C'est que le trône était alors, apparemment, quelque chose non-seulement d'élevé, mais de plus ou moins fermé. On disait « monter dans le trône, » comme on dit « monter dans la chaire. » Boileau, traduisant des vers d'Homère, dira encore : « Pluton *sort de son trône...* » Corneille n'a pas inventé la locution ; mais on ne peut la lui rendre et la rétablir sans la justifier. Ce seul petit exemple nous montre que les restitutions de textes ont souvent besoin de discussion et de leur preuve à l'appui ; et l'on entrevoit dès lors l'infini de tout ce minutieux détail de révision et de commentaire.

En remontant à quelques années en arrière, je rencontre sur Corneille quelques ouvrages littéraires qu'il n'est que juste de rappeler quand on parle de lui :

Et d'abord le *Corneille et son temps* de M. Guizot (1), un travail datant de 1813, réimprimé en 1852 avec

---

(1) *Corneille et son temps*, étude littéraire par M. Guizot (Didier, 1 vol. in-8°).

corrections et additions, et dans lequel l'éminent auteur, sans tant creuser, sans tant raffiner et renchérir qu'on l'a fait depuis, a su rassembler dans un juste cadre et dans une proportion raisonnable les idées vraies, les considérations importantes et les documents intéressants qui font connaître une grande nature de poëte. C'est plaisir et soulagement, je l'avoue, au milieu des surcroîts et des surcharges de l'érudition contemporaine dont on profite tout en se sentant accablé parfois, de rencontrer un esprit, supérieur, habitué à généraliser et à simplifier, qui prend les choses littéraires par le côté principal et qui les offre comme il les voit, sans diminution, sans exagération non plus ni engouement, qui en sait ce qu'il faut en savoir, qui en ignore ce qui n'est bien souvent qu'inutile et incommode, et qui vous conduit vers le fruit d'une saine lecture par la large voie du bon sens. M. Guizot, dans cet ouvrage de sa jeunesse, a eu pour aide et pour auxiliaire, il le dit, cette première et si méritante compagne de sa vie, l'ingénieuse et studieuse Pauline de Meulan.

J'ai laissé échapper l'occasion de parler, au moment où il a paru, du volume assez controversé de M. Ernest Desjardins, qui a pour titre *Le grand Corneille historien* (1); je le regrette. J'aurais aimé à discuetr de

---

(1) *Le grand Corneille historien,* par M. Ernest Desjardins (Didier, 2 vol. in-8° 1861). — Pour les objections faites à ce livre et les réponses, j'ai remarqué, au moment de la publication, quelques articles bons à noter, une discussion fine et vive de M. Louis Passy dans le *Journal des Débats* du 23 avril 1862, une autre cri-

près avec le docte interprète qui pousse un peu loin
son idée, et dont il convient pourtant de ne pas forcer
la pensée pour le plaisir de le combattre et de se donner
plus aisément raison. M. E. Desjardins n'a pas prétendu, dit-il, faire un ouvrage, mais un essai ; il a
pris un sujet de thèse historique, comme il était naturel de le concevoir à un homme qui s'est particulièrement occupé de cet immense et incommensurable
champ de l'histoire. Une diversion agréable, un épisode piquant l'a tenté, et qui a dû également tenter,
ce semble, plus d'un candidat pour la thèse doctorale
en Sorbonne (1). M. Desjardins a pris les devants. Il s'est
donc attaché à notre grand tragique, et il s'est complu
à démontrer en lui une âme et une intelligence essentiellement historique, pleine de prévisions et de divinations : non qu'il ait jamais supposé que le vieux
poëte, en s'attaquant successivement aux divers points
de l'histoire romaine pendant une si longue série de
siècles, depuis Horace et la fondation de la République
jusqu'à l'Empire d'Orient et aux invasions d'Attila, ait
eu l'idée préconçue d'écrire un cours régulier d'histoire ; mais le critique était dans son droit et dans le
vrai en faisant remarquer toutefois le singulier enchaînement qu'offre en ce sens l'œuvre dramatique de
Corneille, et en relevant dans chacune de ses pièces

---

tique due à la plume ferme et acérée de M. Jouvin dans le *Figaro*
du 30 juin 1861, et un article d'éloge dans le *Journal général de
l'Instruction publique* du 4 janvier 1862.

(1) La première idée (il est juste de la lui rapporter) en était
venue à M. Thiénot, professeur d'histoire au lycée Charlemagne.

historiques, même dans celles qu'on relit le moins et qu'on est dans l'habitude de dédaigner le plus, des passages étonnants, des pensées et des tirades dignes d'un esprit politique, véritablement romain. Lorsqu'on aura rabattu, çà et là, de quelques assertions hasardées et de quelques interprétations trop subtiles du critique, il restera en définitive, dans le souvenir du lecteur qui l'aura suivi dans son excursion, une plus haute idée de la faculté historique instinctive du grand Corneille.

Ce lutin dont parlait Molière, lorsqu'il voulait expliquer les inégalités de verve de Corneille, et duquel il disait encore plus poétiquement que plaisamment, qu'il venait, au moment où le pauvre grand homme était dans l'embarras, lui souffler à l'oreille quelques-uns de ses plus beaux vers et de ses plus belles scènes, pour disparaître la minute d'après, — ce lutin n'était autre, en bien des cas, que le Génie même de la République et de l'Empire, ce puissant fantôme évoqué sans cesse, et que les Brutus et les César avaient vu apparaître plus d'une fois dans leurs veilles ou dans leurs songes. Quand on parle de l'intuition historique de Corneille, il faut l'entendre dans ce sens-là, dans le sens large et non étroit.

C'est ce qui faisait dire à Saint-Évremond encore, lorsqu'il voulait marquer le contraste étrange qu'il y avait de Corneille composant et s'exprimant avec sublimité au nom de ses personnages, à ce même Corneille conversant assez brusquement ou platement pour son compte dans la vie commune :

« Il ose tout penser pour un Grec ou pour un Romain : un Français ou un Espagnol diminue sa confiance ; et quand il parle pour lui, elle se trouve tout à fait ruinée. Il prête à ses vieux héros tout ce qu'il a de noble dans l'imagination, et vous diriez qu'il se défend l'usage de son propre bien, comme s'il n'était pas digne de s'en servir. »

Tout cela admis et reconnu, il restera vrai d'accorder à M. Desjardins que Corneille, en matière historique ancienne, tout instinctif qu'il était et à la merci de sa verve, méditait certainement et réfléchissait plus qu'on ne le suppose. Mais ce n'est pas une raison pour passer à l'auteur de *Corneille historien* son épigraphe, qui ne tendrait à rien moins qu'à faire du grand poëte un politique pratique et un habile. Ah! ceci est par trop et va au delà du but. Selon M. Desjardins, Napoléon, s'entretenant de Corneille et au sortir sans doute de quelque belle représentation dramatique, aurait dit : « Si Corneille eût vécu de nos jours, j'en eusse fait mon premier ministre. » Bien d'autres, avant notre auteur, sont allés redisant cette parole. Mais le mot véritable est différent, et il est plus juste : « Si Corneille eût vécu de mon temps, je l'eusse fait prince ; » c'est-à-dire je l'eusse honoré, aussi grandement honoré que possible. Voilà ce que ce souverain bon sens a dit et dû dire. Mais faire de Corneille son premier ministre, ou même un ministre, sur la foi de ses beaux vers, allons donc (1).

(1) Je transcris le passage du *Mémorial* où se trouve pour la première fois le mot qui a tant couru et qui, dans sa version vraie, est digne de Corneille lui-même : « La haute tragédie, disait l'Em-

L'histoire de la Vie et des Ouvrages de Corneille, publiée de nouveau en 1855 par M. Taschereau dans la Bibliothèque elzévirienne, travail dès l'abord fort estimable que l'auteur a de plus en plus complété et nourri, revint mettre sous les yeux toutes les pièces biographiques, précédemment ou plus récemment connues, et fournir tous les éléments pour l'étude du caractère dans un portrait futur, et qui reste à faire, du brusque et altier tragique. Un fin chercheur, M. Édouard Fournier, que quelqu'un a surnommé « le furet des grands écrivains, » a depuis apporté sur quelques points des renseignements ou des interprétations qui méritent d'être examinées (1).

Il en est une contre laquelle je résiste de toutes mes forces, et que je ne puis m'empêcher de réfuter ici en passant. On sait les beaux vers grondeurs de Corneille, adressés à une belle qui avait assez mal accueilli ses hommages, et qui lui avait fait entendre qu'il était trop vieux pour un galant. Il riposte et lui

pereur à l'un de ses couchers à Saint-Cloud, est l'école des grands hommes. C'est le devoir des souverains de l'encourager et de la répandre. Il n'est pas nécessaire d'être poëte pour la juger; il suffit de connaître les hommes et les choses, d'avoir de l'élévation et d'être homme d'État. » Et s'animant par degrés : « La tragédie, disait-il, échauffe l'âme, élève le cœur, peut et doit créer des héros. Sous ce rapport, peut-être, la France doit à Corneille une partie de ses belles actions. Aussi, messieurs, s'il vivait, je le ferais prince. » Quand Napoléon parlait ainsi de cette tragédie qui transporte et qui élève, il n'avait pas seulement entendu ou lu du Corneille, il avait vu Corneille par Talma.

(1) C'est dans des *Notes* (comme il les intitule), mises en tête de sa petite comédie en vers, *Corneille à la butte Saint-Roch* (Dentu, 1862).

rend dédain pour dédain, en se redressant dans sa fierté et dans sa gloire :

> Marquise, si mon visage
> A quelques traits un peu vieux,
> Souvenez-vous qu'à mon âge
> Vous ne vaudrez guère mieux.
>
> Le temps aux plus belles choses
> Aime à faire cet affront :
> Il saura faner vos roses
> Comme il a ridé mon front.
>
> Le même cours des planètes
> Règle nos jours et nos nuits :
> On me vit ce que vous êtes,
> Vous serez ce que je suis.
>
> Cependant j'ai quelques charmes
> Qui sont assez éclatants
> Pour n'avoir pas trop d'alarmes
> De ces ravages du temps.
>
> Vous en avez qu'on adore,
> Mais ceux que vous méprisez
> Pourraient bien durer encore
> Quand ceux-là seront usés.
>
> Ils pourront sauver la gloire
> Des yeux qui me semblent doux,
> Et dans mille ans faire croire
> Ce qu'il me plaira de vous.
>
> Chez cette race nouvelle
> Où j'aurai quelque crédit,
> Vous ne passerez pour belle
> Qu'autant que je l'aurai dit.

> Pensez-y, belle Marquise :
> Quoiqu'un grison fasse effroi,
> Il vaut bien qu'on le courtise
> Quand il est fait comme moi.

Il semble, après la lecture de ces vers si naturels, si francs, si bien dans le ton et dans le tour des sentiments de Corneille, qu'il n'y ait plus qu'une question à se faire : c'est de se demander quelle est cette marquise. Or, on sait précisément, par une note des papiers de Conrart, que ce n'était pas une vraie marquise ni une femme du monde, mais une comédienne qu'on avait surnommée ainsi pour ses grands airs, Mlle Du Parc, dont les deux Corneille, Pierre et Thomas, pendant un séjour qu'elle fit à Rouen, avaient raffolé à l'envi. Voilà donc, direz-vous, un point acquis et réglé? Pas le moins du monde. M. Fournier, par une argumentation ingénieuse mais subtile, s'est plu à tout révoquer en doute. Selon lui, l'intention première de la pièce qu'on vient de lire était toute différente ; pour la bien saisir, il suffit de supprimer la dernière stance où il est parlé du grison, et qui lui semble « visiblement plaquée. » En lisant la pièce ainsi épurée et réduite, il devient, selon lui, évident que ces vers ne peuvent avoir été adressés que par une femme à une autre femme. Sans quoi on n'aurait pas dit :

> On me vit ce que vous êtes ;
> Vous serez ce que je suis.

C'est donc une femme âgée qui, se voyant raillée par une jeune et brillante coquette, lui fait la leçon.

M. Fournier pousse l'explication plus loin, et comme il serait singulier en effet qu'une simple femme d'esprit âgée, voulant remettre à sa place une jeunesse impertinente qui l'offense, lui parlât de *charmes* qui ne craignent pas *les ravages du temps,* et la menaçât de tenir en main l'idée qu'on pourra se faire un jour de sa beauté, de ses attraits si insolents à l'heure qu'il est et si superbes, l'interprète habile, qui n'est jamais en reste, a raconté, sur la foi de je ne sais quelle tradition, toute une historiette dont il n'indique pas la source. Un soir, Mme de Motteville le célèbre auteur de Mémoires, était dans le salon de la duchesse de Bouillon et s'oubliait à rêver, tandis qu'on jouait autour d'elle aux propos interrompus. Une jeune marquise se mit à railler sa coiffure ; car Mme de Motteville, aurait eu, ce soir-là, des fleurs ou des feuilles dans les cheveux. — « Quelle est la plante qui sert de parure aux ruines ? » aurait demandé malignement la marquise dans le jeu qui se jouait ; et chacun de répondre : « Le lierre ! » Tous les regards se seraient portés alors sur Mme de Motteville qui avait du lierre dans ses cheveux.

C'est à ce moment que Corneille, présent à la scène, aurait improvisé, pour venger la femme d'esprit qui était de ses amies, et comme parlant en son nom, les vers précédemment cités, et qui seraient tout à fait à leur place, selon M. Fournier, dans la bouche d'une personne de mérite et de plume comme l'était Mme de Motteville.

L'historiette est jolie ; mais comment l'admettre ? Mme de Motteville avouait-elle donc ainsi qu'elle écrivait des Mémoires ; en arborait-elle l'affiche avec cet éclat et cet orgueil ? Et d'ailleurs, de ce qu'elle écrivait ce qui s'était passé sous Louis XIII ou durant la première jeunesse de Louis XIV, s'ensuit-il qu'elle aurait pu parler en bien ou en mal de la jeune marquise étourdie, et faire croire d'elle, *dans mille ans,* ce qu'il lui plairait ? Et puis encore une femme, parlant des yeux d'une autre femme, irait-elle dire que ces yeux lui *semblent doux?...* Le système manque de tous les côtés et ne se soutient pas. Enfin, ce qui coupe court à tout, Corneille donna lui-même ces Stances, y compris la dernière, dans le Recueil de Sercy en 1666, et il les prit à son compte. Il est bien vrai que, plus d'un siècle après, dans le recueil de *Pièces intéressantes,* donné par La Place, on lit les Stances de Corneille tronquées et sous ce titre : *La comtesse de... à la marquise de...* Mais qu'est-ce que cela prouve, et la publication d'un éditeur de la fin du xviiie siècle peut-elle prévaloir contre celle qui fut faite du temps de Corneille et de son aveu ?

Une explication plus naturelle, si on l'exige absolument, satisfait à tout. En admettant que l'anecdote de Mme de Motteville ait quelque fondement, et si dans sa vieillesse, à un moment quelconque, cette aimable femme d'esprit eut besoin, en effet, d'être vengée, il est tout simple qu'on se soit emparé, ce soir-là, des vers de Corneille déjà publiés et connus, et qu'on les ait accommodés à la circonstance présente en supprimant la stance du grison ; c'était une manière d'à-propos. Mais tout nous prouve que c'est bien pour son propre compte que Corneille a senti et grondé ces beaux vers ; la griffe et l'âme du lion y sortent de toutes parts. Le Cid en personne, vieux et amoureux, n'aurait point parlé d'un autre ton.

Ne subtilisons pas sur nos grands auteurs ; n'imitons pas les érudits qui dissèquent à satiété les odes d'Horace et qui disent : « Ceci est plaqué, et ceci ne l'est pas. » Qu'en savent-ils? Les plus fins sont conduits plus loin qu'ils ne le veulent, et ne savent plus où s'arrêter. Pourquoi, dirai-je à mon tour à l'ingénieux chercheur M. Fournier, pourquoi remettre éternellement en question ce qui est décidé? pourquoi venir infirmer, même en ces matières légères, ce qui est appuyé suffisamment et ce qui est mieux? Assez d'autres soins nous appellent.

Revenant aux jugements littéraires et aux études remarquables, de date plus ou moins ancienne, mais qui ont également paru dans ces derniers temps, je trouve dans le volume intitulé : *Poëtes du siècle de Louis XIV,* par M. Vinet (1), une suite de leçons professées à l'Académie de Lausanne en 1844-1845 par cet homme si distingué qui, placé à Paris, eût pris son rang dans la haute critique éloquente tout aussitôt après MM. Cousin et Villemain, et non au-dessous d'eux. De ces leçons qui nous arrivent en feuillets plus ou moins épars, en fragments trop morcelés (car M. Vinet improvisait bien réellement), quelques-unes sont consacrées à Corneille, et, dans leur incomplet même, elles pa-

(1) 1 vol. in-8°, 1861 ; chez les éditeurs, rue de Rivoli, 174.

raissent dignes du sujet. Le grand poëte y est senti et loué de l'âme et du ton qu'il faut, comme il doit l'être, et surtout par où il doit l'être. J'ai dit que M. Vinet était éloquent : écoutons-le sur Rotrou, sur ce poëte généreux que Corneille, modeste cette fois, appelait son père en matière de théâtre, et en qui M. Vinet aime plutôt à voir un noble cadet et le premier disciple du grand tragique :

« Ce qu'il y a de certain, dit-il, c'est que Rotrou, né trois ans après Corneille, et débutant au théâtre au même âge que ce dernier, c'est-à-dire trois ans après lui (1), ne produisit ses deux bonnes pièces, *Venceslas* et *Saint-Genest*, qu'après les chefs-d'œuvre de Corneille, et que la distance qui sépare ces deux drames des autres œuvres de l'auteur marque suffisamment la source où il a puisé. Corneille procède de lui-même, quoique son génie, allumé au contact de la littérature espagnole, ait pu s'épurer à l'exemple des bienséances nouvelles, introduites par Rotrou. Il eut peu de commerce avec les Anciens: Sénèque le tragique, seul, était connu de lui ; encore le connaissait-il mal. Par ses seules forces Corneille a enfanté un idéal ; il s'est élevé d'un coup, non-seulement à une hauteur extraordinaire, mais à une conception nouvelle de l'art. Quand un écrivain, quand un artiste a créé un idéal, on se précipite dans la trouée qu'il vient de faire, comme les bataillons suisses sur le corps de Winkelried. On n'a pas découvert soi-même, mais on vient à bout de comprendre ; on a l'air d'égaler le maître ; à certains égards même on l'égale, mais il n'en demeure pas

---

(1) Ceci ne paraît pas exact: Rotrou débuta au théâtre en 1628 par *l'Hypocondriaque;* la *Mélite* de Corneille n'est que de 1629 M. Vinet n'a pu vérifier une dernière fois son dire en vue de l'impression, comme il faut toujours faire.

moins le maître. Ainsi M. de Chateaubriand et ses imitateurs ; ainsi dans toutes les sphères de la vie. Il en est du champ de l'humanité comme de celui de Sempach :

L'œuvre qu'un seul commence, un grand peuple l'achève.

Chacun des successeurs de Colomb a pu dire : « J'ai fait le même voyage. » C'est ce qui arriva à Rotrou après Corneille. »

Pour apprécier ici la vérité et la beauté de l'image, il faut savoir son histoire suisse de l'époque héroïque et se rappeler ce qu'était et ce que fit ce Winkelried, lequel, à la journée de Sempach, s'avançant le premier contre le bataillon hérissé de fer des Autrichiens qu'on ne pouvait entamer, étendit les bras pour ramasser le plus de piques ennemies qu'il put contre sa poitrine, et qui, tombant transpercé, ménagea ainsi dans la redoutable phalange une trouée par où les Suisses vainqueurs pénétrèrent. L'image en soi était digne d'être appliquée à Corneille.

Une autre Étude plus récente, résultat aussi d'un Cours fait à l'étranger, est le *Corneille* de M. E. Rambert (1). Ces paroles et ces pages, pleines d'impartialité et d'élévation, ces preuves de bonne et loyale critique, faites par un des écrivains bien informés qui vivent en présence de l'étranger et qui ont à soutenir tout le poids des objections, mériteraient d'être appréciées chez nous plus qu'on ne le fait d'habitude : nous

(1) *Corneille, Racine et Molière, deux Cours sur la poésie dramatique française au XVIIe siècle*, par M. Eugène Rambert, professeur à l'école polytechnique fédérale de Zurich (1 vol. in-8º, à la librairie des frères Garnier, à Paris, 1862).

n'écoutons guère sur nous et les nôtres que ce qui se dit de près, et aussi ce qui nous flatte. Nous récusons volontiers les étrangers, comme si, du côté de l'art, ils n'étaient pas, à certain degré, nos juges. Il faudrait pourtant s'y accoutumer, et, sans tourner contre sa patrie et contre ses gloires légitimes au gré du germanisme et de l'anglomanie, se rendre compte des jugements, des comparaisons et classements dont nos grands écrivains et poëtes sont l'objet. Il y a un tribunal européen, après tout. Ainsi sur Corneille : certes il mérite pour nous le nom de *grand*; mais, lorsqu'il arrive, couronné de ce titre, aux yeux des Allemands, par exemple, lorsqu'un éminent critique, Lessing, s'attendant à trouver en lui, sur la foi de sa renommée, quelqu'un de rude, mais de sublime et de simple, vient à l'ouvrir à une page d'avance indiquée, que trouve-t-il ? Il prend *Rodogune,* la pièce dont Corneille se faisait le plus d'honneur ; il l'accepte pour le chef-d'œuvre du poëte, et l'analysant, la disséquant sans pitié, Dieu sait ce qu'il en pense et ce qu'il en dit ! ce n'est pas à nous de le répéter. Lessing a raison, et il a tort. Il a raison, cherchant un génie simple et sublime qu'on lui a vanté, de s'étonner de ne rencontrer qu'un bel esprit compliqué, recherché, enflé, fastueux. Il a tort, car les beautés de Corneille, celles qui ravissent, qui enlèvent et qui font passer sur tous ses défauts, il ne les voit pas, il ne les sent pas, et elles sont véritablement autre part que dans cette pièce ingénieusement monstrueuse qu'il a choisie en exemple. Il y a donc malentendu. A qui la faute ?

Ces jugements des étrangers qui nous choquent et nous scandalisent, la première condition pour les réfuter en ce qu'ils ont d'injuste et de faux, c'est de les connaître, de ne pas se boucher les oreilles de peur de les entendre. Ils sont sincères ; ils ont leur raison et leur motif. Lessing en particulier, dans ses rigueurs et sa vivacité de polémique contre Corneille, visait avant toute chose à purger la scène allemande des imitations françaises qui l'avaient envahie : il faisait acte, en s'insurgeant, de nationalité à la fois et de goût. Guillaume Schlegel, qui n'avait plus cette œuvre à poursuivre, s'est montré, relativement, fort modéré, et, si un Français peut réclamer à quelques égards contre ses jugements sur Racine, il n'y a guère qu'à approuver ce qu'il a dit de Corneille. Il semble avoir voulu donner satisfaction sur ce point et faire une réparation. Mais, malgré tout, le fond des cœurs et des esprits allemands n'a jamais pu être gagné à cette forme de tragédie symétrique, antithétique. Schiller, bien réellement, quoique cela puisse surprendre, d'après une vague ressemblance de génie qu'on leur suppose, Schiller, ne pouvait s'accommoder en rien des pièces de Corneille :

« J'ai lu, écrivait-il à Gœthe (31 mai 1799), j'ai lu *Rodogune, Pompée et Polyeucte* de Corneille, et j'ai été stupéfait des imperfections réellement énormes de ces ouvrages que j'entends louer depuis vingt ans. L'action, l'arrangement dramatique, les caractères, les mœurs, la langue, tout enfin, les vers même offrent les défauts les plus graves; et la barbarie d'un art qui commence à peine à se former ne suffit pas, il s'en faut, à les excuser. Car ce n'est pas seulement le mauvais goût (défaut si fréquent dans les œuvres où il y a le plus de génie, quand ces œuvres appartiennent à des époques encore incultes), ce n'est pas, dis-je, le mauvais goût seulement qui nous choque ici, c'est la pauvreté dans l'invention, la maigreur et la sécheresse dans le développement des caractères, la froideur dans les passions, la lenteur et la gaucherie de l'action; et enfin l'absence presque totale d'intérêt. Les femmes y sont de misérables caricatures; je n'ai trouvé que l'héroïsme qui fût traité heureusement, et encore cet élément, assez peu fécond par lui-même, est-il mis en œuvre avec beaucoup d'uniformité. Racine est incomparablement plus près de la perfection... »

Dans ce jugement si bien rendu par M. Saint-René Taillandier et qui a failli, quand il le traduisait, lui faire tomber la plume des mains, Schiller ne dit guère rien de plus d'ailleurs que ce qu'avait déjà écrit Vauvenargues : le jeune sage, dans la franche ingénuité de son goût naturel, refusait presque tout à Corneille ; mais un tel arrêt mûri et réfléchi, et venant d'un rival et d'un frère d'armes, compte davantage et tombe de plus haut. Gœthe, comme toujours, était plus juste, et, le seul peut-être de son pays, il s'est occupé de Corneille avec une sympathie intelligente et en voulant bien entrer dans son génie. Gœthe en cela est une exception. Jacques Grimm, l'un des deux illustres frères qui ont recherché si à fond et reproduit si fidèlement les vieux monuments de la race et de la vie allemande, écrivait à M. Michelet, dans toute la sincérité de sa conviction, à propos d'un passage de ce dernier en l'honneur de notre langue et de notre poésie :

« J'ai lu avec un grand plaisir l'Introduction de vos *Ori-*

gines du Droit. C'est un morceau plein d'intelligence et de délicatesse, dans la pensée comme dans l'expression... Cependant, à mon avis, vous allez trop loin dans la note de la page cxxi, et votre éloge de la poésie française, depuis Corneille jusqu'à Voltaire, méconnaît les progrès et les besoins du temps actuel, qu'autrement vous sentez si bien. Dois-je vous répéter un aveu que nous faisons communément en Allemagne? j'ai souvent ouvert, avec la meilleure volonté du monde, Corneille, Racine et Boileau, et je sens tout ce qu'ils ont de talent; mais je ne puis en soutenir la lecture, et il me paraît évident qu'une partie des sentiments les plus profonds qu'éveille la poésie est restée lettre close pour ces auteurs (1)... »

L'aveu est assez clair. Encore une fois il y a malentendu, et du côté de l'Allemagne je crains que ce ne soit presque sans remède. Nous avons beau faire et beau dire là-bas, nous ne sommes pas pris au sérieux poétiquement ; le génie des races s'y oppose. Les Anglais, plus faits pour nous comprendre, et qui entrent mieux dans l'esprit de détail de notre littérature, sont loin pourtant d'accepter tous nos jugements : l'un des plus bienveillants et des plus judicieux, Hallam, parlant très-pertinemment et avec beaucoup d'équité de Corneille, ne le place pas dans le premier ordre des génies. Corneille, en effet, n'a qu'une âme romaine ou espagnole, tandis que leur Shakspeare, à eux, comme ils l'ont dit, a en soi *mille âmes.* Corneille, dans un congrès européen des poëtes, ne figurerait qu'au second rang, comme Poussin ne vient qu'en second dans l'élite

---

(1) Voir l'article de M. Baudry sur les frères Grimm, dans la *Revue germanique* du 1ᵉʳ février 1864.

des peintres. Si nous avions un seul homme, un seul génie dramatique à déléguer dans ce congrès universel, ce ne serait pas Corneille, ce serait Molière qu'il faudrait y députer.

Où en veux-je venir en ce moment, et quelle est ma conclusion? C'est que des Cours faits en français comme ceux de M. Rambert, au cœur de pays allemands et dans une cité des plus éclairées, des Cours où le génie français bien compris, maintenu dans ses distinctions et ses supériorités essentielles, et plaidé et démontré avec chaleur dans une excellente langue, mériteraient, quand ils nous reviennent ici sous forme de livres, d'être quelque peu examinés et critiqués à leur tour. Un peu d'attention, quand on est homme de lettres véritable, est la seule récompense qu'on ambitionne. M. Rambert n'est pas Français de naissance, mais il est Français de langue, étant né dans la Suisse française ; il connaît Paris et y a vécu. Il soutient là-bas, non pas en soldat détaché, mais en esprit libre et comme un auxiliaire de bonne volonté, le drapeau de notre littérature. Vanter les Athéniens parmi les Athéniens, ce n'est peut-être pas ce qu'il y a de plus difficile, disait Socrate ; mais louer les Athéniens devant les gens du Péloponèse, et réciproquement, cela demande un plus grand art et un plus grand effort. C'est cet effort que soutient M. Rambert. Sachons-lui en quelque gré, et prenons la peine de retenir au moins son nom.

Quant à Corneille, il n'y a qu'une manière de le bien apprécier, c'est de le voir à son moment, à son début, dans tout ce qu'il a fait éclater, aux yeux de notre nation, de soudain et d'imprévu, dans tout ce qu'il a su enfermer en peu d'années de charmant, de grandiose et de sublime. « Les inventeurs ont le premier rang à juste titre dans la mémoire des hommes. » C'est Voltaire qui l'a dit à son sujet. Refaisons donc le premier pas, la première démarche victorieuse avec le poëte resté si grand à bon droit dans la mémoire française. Reportons-nous à l'heure unique du *Cid* et à ce qu'elle inaugura. C'est le point de vue véritable d'où il convient d'envisager Corneille.

Lundi 7 mars 1864.

CORNEILLE.

LE CID

SUITE

Avant d'en venir au *Cid* même de Corneille, il y a pourtant une question qui s'élève et qu'il est bon de poser, puisqu'on possède aujourd'hui tout ce qu'il faut pour y répondre. Corneille, qui savait l'espagnol, a eu sous les yeux, quand il composa son *Cid,* le drame de Guillem de Castro, en trois journées, *la Jeunesse du Cid* ou plus exactement *les Prouesses du Cid,* et il l'a imité, il l'a modifié avec goût, il l'a réduit et accommodé selon le génie de notre nation et le sien propre. Il ne connaissait guère autre chose sur son héros que cette pièce de Guillem de Castro avec quelques romances; et à la rigueur, dans un examen littéraire, on peut se borner, comme l'a très-bien fait M. Viguier dans l'édition Hachette, à comparer le drame original espagnol avec la pièce à la fois castillane et française qui en est sortie. Mais la curiosité a droit de s'étendre plus loin, et, une fois éveillée, elle se demande ce qu'était en réalité ce Cid dont il est tant parlé, quelle est l'exacte vérité sur son compte, quelle part on doit faire à l'histoire dans son prodigieux renom, et quelle est celle qui revient légitimement à la poésie. Il y a quelques années, on eût été assez embarrassé de répondre; et, à voir les contradictions à son sujet, les enchevêtrements inextricables de la légende et de l'histoire, il y avait tel savant espagnol qui en était venu à un scepticisme complet sur la vie et sur l'existence même du glorieux personnage. La question du Cid a pu paraître, à un moment, aussi embrouillée que l'était pour nous dans ces derniers temps la question du Schleswig-Holstein; mais, grâce à Dieu et à de savants critiques et défricheurs, elle est maintenant éclairée et à jour. Trois publications originales, faites depuis une vingtaine d'années, ont directement aidé à ce résultat : — la *Chronique rimée* (*Cronica rimada*), trouvée dans les manuscrits de la Bibliothèque du roi, et publiée en Allemagne par M. Francisque Michel et M. F. Wolf (1); — le *Poëme* ou la *Chanson du Cid*, publiée de nouveau et traduite par M. Damas-Hinard (2); — et les *Recher-*

(1) Dans les *Annales de Vienne*, en 1846.
(2) *Poëme du Cid*, texte espagnol accompagné d'une traduction française, de notes, etc., par M. Damas-Hinard; 1 vol. in-4°, Imprimerie impériale, 1858.

ches de M. Dozy, professeur à l'université de Leyde, qui a spécialement abordé le problème et qui l'a, on peut dire, résolu (1). Avant lui les Herder, les Jean de Muller, les Sismondi et d'autres avaient discuté, senti et développé les beautés du Cid héroïque : à M. Dorsy il était réservé de dégager avec précision le Cid historique. Nous essayerons, après quelques critiques français bien informés et compétents (2), d'indiquer ici ce qui ressort nettement de ces publications décisives.

I.

Et d'abord le Cid a positivement existé. Il ne pouvait guère en être autrement, et cela est vrai, en général, de ces grandes figures, quelles qu'elles soient, devenues la matière et l'objet de la légende : on peut dire d'elles, avec certitude qu'il n'y a jamais de si grande fumée sans feu. Mais le vrai Cid ne ressemble presque en rien à celui de la légende, et cela est un second point, presque aussi constant que le premier en ce qui concerne ces personnages légendaires : c'est là un désaccord assez dépitant et désagréable, mais par où il

---

(1) *Recherches sur l'Histoire et la littérature de l'Espagne pendant le Moyen-Age,* par M. Reinhart Dozy; 2ᵉ édition, 1860, 2 vol. in-8°.

(2) J'ai noté, parmi les comptes rendus qui m'ont passé sous les yeux, un excellent article de M. Renan dans le *Journal des Débats,* du 31 août 1853 ; un morceau plein d'érudition et de chaleur de M. Cambouliu, professeur de littérature à la Faculté de Montpellier, dans le *Magasin de librairie* du 25 août 1860; un article de M. Lavoix, dans le *Moniteur* du 22 février 1860.

faut en passer, quoi qu'il en coûte. Le vrai Cid, mort en 1099, guerrier renommé du xie siècle, avait en lui toutes les rudesses et les grossièretés de cet âge; il en avait aussi la moralité, ce qui est peu dire. Il était de Castille et avait nom Rodrigue, — Rodrigue Diaz de Bivar; on l'avait surnommé le *Campéador* ou l'homme des combats singuliers, celui qui sortait volontiers des rangs pour défier le plus brave des ennemis à se mesurer avec lui : il avait d'abord, et dès sa jeunesse, acquis ce surnom dans une guerre que don Sanche de Castille avait faite à son cousin don Sanche de Navarre. Rodrigue avait appelé et vaincu un chevalier navarrais en combat singulier : de là ce titre de *Campéador* ou *Campi-doctor*, comme on disait dans les chansons latines; car c'est une chanson latine qui, la première, nous apprend cet exploit. On l'appela aussi, mais plus tard, *Mon Cid*, *Mio Cid*, comme d'un nom courant; ce mot *mio* était entré dans le nom et en était tellement inséparable qu'on lui fait dire à lui-même dans les chansons, quand il a à se nommer : « Je suis *Mon Cid*. » Cette qualification, qui revient à *Monseigneur*, était sans doute donnée au chevalier castillan par les soldats arabes qu'il eut souvent à commander, et, lorsqu'il eut conquis Valence, par les habitants de cette ville devenus ses sujets.

La naissance de Rodrigue était honorable, et il sortait d'une ancienne famille castillane fort considérée; un de ses ancêtres, Laïn Calvo, avait autrefois reçu de ses concitoyens une haute mission de confiance, étant l'un des deux juges que les Castillans avaient chargés, en 924, de terminer leurs différends à l'amiable. Lui-même, on le voit d'abord au service de Sanche, roi de Castille, lequel avait guerre contre son frère Alphonse, roi de Léon et des Asturies. Les deux frères ayant fixé un jour pour le combat, il fut stipulé que celui qui serait vaincu céderait son royaume à l'autre. Sanche et les Castillans eurent le dessous et furent forcés d'abandonner leur camp à l'ennemi. Dès lors Alphonse crut à l'exécution de la parole jurée et défendit de poursuivre les vaincus. Mais, dès qu'il se fut aperçu que l'ennemi ne songeait pas à pousser à bout son succès, Rodrigue, qui était porte-étendard ou général en chef des Castillans, releva le courage de son roi et lui dit : « Voilà qu'après la victoire qu'ils viennent de remporter, les Léonais reposent dans nos tentes comme s'ils n'avaient rien à craindre : ruons-nous donc sur eux à la pointe du jour, et nous obtiendrons la victoire. » Son conseil fut suivi ; les Léonais, surpris dans le sommeil, furent la plupart égorgés, quelques-uns à peine échappèrent ; le roi Alphonse, qui était de ceux-là, fut pris bientôt après et jeté dans un cloître, d'où il ne se sauva que pour l'exil. Rodrigue avait donc procuré à son roi le royaume de Léon et celui des Asturies, mais moyennant perfidie et parjure. Le vrai Cid n'y regardait pas de si près.

Le roi Sanche, jaloux de reconstituer l'unité monarchique que son père Ferdinand Ier avait brisée par un partage, avait déjà dépouillé deux de ses frères, une de ses sœurs, et était en train d'arracher son apanage à la dernière, lorsqu'il fut tué au moment où il l'assiégeait dans Zamora. Rodrigue, qui semble avoir été le personnage principal de l'armée, se trouva chargé, par suite de ce meurtre, de stipuler pour les Castillans avec Alphonse, qui redevenait roi. En effet, les Castillans, malgré leur répugnance à subir la prépondérance des Léonais, mais n'ayant pas le choix d'un autre souverain, se déclarèrent, puisqu'il le fallait, prêts à reconnaître Alphonse, à la condition toutefois que celui-ci jurerait n'avoir point participé au meurtre de Sanche : ce fut Rodrigue qui se chargea de lui faire prêter ce serment. Dès lors Alphonse le prit, dit-on, en aversion singulière ; mais il dissimula, car Rodrigue était puissant. Ce roi, pour se l'attacher, lui fit même épouser sa propre cousine Chimène, fille de Diego, comte d'Oviedo. De ce mariage devenu si romanesque dans la légende, il n'est rien dit de plus dans l'histoire. On a une charte de donation authentique qui fut dressée à cette occasion (1074). M. Damas-Hinard croit avoir de bonnes raisons de supposer que ce mariage était le second de Rodrigue qui avait alors quarante-huit ans environ ; il y aurait eu une première Chimène. L'histoire est muette. Nous sommes loin encore des romances et de la tragédie.

Quelque temps après, Rodrigue, chargé d'une mission auprès d'un roi maure, le roi de Séville, allié et tributaire d'Alphonse, le défendit vaillamment contre le roi de Grenade, un autre roi maure, qui l'attaquait ; mais au retour, chargé de présents pour Alphonse, il fut accusé par un de ses ennemis en Cour, le comte Garcia Ordoñez, d'en avoir retenu une partie. Alphonse, qui en voulait à Rodrigue et lui gardait rancune de cette ancienne perfidie qui lui avait coûté deux royaumes, et du serment humiliant qu'il lui avait imposé au moment de sa restauration sur le trône, prêta l'oreille à l'accusation et bannit Rodrigue de ses États.

C'est alors que Rodrigue, l'exilé de Castille, commença à mener sa vie de condottiere et d'aventurier qui lui valut tant de renom, et où il finit par s'acquérir, à force de bravoure et de ruse, une belle souveraineté dont il était investi quand il mourut, celle de Valence.

En attendant, chef de bande, mercenaire redoutable, à la solde indifféremment des princes chrétiens ou des roitelets arabes qu'il combattait ou servait tour à tour, il faisait métier, disent les historiens arabes, d'enchaîner les prisonniers, et il était le fléau du pays.

Dès les premiers temps de son bannissement, Rodrigue, après avoir passé quelques semaines à la Cour du comte de Barcelone, qui ne semble pas l'avoir accueilli, se rend à Saragosse, où il entre au service d'un roi maure, Moctadir, de la famille des Beni-Houd, prince ambitieux et perfide, que les scrupules de croyance ne gênaient pas ; et, à sa mort, dans les guerres qui suivirent entre ses fils, il se déclare pour l'aîné, Moutamin, qui avait obtenu Saragosse. Il l'aide à vaincre ses ennemis tant musulmans que chrétiens. Il fait prisonnier dans une action mémorable le comte de Barcelone lui-même : sa rentrée dans Saragosse fut un véritable triomphe. Ennuyé toutefois de l'exil, il essaya de se remettre dans les bonnes grâces d'Alphonse, mais sans y réussir. Il revint donc au service du roi de Saragosse, Moutamin, et ensuite du fils de ce dernier, Mostaïn. Cela le mena à se mêler de ce qui se passait dans l'Espagne orientale du midi et dans le royaume de Valence. Là, comme presque partout ailleurs, le démembrement du Califat avait amené l'anarchie, la lutte et l'instabilité ; dans ce morcellement où était tombée la puissance des Arabes, chacun se disputant un débris, il y avait alors à Valence un roi Câdir imposé par les Castillans et détesté de ses sujets ; dans un péril pressant, il s'adressa au roi de Saragosse, lequel s'entendit avec le Cid pour lui prêter un secours intéressé ; tous deux comptaient s'accommoder bientôt de sa dépouille. C'est alors que le Cid joua au plus fin et se ménagea un jeu à part ; trompant également le roi Mostaïn, dont il était l'allié, et le roi Alphonse appelé l'Empereur dont il continuait de se dire le vassal, il ne songea, à la tête de son armée, qu'à pousser ses propres affaires, comme le plus osé et le plus habile des trois larrons. On se perd dans le labyrinthe tortueux de cette intrigue à main armée. Le Cid tenait, en quelque sorte, Valence à sa merci et avait rendu le roi Câdir son tributaire. Grâce à l'effroi qu'inspiraient ses armes, le terrible condottiere, à ce moment d'indépendance où il avait toute la liberté de ses mouvements et où il pouvait se porter à volonté sur tel ou tel point du pays pour le ravager, s'était créé un revenu fort considérable ; il touchait — tant, de Bérenger, comte de Barcelone ; — tant, du prince de Valence.; — tant, du seigneur d'Alpuente ; — tant, du seigneur de Murviédro, etc.; on a les chiffres de ces sommes régulières que lui payaient les princes et seigneurs musulmans ou chrétiens, et qui constituaient ce que M. Damas-Hinard appelle « sa liste civile. » C'était à qui achèterait la protection. Il s'entendait à pressurer son monde.

Mais tout cela n'est rien au prix de son dernier et capital exploit, qui fut la conquête de Valence. Câdir étant mort de mort tragique, le Cid, sous couleur de le venger, se mit en guerre contre le gouvernement de Valence et vint assiéger la ville. On a un récit du siége et de ses vicissitudes par un témoin oculaire arabe. Il résulte, à n'en pas douter, de ce témoignage, que ce redoutable Cid n'avait guère dans le procédé une bonne foi plus scrupuleuse que ne l'était l'antique foi punique. Rodrigue voulait avoir Valence à tout prix, et tous les moyens, à cette fin, lui parurent bons à employer. « Il se cramponna à cette ville, nous dit énergiquement l'une des victimes, comme le créancier se cramponne au débiteur ; il l'aima comme les amants aiment les lieux où ils ont goûté les plaisirs que donne l'amour. Il lui coupa les vivres, tua ses défenseurs, lui causa toutes sortes de maux, se montra à elle sur chaque colline. Combien de superbes endroits où l'on n'osait former le vœu d'arriver, dont ce tyran s'empara et dont il profana le mystère ! Combien de charmantes jeunes filles épousèrent les pointes de ses lances, et furent écrasées sous les pieds de ses insolents mercenaires ! » C'est un Arabe qui parle d'un chrétien ;

c'est un Troyen qui parle d'un Grec. De quel côté sont les barbares?

La ville se rendit à lui, après une horrible famine, le jeudi 15 juin 1094. Le Cid était parvenu à ses fins; il était roi, sauf le titre et la suzeraineté dont il fit hommage à son seigneur le roi Alphonse. Arrivé à cette hauteur, il eut les visées les plus longues et les plus vastes; il ne songeait à rien moins qu'à la conquête de toute la partie de l'Espagne encore possédée par les Maures : « Un Rodrigue a perdu cette péninsule, disait-il, un autre Rodrigue la recouvrera. » Mais sa carrière était trop avancée pour de semblables desseins. Il mourut cinq ans après, en 1099, et de colère et de douleur sur un échec éprouvé par son armée dans une expédition contre la ville de Xativa. Il était âgé de soixante-treize ans environ.

Sa veuve Chimène essaya de se maintenir dans Valence et y réussit pendant deux années encore : après quoi, désespérant de s'y défendre, et au bout d'un siége soutenu durant sept mois, les chrétiens quittèrent la belle cité en la brûlant (mai 1102). Chimène emportait avec elle le corps de son époux, qu'elle fit ensevelir dans le cloître de Saint-Pierre de Cardègne, près de Burgos. Elle ne lui survécut que de cinq ans.

II.

J'ai omis plus d'un détail odieux de la vie du Cid, détails que l'on doit surtout, il est vrai, aux historiens arabes, mais que la chronique espagnole a enregistrés.

On en a vu cependant assez pour se demander avec M. Dozy comment il a pu se faire que le Cid, tel que vient de nous le montrer l'histoire, lui, l'exilé, qui vivait *à augure,* comme on disait, à l'aventure, au jour le jour, consultant le vol des corbeaux et des oiseaux de proie, oiseau de proie lui-même, « qui passa les plus célèbres années de sa vie au service des rois arabes de Saragosse ; lui qui ravagea de la manière la plus cruelle une province de sa patrie, qui viola et détruisit mainte église ; lui, l'aventurier, dont les soldats appartenaient en grande partie à la lie de la société musulmane, et qui combattait en vrai soudard, tantôt pour le Christ, tantôt pour Mahomet, uniquement occupé de la solde à gagner et du pillage à faire ; lui, cet homme sans foi ni loi, qui procura à Sanche de Castille la possession du royaume de Léon par une trahison infâme, qui trompait Alphonse, les rois arabes, tout le monde, qui manquait aux capitulations et aux serments les plus solennels ; lui qui brûlait ses prisonniers à petit feu ou les donnait à déchirer à ses dogues..., » — comment il s'est fait qu'un tel démon ait pu devenir le thème chéri de l'imagination populaire, la fleur d'honneur, d'amour et de courtoisie, qu'elle s'est plu à cultiver depuis le XIIe siècle jusqu'à nos jours : — « un cœur de lion joint à un cœur d'agneau, » comme elle l'a baptisé et défini avec autant d'orgueil que de tendresse ? Et n'y eut-il pas même un moment, — sous Philippe II, — où l'on songea à faire de lui un saint et à demander sa canonisation ?

M. Édélestand du Méril, que l'on rencontre dans

toute recherche originale sur le Moyen-Age, est également frappé de l'incohérence et de l'amalgame des idées d'abord si disparates, si peu conformes à la réalité, qui se sont glissées sous le nom et sous le masque presque mythologique du Cid (1).

A ces difficultés et à ces questions, il faut bien répondre que l'imagination des peuples, lorsqu'elle est abandonnée à elle-même, comme cela arrive aux époques d'obscurité relative et d'ignorance, et lorsque rien ne vient la refréner et la contrôler, se joue aux inventions les plus bizarres, aux transformations les plus étranges ; les grandes renommées qui en résultent recèlent presque toujours, on l'a dit, un contre-sens ou un caprice. Il suffit souvent d'avoir fait beaucoup de bruit et beaucoup de mal pour être adoré. C'est surtout la force qui impose, qui étonne, et qui apparaît de loin aux neveux comme une merveille. L'homme a besoin de se créer des idoles dans le passé, et il se prend à ce qu'il a sous la main : il lui suffit d'un prétexte. Les peuples, à défaut d'histoire précise, se font un fantôme d'un certain nom, et ils le brodent, ils l'habillent, ils l'embellissent : c'est un travail où chacun s'évertue et où l'on renchérit à l'envi l'un sur l'autre. L'imagination populaire, tant qu'elle ne s'est pas fixée et figée par écrit, fait perpétuellement pour ses héros ce qu'on reproche à Racine d'avoir fait pour les siens : elle les modernise. Le héros de son choix, et qu'elle a une fois

(1) Voir les réflexions en tête de la chanson latine sur le Cid, publiée par lui, pages 284 et suiv. du volume intitulé : *Poésies populaires latines du Moyen-Age*, 1847.

épousé, acquiert ainsi, à chaque génération, une vertu nouvelle, la vertu régnante et à la mode dans chaque temps. On lui attribue tout ce qui paraît de plus beau et de plus enviable au moment où l'on est, et la vieille chanson rhabillée recommence sans cesse.

En ce qui est du Cid en particulier, et quel que soit le contraste de ce qu'il est devenu dans la poésie à ce qu'il s'est montré dans l'histoire, il y a quelque raison pourtant à ce travail d'adoucissement et d'épuration dont il a été l'objet. Personnage redouté, guerrier puissant, acharné, vrai démon, vrai *diable à quatre*, et qui sut se conquérir à lui seul une manière de couronne, deux faits surnagent et dominent dans sa vie d'exploits et de ruses, d'entreprises et de rapines : il a été, somme toute, et malgré ses alliances avec les mécréants, un *reconquistador*, un reconquéreur de l'Espagne sur les Arabes; il reprit Valence et conçut le projet de faire plus encore; — et aussi il fut l'objet de la part de son roi d'une persécution et d'une grande injustice, de laquelle il se vengea par des victoires réitérées, éclatantes. Guerrier patriote et persécuté, que fallait-il de plus? Sur ce canevas, l'imagination castillane s'est émue, s'est mise à l'œuvre et s'est brodé son héros.

Et d'abord il a fallu lui créer une enfance, une première jeunesse; car l'histoire ne le présentait que déjà mûr et homme fait, approchant de la quarantaine. Le plus ancien monument poétique à son sujet et qui date du XIIe siècle, la *Chronique rimée,* nous montre le premier essai et comme la première ébauche grossière de ce roman du Cid. On le voit tout jeune auprès de son père et le vengeant. On voit apparaître Chimène, la fille du comte ; mais sous quelles couleurs ! et que tout cela est encore barbare !

Le comte don Gomez de Gormaz a fait tort à Diègue Laynez, père de Rodrigue, en lui frappant ses bergers et en lui volant son troupeau. Diègue, qui était absent, revient en toute hâte à Bivar, assemble ses frères, et ils font une incursion à Gormaz. Ils brûlent le faubourg et les environs, emmènent des troupeaux, des vassaux, et même des lavandières qui lavaient à la rivière. Ce dernier enlèvement paraît ce qu'il y a de plus grave et de plus déshonorant dans les idées de l'époque, comme cela eût pu l'être du temps de Nausicaa. Le comte sort à la tête de cent chevaliers gentilshommes et se met à défier Diègue, fils de Laïn Calvo : « Laissez mes lavandières, fils de l'alcade citadin... » Il paraît que Diègue était d'une origine immédiatement bourgeoise ou citadine, quoiqu'il prétendît à une descendance royale éloignée. Et le comte le défie avec injure : « Vous n'êtes pas gens à m'attendre, tant contre tant. » Le défi est accepté par un des frères de Diègue : « Cent contre cent, nous vous combattrons volontiers, et à un pouce de distance. » Le rendez-vous est donné à neuf jours de là. En attendant, on rend les lavandières et les vassaux, ne gardant que le troupeau en compensation de celui que le comte a enlevé. C'est alors que Rodrigue intervient :

« Rodrigue avait douze ans passés et n'en avait pas encore treize. Il ne s'était jamais vu dans une bataille, déjà le cœur lui en rompait. Il se compte parmi les cent combattants, que son père le voulût ou non. Les premiers coups sont les siens, et ceux du comte don Gomez. Les troupes sont rangées, et il commence le combat. Rodrigue tua le comte, car celui-ci ne put l'en empêcher (1). »

Cela n'est pas plus long. Le comte tué, et ses deux fils faits prisonniers par Rodrigue, les trois filles du comte qui sont encore à marier, l'aînée Elvire Gomez, la cadette Aldonsa, et la plus jeune Chimène, revêtent des vêtements de deuil, sortent de Gormaz et viennent à Bivar en suppliantes :

« Don Diègue les vit venir, et il sort à leur rencontre. « D'où sont ces nonnains qui me viennent demander quelque chose? » — « Nous vous le dirons, seigneur, car nous n'avons nul motif pour vous le cacher : nous sommes filles du comte don Gormaz, et vous l'avez envoyé tuer. Vous nous avez pris nos frères, et vous les retenez ici; et nous, nous sommes des femmes, de sorte que nous n'avons personne qui nous protége. » Alors don Diègue dit : » Ce n'est pas moi que vous devez accuser; demandez-les à Rodrigue, s'il veut vous les rendre. J'en atteste le Christ, je n'en aurai nul chagrin. » Rodrigue entendit cela; il commença de parler : « Vous avez mal fait, seigneur, de vous récuser; car je serai toujours votre fils, et le fils de ma mère. Faites attention au monde, seigneur, par charité. Les filles ne sont point coupables pour ce qu'a fait le père. Rendez-leur leurs frères, car elles ont d'eux grandement besoin. Vous devez montrer de la courtoisie envers ces dames. »

Voilà la première galanterie de Rodrigue dans toute

---

(1) J'emprunte la traduction de M. Damas-Hinard. M. Dozy a également traduit ces passages, mais d'une manière un peu moins littéraire et plus élégante, ce qu'il ne faut pas. M. Damas-Hinard s'est contenté de calquer trait pour trait.

sa rudesse. Mais les frères, une fois dehors, ne pensent qu'à se venger, et ils projettent de venir brûler nuitamment dans le château de Bivar ceux qui leur ont rendu la liberté. Chimène Gomez, la plus jeune des sœurs, est plus sage et ouvre le meilleur conseil :

« Modérez-vous, dit-elle, mes frères, pour l'amour de la charité. Je m'en irai devers Zamora, porter plainte au roi don Fernand, et vous demeurerez davantage en sûreté, et lui vous donnera satisfaction. » Alors Chimène Gomez monta à cheval : trois demoiselles vont avec elle, et, de plus, des écuyers qui devaient veiller sur elle. Elle arriva à Zamora, où se tient la Cour du roi, pleurant de ses yeux et demandant pitié : « Roi, je suis une dame infortunée, ayez pitié de moi! Petite encore, je demeurai orpheline de la comtesse ma mère. Un fils de Diègue Laynez m'a fait beaucoup de mal; il m'a pris mes frères, et m'a tué mon père. A vous qui êtes roi je viens porter plainte. Seigneur, par grâce, faites-moi rendre justice. »

Mais le roi se montre fort affligé et fort en peine; son royaume est en péril; il craint de mécontenter les Castillans et de les soulever en sévissant contre Diègue et son fils. C'est sur cette simple objection qu'avec une spontanéité toute primitive Chimène tourne court brusquement :

« Lorsque Chimène Gomez l'entendit, elle alla lui baiser les mains. « Merci, dit-elle, seigneur, ne le tenez pas à mal. Je vous montrerai à maintenir en paix la Castille et les autres royaumes pareillement : donnez-moi pour mari Rodrigue, celui qui a tué mon père. »

Dans cette pensée de Chimène, il n'y a qu'une idée

bien digne de ces temps de force et de violence. Elle a perdu un père qui la protégeait; on ne peut le lui rendre : eh bien! qu'on lui rende un autre protecteur, un bras aussi puissant, fût-ce celui du meurtrier, et du jour au lendemain tout est réparé autant que possible. Il n'est pas défendu assurément de supposer que Rodrigue, qu'elle a vu à Bivar, n'a pas été sans lui plaire; mais rien de cela ne perce ni ne se laisse deviner dans son air ni dans ses paroles; sa franchise même éloigne le soupçon; personne, après l'avoir entendue, n'a l'idée de sourire. Le comte don Ossorio, gouverneur du roi, prend vite don Fernand par la main et le tire à part en lui disant : « Seigneur, que vous semble? quel don vous a-t-elle demandé? Vous devez bien rendre grâces au Père tout-puissant! » Le roi, en effet, à qui cette demande imprévue tire une terrible épine du pied, se hâte de consentir; il envoie des lettres à don Diègue et à Rodrigue par un messager pour les mander incontinent auprès de lui, et sans faire dire autre chose, sinon que Rodrigue, si Dieu le permet, sera bientôt en haut rang. Mais voici la contre-partie de la scène et l'image fidèle des mœurs d'alors. Au vu des lettres, don Diègue change de couleur; il soupçonne que le roi veut le punir et le faire tuer :

« Écoutez-moi, dit-il, mon fils, mettez ici toute votre attention. Je redoute ces lettres, qu'elles ne recèlent quelque trahison. Les rois ont en ceci de fort mauvaises coutumes. Le roi que vous servez, il le faut servir sans nul artifice; mais gardez-vous de lui comme d'un ennemi mortel. Fils, passez devers Faro, où se tient votre oncle Ruy Laynez; et moi j'irai à la Cour, où se tient le bon roi. Et si par aventure le roi vient à me tuer, vous et vos oncles me pourrez venger. » Alors Rodrigue dit : « Et il n'en sera point ainsi ! Partout où vous irez, je veux, moi, aller aussi. Bien que vous soyez mon père, je veux vous donner un conseil. Trois cents chevaliers, emmenez-les tous avec vous; et à l'entrée de Zamora, seigneur, donnez-les-moi. »

Un bien menu détail et assez curieux : ces *trois cents* amis de don Diègue et de Rodrigue se retrouvent en mainte autre circonstance dans les poëmes du Cid, et le chiffre a traversé la légende. Ces trois cents ont un peu grossi chez Guillem de Castro et chez Corneille, et sont devenus *cinq cents de mes amis*.

On arrive à Zamora. Au moment d'y entrer, les trois cents cavaliers s'arment, et Rodrigue pareillement. Celui-ci les harangue :

« Écoutez-moi, dit-il, amis, parents et vassaux de mon père; gardez votre seigneur sans tromperie et sans artifice. Si vous voyez que l'alguazil le veuille arrêter, tuez-le tout aussitôt. Que le roi ait un jour aussi triste que l'auront les autres qui sont là. On ne pourra vous dire traîtres pour avoir tué le roi; car nous ne sommes point ses vassaux... »

On est loin encore, dans la Chronique, de ce Rodrigue du poëme, qui, même dans ses exils et ses conquêtes au dehors, se fera honneur de rester un vassal fidèle et plein de courtoisie envers le roi qui le maltraite et lui garde rigueur. A voir Rodrigue parler ainsi hardiment, tous disent avec admiration : « C'est lui qui a tué le comte orgueilleux ! » Don Diègue s'agenouille pour baiser la main du roi : Rodrigue s'y refuse : il faut une exhortation de son père pour l'y décider, et quand il se prépare à le faire, il a si mauvaise grâce et porte si longue épée que le roi effrayé s'écrie : « Otez-moi de là ce démon ! » Sur quoi Rodrigue lui répond brutalement : « J'aimerais mieux un clou, plutôt que de vous avoir pour seigneur, et d'être, moi, votre vassal. Parce que mon père vous a baisé la main, je suis très-mécontent. » Tout se passe au reste avec cette crudité, de part et d'autre. Le roi dit au comte Ossorio, son gouverneur, sans autre préambule :

« Amenez-moi ici cette demoiselle; nous marierons cet orgueilleux. » — Don Diègue avait peine à le croire, tant il était effrayé. La demoiselle parut, et le comte la menait par la main. Elle leva les yeux, et commença de regarder Rodrigue. Elle dit : « Seigneur, mille remercîments, car c'est là le comte que je demande. » Là on maria doña Chimène Gomez avec Rodrigue le Castillan. Rodrigue répliqua, fort irrité contre le roi de Castille : « Seigneur, vous m'avez marié plutôt de force que de gré; mais je déclare devant le Christ que je ne vous baiserai point la main et que je ne me verrai point avec ma femme en désert ni en lieu habité jusqu'à ce que j'aie remporté cinq victoires en bon combat dans le champ. » Lorsque le roi entendit cela, il fut émerveillé. Il dit : « Celui-ci n'est pas un homme, mais il a la mine d'un démon. » Le comte don Ossorio dit : « Il vous le montrera bientôt. Lorsque les Maures feront une invasion en Castille, que nul homme né ne le secoure : nous verrons s'il parle ainsi sérieusement ou par plaisanterie. »

Rodrigue ne plaisante pas. Il tient sa parole et ne cesse dès lors de guerroyer et contre les Maures, et contre les Aragonais, contre les Navarrais, et contre les Français, les Savoyards. Il est le héros, le protecteur et le promoteur de la monarchie espagnole, maîtresse bientôt de Paris et devenue comme la monarchie universelle. Si le bon roi Fernand est métamorphosé en Charlemagne, Rodrigue est, à lui seul, son Roland, son Olivier et ses douze pairs. De Chimène, il n'en est pas plus question dans la suite de cette Chronique que si elle n'existait pas; et un jour que le comte de Savoie, prisonnier de Rodrigue, lui a offert sa fille en mariage, le victorieux refuse, non pas en disant : « Je suis déjà marié, » mais comme n'étant pas de ceux à qui appartient fille de comte et si riche héritière.

Cette *Chronique rimée,* toute grossière qu'elle est, et indélicate de ton, a cependant en elle un certain souffle de guerre et de bataille qui agit quand on la lit à haute voix. Elle accuse une haute antiquité. On ne saurait assigner de date précise; mais les mœurs y sont encore aussi voisines que possible du Cid primitif, aussi peu aimables que la réalité même.

III.

Le *Poëme* ou la chanson de geste du *Cid,* publiée pour la première fois en 1779 par Sanchez, dans son recueil des plus anciens monuments espagnols, et dont on doit à M. Damas-Hinard une édition critique et une traduction française, est tout autre chose que la *Chronique* : c'est une œuvre de talent, une œuvre suivie et soutenue, naïve et forte, souvent admirable de détail ; on sent un poëte dans le jongleur et le chanteur. Le poëme se compose, à proprement parler, de deux parties ou chansons, qui font en tout 3,744 vers. Il n'y est rien dit de l'enfance et de la jeunesse du Cid ; on l'y voit tout formé et tout mûr. La première partie du poëme, et la plus considérable, comprend toute la vie du Cid depuis son départ, comme banni, de la Cour d'Alphonse, jusqu'à la conquête de Valence et à sa rentrée en grâce auprès de son roi, qui marie ses deux filles. La seconde chanson se rapporte au triste épisode de ce double mariage et à la vengeance qu'il tire de ses lâches et misérables gendres.

Nous sommes ici à l'époque chevaleresque, tout à la fin du XIIe siècle ou au début du XIIIe ; un siècle entier s'est écoulé depuis la mort du Cid ; un idéal s'est créé à son sujet : il est devenu une figure noble et pure, et même douce autant que fière, un modèle de chevalerie en cette civilisation féodale. Les premiers vers du poëme manquent ; le Cid banni nous apparaît tout d'abord pleurant à l'aspect de sa maison et des biens qu'il va quitter :

« Pleurant très-fortement de ses yeux, il tournait la tête et il les regardait. Il vit les portes ouvertes et les huis sans cadenas, les perchoirs vides, sans fourrures et sans manteaux, et sans faucons et sans autours mués. Mon Cid soupira, car il avait maints grands soucis. Mon Cid parla bien et avec beaucoup de mesure : « Grâces te soient rendues, Seigneur père qui es là-haut ! Voilà ce que m'ont valu mes méchants ennemis ! »

Il doit vider le royaume dans un délai précis de quelques jours. Il quitte Bivar, accompagné de soixante lances; il se rend à Burgos pour aller de là à Saint-Pierre faire ses adieux à sa femme et à ses filles. Le vol des oiseaux, cette superstition qui avait persisté dans le Midi depuis les Romains, n'est pas oublié : « A la sortie de Bivar, ils eurent la corneille à droite, et, en entrant à Burgos, ils l'eurent à gauche. » Chacun se met à la fenêtre pour les voir passer; tous pleurent de pitié et disent les mêmes paroles : « Dieu! quel bon vassal, s'il avait un bon seigneur! » Personne, pourtant, n'ose lui donner asile, tant la colère du roi Alphonse est grande, et tant ses menaces ont éclaté! Toutes les portes restent fermées devant lui. Un seul bourgeois, Martin Antolinez, a pourvu *Mon Cid* et les siens de pain et de vin, et il s'attache à sa fortune. Ici le Cid se permet une bien forte ruse. Ayant besoin d'argent pour faire subsister son monde, il s'avise d'en emprunter à deux Juifs moyennant un stratagème. D'accord avec Martin Antolinez, il va préparer deux coffres : « Remplissons-les de sable, dit-il, afin qu'ils soient bien pesants; recouvrons-les de cuir, et clouons-les bien : le cuir de couleur rouge, et les clous bien dorés. » Ce sont ces deux coffres de si belle apparence qu'il donnera aux Juifs en dépôt comme s'ils contenaient de l'or pur, et sur lesquels il leur empruntera six cents marcs. En les livrant aux Juifs, on leur fait jurer qu'ils n'y regarderont pas de toute l'année. La scène est racontée par le menu et de manière à rendre la supercherie plus piquante. Plus tard, quand le Cid sera maître de Valence, les Juifs se plaindront à lui d'avoir été ruinés, et ils se verront dédommagés sans doute; mais ils auraient pu ne jamais l'être. La moralité, toute perfectionnée qu'elle est, et quoique fort supérieure à celle de la Chronique rimée précédente, laisse encore, on le voit, à désirer.

Cette action du Cid d'avoir trompé les deux Juifs gênait les poëtes des âges suivants; ils y sont revenus plus d'une fois pour la pallier, pour l'excuser. L'un d'eux, dans une romance, après avoir raconté l'histoire avec quelque variante, s'est écrié : « O infâme nécessité! combien d'hommes honorables tu obliges à faire, pour se tirer d'embarras, mille choses mal faites! » Dans le testament du Cid, on lui fait dire, à l'un des articles : « *Item*, je veux qu'on donne aux Juifs que je trompai, étant pauvre, un coffre plein d'argent du même poids que celui qui était rempli de sable. » Enfin, un poëte moderne fait dire à la fille du Cid, pour le justifier à ce sujet des deux coffres : « L'or de votre parole était dedans. » Ce sont là de beaux anachronismes, des arrangements après coup, et l'auteur du poëme n'avait pas eu tant de scrupule en montrant tout d'abord son Cid fin et rusé comme Ulysse.

A cela près, le Cid du poëme a des sentiments qui sont en général d'accord avec les nôtres et qui nous touchent. Avant de s'éloigner, il se rend à Saint-Pierre de Cardègne pour embrasser dona Chimène et ses filles. Arrivant à l'aube, il la trouva en prière, accompagnée de cinq dames, avec l'abbé don Sanche, qui récite les matines et qui recommande en ce moment à Dieu le

Campéador. Le Cid les fait avertir qu'il est là en personne à la porte :

« Dieu! comme il fut content l'abbé don Sanche! Ils se précipitèrent à la cour d'entrée, avec des flambeaux et des cierges; ils reçoivent avec la plus grande joie celui qui en bonne heure naquit. « J'en rends grâces à Dieu, mon Cid, dit l'abbé don Sanche; puisque je vous vois ici, recevez de moi l'hospitalité. » Le Cid dit : « Merci, seigneur abbé, et je suis votre obligé; je me pourvoirai de vivres pour moi et mes vassaux. Mais, comme je m'en vais du pays, je vous donne cinquante marcs. Si je vis encore quelque temps, il vous seront doublés. Je ne veux point faire dans le monastère un denier de dommage. Et voici, pour doña Chimène je vous donne cent marcs. Elle et ses filles et ses dames, servez-les cette année. Je laisse deux filles bien jeunes, prenez-les sous votre protection. Je vous les recommande à vous, abbé don Sanche. D'elles et de ma femme ayez le plus grand soin. Si cela ne suffit pas pour leur dépense, et qu'il vous en coûte quelque chose, ne laissez pas de les bien pourvoir, je vous le recommande. Pour un marc que vous dépenserez j'en donnerai quatre au monastère. »

Les adieux qu'il échange avec Chimène, lorsqu'elle vient à lui avec ses deux filles, rappellent les scènes analogues les plus touchantes des anciens et pieux héros :

« Voici que doña Chimène arrive là avec ses filles. Une dame conduit chacune d'elles, et on les amène devant lui. Doña Chimène se mit à deux genoux devant le Campéador. Elle pleurait de ses yeux, et elle voulut lui baiser les mains. « Merci, Campéador, en bonne heure vous êtes né. De méchants brouillons sont cause que vous êtes exilé du pays. Merci, déjà, Cid, barbe très-accomplie. Me voici devant vous, moi et vos filles qui sont enfants et bien jeunes, ainsi que ces miennes dames par qui je suis servie. Je vois bien que vous allez partir, et il nous faut, de notre vivant, nous séparer de vous. Venez-nous en aide pour l'amour de sainte Marie. » Il posa les mains sur sa belle barbe; puis il prit ses filles dans ses bras, et les pressa sur son cœur, car il les aimait beaucoup. Il pleure de ses yeux, et très-fortement soupire : « Or çà, doña Chimène, la mienne femme très-accomplie, je vous aime autant que mon âme; déjà, vous le voyez, qu'il faut, nous vivants, nous séparer. Je vais partir, et vous demeurerez laissée. Plaise à Dieu et à sainte Marie que je puisse encore de ma main marier ces miennes filles, et qu'il m'accorde du bonheur et quelques jours de vie, et que vous, femme honorée, vous soyez de moi servie! »

Et quand vient le dernier moment des adieux :

« Pleurant de leurs yeux, que vous n'avez rien vu de pareil! ils se séparent les uns des autres *comme l'ongle de la chair.* »

Voilà le héros tendre, humain et paternel que le Cid est devenu. Ne le voyez pourtant pas plus tendre qu'il ne l'est. Sur les champs de bataille où il va se prodiguer, il est terrible, il est le batailleur par excellence, clément d'ailleurs le lendemain, aimé, béni et pleuré, quand il les quitte, des vaincus eux-mêmes, des Maures et Mauresques chez qui il a vécu. Il est piquant, dans ce récit à sa louange, de l'entendre se proclamer par sa propre bouche *Mon Cid*. Il est nommé et renommé à chaque vers de toutes les façons les plus affectueuses et les plus sonores, à remplir la bouche du récitateur et les oreilles des auditeurs; car ces poésies se récitaient devant les foules, à haute voix. Dans un de ces combats où l'un des siens, Pero Bermuez, est allé mettre sa bannière au plus épais des bataillons ennemis, au plus fort du danger, afin de forcer la victoire, il faut entendre le Cid s'écrier en montrant du geste les Maures et en donnant l'exemple : « Frappez-les, chevaliers, pour l'amour de la charité : *je suis Ruy Diaz le Cid Campéador de Bivar!* » On sent, à tous ces noms et surnoms redoublés, tantôt terribles et tantôt caressants, dont on le salue, combien il est cher aux siens, à ces cœurs castillans dont il est l'orgueil. Nation étrange et forte qui a enfanté, à quatre ou cinq siècles de distance, à l'origine et au déclin de la chevalerie, ces deux grands types, le Cid et don Quichotte, — l'idéal suprême et sa parodie parfaite, le premier des chevaliers et le dernier! »

Ainsi on le voit, par degrés, se former, se civiliser et devenir l'objet d'un culte délicat, ce Cid qui dans la réalité, au XIe siècle, ne guerroyait que « pour avoir de quoi donner l'orge aux siens et de quoi manger. » Il garde pourtant encore, dans ce poëme du commencement du XIIIe siècle, plus d'un trait de sa rude et primitive nature. Lorsque, vainqueur et conquérant de Valence, il a fait hommage de sa terre au roi Alphonse comme à son seigneur et a obtenu de lui de laisser venir Chimène et ses deux filles qu'il n'a pas revues depuis cet adieu déchirant, le Cid va à leur rencontre; il les reçoit avec honneur dans cette belle ville qu'il se flatte de leur avoir gagnée en héritage, et il les fait monter sur un endroit élevé pour qu'elles puissent embrasser du regard leur conquête; mais un ennemi nouveau se présente; le roi de Maroc vient de delà la mer, pour assiéger le conquérant à son tour. Le Cid s'en réjouit :

« Grâces au Créateur et à sainte Marie mère! j'ai près de moi mes filles et ma femme... J'entrerai en guerre, je ne pourrai l'éviter. Mes filles et ma femme me verront combattre. En ce pays étranger elles verront comment se font les logis. Elles verront suffisamment de leurs yeux comment se gagne le pain. »

Et s'adressant à Chimène qui, du haut de l'Alcazar, s'étonne et s'effraye de ces tentes plantées dans la plaine :

« Or çà, femme honorée, n'ayez point d'ennui. C'est richesse qui nous accroît merveilleuse et grande. Vous êtes depuis peu arrivée, on veut vous faire un présent. Vos filles sont à marier, on vous apporte le trousseau. »

Le trousseau, c'est le butin, c'est la main basse qu'il va faire sur le camp marocain tout plein de richesses. Cette manière de *gagner le pain,* belle en elle-même dans sa franche expression première, se relève singulièrement et se poétise.

IV.

Ce qu'on appelle les Romances du Cid, d'après lesquelles Guillem de Castro a fait la pièce de théâtre imitée par Corneille, est un assemblage de chants populaires, de date plus ou moins ancienne, qui ont été recueillis pour la première fois au commencement du xvie siècle et qu'on a légèrement modernisés; mais il en est qui remontent à une haute antiquité et qui semblent presque contemporains, par le fond, du précédent poëme. Quelques-unes de ces romances sont d'un grand caractère: la première entre autres, dans laquelle on voit don Diègue, tristement inconsolable de l'outrage qu'il a reçu du comte et qui cette fois est bien un soufflet, trop vieux et trop débile pour en tirer vengeance par lui-même, et se demandant si l'un de ses fils est de force et de cœur à le suppléer. Pour s'en assurer, il les fait appeler et les essaye l'un après l'autre; il les *tâte,* au pied de la lettre, en serrant de sa rude poigne (tout cassé qu'il est) leurs faibles et tendres mains, jusqu'à les faire crier : « Assez, seigneur, s'écrient les patients, assez! que voulez-vous ou que prétendez-vous? Lâchez-nous au plus tôt, car vous nous tuez. » Et il les lâche en haussant les épaules.

« Mais quand il vint à Rodrigue, l'espérance du succès qu'il attendait étant presque morte dans son sein, — on trouve souvent là où l'on ne songeait pas, — les yeux enflammés, tel qu'un tigre furieux d'Hyrcanie, plein de rage et d'audace, Rodrigue dit ces paroles :

« Lâchez-moi, mon père, dans cette mauvaise heure, lâchez-moi dans cette heure mauvaise; car, si vous n'étiez mon père, il n'y aurait pas entre nous une satisfaction en paroles. Loin de là, avec cette même main je vous déchirerais les entrailles, en faisant pénétrer le doigt en guise de poignard ou de dague. »

« Le vieillard, pleurant de joie, dit : « Fils de mon âme, ta colère me calme, et ton indignation me plaît. Cette résolution, mon Rodrigue, montre-la à la vengeance de mon honneur, lequel est perdu s'il ne se recouvre par toi et ne triomphe. »

« Il lui conta son injure et lui donna sa bénédiction et l'épée avec laquelle il tua le comte, et commença ses exploits[1]. »

Nous voilà dans le monde des Romances, qui est postérieur à celui du Poëme, et surtout de la Chronique. Ce monde est celui de la susceptibilité morale et de *l'honneur*. L'outrage y est moins encore un fait qu'une idée. On meurt de douleur et de honte si l'on n'a pas reçu la seule satisfaction appropriée. Chimène aussi se transforme à nos yeux, bien qu'un peu gauchement encore. Elle vient et revient à la charge, demandant au roi justice et vengeance; elle le fait en des termes singuliers :

« O roi! je vis dans le chagrin, dans le chagrin vit ma mère. Chaque jour qui luit, je vois celui qui tua mon père, chevalier à cheval, et tenant en sa main un épervier, ou parfois un faucon qu'il emporte pour chasser, et pour me faire plus de peine il le lance dans mon colombier. Avec le sang de mes colombes il a ensanglanté mes jupes. Je le lui ai envoyé dire; il m'a envoyé menacer qu'il me couperait les pans de ma robe... Un roi qui ne fait point justice ne devrait point régner, ni chevaucher à cheval, ni chausser des

---

(1) Voir le tome II du *Romancero espagnol*, traduit par M. Damas-Hinard (bibliothèque Charpentier). — M. Hippolyte Lucas a réuni dans un petit volume (1860) les principaux *Documents relatifs à l'histoire du Cid* et les divers extraits, plus complets qu'on ne peut les donner ici.

éperons d'or, ni manger pain sur nappe, ni se divertir avec la reine, ni entendre la messe en un lieu consacré, parce qu'il ne le mérite pas! »

« Le roi, quand il eut entendu cela, commença à parler ainsi : « Oh! que le Dieu du Ciel me soit en aide! que Dieu me veuille conseiller! si je prends ou fais tuer le Cid, mes Cortès se révolteront; et, si je ne fais point justice, mon âme le payera. »

Et là-dessus Chimène prend la balle au bond et dit :

« Tiens, toi, tes Cortès, ô roi; que personne ne les soulève; et celui qui tua mon père, donne-le-moi pour égal : car celui qui m'a fait tant de mal me fera, je sais, quelque bien. »

Chimène se conduit encore ici comme dans la Chronique; elle insiste seulement beaucoup plus sur ses griefs et sur les raisons qu'elle a de demander justice. D'ailleurs, son revirement est aussi singulier et aussi brusque; mais le roi ne peut s'empêcher d'en faire la remarque et de s'en étonner, ce à quoi on n'avait pas songé dans la Chronique. Le roi l'ayant entendue parler ainsi, faisant la critique du sexe en moraliste :

« Je l'ai toujours entendu dire, — et je vois à présent que cela est la vérité, — que le sexe féminin était bien extraordinaire. Jusqu'ici elle a demandé justice, et maintenant elle veut se marier avec lui! »

Dans une autre romance, c'est le roi lui-même qui a l'idée de ce mariage et qui le propose à Chimène; il semble que les convenances soient ainsi plus ménagées. On s'achemine peu à peu à ce qui doit choquer le moins possible.

Je ne sais si je m'abuse sur la valeur des mots, mais même dans ce qu'on vient de lire de si net et de si cru, Chimène, en demandant qu'on lui donne Rodrigue pour *égal,* c'est-à-dire pour mari, fait un euphémisme. Il y a là une nuance d'expression jusque dans l'emportement.

Lorsque l'on commence les lectures sur le Cid par les Romances, elles paraissent bien rudes et de l'époque toute héroïque : lorsqu'on a commencé par la *Chronique rimée,* elles semblent au contraire d'une époque déjà avancée et plus mûre. On y distingue plusieurs sentiments opposés, qui se compliquent et se combattent. Les ressorts modernes, bien rigides encore et bien neufs, sont pourtant trouvés. Après l'épopée et les fragments épiques, la tragédie est possible : c'est au talent à l'en tirer et à la construire. Remettons-nous-en à Guillem de Castro et à Corneille.

Lundi 21 mars 1864.

CORNEILLE.

———

LE CID.

ÉDITION HACHETTE, TOME III.

SUITE.

Au moment où parut au théâtre *le Cid* de Corneille, il y avait longtemps que la littérature française, reconstituée sous Henri IV et datant de Malherbe, était dans l'attente. L'époque, en tant que nouvelle et que moderne, n'avait rien produit encore de grand et de vraiment beau ; je parle de ce beau et de ce nouveau qui est propre à chaque époque et qui la marque d'un cachet à elle. Le xviie siècle cherchait encore, et, pour n'en être plus à son coup d'essai, il n'avait pourtant pas donné son coup de maître. Quelques strophes nobles et fières de Malherbe promettaient, faisaient pressentir et désirer une œuvre entière et de longue haleine : elle n'était pas venue. Les *Lettres* de Balzac, en 1624, avaient produit une vive et agréable impression sur tout un cercle de lecteurs par la constante pureté de l'élocution, par un certain éclat de netteté, de grâce et de politesse, qui faisait dire à première vue : Que de fraîcheur! que de brillant! que de fleurs! Mais ce n'étaient que fleurs peintes et lustrées, printemps artificiel; tout cela laissait froid et sans émotion, et ne s'adressait qu'aux lettrés. Pour arriver à une œuvre qui enlève, qui passionne tout le public et fasse événement, il faut en venir au *Cid* représenté avec un applaudissement enthousiaste vers la fin de décembre 1636, et qui sacra Corneille grand poëte. Je dis décembre 1636, comme la date la plus probable; d'autres ont dit novembre : personne, dans le temps même, n'a songé à noter le jour exact de cette victoire.

Victoire cependant, qui ne le cède à nulle autre, et dont l'honneur rejaillit sur le règne même de Louis XIII et de ce Richelieu qui s'est trop montré jaloux de Corneille : il est, malgré tout, impossible de ne pas confondre le triomphe du *Cid* avec le leur et avec le plus beau moment de leur gloire. C'était l'heure précisément où l'on venait de reprendre Corbie sur les Espagnols (14 novembre 1636), où Voiture écrivait à ce sujet la lettre si éloquente et si française qui, en révélant dans ce bel esprit un sens politique supérieur, est, à sa manière, une pièce d'histoire. Tous les cœurs français étaient en émoi; on sortait d'une grande crise; on respirait plus librement et à pleine poitrine. A cette heure de délivrance et d'allégresse, Paris, comme s'il eût voulu la fêter et la célébrer, eut aussi son exploit brillant, sa conquête.

L'histoire littéraire ne marche pas comme l'histoire politique : ce n'est point par annales régulières qu'elle procède. On n'y compte que les années critiques, décisives. 1636 est une de ces années, comme 1656 en sera une par *les Provinciales.*

Le Cid est une œuvre de poésie, mais sa prompte influence s'est fait sentir sur toute la langue, et tout au moins son succès coïncide avec un progrès notable dans la prose. Vaugelas, dans ses *Remarques* publiées en 1647, fait souvent cette observation que, depuis dix ou douze années, tel ou tel usage qu'il estime meilleur s'est introduit et a prévalu : or, ces dix ou douze années en arrière se rapportent parfaitement à la venue du *Cid*. Ç'a été l'honneur du xviie siècle, que la poésie a donné le signal et le branle, même à la prose : celle-ci en a gardé quelque chose de plus libre, de plus large et de plus généreux, qui disparaît trop dans le siècle suivant. Je voudrais ressaisir et rendre ici le plus que je pourrai de l'émotion du *Cid*, de l'étincelle électrique qu'en reçut le public d'alors. On aime à prêter l'oreille au son du clairon, au *Chant du Départ* de la noble littérature.

J'ai souvent pensé que ce serait à un jeune homme plutôt qu'à un critique vieilli d'expliquer *le Cid*, de le lire à haute voix et de dire ce qu'il en ressent : je me suis donné, une fois, cette sorte de satisfaction et j'ai fait cette épreuve; je me suis fait lire *le Cid* par un jeune ami : c'était lui qui me le commentait comme à vue d'œil par la fraîcheur, la vivacité des sentiments qui s'éveillaient, qui se levaient à tout instant en lui. En général, pour en bien parler, le mieux est d'être tout à fait contemporain de son sujet. *Le Cid* est une pièce de jeunesse, un beau commencement, — le commencement d'un homme, le recommencement d'une poésie et l'ouverture d'un grand siècle. Les vers de premier mouvement et d'un seul jet y sortent à chaque pas; c'est grandiose, c'est transportant. Un jeune homme qui n'admirerait pas *le Cid* serait bien malheureux; il manquerait à la passion et à la vocation de son âge. *Le Cid* est une fleur immortelle d'amour et d'honneur. Ceux qui, comme Mme de Sévigné et Saint-Évremond, avaient admiré *le Cid* encore nouveau, et étant eux-mêmes dans leur première jeunesse, ne lui comparaient rien et souffraient difficilement que l'on comparât personne à Corneille.

Quand on parle de création à propos du *Cid*, il faut bien s'entendre. Création, dans le sens de faire quelque chose de rien et de tout tirer de soi, il n'en saurait être question ici, puisque toute l'étoffe est fournie d'ailleurs : la création de Corneille est et ne saurait être que dans le ménagement habile, dans le travail complexe qu'il a su faire avec une décision hardie et une aisance supérieure. *La Jeunesse du Cid,* de Guillem de Castro, pièce en trois journées, était sa matière première : quel fut au juste le profit qu'il en tira? quelle sorte de réduction et d'appropriation toute française (en y laissant une couleur très-suffisamment espagnole) lui a-t-il fait subir, quel compromis a-t-il su trouver quant au lieu, au temps, quant au nombre et aux sentiments des personnages, à leur ton et à leur façon de parler ou d'agir? Il est facile à chacun de s'en rendre compte, aujourd'hui qu'on a toutes les pièces du procès sous les yeux. Ce qui est certain et qu'on peut affirmer sans crainte, c'est que Corneille n'a pas copié et qu'il n'a imité qu'en transformant; il a ramassé, réduit, construit; et avec ce qui n'était que matière éparse, — une riche matière, — il a fait œuvre d'art, et d'art français. Toute œuvre étrangère, en passant par la France, par la forme et par l'expression française, se clarifie à la fois et se solidifie, de même qu'en philosophie une pensée n'est sûre d'avoir atteint toute sa netteté et sa lumière, que lorsqu'elle a été exprimée en français. Corneille, en resserrant *le Cid*, en a fait saillir plus nettement quelques-unes des beautés un peu contraintes et les a lancées en gerbe au soleil comme par un jet d'eau nerveux et rapide.

Ce n'est point par le goût que brille ordinairement Corneille; mais ici, pour peu que l'on compare avec la pièce espagnole, on verra qu'il a eu, relativement à nous, Français, et à notre public d'alors, beaucoup de goût, c'est-à-dire beaucoup de choix. Dans l'*Examen* qu'il fit du Cid vingt-cinq ans plus tard, il indique avec complaisance quelques-unes de ces adresses qu'il a employées : il est aussi quelques-unes des beautés premières, tout à l'espagnole, qu'il a l'air de vouloir rétracter et dont il fait mine de se repentir : ainsi, à un endroit, l'offre que fait Rodrigue de son épée à Chimène et sa protestation de se laisser tuer par don

Sanche « ne me plairaient pas maintenant, dit-il; ces beautés étaient de mise en ce temps-là, et ne le seraient plus en celui-ci. La première est dans l'original espagnol, et l'autre est tirée sur ce modèle. Toutes les deux ont fait leur effet en ma faveur; mais je ferais scrupule d'en étaler de pareilles à l'avenir sur notre théâtre. »
— Cela veut dire qu'à cinquante et soixante ans on se ferait scrupule, pour de bonnes raisons, de recommencer ce qu'on osait à trente. A la bonne heure! ayons toutes les qualités, s'il se peut, et le moins possible les défauts de nos divers âges; mais gardons-nous, tout en faisant pour la forme nos légers *mea culpa,* de prétendre retoucher à notre jeunesse, — aux œuvres et aux actes de notre jeunesse; — et surtout si ç'a été celle du grand Corneille.

Ouvrons maintenant *le Cid* et refeuilletons-le, s'il vous plaît, ensemble.

I.

Sur un premier point, pour n'avoir pas à y revenir trop souvent, il est à remarquer que Corneille, qui s'est attaché à observer les unités d'action, de temps et de lieu; qui, pour la durée du temps et de l'action, s'est tenu exactement dans les vingt-quatre heures (tellement que la pièce commencée vers midi ou une heure, je suppose, dure jusqu'au lendemain, à peu près à la même heure), n'a pu observer aussi exactement l'unité de lieu. Il reste dans la même ville (à

Séville), mais il est tantôt dans la maison de Chimène, tantôt dans celle de don Diègue, tantôt dans le palais du roi, tantôt dans la rue : le premier acte renferme ainsi trois changements, le second trois, le troisième deux, le quatrième deux, le cinquième quatre, de compte fait. On n'exécutait pas ces changements sur la scène : le spectateur s'y prêtait suffisamemnt. Cependant Corneille, qui tenait à *éluder* sur ce point et à ne pas trop faire remarquer les déplacements, s'abstient, dans le dialogue, de ce qui obligerait trop directement à les apercevoir : ses personnages raisonnent, agissent, mais sans tirer parti de quantité de petites circonstances qui localisent, qui précisent, et sans que jamais le cadre des lieux leur donne plus de relief ou leur serve de point d'appui. Ils gardent ainsi quelque chose de plus abstrait que dans la pièce espagnole, où ces changements de lieu sont fortement accusés, et que dans la réalité de la vie, où mille particularités du discours avertissent à tout instant de l'endroit précis où l'on est et où l'on parle. C'est l'inconvénient de notre système.

Les premières scènes qui se passent dans la maison du comte et de Chimène sont de pure confidence. Le mariage entre Rodrigue et Chimène, malgré la rivalité de don Sanche qui n'est là que pour la montre, semble convenu d'avance ; le comte y donne les mains. Il le dit à Elvire, suivante de Chimène, au moment de se rendre au Conseil dans lequel le roi doit nommer un gouverneur à son fils : il ne doute pas que ce ne soit lui-même sur qui tombe le choix. Chimène, dans la scène qui suit, exprime des craintes et un triste pressentiment au milieu de sa joie.

L'infante (car dès la troisième scène on se trouve chez l'infante) confesse à sa gouvernante l'amour qu'elle a pour Rodrigue. Son secret lui échappe. Elle va donner de sa main Rodrigue à Chimène, et cependant elle aime Rodrigue, toute fille de roi et tout amie de Chimène qu'elle est; mais elle est décidée, dût-elle en mourir, à immoler sa flamme au devoir, à l'honneur, au sentiment de sa propre gloire.

Cette infante qui est volontiers regardée comme un hors-d'œuvre dans la pièce de Corneille, comme un rôle insipide fait pour être supprimé, est au contraire bien vivante dans l'auteur espagnol. Tandis que dans la pièce française les premières scènes se passent en confidence, dans le drame espagnol tout est en tableau. La scène s'ouvre par un spectacle attachant. Rodrigue vient de faire la veille des armes, et le roi, voulant honorer et récompenser en lui son père, va le faire chevalier en lui donnant sa propre armure. Il l'arme donc et le reçoit selon la formule et en toute cérémonie, devant l'autel de Saint-Jacques, en présence de la reine, sous les yeux de l'infante et de Chimène qui vont se prendre d'amour pour lui au même moment. L'infante, par ordre du roi, lui chausse les éperons, et ces éperons piquent au même moment le cœur de Chimène. L'infante aussi, piquée à son tour, ne peut s'empêcher, à part soi, de trouver que Rodrigue est très-bien. On assiste à la naissance visible de leur amour, et leur rivalité future viendra se rattacher dans notre esprit à un souvenir, à un spectacle bien présent. On était moins pittoresque parmi nous du temps de Corneille ; on mettait en première ligne l'analyse morale intérieure. Partout Corneille a rationalisé, intellectualisé la pièce espagnole, variée, amusante, éparse, bigarrée; il a mis les seuls sentiments aux prises.

Un grand critique à ses heures perdues, Napoléon, assistant, sous le Consulat, à une représentation du *Cid* et s'apercevant qu'on avait supprimé le rôle de l'infante, en demanda le motif; et comme on lui répondit que le rôle avait été jugé inutile et ridicule : « Tout au contraire, s'écria-t-il, ce rôle est fort bien imaginé. Corneille a voulu nous donner la plus haute idée du mérite de son héros, et il est glorieux pour le Cid d'être aimé par la fille de son roi en même temps que par Chimène. Rien ne relève ce jeune homme comme ces deux femmes qui se disputent son cœur. »

La remarque est vraie, mais il n'est pas étonnant toutefois que l'infante, chez Corneille, à la représentation, paraisse inutile, puisque dans la pièce, telle même qu'il l'a conçue, tout tend à la rapidité et au plus grand effet par le resserrement.

Dans le drame espagnol, cette même infante qui a commencé par chausser à Rodrigue les éperons de chevalier, cette princesse tant respectée et admirée de lui, et qui lui voudrait un peu moins de respect avec un peu plus de tendresse, a une existence bien distincte, bien définie; elle passe par des péripéties frappantes et qui intéressent; elle sauve Rodrigue et le protége quand on le poursuit après la mort du comte; elle a le temps de renaître à l'espérance lorsque lui-même, partant pour combattre les Maures à la tête de ses cinq cents amis, il la salue galamment à ce balcon de sa maison de plaisance, d'où elle l'a reconnu. Il se montre chevaleresque et plus que courtois pour elle en cette rencontre, et ne s'éloigne qu'en emportant avec lui ses vœux et sa bénédiction. Ce rôle de l'infante qui, vers la fin, a perdu sa mère, qui n'est pas aimée de son frère, qui voudrait un tout petit royaume à elle, a, dans la pièce espagnole, une réalité qui disparaît dans la réduction analytique de Corneille, et l'on conçoit dès lors que, dans ce système de coupures et d'éviter à tout prix les longueurs, qui est ou était le nôtre, on n'ait pas résisté, bien qu'à tort peut-être, à la tentation de le supprimer.

Faute de place et d'espace, l'infante, dans la pièce française, n'est pas un personnage vivant, et s'il est permis de dire, en chair et en os; ce n'est qu'un double ou triple sentiment dialogué : le sentiment de l'amour pur en opposition avec celui du devoir ou de la dignité.

C'est là, au reste, le procédé constant de Corneille, et, par lui, de la tragédie française. Tout ce qui est visible, accentué aux sens, tout ce qui parle distinctement aux yeux et qui dessine vivement et même bizarrement le monde extérieur tel qu'il est, il l'absorbe, il l'abstrait en quelque sorte, il le fait passer à l'état de sentiment pur, d'analyse raisonnée et dialoguée; il le transpose de la sphère visuelle dans celle de l'entendement, mais d'un entendement net, étendu, sans vapeur, non nuageux, de cet entendement clairement défini, bien qu'un peu nu, tel que va le circonscrire et l'éclairer philosophiquement, dans son *Discours de la Méthode* et ailleurs, Descartes, ce grand contemporain du *Cid*.

Cette abstraction cornélienne est moins complète dans *le Cid* que dans les pièces qui ont suivi, et si le brillant Rodrigue nous plaît plus que les autres héros de Corneille, c'est qu'aussi il a gardé plus de vie, plus de flamme au front et plus d'éclairs.

La scène entre le comte et don Diègue, la scène d'offense se passe dans une rue ou dans quelque antichambre ou vestibule, au sortir du Conseil dans lequel don Diègue l'a emporté sur le comte. Chez l'auteur espagnol, l'insulte s'accomplit dans la salle même du palais en présence du roi : les anciennes romances le voulaient ainsi, et Guillem de Castro s'y est conformé. L'inconvenance eût paru trop grande en France, où nos rois ne virent jamais rien de pareil. Et puis, à notre point de vue dramatique, le dialogue et le duel de paroles à deux se détache mieux ainsi ; la querelle est mieux tranchée ; on n'arrive que par degrés à l'extrême insulte. Le comte commence en éclatant, mais il n'éclate d'abord qu'en plainte et en jactance :

> Enfin vous l'emportez, et la faveur du roi
> Vous élève en un rang qui n'était dû qu'à moi...

Enfin vous l'emportez !... beau début. *Le Cid* est tout ainsi en beaux débuts : *Rodrigue, as-tu du cœur ?... A moi, comte, deux mots !... Sire, Sire, justice !...* Cela ne se soutient pas toujours, mais l'élan est donné, le coup de collier chevaleresque. *Le Cid* est une pièce toute de premier mouvement, et où circule un lyrique généreux. On ne discute pas, on est enlevé. Malherbe avait de ces fiers débuts d'ode, de sonnet, de chanson : Corneille en a dans le dramatique.

Le comte et don Diègue ne songent guère d'abord qu'à se louer, et don Diègue a commencé même assez doucement avec le comte en lui demandant d'accepter son fils pour gendre. Mais l'orgueil piqué des deux parts s'exalte vite et monte de plus en plus; l'un dit sur tous les tons : *Je suis;* et l'autre : *J'ai été.* Dans la fière énumération que fait le comte de ses titres, un vers entre autres se détache et sort des rangs :

> Grenade et l'Aragon tremblent quand ce fer brille!

Plus tard Corneille, si riche toujours en vers de pensée, aura trop peu de ces vers d'image qui sont un des charmes du *Cid.* Enfin, à force de se vanter chacun à qui mieux mieux, les deux rivaux finissent par s'insulter, et le soufflet échappe. Don Diègue tire l'épée, mais le comte la lui fait tomber des mains et, pour comble d'insulte, la lui rend.

Don Diègue reste seul, exhale son désespoir, déplore son infamie qui fait contraste à sa gloire passée, et, s'adressant à cette épée devenue inutile, il la rejette par ces beaux vers que chacun sait :

> Et toi, de mes exploits glorieux instrument,
> Mais d'un corps tout de glace inutile ornement,
> Fer, jadis tant à craindre. . . . .

Dans la pièce espagnole, c'est lorsqu'il est rentré dans sa maison où ses fils remarquent sa douleur sans en savoir d'abord le motif, que don Diègue, leur ayant dit de sortir, essaye s'il pourra encore manier le fer ; car devant le comte il n'avait pas d'épée et ne portait que son bâton qu'il a brisé de rage. C'est donc chez lui, et dans la salle où sont suspendues ses armes, qu'il détache une de ces fortes épées signalée pour lui par d'anciens exploits ; mais, en la voulant tenir et en s'escrimant, il s'aperçoit qu'à chaque coup de fendant ou de revers, l'épée trop pesante l'entraîne après elle. Il faut convenir que l'épreuve est plus naturelle et plus parlante aux yeux : chez Corneille, on n'a que *l'idée*, — la pensée de la chose plus que la chose même.

Dans l'original espagnol, don Diègue, à bout d'une première épreuve, en veut tenter immédiatement une autre ; il appelle successivement ses trois fils, il leur serre les mains l'un après l'autre, ainsi qu'on l'a vu dans les romances, et, faisant crier de douleur les deux premiers comme des femmes, il les chasse de sa présence : « Ah ! infâme, dit-il au second avec mépris, mes mains affaiblies sont-elles les griffes d'un lion, et, quand elles le seraient, devrais-tu faire entendre de si indignes plaintes ? Tu te dis homme ! Va-t'en, honte de mon sang. » Mais lorsqu'il en vient à Rodrigue à qui il fait plus que de serrer la main, puisqu'il lui mord un doigt, voyant le rouge lui monter au front et sa douleur s'exhaler par la menace et la colère, il l'appelle « le fils de son âme, » et lui confie le soin de sa vengeance ; il croit devoir lui expliquer en même temps, par manière d'excuse, pourquoi il s'est adressé à ses cadets avant lui : « Si je ne t'ai pas appelé le premier, c'est que je t'aime le mieux. J'aurais voulu que les autres courussent ce danger, pour être plus sûr de conserver en toi l'illustre avenir de ma race. » Un coin de tendresse de père subsiste jusque dans l'orgueil ulcéré de l'offensé.

Corneille ne pouvait et ne devait rien présenter d'une pareille épreuve, encore plus matérielle que morale, et à laquelle des imaginations non préparées par la légende se fussent révoltées. Il commence donc à la française *in medias res*, en ne prenant qu'un fils sur trois, en ne donnant à don Diègue qu'un fils unique, et en lui faisant adresser tout de suite, par son père, le mot décisif : *Rodrigue, as-tu du cœur?...* le mot chevaleresque, sans la chose toute physique qui est en action dans l'espagnol, mais qui sent terriblement la rudesse du Moyen-Age.

Le Cid, pour les Espagnols, était, depuis des siècles, un personnage épique : aussi le poëte dramatique, Guillem de Castro, se sent à l'aise avec lui et y taille en pleine étoffe. En France il n'en était pas ainsi ; on ne savait pas un mot du Cid avant Corneille : le poëte et le père de notre scène avait à nous le faire connaître et admirer du premier coup et vite, par les profils les plus nets et les plus tranchés, *en raccourci*.

La scène où don Diègue remet à Rodrigue son épée et sa vengeance a d'ailleurs toute la vigueur et même la crudité de ton que comportent nos mœurs :

Ce n'est que dans le sang qu'on lave un tel affront ;
Meurs ou tue............

Le mot est d'une assez belle rudesse, la seule qu'une oreille française pût supporter. Le nom de l'insulteur, de l'homme redoutable, du père de Chimène, est lancé à la fin comme une flèche, et don Diègue s'éclipse en s'écriant : *Va, cours, vole, et nous venge!* C'est sans réplique ; c'est rapide et enlevant.

Rodrigue, resté seul, exprime sa lutte douloureuse dans des Stances traduites ou imitées, qui font toujours plaisir à entendre, malgré les *concetti* dont elles sont semées :

Percé jusques au fond du cœur
D'une atteinte imprévue aussi bien que mortelle...

Les paroles ont beau être déliées et subtiles, elles sont insuffisantes. La musique seule serait capable de bien rendre ce qui se passe, à ce moment, d'orageux, de contradictoire et de déchirant dans l'âme de Rodrigue. Ces Stances, du moins, par le nom de Chimène ramené à chaque finale, donnent l'ensemble et la note fondamentale du sentiment à travers les pointes : tout en souriant du jeu des antithèses, on ne peut s'empêcher, si l'on récite à haute voix, d'être attendri. Un jour, ce critique si distingué que j'aime à nommer et qui s'est trouvé trop perdu pour nous dans la Suisse française, M. Vinet, lisait *le Cid* en famille ; arrivé à cet endroit où Rodrigue exhale sa plainte, il sortit du salon et monta dans sa chambre : comme il ne descendait pas, on alla voir et on le trouva récitant tout haut ces Stances mélodieuses et fondant en larmes. Il s'était, comme Joseph, dérobé pour pleurer. Privilége d'une belle âme pure restée jeune !

II.

La première scène de l'acte II est entre le comte et don Arias, qui vient lui signifier de la part du roi d'avoir à faire des excuses et des soumissions à don Diègue. Cette scène se passe dans un lieu vague, sur quelque place voisine du palais. Le comte ne laisse pas de confesser qu'il a eu tort, mais sans vouloir pour cela le réparer :

> Je l'avoue entre nous, quand je lui fis l'affront,
> J'eus le sang un peu chaud et le bras un peu prompt.
> Mais, puisque c'en est fait, le coup est sans remède.

Corneille excelle à ce vers demi-tragique et hautement familier, dont on s'est trop passé après lui. — Ce dialogue où le comte obstiné dans son refus se fie imprudemment en son rang élevé et en l'éminence de ses services, et où don Arias lui parle avec fermeté et menace au nom de la toute-puissance royale qui veut être obéie, était bien d'accord avec le sujet et, à la fois, avec les sentiments et la disposition des spectateurs ; plusieurs y retrouvaient ce qu'ils avaient pu observer ou éprouver par eux-mêmes. Quand le comte, entêté de son importance, s'écriait :

> Un jour seul ne perd pas un homme tel que moi,

on croyait entendre le propos d'un Montmorency, d'un

Lesdiguières, d'un Rohan : c'est ainsi que les derniers grands seigneurs, hier encore, avaient parlé. On écoutait, non sans un certain frémissement, l'écho de cette altière et féodale arrogance que Richelieu achevait à peine d'abattre et de niveler.

La scène suivante de provocation, quand Rodrigue appelle le comte, n'était pas moins saisissante en son lieu et à son moment. La question du duel intéressait vivement sous Richelieu, c'était une question encore brûlante et comme flagrante. Il y avait dix ans que les têtes de Boutteville et de Des Chapelles étaient tombées pour pareil délit. Tous les seigneurs et les courtisans prenaient parti dans la querelle du Cid ; à ces scènes d'appel et de désobéissance, je me figure qu'un frisson parcourait la salle, et parmi les rangs de la jeune noblesse on devait se regarder dans le blanc des yeux. C'était un à-propos, un redoublement d'intérêt ; on était tout le temps comme sur des charbons. A ce moment, le fer de plus d'une épée devait brûler le fourreau. Mais je ne crois pas qu'il faille pousser plus loin cette vue ni en faire rien de systématique, comme on l'a essayé de nos jours.

A moi, comte, deux mots !... Corneille, je l'ai déjà remarqué, commence toujours par le trait le plus saillant : il entame et présente la situation par l'arête vive. Dans l'espagnol la scène est plus diffuse, étendue. Rodrigue, sous les yeux de son père, en présence de l'infante, de Chimène et d'autres témoins, va, vient, hésite et ne se décide qu'avec un effort visible. Sa provocation au comte se fait sous les yeux de tout ce monde, Diègue en personne excitant son fils de sa parole et de son regard ; le combat brusqué commence sur la place même, au seuil du palais, et s'achève à deux pas de là. C'est plus naturel ; mais aussi ce que nous appelons les bienséances, — même les bienséances en matière de duel, — n'est pas observé. Chez Corneille, il faut supposer que Rodrigue fait signe au comte et le détache d'un groupe en passant. Ces mots de Rodrigue : *parlons bas, écoute,* indiquent assez que les gens de la suite du comte pourraient les entendre.

Le dialogue est impétueux, bondissant ; c'est une suite de ripostes qui sont déjà de l'escrime : la parole se croise et s'entrelace comme fera tout à l'heure l'acier. Le comte lui-même déclare Rodrigue bien digne d'être son gendre, en le voyant si prompt à renoncer à l'être. Il plaint sa jeunesse. Quel âge peut avoir Rodrigue ? Dans les toutes premières chroniques on a vu qu'il n'avait pas treize ans encore. Ici, dans la tragédie, il ne doit guère en avoir que seize ou dix-sept. Il est encore à l'état de jeune tige, de rejeton mince.

Cette scène offre le parfait exemple de ces vers à double compartiment qui sont de l'essence de la tragédie, mais qui appartiennent plus particulièrement à la forme de Corneille :

   Es-tu si las de vivre ?
                    — As-tu peur de mourir ?

Le moule exact est retrouvé.

On passe de là dans l'appartement de l'infante. Elle se fait la consolatrice de Chimène. Toutes les fois que l'infante paraît chez Corneille, il y a langueur et refroidissement. Dans cette scène pourtant, Chimène soutient le dialogue ; elle dit encore de belles choses, et qui sont bien dans le sens de sa passion. Elle n'admet point, malgré les motifs d'espérance qu'essaye de lui donner la princesse, que l'affaire entre son père et Rodrigue puisse s'accommoder ; elle aussi a la religion du point d'honneur :

> Les accommodements ne font rien en ce point :
> Les affronts à l'honneur ne se réparent point...

Chimène est comme les vraies femmes : elle aime les hommes qui se battent fort, qui se tuent, qui sont plus généreux que sages, plus héros que philosophes. Elle veut un Rodrigue intraitable, fût-ce contre elle. Elle va être furieuse qu'il ait tué son père ; elle fera la furieuse, mais en secret elle en est fière et, si je l'osais dire, elle lui en est reconnaissante. L'auteur espagnol lui-même le savait bien quand il a fait dire quelque part à l'infante : « Chimène et lui s'aimaient, et depuis la mort du comte ils s'adorent. »

Dans les scènes suivantes du *Cid* français il y a décidément trop d'infante. A peine Chimène l'a-t-elle quittée, que la bonne princesse se reprend à l'espérance ; c'est un peu tôt. Elle explique à sa gouvernante que si Rodrigue, par bonheur, sort vainqueur du combat (car un page vient d'annoncer qu'il y a sans doute un combat), s'il vient à bout d'un si grand guerrier qu'est le comte, elle pourra alors l'épouser dignement, l'élever jusqu'à elle ; et elle le voit déjà assis sur un trône, maître des Espagnes, vainqueur des Maures, conquérant de l'Afrique, etc. C'est spirituel, c'est ce que j'appelle le *pot au lait* de l'infante ; mais c'est de l'esprit perdu. On ne peut parvenir à s'y intéresser.

Nous sommes, nous devons être maintenant dans la salle du trône. Le roi entouré de ses gentilshommes est dans l'embarras : il a appris la désobéissance du comte à l'ordre qui lui avait été donné, de sa part, de faire des soumissions à don Diègue : il envoie un de ses gentilshommes pour s'assurer de lui ; c'est un peu tard. Un jeune seigneur, don Sanche, essaye d'excuser le père de Chimène, car lui-même est un amoureux de Chimène. Ce pauvre don Sanche est le parfait pendant de l'infante : il essaye, durant toute la pièce, de se faufiler sans y réussir. Il plaide ici pour le duel, pour la réparation à la pointe des armes, la seule digne d'un guerrier. Il exprime en cela l'opinion de la plupart des seigneurs et gentilshommes français qui écoutaient *le Cid*. Le roi le blâme, le réfute et donne les raisons d'État contre un préjugé si funeste :

> Vous parlez en soldat, je dois agir en roi.

Puis, tournant court sans transition, le bon roi se met à deviser du danger dont les Maures, dit-on, menacent le royaume. On craint d'eux une surprise ; on a vu leurs vaisseaux à l'embouchure du fleuve... Tout ceci, on le sent, est pour préparer à l'exploit prochain de Rodrigue, qui aura lieu cette nuit même. Mais on s'explique peu que le roi, ainsi averti, ne prenne aucune précaution et remette tout au lendemain : singulier monarque par trop débonnaire, et qui prête au sourire. Corneille n'a pas et n'aura jamais ce sentiment du ridicule qui s'attache à certains de ses personnages nobles.

Les événements se pressent. On vient annoncer la mort du comte, et, au même instant, Chimène entre en s'écriant : *Sire, Sire, justice!* très-belle scène, sauf les détails de mauvais goût dont on a fait son deuil dès longtemps, et qui, de loin, ne semblent plus guère que de piquants effets de couleur locale. Don Diègue, accouru aussitôt que Chimène, embrasse l'un des genoux du roi, tandis qu'elle tient à l'autre. On a les deux sentiments solennels aux prises et en regard : la fille qui a son père à venger; le père qui a été vengé par son fils.

Il a tué mon père.
— Il a vengé le sien.

Les deux sentiments, les deux étincelles partent et s'entre-choquent coup sur coup : un éclair répond à l'autre.

Le roi tiré des deux parts, et qui ne sait trop de quel côté pencher, paraîtrait un peu comique, si l'on avait le temps d'y prendre garde. Ces rois du théâtre espagnol sont pacifiques et prudents, justiciers ; ce sont des Louis XII de la fin.

Chimène plaide bien, mais pour la forme : on sent un peu qu'elle déclame, et il n'y a pas de mal qu'on le sente.

La réponse de don Diègue est de toute beauté, ton

et sentiment; elle est d'une superbe amertume. Vieux et inutile, mais vengé désormais et content, il s'offre lui-même en victime pour apaiser le sang qui crie par la bouche de Chimène; que son fils vive pour continuer l'honneur de sa race, pour servir son roi et son pays, il n'aura plus de regret. Mais en quels termes altiers et mâles il le dit! Sa langue est la vraie langue du grand Corneille : c'est la pure moelle du lion; c'est la séve du vieux chêne. Dans *le Cid,* ce qui est remarquable, c'est que le flot du sentiment monte toujours, et le bon sens a beau faire ses réserves, le bon goût a beau trouver à redire çà et là, le cœur se prend. On n'a pas le cœur libre quand on lit *le Cid.* Même quand *le Cid* est joué médiocrement, ce personnage de don Diègue a toute chance de se tenir debout et de ravir les auditeurs. A une reprise du *Cid* qui se fit depuis la disparition de Rachel, le seul acteur qu'on ait rappelé, c'est celui qui jouait don Diègue (Maubant) : c'est lui qui fit le plus d'impression.

Dans la pièce espagnole, scène correspondante, Diègue raconte que, voyant son ennemi étendu sans vie, il a porté la main à sa blessure et a lavé (à la lettre) avec le sang la place du soufflet sur sa joue; et il arrive la joue encore teinte de ce sang. C'est sauvage.

Mais ne voyez-vous pas comme chaque peuple apporte aux représentations de la scène un degré de dureté ou de susceptibilité qui répond à son genre de tournoi national et qui peut se mesurer au caractère de ses jeux favoris? Les Anglais, pour accepter tout

Shakspeare, avaient besoin de leurs combats de boxeurs; l'Espagne a ses combats de taureaux : la France, la veille du *Cid,* n'avait que ses duels de la Place-Royale.

La conclusion de l'acte et la décision du roi, c'est que l'affaire mérite d'être plus amplement délibérée : en attendant, don Sanche (singulièrement choisi pour un tel office) reconduira Chimène en son logis; don Diègue reste à la Cour prisonnier sur parole, et l'on fait chercher Rodrigue.

III.

Ce Rodrigue après lequel on court est dans la maison où on ne le cherche pas, la maison même de celui qu'il vient de tuer, dans l'appartement de Chimène. Nous approchons d'une belle scène, de l'entrevue de Rodrigue avec cette maîtresse si irritée et si tendre. Il y a deux de ces visites du Cid à Chimène; celle-ci, la première, est empruntée de l'auteur espagnol : la seconde, au cinquième acte, sera tout entière de Corneille. Ce furent les scènes les plus critiquées de la pièce dans sa nouveauté, et aussi les plus émouvantes. Les spectateurs entraient si vivement dans la situation que presque tous souhaitaient que ces entretiens se fissent; on y attendait les deux amants comme à un péril et à un triomphe. « J'ai remarqué aux premières représentations, nous dit Corneille dans son *Examen du Cid,* que lorsque ce malheureux amant se présentait devant elle, il s'élevait un certain frémissement dans l'assemblée qui marquait une curiosité merveilleuse et un redoublement d'attention pour ce qu'ils avaient à se dire dans un état si pitoyable. »

Lorsque Rodrigue arrive et entre chez elle, Chimène n'est pas encore de retour du palais : il ne trouve d'abord qu'Elvire la suivante, qui s'effraye de le voir en tel lieu, et qui, du plus loin qu'elle aperçoit sa maîtresse, l'oblige à se cacher.

Don Sanche accompagne Chimène en parfait cavalier servant qui essaye de s'insinuer. Il lui offre ses bons offices et son épée contre Rodrigue :

Souffrez qu'un cavalier vous venge par les armes.

Cette voie est plus sûre et plus prompte que la justice du roi. Il aspire à se créer un titre auprès d'elle. Elle n'accepte ni ne refuse, et le congédie poliment.

Restée seule avec Elvire, ou se croyant seule, Chimène ouvre alors toute son âme et exhale toute sa peine :

La moitié de ma vie a mis l'autre au tombeau!

On arrive à la belle scène pathétique à travers les pointes et le mauvais goût indispensable. Il se passe un combat et tout un jeu moral dans le cœur de Chimène, un duel d'une autre espèce et qu'elle nous décrit :

Rodrigue dans mon cœur attaque encor mon père.
Il l'attaque, il le presse, il cède, il se défend...

Elvire fait comme toutes les bonnes suivantes : elle conseille le parti le plus commun et le plus facile; et se voyant repoussée : « *Après tout, que pensez-vous donc faire?* » demande-t-elle. Et Chimène s'écrie :

> Le poursuivre, le perdre et mourir après lui !

Toute l'unité et la perfection du *Cid* français est dans ce vers.

C'est sur cet éclat que Rodrigue sort brusquement de l'endroit d'où il l'entendait, et s'offre tout entier à sa colère. Dès les premiers mots il ne peut s'en tenir au *vous*, et il passe au tutoiement, à cette familiarité à la fois héroïque et tendre, qu'elle accepte elle-même aussitôt :

> Hélas! — Écoute-moi. — Je me meurs. — Un moment.
> — Va, laisse-moi mourir. . . . .

C'est par ce soudain tutoiement, et par rien autre chose, que Rodrigue marque qu'il vient de l'entendre dans le cours de son épanchement avec Elvire. Il la prend au point où elle est, sans qu'on s'en étonne. Il lui tend son épée pour qu'elle le frappe. Ose-t-on remarquer quelque trace de jeux de mots et de cliquetis de pensées, à propos de cette épée et du sang dont elle est teinte et qu'une autre *teinture* peut faire oublier? On n'a pas ce courage; on est entraîné par le flot du sentiment qui jaillit et n'a pas de cesse. Après des vers subtils, il en est tout d'un coup d'une simplicité parfaite :

> Tu sais comme un soufflet touche un homme de cœur!

Rodrigue, en expliquant sa conduite et ses motifs de combattre dans lesquels Chimène et l'estime qu'il prétendait d'elle étaient encore pour beaucoup, a pris le chemin le plus sûr pour se faire écouter. En l'entendant, en se voyant si présente à lui jusque dans son crime, elle est radieuse en même temps que furieuse.

Le débat est accepté d'elle; c'est déjà une faveur. Quand il a fini, elle plaide au long contre lui devant lui-même :

> Je ne t'accuse point, je pleure mes malheurs...
> Je me dois, par ta mort, montrer digne de toi...

Lui-même il accepte son arrêt, il se met à genoux et lui tend la tête. C'est alors à elle de la refuser :

> Si tu m'offres ta tête, est-ce à moi de la prendre?
> Je la dois attaquer, mais tu dois la défendre.

Elle trahit là involontairement un espoir lointain, elle entr'ouvre une issue. La colère, chez Chimène, est par réflexion : son mouvement naturel est à la tendresse. Enfin, on arrive au mot décisif, qui lui est arraché, et qu'elle brûlait de proférer : *Va, je ne te hais point!* Et quand l'instant d'après elle dit : *Va-t'en,* on sent que cela veut dire : *Reste.* Il reste en effet ; tous deux se rapprochent et se mettent à rêver, comme dans *Roméo et Juliette* :

> Que de maux et de pleurs nous coûteront nos pères!

Et ce délicieux retour sur le passé :

> Rodrigue, qui l'eût cru?
> — Chimène, qui l'eût dit?

C'est doux et tendre; ils se donnent la main et se rejoignent; il y a oubli. Elle est obligée de répéter *Va-t'en* et de faire la brusque, sans quoi elle ne pourrait se détacher.

Telle est cette belle scène qui ne sera surpassée que par une seconde du même genre. L'exécution ne se soutient pas également dans toute la durée; mais quel beau motif, quel belle musique, quel bel air, si les paroles manquent quelquefois ! Nous avons là, au reste, le plus beau de Corneille. Corneille n'exécutera jamais mieux plus tard; il n'est pas éducable et progressif comme Racine, qui le fut indéfiniment et jusqu'à l'entière perfection. Racine fera de son talent tout ce qu'il voudra; il aura tous les talents à la réflexion et à loisir : Corneille a tout d'inspiration; ce qu'il n'a pas d'emblée, il le manque. Racine a l'art; il donne toujours des plaisirs purs, même dans ses faiblesses. Corneille a la pensée, le premier sentiment sublime, le motif et le mot, mais des chutes. Dans cette scène, comme on voit que les amants meurent d'envie tous deux que le père mort soit mis hors de cause ! Chimène aime plus Rodrigue, non pas *quoique*, mais *parce qu'*il a tué son père; et lui qui sent qu'il a fait ce qu'il a dû, il a conscience du secret de Chimène et d'autant plus d'envie, avec un reste d'espoir, d'être pardonné. Shakspeare n'aurait pas inventé cela; c'est trop peu naturel; il y a trop de compartiments, de contradictions subtiles; mais c'est beau, d'un beau qui suppose le chevaleresque et le point d'honneur du Moyen-Age. Et aussi la partie humaine, éternelle, s'y retrouve : c'est l'amour. Ces deux jeunes et grands cœurs s'aiment, voilà le fin du jeu, et cet amour va montant et croissant toujours.

Pouvais-je en dire moins sur *le Cid*, et dois-je supprimer tout ce qui me reste à ajouter encore? Ce n'est pas une analyse quelconque que j'ai voulu faire. La jeunesse et l'à-propos du *Cid* à son heure, voilà mon sujet.

Lundi 14 mars 1864.

CORNEILLE.

LE CID.

ÉDITION HACHETTE, TOME II

SUITE ET FIN.

I.

Le troisième acte n'est pas fini. La première chose à laquelle Rodrigue a pensé après avoir tué le comte, ç'a été de courir chez Chimène; il n'a pas encore revu son père. De son côté, don Diègue, après être allé se jeter aux pieds du roi pour conjurer la vengeance de Chimène et implorer la grâce de son fils, cherche partout ce fils devenu tout d'un coup invisible. La nuit est descendue : don Diègue, en peine de Rodrigue, erre par les rues dans l'ombre; un hasard heureux fait qu'à la fin il le rencontre. Dans l'auteur espagnol, c'est mieux : le père a indiqué un rendez-vous exact à son fils dans un lieu écarté : ce qui est tout naturel. Le père, arrivé le premier, attend, s'inquiète, prête l'oreille au galop lointain du cheval... Ce monologue est des plus saisissants. Mais Corneille n'aurait jamais osé faire entendre ce galop de cheval, qui aurait trop averti les spectateurs du changement et de l'éloignement du lieu. Il a mieux aimé mettre vaguement son don Diègue en quête par les rues et cherchant son fils presque à tâtons. Il est temps que la beauté du langage vienne faire oublier ce qu'il y a d'un peu singulier, et même d'un peu comique, dans la situation du vieillard :

> Tout cassé que je suis, je cours toute la ville...

Dès que don Diègue et Rodrigue se sont rencontrés, Corneille retrouve ses accents et traduit admirablement son modèle, lequel, à cet endroit, est des plus beaux :

> Touche ces cheveux blancs à qui rends-tu l'honneur;
> Viens baiser cette joue, et reconnais la place
> Où fut jadis l'affront que ton courage efface.

— Admirable! admirable! s'écrient à bon droit les vieux amateurs de notre scène. — Oui, admirable; mais il faut ajouter, pour rendre justice à qui de droit, pour rendre à César ce qui est à César, que ce n'est qu'admirablement traduit de Guillem de Castro, comme tant d'autres passages et de belles paroles dont la monnaie circule et retentit depuis deux siècles. La France a cette singulière puissance et ce singulier privilége de battre monnaie, même avec l'argent d'autrui.

Rodrigue, après les premiers mots de compliment à son père, essaye de se lamenter sur son amour, sur la perte de son bonheur. Don Diègue le relève, le remet dans le ton généreux : il n'est pas temps de gémir ni de mourir ; de nouveaux dangers l'appellent ; et ici se présente l'épisode des Maures à combattre et cette occasion soudaine, développée dans un si beau récit, cette fois tout cornélien et original :

> Il n'est pas temps encor de chercher le trépas ;
> Ton prince et ton pays ont besoin de ton bras.
> La flotte qu'on craignait, dans le grand fleuve entrée,
> Vient surprendre la ville et piller la contrée.
> Les Maures vont descendre, et le flux et la nuit
> Dans une heure, à nos murs les amènent sans bruit.
> La Cour est en désordre, et le peuple en alarmes...

Corneille a dû faire ici à son auteur des changements du tout au tout, qui ne choquaient nullement un public ignorant de l'histoire d'Espagne, mais qui nous montrent bien les contraintes étranges auxquelles il était assujetti et sa gêne rigoureuse, en même temps que ses prodigieuses et ingénieuses ressources de talent. J'insiste sur ce mot d'*ingénieux*. Dans le drame espagnol, don Diègue parle d'une incursion des Maures des frontières, qui ont fait du butin et qui emmènent des prisonniers ; l'occasion s'offre de rendre un signalé service en leur coupant la retraite ; il s'agit de se mettre au plus tôt à la tête de cinq cents amis et parents, déjà rassemblés et convoqués à cette fin. L'expédition, si prompte qu'elle soit, doit durer quelques jours. Corneille, resserré comme il était par les règles de notre scène, a dû s'ingénier, trouver un expédient et prendre ses licences d'un autre côté : il a imaginé un fleuve près de son embouchure, par le besoin qu'il avait d'une marée à son service dans les vingt-quatre heures ; et ce fleuve imaginaire l'a conduit à supposer que le roi de Castille régnait à Séville sur le Guadalquivir, deux cents ans avant que cette ville fût reprise sur les Maures. Il a bouleversé la topographie de la pièce espagnole et s'est rappelé qu'il était un riverain de la Seine, se reportant en idée à l'époque des invasions des pirates normands. Dans l'auteur espagnol, on a une expédition de terre, le brillant départ de Rodrigue, son courtois et galant entretien avec l'infante qui rêve au balcon de son palais d'été, de jolies scènes, de jolis motifs; on a même un léger grotesque, ce berger qui, à la vue des Maures ravageant la plaine, s'enfuit dans la montagne, au plus haut des rochers, et qui, le combat terminé, ayant assisté à la victoire de Rodrigue et aux grands coups d'épée dont il pourfend les infidèles, s'écrie : « Par ma foi ! il y a plaisir à les voir comme cela de dehors. Les spectacles de cette espèce doivent être regardés d'en haut. » Sancho parlerait comme ce berger.

Ne demandons pas de ces scènes naïves et variées à Corneille; l'héroïque le presse; il faut que tout se passe la nuit même, à cause de cette impérieuse unité de temps. Cela se voit mieux encore à l'acte suivant, l'acte IV. Il s'ouvre avec la matinée; l'on est dans la maison de Chimène : elle apprend la victoire que Rodrigue vient de remporter durant la nuit sur les Maures, débarqués et rembarqués presque aussitôt :

> Leur abord fut bien prompt, leur fuite encor plus prompte,
> Trois heures de combat laissent à nos guerriers
> Une victoire entière et deux rois prisonniers.

Trois heures de combat... Toujours la montre en main! On compte les heures; il ne faut point passer les vingt-quatre. « Je crains qu'on ait beau faire, disait un plaisant de ma connaissance, et qu'il n'y en ait eu vingt-cinq. » Le plus grave inconvénient moral, et qui saute aux yeux, c'est d'obliger Chimène, dans ce court espace, à des revirements incroyables de sentiments. Elle quitte, reprend, requitte sa colère coup sur coup, sans se donner le temps de respirer.

Je dirai tout ce que je pense, en me replaçant dans l'esprit de l'ancien système français, inauguré par Corneille, et qui a régné sur notre scène jusqu'à Voltaire et ses disciples. Dans une tragédie française, selon les conditions d'alors, il n'était pas si mauvais qu'on n'eût pas le temps de respirer. Quand on tient son monde et qu'on l'a une fois dans la main, il est plus sûr d'en finir avec lui, séance tenante. Il est prudent de ne pas lui laisser le temps de se reconnaître. Le Français est à la fois très-susceptible d'entraînement et très-enclin à la critique. Tant que la scène dure, ne laissez pas à la critique le temps de naître; ne donnez pas aux spectateurs le temps d'aller au foyer se refroidir dans un entr'acte. Quand on peut se passer d'entr'acte et frapper coup sur coup sur son parterre, c'est mieux. Je suppose toujours cet ancien public français avec ses habitudes, et à qui deux heures de spectacle sérieux suffisaient.

Chimène, en apprenant la victoire de Rodrigue, et tout heureuse qu'elle est de le savoir vainqueur, se redit donc, dans son point d'honneur filial, qu'il faut se remettre en colère et aller sur l'heure redemander sa tête au roi. Ce n'est ni raisonnable ni vraisemblable dans aucun cas; elle devait au moins laisser passer la journée. L'infante arrive en visite chez Chimène; elle vient tâter le terrain, voir s'il n'y a pas là quelque chose à faire. Elle engage Chimène à se désister de sa poursuite, et lui dit des paroles fort sensées : ce qui était juste hier ne l'est plus aujourd'hui; Rodrigue est devenu nécessaire à l'État. Elle glisse un petit conseil intéressé, où elle trouverait son compte : « *Ote-lui ton amour,* dit-elle à Chimène, *mais laisse-nous sa vie.* » La bonne infante voudrait bien, dans toute cette mêlée, rattraper et repêcher son Cid. Un peu de comédie se mêle de temps en temps à la pièce, ne fût-ce que pour justifier son titre de tragi-comédie. —

Mais on est au palais du roi : tout retentit de la victoire de Rodrigue. Le roi le remercie et le félicite; il le baptise du nom de *Cid* dont les deux rois maures captifs l'ont salué. On a ce magnifique récit de l'expédition nocturne et de la victoire :

Nous partîmes cinq cents, mais, par un prompt renfort,
Nous nous vîmes trois mille en arrivant au port....

Narration épique admirable, due tout entière à Corneille, et par laquelle il compense et paye largement toutes ses invraisemblances. On aime incomparablement mieux ce récit que celui de Théramène : la rhétorique y paraît moins ou plutôt elle n'y paraît pas, et il y a de plus vraies beautés. C'est le plus noble des bulletins, le plus chevaleresque des récits de guerre. Condé ne devait pas raconter autrement Rocroi. Une imagination forte et sobre nous transporte à l'action et nous fait tout voir de nos yeux, tout ce qui importe et rien que ce qui importe :

> Cette obscure clarté qui tombe des étoiles,
> Enfin, avec le flux, nous fit voir trente voiles;
> L'onde s'enflait dessous, et d'un commun effort
> Les Maures et la mer entrèrent dans le port.
> On les laisse passer, tout leur paraît tranquille :
> Point de soldats au port, point aux murs de la ville.
> Notre profond silence abusant leurs esprits,
> Ils n'osent plus douter de nous avoir surpris;
> Ils abordent sans peur, ils ancrent, ils descendent
> Et courent se livrer aux mains qui les attendent.
> Nous nous levons alors, et tous en même temps
> Poussons jusques au ciel mille cris éclatants...

Nous nous levons alors... On peut dire de ce mouvement, de ce beau récit impétueux, ce que Cicéron disait de pareils récits guerriers de Thucydide : *Canit bellicum.* C'est le chant du clairon. On se rappelle aussi le vers du poëte :

Ære ciere viros martemque accendere cantu.

Rêvez, combinez, imaginez tant que vous voudrez : rien ne vit que par le style ; et, comme le dit une expression espagnole bien énergique, c'est lorsqu'on est au *détroit du style* que la grande difficulté commence. Or c'est précisément à ce détroit que triomphe Corneille ; il en sort victorieux et comme à pleines voiles.

Chimène, survenant à la fin du récit pour redemander justice, ne laisse pas le temps de la réflexion : le bonhomme de roi fait la grimace et un geste d'impatience en l'entendant annoncer ; il en a évidemment assez et un peu trop de cette importune Chimène. C'est à croire qu'elle ne revient si vite à la charge que pour avoir occasion de revoir Rodrigue. Le bon roi qui s'en doute, et qu'on a averti de cet amour, imagine, à l'instant, une feinte qui semble même un peu forte pour lui. Il éloigne Rodrigue, le fait passer dans une autre pièce, et l'on va supposer qu'il a été atteint d'une blessure mortelle et qu'il a péri dans sa victoire. Dans la pièce espagnole, c'est don Arias qui suggère l'idée de tenter cette épreuve sur le cœur de Chimène et de faire annoncer par un domestique la mort de Rodrigue ; et il y a cela de bien et de naturel que le vieux don Diègue, en entendant ce faux rapport, se dit à part soi dans son cœur de père : « Ces nouvelles, quoique je les sache fausses, m'arrachent des larmes. »

A la brusque nouvelle de la mort de Rodrigue, Chimène s'est trahie ; elle a changé de couleur et va se pâmer : le roi se hâte de la détromper pour la faire revenir ; mais il s'est trop pressé, le bon roi, et Chimène se dédit par ce vers :

Sire, on pâme de joie ainsi que de tristesse.

Ceci est pris dans l'espagnol. Mais pourtant, dans le drame original, les circonstances sont mieux ménagées, surtout plus espacées, et de façon à justifier la conduite et les mouvements divers de Chimène. Plusieurs mois se sont écoulés depuis son premier appel au roi ; pour motiver ce nouveau recours à la justice, elle vient se plaindre que dans l'intervalle, Rodrigue, moins courtois qu'il ne le devrait, n'a cessé de la braver, de l'insulter ; et elle le dit d'une manière bien pittoresque, dont les romances nous ont déjà donné l'idée :

« Je vois passer chaque jour, sans qu'on puisse l'empêcher, celui qui tua mon père, son épée à son côté, couvert de riches habits, sur son poing un épervier, monté sur son beau cheval. Sous prétexte de chasser, à la maison de campagne où je me suis retirée, il va, vient, regarde, écoute, indiscret autant qu'osé, et, pour me faire dépit, il tire à mon colombier ; les flèches qu'il lance en l'air, à mon cœur sont adressées : le sang de mes colombelles a rougi mon tablier... »

Ce sont des restes de chants populaires qui ont passé dans le drame, et dont un auteur espagnol n'aurait osé se priver. Mais qu'auraient dit, bon dieu ! Mme de Rambouillet et ses amis, si Corneille leur avait fait entendre ou même soupçonner seulement de pareilles choses? Or nous sommes tous, plus ou moins, de l'hôtel de Rambouillet en ceci. En France, dans la tragédie (je parle comme si l'on y était encore), on ne voit pas les choses si en réalité et en couleur ; on est plus ou moins de l'école de Descartes : *Je pense, donc je suis. Je pense, donc je sens.* Tout le drame se passe et est ramené au sein de la *substance intérieure* « dont toute l'essence ou la nature n'est que de penser, et qui, pour être, n'a besoin d'aucun lien et ne dépend d'aucune chose matérielle. » C'est ce que dit Descartes ; c'est à peu près ce que pratique Corneille.

Chimène, se voyant refuser la justice qu'elle poursuit sous la forme du châtiment, en prend assez son parti et se rabat à demander le duel, le jugement de Dieu par les armes :

> A tous vos cavaliers je demande sa tête;
> Oui, qu'un d'eux me l'apporte et je suis sa conquête...
> J'épouse le vainqueur . . . .

Ce sont là des semblants ; elle sait bien en son cœur qu'elle n'épousera personne autre et que Rodrigue, à ce jeu de l'épée, sera le plus fort. Le roi résiste d'abord à l'idée de duel, toujours par des raisons d'État, et aussi parce qu'après les services rendus il ne veut plus voir dans Rodrigue rien de coupable :

> Les Maures, en fuyant, ont emporté son crime.

Vers admirable qui dit tout, qui rachète bien des choses un peu trop paternes et débonnaires. Après avoir longtemps parlé comme un bailli, ce roi tout d'un coup s'exprime en roi.

Le vieux don Diègue est, au contraire, pour qu'on accorde le duel, comme on l'a fait tant de fois en pareille rencontre, et pour que Rodrigue soit traité sans aucun égard personnel, sans rien qui sente l'exception :

> Sire, ôtez ces faveurs qui terniraient sa gloire...
> Le comte eut de l'audace, il l'en a su punir :
> Il l'a fait en brave homme et le doit soutenir.

Ce don Diègue parle, à chaque coup, la plus simple et la plus belle langue de Corneille. Dans cette pièce de jeunesse, c'est encore le vieillard qui est le plus grand.

Le duel est accordé; le roi consent, à condition qu'après cela Chimène ne demandera plus rien. Mais quel sera le tenant de Chimène, le téméraire qui osera s'attaquer à cet invincible et à ce glorieux? Don Sanche sort des rangs et se présente :

> Faites ouvrir le camp; vous voyez l'assaillant.
> Je suis ce téméraire ou plutôt ce vaillant...

Lui aussi, le pâle don Sanche, il a chez Corneille son premier mouvement et son éclair. Chimène l'accepte. — *A demain,* dit le roi fort sensé. — Mais cette éternelle règle des vingt-quatre heures s'y oppose. On n'a juste que le temps de se battre, pour que la pièce finisse avant que l'horloge ait sonné la même heure que la veille au moment où l'action commençait. C'est étrange et c'est absurde, trois fois absurde, mais il en est ainsi.

Le roi fait l'objection que tout le monde fera également : c'est que Rodrigue est fatigué ; il vient de passer la nuit à guerroyer contre les Maures :

> Sortir d'une bataille et combattre à l'instant !
> — Rodrigue a pris haleine en vous la racontant,

réplique don Diègue, par une de ces fanfaronnades qu'on applaudit toujours et qu'on peut passer d'ailleurs à un tel père. Le roi se ravise et prend un biais :

> Du moins une heure ou deux, je veux qu'il se délasse.

C'est à faire sourire. Le bon roi voudrait concilier le repos de Rodrigue, son délassement si légitime, avec la règle des vingt-quatre heures. Ayant sans doute jeté un regard sur le cadran et s'étant assuré que la chose est à la rigueur possible, il se risque à glisser une heure ou deux de répit. Je suppose qu'il est environ neuf ou dix heures du matin : Rodrigue étant supposé se donner une couple d'heures de repos, le combat singulier pourra encore avoir lieu vers midi, avant l'expiration du terme fatal et sacramentel. Le roi, pour dernière condition, exige que le vainqueur, quel qu'il soit, ait la main de Chimène. Elle a l'air de se résigner à contre-cœur ; elle nage au dedans de soi en pleine félicité.

II.

Au début du cinquième acte, le combat n'a pas encore eu lieu : on est revenu dans la maison de Chimène. Rodrigue refait ce qu'il a déjà fait une fois ; il va droit au danger et à l'attrait ; il est chez Chimène, en tête-à-tête avec elle : et cette fois ce n'est pas à la dérobée, c'est tête haute et en plein jour qu'il s'y est rendu. Cette scène est la seule des grandes scènes du *Cid* qui n'ait pas d'analogue dans Guillem de Castro et qui appartienne tout entière à Corneille.

Je ne dois qu'à moi seul toute ma renommée,

Corneille a droit de le dire pour cette scène originale. L'idée qui se rapporte bien au plus subtil raffinement de la passion est celle-ci : Rodrigue, sous prétexte de lui faire ses adieux, vient déclarer à Chimène qu'il ne se défendra pas contre don Sanche, qu'il est décidé à se laisser vaincre et tuer ; il espère ainsi lui arracher l'ordre de vivre et de vaincre, mais il tient à le lui faire dire, à l'entendre de sa bouche en termes formels ; il ne se contentera pas à moins. Ces personnages ont toutes les espèces de point d'honneur, — le point d'honneur de la vengeance, — le point d'honneur de la piété filiale, — le point d'honneur amoureux. Ils ne se contentent point du gros des sentiments ni de la chose même ; ils en veulent la fleur et le panache. Rodrigue ne s'estimera pas pleinement heureux et satisfait de vaincre don Sanche, d'obtenir Chimène et de lui agréer, bon gré, mal gré : il lui faut encore, par un excès de délicatesse, que ce soit consenti à l'avance, voulu et ordonné par elle, et ce n'est qu'à ce prix qu'il pourra goûter toutes les satisfactions et les jouissances raffinées de la passion pure.

> Je vais mourir, Madame, et vous viens en ce lieu,
> Avant le coup mortel, dire un dernier adieu...

— *Tu vas mourir !* s'écrie-t-elle, trahissant déjà par ce cri d'étonnement son vœu secret. Elle espère bien qu'il sera vainqueur, elle veut qu'il l'espère aussi ; elle va lui faire voir qu'elle le désire, mais par degrés et comme sous le coup d'une contrainte morale : et lui qui a le soupçon, et plus que le soupçon, de ce désir qu'elle forme, il vient, je le répète, moins pour s'en assurer (car au fond il en est sûr) que pour s'en donner l'émotion, la joie et l'orgueil, et il est résolu à le lui faire dire nettement.

Chimène, pour l'exciter à vaincre, commence par le piquer à l'endroit du courage et de l'amour-propre. Ce don Sanche qui s'est offert et dévoué pour elle, elle le lui sacrifie en estime, elle le rabaisse et le ravale ; l'amour n'a pas de délicatesse ni de pitié pour ce qui le gêne :

> Tu vas mourir? Don Sanche est-il si redoutable
> Qu'il donne l'épouvante à ce cœur indomptable ?
> Qui t'a rendu si faible, ou qui le rend si fort?...
> Celui qui n'a pas craint les Maures ni mon père
> Va combattre don Sanche, et déjà désespère?

Mais c'est en vain qu'elle cherche à l'émouvoir sur cette rivalité si inégale : Rodrigue n'a pas regimbé sous l'aiguillon, l'ironie glisse sur lui et ne prend pas ; il s'obstine dans son idée de se laisser punir et immoler : il veut qu'on lui donne une autre et une meilleure raison de vivre que celle-là.

Chimène alors trouve de nouvelles raisons et cherche à côté, en continuant de presser en lui ce ressort d'honneur. S'il ne tient pas à vivre, se croyant condamné par elle, que du moins il songe à l'idée qu'on prendra de lui s'il succombe ; il y va de sa gloire :

Quand on le saura mort, on le croira vaincu.

La passion a ses sophismes : c'est au nom même de son père mort, de ce comte si redouté, qu'elle prétend prouver à Rodrigue qu'il est obligé de se défendre vaillamment contre un moins vaillant que ce guerrier illustre : autrement on croira que le comte valait moins que don Sanche. Voilà un argument!

Mais Rodrigue est impitoyable ; il ne se laisse point donner le change. Il est devenu sourd sur l'article de l'honneur : si on veut l'ébranler, il faut qu'on touche une autre corde, une seule, celle même de l'amour. Les instants sont comptés, l'heure presse : forcée dans ses derniers retranchements, Chimène aux abois n'a plus qu'à s'exécuter et à tout dire :

Puisque, pour t'empêcher de courir au trépas,
Ta vie et ton honneur sont de faibles appas,
Si jamais je t'aimai, cher Rodrigue, en revanche
Défends-toi maintenant pour m'ôter à Don Sanche.
. . . .
Sors vainqueur d'un combat dont Chimène est le prix!

Voilà, voilà ce qu'il voulait l'obliger à dire. Il voulait qu'elle lui commandât de vivre et de vaincre. Il est venu, comme on dit, la mettre au pied du mur, pour mieux voir de ses yeux la pure passion déployer ses ailes et s'envoler. Il a réussi. La fierté de Chimène souffre, son orgueil saigne, mais la peur qu'elle a qu'il se laisse tuer l'emporte. Elle a tout dit dans son transport. C'est le sublime du tendre. Rodrigue, à cette enivrante parole, est redevenu héros, un jeune lion respirant la flamme :

> Est-il quelque ennemi qu'à présent je ne dompte ?
> Paraissez, Navarrais, Maures et Castillans,
> Et tout ce que l'Espagne a nourri de vaillants !...

Il n'y a pas d'exagération possible dans un tel moment : c'est plein de grandeur. Certes, et quelque objection d'ailleurs qu'on y puisse faire, la forme de tragédie qui a amené Corneille à trouver une telle scène, de tels jets héroïques, est une bien belle et bien noble forme de l'esprit.

L'intérêt ne peut que faiblir après cet entraînement et cette explosion. A l'Opéra, après les grands morceaux de musique on a besoin de repos, et il y a des scènes qu'on n'écoute pas. Ici, l'infante est dans son cabinet et se livre à l'un de ces monologues qui sembleraient jolis sans doute et spirituels, si l'on y prêtait attention. Elle se lamente et se demande dans sa candeur si elle obéira, à l'égard de Rodrigue, au sentiment de sa dignité ou à l'attrait de son amour; puis, sa gouvernante qui survient la conseillant dans le sens le plus fier, elle lui déclare qu'elle veut aller derechef donner Rodrigue à Chimène, comme si celle-ci avait besoin de permission pour le prendre. Cette trop généreuse infante

passe son temps à donner ce qui ne lui appartient
pas.

Ce cinquième acte, quoique tout y aille si vite, a des
longueurs. On retourne sans nécessité chez Chimène,
qui s'entretient avec sa suivante ; elle revient en arrière
sur ce qui a été dit, et elle fait semblant, ou elle se fait
sincèrement l'illusion d'être plus combattue en son
cœur qu'elle ne l'est. Elle implore le Ciel pour que le
duel, engagé à l'heure présente, se termine sans aucun
avantage.

Sans faire aucun des deux ni vaincu ni vainqueur.

Elle joue, à ses propres yeux, l'indifférente et la neutre.
Quoi qu'il arrive, et malgré tout ce qui a été promis,
elle se flatte de ne jamais être à Rodrigue et de lui
susciter au besoin *mille autres ennemis*. Ce sont là de
ces *va-et-vient* superflus, et tels qu'on en demande
généralement chez nous dans tout cinquième acte.

Mais qu'arrive-t-il à l'instant même? Voyant entrer
don Sanche qui s'agenouille et lui présente inopiné-
ment une épée, Chimène ne lui donne pas le temps de
s'expliquer ; elle lui coupe la parole, elle l'insulte, elle
l'appelle assassin et traître :

Va, tu l'as pris en traître ; un guerrier si vaillant
N'eût jamais succombé sous un tel assaillant.

Adieu la dignité ! C'est une amante furieuse et forcenée
qui ne veut plus entendre à rien, qui a tout oublié et
a perdu toute mémoire. Elle méconnaît le champion

qu'elle s'est choisi ; elle lui jette à la face presque le même mot qu'Hermione lancera à Oreste après la mort de Pyrrhus : *Qui te l'a dit?* Corneille, pour amener plus vite Chimène à ses fins, a cru avoir besoin de l'engager ainsi et de la compromettre par un éclat involontaire. Ce ne sont pas là les beautés que j'admire.

Dans le délire de sa douleur (car elle est comme une folle), elle court au palais du roi et le supplie de lui épargner l'odieux hymen de don Sanche ; elle est prête, pour y échapper, à renoncer à tout, à se dépouiller de tous ses biens et à se jeter dans un cloître. Enfin, à grand'peine on parvient à la faire taire ; on s'explique. Rodrigue n'est pas mort : loin de là, il a vaincu, désarmé son adversaire, et l'a envoyé pour toute satisfaction porter aux pieds de Chimène cette vaine et inutile épée. Tout le monde se met alors autour de Chimène, le roi, don Diègue, don Sanche lui-même, l'infante qui refait son offre habituelle de lui donner Rodrigue de sa main. Et Rodrigue à son tour, se répétant aussi, apporte encore une fois sa tête aux pieds de sa maîtresse, — une pure formalité qui ne saurait être sérieuse et qui se résout en beaux vers. Chimène le relève ; elle s'est trop avancée pour pouvoir opposer une bien forte résistance ; ce n'est plus pour elle qu'une question de bienséance et de temps. Elle fait l'objection raisonnable contre la règle des vingt-quatre heures :

> Sire, quelle apparence à ce triste hyménée,
> Qu'un même jour commence et finisse mon deuil,
> Mette en mon lit Rodrigue, et mon père au cercueil!

C'est trop juste. Le roi accommode tout en ajournant la conclusion après le deuil :

> Prends un an, si tu veux, pour essuyer tes larmes.

Et s'adressant à Rodrigue, il clôt le drame en disant :

> Pour vaincre un point d'honneur qui combat contre toi,
> Laisse faire le temps, ta vaillance et ton roi.

Tout est bien qui finit bien.

III

Tel est ce merveilleux *Cid*, singulier mélange de belles choses et de choses étranges, mais qui ouvrit une ère de création au théâtre, et qui fut le premier grand exploit littéraire de notre XVIIe siècle. Quoi qu'il en soit des défauts que je n'ai point dissimulés, l'impression de l'ensemble domine ; il s'y sent un souffle d'un bout à l'autre. Corneille a le génie essentiellement inégal et intermittent : cette intermittence se fait moins sentir dans *le Cid* qu'ailleurs. Corneille avait trente ans quand il fit *le Cid* : bel âge où il avait tout son lutin (ce lutin dont parlait Molière) et tout son démon. Plus tôt, il aurait abondé dans les parties douceureuses, amoureuses, fausses ; — plus tard, il aurait trop donné dans les parties castillanes, roides ou sèches. Ce jour-là il a été aussi en plein que jamais sous le rayon. *Le Cid* a les défauts, mais aussi toutes les qualités de sa saison. S'il paraît si beau encore aujourd'hui que tant de chefs-d'œuvre ont suivi, et qu'on a tant de points de comparaison, qu'était-ce donc alors quand il n'y avait rien sur notre théâtre ? *Le Cid* et *Polyeucte,* même lorsqu'on a *Horace* et *Cinna* présents, ce sont aujourd'hui les deux pièces de Corneille qui, relues, tiennent le mieux toutes les promesses qu'excite et que renouvelle incessamment cette haute renommée immortelle.

Dans le peu que j'ai dit de la pièce espagnole, on a pu sentir la différence des points de vue, des inspirations et des caractères. Même quand Corneille imite le plus Guillem de Castro, on a vu combien il en diffère. On aurait été bien plus frappé si j'avais poussé plus loin la comparaison. Le Cid du drame espagnol n'est pas seulement le plus brave des chevaliers, il est aussi le plus religieux et le plus dévot ; c'est, à un moment, le plus fervent des pèlerins. Il y a, en ce sens, toute une scène des plus caractérisées. Dans le temps de la seconde démarche de Chimène auprès du roi, quand le monarque se décide à publier le cartel proposé par elle et annonçant qu'à celui qui lui apportera la tête de Rodrigue elle donnera, s'il est noble et son égal, tous ses biens avec sa main, sur ces entrefaites Rodrigue est allé en pèlerinage pour l'expiation de ses péchés à Saint-Jacques de Galice, accompagné de deux écuyers ; et c'est en route que lui arrive une aventure des plus touchantes, léguée de longue main par la tradition, et en apparence des plus étrangères à l'action principale. Dans une forêt montagneuse, on entend des gémissements : il est le premier à les distinguer, car ses compagnons disent qu'ils n'entendent rien, et tandis qu'ils s'asseyent pour faire un repas à l'ombre, les gémissements recommencent; c'est la plainte d'un lépreux qui, du creux d'une frondrière où il est tombé, appelle au secours et supplie les passants (s'il en vient) au nom du Christ. Les écuyers et un berger qui accompagnent Rodrigue n'osent approcher de ce malheureux : Rodrigue seul va droit à l'affligé, le retire, lui baise même la main avec charité, le couvre de son manteau, le fait manger au même plat que lui, le fait boire à son flacon, le fait dormir près de lui sous sa garde, et attire ainsi sur sa tête les benédictions les plus tendres de ce malheureux qui le proclame le plus humain et le plus pieux des chevaliers, et le salue du nom de *bon Rodrigue,* un nom qui vaut bien celui de *Cid* ou *Seigneur* que lui ont donné les Maures soumis. Mais, après le sommeil, le lépreux se levant tout à coup se transfigure et le salue du nom de *grand Cid! grand Rodrigue!* il lui verse son souffle, lui rend son manteau tout parfumé d'une odeur divine, et disparaît sur les rochers pour reparaître bientôt en tunique blanche au sein d'un nuage : ce lépreux, c'est Lazare en personne, et qui lui promet, en récompense de son bienfait agréé de Dieu, victoire désormais sur tous et invincibilité, même après sa mort. Admirable scène, vrai tableau de sainteté, mais d'un caractère tout national et tout espagnol. Cela eût été impossible à laisser même entrevoir en France et eût tout compromis. Il y avait un siècle que les mystères et les *miracles* proprement dits étaient bannis de notre théâtre. Corneille n'a extrait et dû extraire qu'un *Cid,* modèle d'amour et d'honneur, tel qu'il le fallait pour arracher des larmes au jeune d'Enghien et à cette valeureuse jeunesse. Il a taillé dans une pièce fort intéressante et fort riche assurément, mais très-éparse, et biographique encore plus que dramatique, un *Cid* bien français, un *Cid* à l'instar de Paris.

Et à ce sujet, je ne puis m'empêcher de me rappeler une analyse du savant Fauriel, une leçon professée, il y a trente ans, à la Faculté des Lettres. Fauriel, qui excellait à ces sortes de comparaisons et qui, tout impartial qu'il était, n'inclinait que rarement par goût en faveur de notre littérature, comparant ensemble les deux *Cids,* se plaisait à remarquer comme différence l'abrégé fréquent, perpétuel, que Corneille avait fait des scènes plus développées de l'original, les suppressions, les simplifications de tout genre : « Chez Corneille, ajoutait-il avec un ricanement doucement ironique, on dirait que tous les personnages *travaillent à l'heure,* tant ils sont pressés de faire le plus de choses dans le moins de temps! » C'est que Corneille sentait son public français, ce public si pressé, si impatient, avec lequel il faut saisir aux cheveux l'occasion, — l'occasion, cette déesse fugitive et si française elle-même, et qui, seule, donne la victoire.

Les érudits les plus estimables ont un autre souci, celui de la vérité entière ; je les en loue et les en admire. Leur méthode n'est pas celle de l'art, c'est celle de la science pure. Tel était le procédé de Fauriel ; tel est aujourd'hui celui de M. Viguier, qui, dans ses balances non moins fines, non moins scrupuleuses, a pesé de nouveau les deux *Cids* et n'a pas fait pencher le plateau, cette fois, trop à notre désavantage. M. Viguier, ce savant émule et ce contemporain de tous nos maîtres, aurait tort de penser que, pour s'y prendre d'une autre sorte devant un public qui nous commande aussi et que nous avons à satisfaire, on ne l'a pas lu et qu'on n'a pas profité de son travail excellent. Nous n'avons dû nous attacher ici qu'au *Cid* connu de tous, au magnifique produit de la greffe pratiquée par Corneille sur l'arbre castillan. M. Viguier a fait plus : dans un travail comparatif d'une exquise finesse, et qui suppose la connaissance la plus délicate des deux idiomes, il a essayé de nous faire pénétrer dans le mystère de la végétation et de la transfusion de la séve; il a étudié et injecté à l'origine jusqu'aux moindres fibres et aux moindres vaisseaux capillaires. On ne se figure guère le grand Corneille faisant son miel comme l'abeille : M. Viguier l'a pourtant surpris à l'œuvre et nous l'a montré sous ce jour nouveau. Tout homme studieux et de goût le lira avec intérêt, avec fruit.

Notre critique, à nous, est nécéssairement plus extérieure : nous ne notons que ce qui éclate aux yeux de tous. *Le Cid* français fut un grand événement dans l'histoire littéraire. On l'a dit avec vérité : tout ce qui passe par la France, à une certaine heure, va vite en célébrité et en influence. Il parut bien dès lors que, pour les choses de l'esprit, Paris était comme le centre sensitif et auditif de l'Europe, le foyer lumineux déjà et sonore. Corneille, en faisant *le Cid* français, d'espagnol qu'il était, l'a sécularisé du même coup, l'a mondanisé et popularisé : il ne fallait pas moins que cela pour qu'il sortît de sa péninsule. On l'a remarqué avec raison pour le *Don Juan* : il fallait qu'il passât par l'imitation de Molière pour que Mozart ensuite le mît en musique et qu'il devînt le type universel qu'on sait. De même pour *le Cid* : c'est grâce à Corneille qu'il fit en peu d'années le tour de l'Europe. Corneille avait dans sa bibliothèque, nous dit Fontenelle, *le Cid* traduit en toutes les langues d'Europe : sa pièce fut même retraduite en espagnol, elle fut imitée du moins par Diamante, que Voltaire a cru trop à la légère un des devanciers de Corneille. *Le Cid* contribua plus qu'aucune autre pièce à fixer le caractère du théâtre sur toutes les scènes du continent pendant plus d'un siècle. En Allemagne, traduit d'abord par Clauss (1655) et par Grefflinger (1656), *le Cid* y donna le signal de l'imitation française qui a régné jusqu'à Lessing. Jamais succès plus prompt ne fut aussi plus universel.

IV.

J'ai montré de mon mieux la victoire et la journée du *Cid*; mais le lendemain de cette journée, il y aurait à le montrer aussi, pour compléter nos impressions. Le Français, on le sait de reste, se livre aisément, en présence surtout d'une belle chose ; mais il se repent vite de s'être livré ; il a hâte de s'en venger comme d'une surprise. L'opinion du voisin compte pour beaucoup. Il n'est jamais bien prouvé, dans ce pays-ci, qu'on ait eu le droit de s'être amusé ou d'avoir été ému. La vanité s'en mêle ; un railleur se pique de découvrir une tache dans l'ouvrage vanté. — « Vous avez remarqué un défaut dans ce chef-d'œuvre ; eh bien ! moi, j'en ai remarqué deux... et cent. » Et il s'élève bientôt un *hourra* en sens contraire. Il y a de ces lendemains cruels par lesquels on fait expier à un beau talent son premier succès. — Béranger a fait un bien mauvais vers, mais qui dit une chose juste :

De tout laurier un poison est l'essence.

Les auteurs piqués, les rivaux éclipsés, les Scudéry, les Mairet, — le grand Cardinal (ô douleur !) brochant sur le tout, — s'élevèrent contre les succès du *Cid*. Quand on a réuni, comme je m'en suis donné la triste satisfaction, tous ces pamphlets que le triomphe du *Cid* fit naître, on reçoit une impression de dégoût et presque de soulèvement, analogue à celle que dut éprouver le cœur de Corneille. Que de laides choses, que d'injures, de sottises et de déraisonnements les belles œuvres traînent nécessairement après elles ! L'insulte, à certaine heure, est le cortége de la gloire. Corneille a remboursé presque autant d'inepties et d'avanies pour avoir fait *le Cid* que M. Étienne (je demande pardon de rapprocher les noms), pour sa comédie des *Deux Gendres*.

Et l'Académie donc, et cette fameuse critique du *Cid*? Là du moins il n'y eut pas d'insulte, et il n'y eut de choquant que la mise en cause elle-même. Richelieu, jaloux comme un auteur et impérieux comme un maître, exigea que l'Académie lui fît un Rapport critique au sujet du *Cid* et que les nouveaux académiciens gagnassent leurs jetons aux dépens de Corneille. Ceux-ci, on doit le dire, placés entre le cardinal qui donnait les pensions et le public qui donne la considération, s'en tirèrent assez convenablement, assez dignement même. Chapelain, le censeur d'office, tint la plume et fut sensé dans sa lourdeur; il fit des remarques, après tout judicieuses. En présence de cette pièce extraordinaire et tout en éclats, il releva et mit en ligne de compte les invraisemblances, les inexactitudes : on aurait voulu des demi-partis, des biais, comme si le beau du *Cid* n'était pas précisément d'être beau en plein et dans le vif. Faut-il s'étonner, après cela, que tout ce qui est amour et divin délire ait été peu compris par le docte Corps? On ne se cotise pas pour sentir une flamme; on ne plaide pas la passion devant la raison. Ce que Chimène a en elle de femme, d'éternellement femme, d'éternellement cher et sympathique aux jeunes cœurs, s'accuserait mieux encore par contraste, si on la suivait en détail dans cette comparution maussade devant la Chambre du haut syndicat littéraire et devant le Conseil des Prudents.

Mais c'est là un sujet qui sortirait par trop de notre cadre, déjà tant élargi; c'est un chapitre qu'il faut laisser à traiter aux historiens littéraires.

Lundi 11 avril 1864.

M. ÉMILE DE GIRARDIN.

ÉMILE (1).
QUESTIONS DE MON TEMPS, 1836 A 1856 (2).
QUESTIONS DE L'ANNÉE (3).

M. Émile de Girardin est certainement une des figures de ce temps-ci les plus caractérisées et les plus en évidence. Son nom, connu de tous, éveille, dès qu'on le prononce, des passions en bien des sens et mille questions à la fois, des discussions de toutes sortes, politiques, sociales ; la seule question littéraire est absente et fait défaut, à ce qu'il semble. Il paraît difficile de conquérir ce nom à la littérature ; et pourtant c'est ce que je voudrais faire jusqu'à un certain point.

(1) 1 vol in-18 ; collection Michel Lévy.
(2) 12 vol. in-8° ; Michel Lévy.
(3) 2 vol in-8° ; Henri Plon, rue Garancière, 8.

Je désirerais parler de lui sans l'aborder comme un politique actif, ou du moins sans le suivre sur le terrain de la polémique présente. On l'a assez fait dans ce journal, auprès de moi; je laisse aux fines plumes, et plus alertes que la mienne, leur duel habile et tout leur jeu. Pour moi, j'avais, lorsque je recommençai il y a près de trois ans ici (1) cette série d'études, un dessein que je n'ai exécuté que très-imparfaitement; on n'accomplit jamais tous ses desseins : le mien eût été de neutraliser le pays des Lettres, non pas de le rendre à jamais inviolable et sacré comme l'était le territoire de Delphes dans l'Antiquité, — ce serait trop demander à nos mœurs et à nos usages, — mais de le rendre au moins plus hospitalier et plus ami, pour qu'on pût y être juste les uns envers les autres et que « les iniquités de la polémique » ne nous y suivissent pas. J'ai essayé tout d'abord d'appliquer cette idée à l'étude de M. Veuillot; je l'ai essayé encore, ce qui était plus délicat en raison de la délicatesse même du sujet, à l'égard de M. Prevost-Paradol. J'eusse aimé à le faire pour M. Proudhon, pour M. Louis Blanc, pour bien d'autres. Les circonstances m'ont détourné. Aujourd'hui en venant choisir M. de Girardin et le prendre en dehors de la polémique proprement dite, je n'ai pas tant d'efforts à faire : M. de Girardin peut être quelquefois un adversaire, il n'est pas un ennemi. Il suffit, pour se sentir à l'aise en parlant de lui, de l'avoir rencontré souvent, de l'avoir trouvé si impartial

---

(1) Dans le journal *le Constitutionnel*.

envers les personnes, si oublieux de toute injure, si étranger à toute rancune, si occupé des choses seules et des questions importantes, de celles du jour, de celles de demain, un esprit sincèrement, obstinément voué à la prédication des idées qu'il croit justes et utiles.

I.

Son premier écrit, *Émile,* publié en 1827 à l'âge de vingt et un ans, a été le point de départ de tout son développement; c'est la clef de sa conduite ultérieure et de ses doctrines; c'est aussi l'anneau par où il se rattache au passé et à toute une famille d'esprits que nous connaissons et qui est nôtre. Un jour que je l'avais entendu raconter avec feu ses premières années, il m'est arrivé d'écrire :

« Émile de Girardin est un produit de l'éducation naturelle. Né clandestinement, nourri avec mystère dans un quartier désert de Paris, puis emmené et comme perdu dans une campagne de Normandie, ayant reçu les premiers, les seuls éléments indispensables du curé du lieu, il grandit librement, sans assujettissement aucun ni discipline, et arrivé à l'âge de sentir, il trouva à sa disposition, dans un château voisin, une bibliothèque de dix ou vingt mille volumes, composée en grande partie d'histoires, de romans. Il lut tout cela pêle-mêle, avec avidité. Il avait d'abord, dit-il, des goûts de métaphysique, des goûts romanesques : ce ne fut qu'ensuite et par nécessité qu'il se fit positif. Il tua le *René* en lui ; mais il en avait eu le germe. Il est le chef et le type de ces générations résolues, tout appliquées au présent et à l'avenir. Il dira plus tard quand il verra Rome : « Je n'aime pas Rome, cela sent le « mort. » La tradition ne lui est de rien ; le passé ne lui fera ni poids et gêne, ni contre-poids. Lui et ensuite M. de... (Morny) sont les premiers types et les plus nets, les plus distingués et les plus distincts, de ces générations du second tiers du siècle, guéries radicalement du *René*. »

On voit que j'entre aussitôt dans le vif avec lui. Le livre d'*Émile*, résultat de sa première éducation romanesque, et où il jeta son premier cri, est à la fois une confession déguisée à peine, et une imitation littéraire du genre mis en honneur par Chateaubriand, et qui se continuait chaque jour avec faveur par *Adolphe, Édouard, Ourika,...* toute cette postérité de *René*.

La situation d'*Émile* est celle même de l'auteur. Émile est fils naturel ; il est pis que cela, il est fils adultérin, et en naissant il n'a pas été reconnu par sa mère pas plus qu'il n'est accepté par son vrai père. Il n'est pas même un enfant trouvé, il est un enfant abandonné. Il naît dans une société marâtre, désavoué par elle, repoussé de tous les côtés, et il débute par un cri de révolte à la Jean-Jacques, de ce Jean-Jacques dont il a reçu le baptême par le nom d'Émile, et qui est mort l'ami et l'hôte de ses grands parents. Tous ses premiers sentiments, ses premières pensées se ressentent nécessairement de cette position fausse ; les deux Émile, celui du roman et celui de la réalité, se confondent sans qu'on les puisse distinguer, si ce n'est par la conclusion. « J'ai fait, disait Émile à vingt ans, j'ai fait du malheur de ma naissance la méditation de toute ma vie. » Cela est vrai d'Émile à vingt ans, de l'Émile du roman qui nous est montré se consumant dans sa méditation et succombant sous son malheur. L'Émile de vingt et un ans aura, lui, autre chose à faire qu'à méditer ; il en a assez désormais de la mélancolie, il coupe court à la plainte, et s'il s'enfonce l'aiguillon, c'est pour agir.

La composition n'est rien dans *Émile* ; ce sont des feuillets épars, des fragments écrits jour par jour, à celle qu'il aime, à Mathilde, fille d'un général ami de son père et qu'il a l'espérance d'épouser, si une demande bien tardive d'adoption est accueillie et si l'Arrêt qui doit prononcer de son sort lui est favorable. Durant quinze nuits de veille et d'insomnie, il raconte toute sa vie de vingt ans, déjà si pleine, son enfance, la distribution des prix où tous ses rivaux sont heureux et environnés de caresses, où, lui, il n'a point de mère à embrasser ; la confidence du proviseur, l'acte de naissance produit, avec son déguisement, l'inscription de rente qui l'accompagne, le tout déchiré et mis en pièces par le jeune homme indigné ; la solitude d'un jeune cœur, le besoin d'aimer, le besoin d'une famille, la plainte de la nature, l'amer abandon de celui dont il a été dit : « *Cui non risere parentes.* »

Ceux qui sont si empressés à refuser aux hommes engagés dans la vie active et dans l'âpreté des luttes publiques la faculté de sentir et de souffrir n'ont pas lu

Émile, où se rencontrent, au milieu d'une certaine exaltation de tête, tant de pensées justes, délicates ou amères nées du cœur :

« A l'âge où les facultés sont usées, où une expérience stérile a détruit les plus douces illusions, l'homme, en société avec son égoïsme, peut rechercher l'isolement et s'y complaire; mais, à vingt ans, les affections qu'il faut comprimer sont une fosse où l'on est enterré vivant. »

« Cette proscription qui désole mon existence ne cessera entièrement que lorsque j'aurai des enfants que je vous devrai (il s'adresse à celle qu'il considère déjà comme sa compagne dans la vie); je le sens, j'ai besoin de recevoir le nom de père pour oublier que le nom de fils ne me fut jamais donné. »

Émile parle de source et, quand il le pourrait, il n'a à s'inspirer d'aucun auteur ancien; la tradition, je l'ai dit, ne le surcharge pas; elle commence pour lui à Jean-Jacques, et guère au delà : c'est assez dans le cas présent. Mais de même que je me rappelais tout à l'heure Virgile en le lisant, je ne puis m'empêcher encore de me reporter à cette autre parole d'Andromaque dans Euripide, laquelle, au plus fort de ses douleurs et de ses alarmes maternelles, s'écrie : «... Oui, cela est vrai pour tous les hommes : leurs enfants, c'est leur âme même, et celui qui, pour n'en avoir pas l'expérience, dit le contraire, celui-là souffre moins, mais *il est heureux sans bonheur.* » Ce qu'Andromaque dit là et qui s'applique aux célibataires ou aux époux sans enfants, on peut le dire réciproquement des enfants orphelins ou abandonnés et qui n'ont ni père ni mère.

Même lorsqu'ils peuvent sembler heureux ou contents, ils sont *heureux sans bonheur*. Cette parole me revenait en lisant *Émile* et en assistant à l'analyse si ferme, si douloureuse et si ardente de cette situation profondément fouillée.

Les sentiments naturels et affectueux, mortellement affligés, se compliquent, chez Émile, de l'orgueil froissé, irrité et d'autant plus susceptible; c'était inévitable. Il y a trois classes dans la société : la classe supérieure et privilégiée, la classe moyenne et bourgeoise, la classe laborieuse et besoigneuse. Émile de bonne heure a fait son choix : c'est dans la première qu'il aspire à marquer son rang, à le reconquérir. La seconde ne lui semble pas digne de quiconque a reçu de la nature une ambition véritable :

« Si vous avez ce véritable orgueil indépendant des circonstances, cet *élan du mérite;* si vous avez un cœur doué de sensibilité, ne souhaitez jamais cet état intermédiaire qui place entre les grands qu'il faut être attentif à ménager et les pauvres que l'on est impuissant à secourir, entre le ton protecteur qui blesse et la prière qui afflige... »

J'ai noté ce passage, parce qu'il est empreint de la marque de Jean-Jacques. Il y est question des *grands*, et il n'y en a plus aujourd'hui. Mais à vingt ans, sous la Restauration, dans ce cadre nouvellement réparé et redoré à neuf ou à l'antique, il était permis de s'y tromper. Émile n'a cessé depuis de se former et d'apprendre; il ne tardera pas à en appeler de ces trois classes, et, tout en marquant toujours sa place dans les premiers rangs, il ne verra bientôt plus autour de lui qu'une société moderne, ouverte à tous, et ne portant sur sa bannière que trois mots inscrits : Activité, talent, fortune.

Il est difficile aux auteurs de ne pas se peindre, surtout dans un premier ouvrage : Émile, qui ne fait autre chose que se raconter à Mathilde, essaye à un endroit de se peindre aussi, ou du moins de tracer l'idéal relatif qu'il a parfois devant les yeux et qu'il est tenté de réaliser :

« Il y aurait, dit-il, un caractère intéressant à développer dans un roman ; ce serait celui d'un jeune homme né comme moi sans famille, sans fortune, suffisant à tout ce qui lui manquerait par sa seule énergie, et dont les forces croîtraient avec les obstacles ; un jeune homme qui se placerait au-dessus d'une telle position par un tel caractère ; qui, loin de se laisser abattre par les difficultés, ne penserait qu'à les vaincre, et, esclave seulement de ses devoirs et de sa délicatesse, aurait su parvenir, en conservant son indépendance, à un poste assez élevé pour attirer sur lui les regards de la foule et se venger ainsi de l'abandon. Tracer ce caractère, raconter cette vie, ce serait remonter aux droits primitifs de l'homme, ce serait toucher à toutes les conditions sociales, ce serait appeler l'attention du philosophe et du législateur sur des questions qui n'ont pas encore été soulevées... Un tel caractère serait sans doute un modèle que je me suis plus d'une fois proposé. »

Émile a résolu, depuis, le problème, un peu autrement sans doute que dans cette donnée première qui supposait alors une société monarchique, à demi aristocratique et parfaitement régulière. Il a rencontré devant lui, en avançant, des obstacles bien autrement multipliés et périlleux que ceux qu'il prévoyait d'abord dans sa jeune misanthropie, encore austère. Il a dû changer d'armes plus d'une fois et se transformer pour se faire égal aux circonstances ; mais, certes, ce qui ne lui a jamais manqué, c'est le courage ; ce n'est pas non plus l'intelligence des temps, des moments et de la société moderne largement envisagée, hardiment comprise, et si souvent talonnée par lui ou devancée en plus d'un sens.

Le duel joue un grand rôle dans ce roman d'*Émile*, et il y a dans cet épisode du livre comme un pronostic singulier et un sinistre augure. Émile, qui va dans le monde comme on irait en pays ennemi, s'est fait de bonne heure une contenance qu'il nous définit ainsi, à un moment où il juge à propos de la modifier : « Au lieu de cet air grave qu'on m'avait reproché si souvent, comme me donnant un maintien important et dédaigneux, je conservai le ton railleur et caustique que j'avais adopté pour me dispenser de répondre directement aux questions... » Il a souvent rencontré un jeune homme, Édouard de Fontenay, qui l'a regardé d'un air qui lui déplait ; il a résolu de lui donner une leçon. Un mot qu'il laisse échapper devant son excellent maître et ami l'abbé de La Tour éveille les craintes de ce dernier et, pour prévenir un malheur, l'abbé croit devoir révéler à son élève le mystère de sa naissance qu'il lui avait caché jusqu'alors. Cet Édouard, contre lequel Émile se montre si irrité et qu'il veut châtier, est son propre frère utérin, le fils légitime de sa mère, et l'abbé lui nomme alors cette mère pour la première fois. — « J'ai donc des parents, repris-je vivement avec un mouvement qui ressemblait à de la joie, mais qui dura moins de temps qu'il n'en fallut pour l'exprimer. »

— Ceci est beau, beau de nature ; car, au moment même où cette joie le traverse, une angoisse cruelle a saisi l'âme d'Émile : il avait déjà provoqué Édouard, déjà le duel est réglé, c'est le lendemain matin qu'il doit se battre, et il apprend que c'est contre un frère !

La description des préparatifs est très-sentie, et l'événement qui a tant marqué depuis dans la vie de M. de Girardin y donne un sens particulier et comme prophétique :

« Le mystère qu'il faut mettre à tous les apprêts d'un duel, ces apprêts mêmes, ont quelque chose d'horrible ; les soins, les précautions qu'il faut prendre, le secret qu'il faut garder, tout cela ressemble aux préparatifs d'un crime.

« Ces préparatifs peuvent n'avoir rien d'horrible, lorsque l'homme, altéré par la haine ou le ressentiment, a soif de la vengeance ; mais, lorsque le cœur est sans fiel et que l'imagination n'a pas usé toutes les douces émotions, il faut, pour ne pas s'effrayer de la pensée toujours affreuse d'un duel, toute la force d'un préjugé qui résiste aux lois mêmes qui le condamnent. »

Le duel, malgré sa menace, n'a rien ici de fratricide : le pistolet à la main, Émile fait des excuses à Édouard ; un témoin s'en étonne à haute voix plus qu'il ne convient, et c'est lui qu'Émile choisit à l'instant pour adversaire, priant Édouard lui-même de lui servir de témoin. Émile, blessé au bras gauche et qui s'abstient

de tirer, a fait désormais ses preuves : il aura le droit
d'être plus patient et moins susceptible à l'avenir.

Ce qui frappe le plus dans ce roman d'*Émile*, fait et
publié par un auteur de vingt et un ans « qui a connu
la souffrance à l'âge où les jeunes gens, en général,
ne connaissent encore que le plaisir, » c'est l'expérience précoce du monde, la connaissance anticipée des
hommes. Il s'y détache comme des profils nettement
tranchés, celui de l'homme de guerre, par exemple,
tel qu'il apparaissait à nu et se dessinait au lendemain
du premier Empire :

« L'homme qui a toujours vécu dans les camps réduit
toutes les questions de morale au mot d'honneur, tous les
devoirs à l'observation de la discipline, et la vertu à la bravoure. Le plaisir est un butin qui lui appartient; partout où
il le trouve, il s'en empare sans scrupules et en jouit sans
remords. Rien ne lui paraît plus dans la nature qu'un enfant
naturel; s'il n'a pas de famille, il est mis dans un régiment;
à défaut de mère, il a son colonel, et s'il n'a pas de nom,
qu'il s'en fasse un sur le champ de bataille. Avec une telle
perspective peut-on se plaindre de son sort ? »

C'est pris sur le fait et enlevé on ne peut mieux. La
netteté, la résolution de l'esprit se retrouvent dans la
parole qui ne fait qu'un saut sur le papier, et sans songer à ce qu'on appelle le style, ni y faire songer, il se
trouve qu'on en a un. C'est le cas, quoiqu'on l'ait contesté, pour M. de Girardin.

Je note dans *Émile* quantités de pensées délicates et
pures sur les femmes :

« La femme qui vous aime n'est qu'une femme; celle que

nous aimons est un être céleste dont tous les défauts se cachent sous le prisme à travers lequel il vous apparaît. »

Ou encore :

« Une femme dont on est aimé est une vanité; une femme que l'on aime est une religion : vous serez tout pour moi, existence, vanité, religion, bonheur, tout. »

« Les femmes, qui sont si habiles en dissimulation, feignent plus adroitement que nous un sentiment qu'elles n'éprouvent pas; mais elles cachent moins bien que les hommes une affection sincère et passionnée, parce qu'elles s'y adonnent davantage. »

Sur le bienfait, qui produit des effets si différents selon la terre qui le reçoit, selon les cœurs sur lesquels il tombe :

« Toutes les fois que le bienfait ne pénètre et ne touche pas le cœur, il blesse et irrite la vanité. »

Sur le désabusement qui vient si tôt, qui devance les saisons, et qui n'est pas même en rapport avec la durée naturelle de la vie :

« Il y a un certain âge dans la vie où l'exaltation n'est plus possible; la sensibilité peut être assez profonde pour assister au spectacle de tant de maux et de tant de douleurs sans être entièrement usée, mais l'exaltation n'a jamais résisté à l'expérience du cœur humain. Il y a dans le cœur des hommes plus de pauvreté qu'il n'y a de misère dans la vie. »

La sévérité morale, si naturelle à la première jeunesse que rien n'a corrompue, s'y marque en bien des pensées :

« Dès que l'on aime, on a besoin de s'estimer ; la dignité est inhérente à tous les sentiments passionnés et au désir de plaire. »

« La sensibilité profonde est aussi rare que la vertu ;... le cœur qui peut se laisser séduire un instant ne s'attache véritablement qu'à ce qu'il respecte. L'estime est la plus forte de toutes les sympathies. »

La religion n'est pas absente dans *Émile* ; sans parler de l'abbé de La Tour qui la représente dignement par la plus pure morale, le nom de Dieu y revient souvent et y est invoqué par la bouche d'Émile :

« Il est impossible à l'homme qui médite souvent sur lui-même de ne pas remonter à la cause qui l'a fait naître ; toutes les grandes pensées aboutissent à Dieu...

« Dieu existe ! Quiconque a reçu la faculté de sentir et de penser ne peut nier cette mystérieuse assertion ; mais quiconque aussi voudra prouver l'existence de Dieu ne pourra l'expliquer qu'à l'aide d'arguments que je m'abstiens de qualifier, parce que toutes les croyances doivent être inviolables, et qu'elles sont toutes sacrées pour moi tant qu'elles ne me sont point imposées. »

Les religions, on le voit, y sont respectées dans leur formes et honorées dans leur principe :

« Je crois que toutes les religions sont bonnes, je crois que, hors le fanatisme, toutes les erreurs des cultes obtiendront grâce devant Dieu, car notre ignorance est aussi son ouvrage... J'adopte toutes les idées religieuses qui peuvent élever l'esprit, je rejette celles qui le rétrécissent ; et s'il fallait décider entre toutes les religions établies celle qui me paraîtrait la meilleure, je répondrais : — La plus tolérante. »

A un endroit où le fils abandonné se suppose forçant

enfin la destinée par sa vertu, parvenant à percer par ses œuvres, et méritant que sa mère revienne s'offrir à lui comme fit un jour la mère de D'Alembert au savant déjà illustre, il y a une apostrophe pieuse, un mouvement dans le goût de Jean-Jacques :

« Dieu ! que j'acquière quelque renom et que mes parents s'offrent à moi comme la comtesse de Tencin à son fils ! si je déchire leur cœur, ce ne sera qu'en leur prodiguant les témoignages d'un attachement et d'un respect..., etc. »

Toute cette partie d'*Émile* est bien d'un jeune écrivain qui a en lui du sang de cette famille chez qui Jean-Jacques trouva un asile et un tombeau. Émile a respiré de cet esprit qui flotte et murmure encore sous les saules et les peupliers d'Ermenonville.

Mais à côté de ces pensées délicates, généreuses, désintéressées, il se rencontre d'autres maximes effrayantes de précision, qui dénotent l'esprit positif du siècle, et qui prouvent qu'à vingt ans Émile avait déjà deviné le sphinx :

« Aujourd'hui, se demande-t-il, quel moyen de sortir de l'obscurité ? A peine peut-on espérer atteindre aux limites de l'esprit : quel homme prétendrait les reculer ?

« Il n'y a plus à choisir entre la mort et un nom ; la gloire n'est plus qu'un mot creux : il ne sonne pas l'argent. La République et Napoléon ont usé l'enthousiasme. La fortune, arrêtée dans sa course par les débris de nos armes, agite le bonnet de la liberté comme une vaine marotte, ou bien en trafique comme d'une enseigne mercantile. La fortune est la religion du jour, l'égoïsme l'esprit du siècle.

« Pour surgir de l'obscurité il n'est plus qu'un moyen,

grattez la terre avec vos ongles, si vous n'avez pas d'outils, mais grattez-la jusqu'à ce que vous ayez arraché une mine de ses entrailles... Quand vous l'aurez trouvée, on viendra vous la disputer, peut-être vous l'enlever; mais, si vous êtes le plus fort, on viendra vous flatter, et, quand vous n'aurez plus besoin de personne, on viendra vous secourir. »

Et ceci encore, qui est dit d'ailleurs en bonne part et sans amertume :

« Le temps de la métaphysique a passé. La morale ne doit plus être qu'une démonstration mathématique dans un siècle où tout se réduit au positif des intérêts; ce ne sont plus des préceptes qu'il faut, ce sont des exemples. La morale a changé de nom; elle s'appelle maintenant statistique : c'est de la comparaison seule des faits que la vérité doit désormais aillir... »

Tel est ce petit livre où l'on ne saurait méconnaître le talent et dans lequel, à défaut d'éclat et d'originalité de forme ou de style, il y a exaltation, chaleur, et même de l'éloquence. Comme il n'a été suivi d'aucune œuvre littéraire proprement dite, on ne lui avait pas rendu jusqu'ici assez de justice littérairement ni moralement. M. de Girardin y a fait, sans y songer, le testament de sa première jeunesse. Le premier Émile, celui du roman, meurt de désespoir et dans un transport au cerveau pour s'être vu enlever Mathilde au moment de l'obtenir : le second Émile, celui à qui nous aurons affaire désormais, sort de cette épreuve, au contraire, trempé, résolu, aguerri et enhardi, regardant la société en face, certain d'y entrer, décidé à forcer la barrière et à emporter l'obstacle, fût-ce d'assaut. Ceux qui l'ont connu à cet âge de première jeunesse et à cette heure de transition nous le dépeignent le plus charmant jeune homme, d'une figure agréable, très-distingué de tournure, très-élevé de sentiments, tout à fait de race; tel d'ailleurs de caractère et d'humeur qu'on le voit encore aujourd'hui dans l'intimité, avec des intermittences de gaieté et de sérieux, habituellement doux comme un enfant, naïf même, et, quand il le faut, d'une audace, d'une vaillance et d'une intrépidité rares; ayant naturellement le goût du bien, mais subissant l'influence des divers milieux. Tant de luttes et de combats, tant d'inimitiés soulevées depuis, tant de bruits contradictoires, d'injures et de calomnies même, ont pu obscurcir l'idée qu'on se fait de l'homme et en altérer l'impression, que j'ai tenu à dégager nettement ce premier portrait authentique d'Émile. Les amateurs recherchent les portraits avant la lettre; je fais comme eux, et, quoi qu'il arrive ensuite, je suis sûr que, pour les lignes essentielles ou délicates, ces premières épreuves à l'usage des amis, et qui ne sont point dans le commerce, ne trompent pas.

II.

M. de Girardin, marié en 1831 avec la personne si distinguée qui doubla pendant tant d'années son existence, était mis en demeure plus que jamais de se frayer son chemin dans une société que les événements de 1830 avaient fort mélangée à la fois et simplifiée. Il imagina et entreprit coup sur coup plusieurs journaux et publications de divers genres qui répondaient à des besoins du temps, à des besoins encore vagues qu'il était l'un des premiers à deviner et à pressentir. Doué d'un coup d'œil économique précis, il comprit surtout cette vérité moderne, et qui régira de plus en plus tous les ordres d'activité, à savoir que c'est à tous désormais qu'il faut s'adresser pour réussir, et qu'il n'y a rien de tel pour fonder quelque chose et pour être quelqu'un que d'avoir notoriété et crédit chez chacun, chez tout le monde. Des instincts d'élégance et de distinction naturelle lui disaient assez en même temps que, si l'on se mettait au taux et au niveau de tout le monde, ce devait être pour élever ce niveau et non pour s'y rabaisser. Une pensée généreuse de progrès et d'amélioration sociale qu'il ne perdait jamais de vue le lui disait non moins nettement : car cet homme, qui parut de bonne heure si mêlé et si plongé dans les affaires, avait son but, sa visée supérieure et constante. Émile avait sauvé cela de ses premiers rêves, et toutes ses réflexions et ses expériences successives ne firent que l'y confirmer : il avait son système, son plan parfait et son idéal de société future, ce qu'on a pu appeler son coin d'utopie.

Sa fondation essentielle et vivante, à laquelle son nom restera attaché et qui fit révolution dans le journalisme par le bon marché et toutes les conséquences qui en découlent, est celle du journal *la Presse*, en juillet 1836. La contradiction qu'excita cette nouveauté inouïe, scandaleuse, d'un journal quotidien à quarante francs et la coalition soudaine des intérêts froissés et menacés allumèrent une polémique dans laquelle intervint alors, on le sait trop, la plus noble plume et la plus désintéressée en ces questions, celle d'Armand Carrel. Là où se pesaient des chiffres, il crut devoir jeter son nom et tout aussitôt son épée dans la balance. Il s'ensuivit un duel trop célèbre, dans lequel chacun des adversaires arrivant sans haine et sans fiel fit preuve d'un courage et d'un sang-froid qui ne conjura aucun danger. L'un fut grièvement blessé, l'autre périt. La situation de M. de Girardin, qui était député depuis déjà deux ans, fut profondément modifiée par cet accident fatal. Il avait désormais contre lui tout un parti, tout un groupe d'hommes passionnés qui, ardents à venger les résultats d'une rencontre qui n'avait rien eu d'inévitable et qu'on aurait pu prévenir, s'étaient juré de tout faire pour le perdre politiquement, socialement, et qui ne reculèrent devant aucun moyen. Il fallut à M. de Girardin, pour tenir tête à ces attaques réitérées et qui se renouvelaient sous toutes les formes depuis celle de l'insulte directe jusqu'à celle de la légalité la plus chicanière et la plus inquisitive, un sang-froid, un calme, une intrépidité bien supérieure encore à ce qu'il lui en avait fallu dans la rencontre funeste. Il avait de plus, en ne faiblissant pas de ce côté, à observer de l'autre la mesure convenable, à porter, sans l'afficher, le deuil même de sa victoire. Sa conduite, en ce dernier sens, fut des plus nobles, des plus dignes et, pour tout exprimer d'un mot, elle fut digne jusqu'au bout de l'illustre victime qu'il n'était pas allé chercher et dont il avait tout le premier essuyé le feu. Ayant vu, quelques années après, tomber également dans un duel mortel son collaborateur de *la Presse*, Dujarier, il prononça sur sa tombe, le 14 mars 1845, des paroles qui méritent d'être rappelées et qui témoignent d'un sentiment profond :

« Si j'élève ici la voix, disait-il, ce n'est pas seulement pour exprimer de vains regrets et rendre un pieux hommage aux rares qualités que m'avaient fait reconnaître et honorer en lui des relations dont chacune était une épreuve journalière et décisive... Mais, placé entre la tombe qui est sous mes yeux et *celle qui demeure ouverte et cachée dans mon cœur,* je sens que j'ai un devoir impérieux à remplir, devoir trop douloureux pour n'être pas solennel!

« Que ces mots : « *Je vais me battre en duel pour la cause la plus futile et la plus absurde,* » écrits d'une main calme et ferme par Dujarier, une heure avant qu'il reçût le coup mortel, ne s'effacent jamais de la mémoire d'aucun de nous.

« Moins qu'à tout autre, je le sais, il m'appartient, en cette douloureuse circonstance, de prononcer ici les noms de la Religion et de la Raison ; aussi leur langage élevé n'est-il pas celui que je viens faire entendre, mais l'humble langage qui me convient... »

Et il donnait quelques conseils pratiques, des conseils qui s'adressaient particulièrement aux témoins, seuls juges du cas d'*inévitable extrémité* auquel il fallait réduire de plus en plus cette odieuse pratique, débris persistant d'une autre époque.

Enfin au lendemain de février 1848, après la proclamation de la République, un projet de députation ayant été formé dans les Écoles pour aller rendre un hommage public à la mémoire d'Armand Carrel sur sa tombe, M. de Girardin déclara qu'il y serait des premiers et se joindrait au cortége, ce qu'il ne manqua pas de faire. Il se mêla le jeudi 2 mars à cette foule républicaine, qui partit de l'Hôtel de Ville pour le cimetière de Saint-Mandé, et il prononça sur la tombe de celui dont il portait en lui l'image voilée quelques paroles émues et simples qui obligèrent Marrast lui-même à lui donner la main.

Aujourd'hui que les cendres sont refroidies et que les mânes sont apaisés, pourquoi ne dirait-on pas tout ce qu'on pense? Dans ce duel fatal, qui priva en 1836 l'opposition républicaine et anti-dynastique de son chef le plus estimé, ce n'étaient pas deux individus qui étaient en présence, c'étaient deux systèmes, deux doctrines, et dont l'une devait tôt ou tard tuer l'autre.

Les individus en eux-mêmes, on vient de le voir, n'avaient rien d'hostile : ces deux hommes que six années d'âge distançaient à peine et qui n'étaient séparés que par une génération, ne se connaissaient pas, ils ne s'étaient peut-être jamais vus auparavant, ils n'avaient certainement pas causé ensemble; ils n'avaient rien de personnel l'un contre l'autre. Ce fut un duel sans colère, sans fiel aucun, et en quelque sorte abstrait, pour l'honneur du drapeau.

Quel était donc ce double drapeau? et que représentent pour nous aujourd'hui, et vus ainsi de loin, ces deux rivaux signalés et comme désignés à l'avance?

L'un, homme d'épée, républicain plus théorique que pratique, sachant l'histoire, se rattachant aux anciens partis, ayant ses principes, mais aussi ses prédilections, ses antipathies, ses haines, cherchant à combiner et à nouer dans un seul faisceau plus de choses sans doute qu'il n'est donné d'en concilier, représentait avec un talent vigoureux et des mieux trempés la presse sévère, probe, mais fermée, exclusive, ombrageuse et méfiante, un peu sombre, la presse à la fois libérale, guerrière, patriotique et anti-dynastique; moins encore un ensemble de doctrines ou un système d'idées qu'une position stratégique et un camp. L'autre représentait, à cette date, l'esprit d'entreprise, l'innovation hardie, inventive, l'esprit économique et véritablement démocratique, le besoin de publicité dans sa plénitude et sa promptitude, les intérêts, les affaires, les nombres et les chiffres avec lesquels il faut compter, la confiance qui est l'âme des grands succès, l'appel à tous, l'absence de toute prévention contre les personnes, y compris les personnages dynastiques, l'indifférence aux origines pourvu qu'il y eût valeur, utilité et talent; il était l'un des chefs de file et des éclaireurs de cette société moderne qui n'est ni légitimiste ni carbonariste, ni jacobine ni girondine, ni quoi que ce soit du passé, et qui rejette ces dénominations anciennes, surannées déjà; qui est pour soi, pour son développement, pour son progrès, pour son expansion en tous sens et son bien-être; qui, par conséquent, est pour la paix et pour tout ce qui la procure et qui l'assure, et pour tout ce qu'elle enfante; qui aurait pris volontiers pour son programme, non pas la revanche des traités de 1815 ou la frontière du Rhin, mais *les chemins de fer avant tout.*

Je ne pose que les points principaux et comme les premiers jalons de la double route; mais il est clair qu'il y avait antagonisme, antipathie, incompatibilité entre les esprits et les procédés. Ces deux hommes d'ailleurs, également courageux et sans peur, marchant également tête haute et la poitrine en dehors, aimaient la liberté, mais différemment : l'un, qui n'a pas donné son dernier mot et dont on ne peut que deviner l'entière pensée tranchée avant l'heure, aimait la liberté, mais armée, glorieuse, imposante, et, pour tout dire, la liberté digne d'un consul : — il faut convenir aussi que cette forme a bien de l'éclat et de l'attrait; — il aimait la liberté réglée par les mœurs, par les lois mêmes, la liberté organisée et peut-être restreinte; l'autre aimait et voulait la liberté complète, cosmopolite, individuelle au suprême degré dans tous les genres, civile, religieuse, intellectuelle, industrielle, commerciale, à la manière d'un Hollandais, d'un Belge ou d'un citoyen de New-York : le plus Américain des deux n'était pas celui qui croyait l'être. L'un avait le dégoût prompt et altier; l'autre ne l'avait pas et suivait son idée à travers tout. L'un, fier et chevaleresque, jetait le gant aux Gouvernements existants et se tenait debout, presque seul à la fin, dans une position étroite, difficile, contentieuse, se couvrant des habiletés et de la vigueur de sa plume, disputant le terrain pied à pied, sans rompre d'une semelle, comme

on dit. L'autre jetait le gant aussi, mais il le jetait aux
préjugés, à la routine, quelquefois en apparence au
sens commun, et, pour mieux frapper, il poussait l'idée
neuve, l'idée juste jusqu'au paradoxe, jusqu'au scandale et à l'impossible, sauf à reculer légèrement après :
il faisait trois pas en avant pour en gagner deux. Il savait que le plus grand ennemi de tout progrès et de toute
réforme sociale, surtout en cette France qui passe pour
le pays des nouveautés et qui est « la patrie des abus, »
c'est la paresse, l'apathie, et que la première chose à
faire est de la piquer au vif, cette apathie, et de la
faire sortir d'elle-même, dût-on l'avoir d'abord contre
soi. Obtenez d'emblée et avant tout qu'on fasse attention et qu'on y regarde, le reste suivra. L'essentiel, en
tout début, est de mordre sur le public; si vous y
atteignez, le plus fort est fait. On ne prend les très-
gros poissons qu'en les harponnant. Il y a des mots
pour cela, des étiquettes de pensée, des têtes d'article,
il y a des formules saisissantes, pénétrantes, et qui
réveillent le monstre en sursaut. On regimbe, mais on
a été secoué. C'est beaucoup, savez-vous? quand on
est journaliste, publiciste, d'avoir le génie et le démon
de la publicité.

Je laisse chacun achever un parallèle qui n'est pas
de pure forme, et où tant d'idées se pressent. L'issue
du duel de Saint-Mandé ne fut donc pas seulement un
accident fatal, ce fut un signe. On peut gémir, regretter; il y avait l'âge d'or dans le passé, je l'accorde,
l'âge d'or dans la presse : on a aujourd'hui l'âge d'argent. Qu'y faire? C'est l'éternelle loi. Jupiter détrône

Saturne et le mutile; Romulus a tué Rémus. Pourquoi faut-il que le mythe sanglant ait été, cette fois encore, une réalité? Mais, à travers tout, les faits sociaux s'accomplissent; les entraves devenues trop étroites se brisent; les cercles s'élargissent à l'infini; la publicité coule à pleins bords : si c'est l'inconnu, c'est aussi la vie et la condition de l'avenir.

Lundi 18 avril 1864.

M. ÉMILE DE GIRARDIN.

ÉMILE.
QUESTIONS DE MON TEMPS. 1836 A 1856.
QUESTIONS DE L'ANNÉE 1863.

SUITE ET FIN.

Il y a en M. de Girardin l'homme positif, pratique, qui a le tact et le sentiment des situations, des occasions décisives et des crises ; il y a l'homme de théorie et de système : les deux coexistent sans se confondre et sans se nuire. Le dernier donne à l'autre un air de confiance, de certitude absolue, et laisse jour cependant à bien de l'habileté et même de la prudence.

I.

Sa ligne de conduite à la Chambre, du moment qu'il y fut entré sous Louis-Philippe en 1834, jusqu'en février 1848, fut d'un homme vraiment nouveau qui ne se rangeait sous le drapeau d'aucun des anciens partis et qui cherchait à en former un à son image, ce à quoi il n'a pas encore réussi. Le programme qu'il eût voulu voir adopter à la jeune génération parlementaire, c'eût été non-seulement de ne pas faire la guerre à la forme des gouvernements établis, mais de ne pas faire la guerre à mort aux ministères existants, à moins d'absolue nécessité, et de chercher bien plutôt à en tirer parti pour obtenir le plus de réformes possible, pour introduire le mouvement et le progrès dans la conservation même. Aussi ce groupe ou ce petit noyau, dont M. de Girardin était le principal moteur, avait titre et nom « les conservateurs progressistes. » Combattu, raillé par toutes les nuances de l'opposition, par toutes les fractions de la gauche et par les journaux qui la représentaient, négligé et passé dédaigneusement sous silence par le gros des conservateurs et par l'organe important du centre ministériel, le *Journal des Débats,* M. de Girardin sentit le besoin de se défendre lui-même, de dessiner sa situation, son idée, de la définir sans cesse, et c'est à ce moment qu'il devint décidément journaliste et rédacteur de premiers-Paris : jusqu'alors il avait plutôt dirigé. Mais, vers 1844-1846, il devint une plume active, — cette plume nette, vive, courte et fréquente, qu'on a sans cesse rencontrée depuis, — avec des titres d'articles qui saisissent l'attention, des formules qui piquent et qu'on retient : *Les Faiseurs. — Les hommes et les choses. — Changer les choses sans changer les hommes. — Pas de concessions.*

des convictions, etc. Quand on parcourt, comme je viens de le faire, les deux premiers volumes des *Questions de mon temps,* on est frappé de l'à-propos et de la justesse de son feu et de son tir contre les journaux, organes des divers partis : — quelques-uns, les journaux de l'opposition pure, attaquant le ministère-Guizot à outrance sans trop voir ce qu'ils ébranlent avec lui; d'autres, le *Journal des Débats,* le défendant à outrance sans voir ce qu'ils compromettent avec lui; le *National* enfin, d'accord avec les organes légitimistes dans la détestable doctrine du *Tant pis, tant mieux,* désirant que le ministère résiste jusqu'au bout et tienne bon opiniâtrément, afin de renverser du même coup ministère et système, cabinet et dynastie. Certes, M. de Girardin eut alors un sentiment très-vrai de la situation, des divers moments et comme des divers accès par où le mal allait empirant chaque jour, et lorsque le 24 février éclata, il était en règle, il avait poussé d'avance tous les cris d'alarme; on l'avait même vu, dans la séance du 14 février 1848, après un vote de la majorité qui qualifiait la minorité avec injure, déposer sur le bureau du président sa démission de député et signifier sa sortie de la Chambre jusqu'à de nouvelles élections générales : il donnait pour motif qu'il ne voyait pas de place possible entre une majorité intolérante qui s'égarait, et une opposition inconséquente qui allait on ne sait où. Un tel acte aurait eu besoin, pour faire son effet, d'être accompagné et précédé de tous les éclairs, des tonnerres et des larges torrents de l'éloquence; et la parole de M. de Girardin dans une as-

19.

semblée n'a que les qualités de sa plume, concision et netteté. Quoi qu'il en soit, cette singularité de sa démission, bien qu'assez peu comprise dans le moment, est devenue après coup une preuve de très-vive clairvoyance. Chacun, dans les résumés et les récapitulations qu'il donne de sa vie passée, s'arrange sans doute pour faire le moins de *meâ culpâ* possible et pour se rendre justice par les meilleurs côtés; mais, quand on y regarde avec lui, on ne peut s'empêcher d'être en cela de l'avis de M. de Girardin sur lui-même : parmi les députés de la Chambre de 1846, il fut l'un de ceux qui se laissèrent le moins abuser par le spectacle des luttes oratoires, et qui, ne se réglant en rien sur le thermomètre intérieur de la Chambre, restèrent le plus exactement en rapport avec l'air extérieur : il fut, de tous les conservateurs de la veille, celui qui, avec M. Desmousseaux de Givré, cria le plus haut pour avertir.

Les événements de Février dessinèrent vivement le rôle de M. de Girardin comme sentinelle avancée, et le montrèrent pendant les premiers mois toujours en scène, sur le *qui vive!* constamment, et sur la brèche. Il est de ceux qui joignent volontiers l'acte aux paroles. Les épreuves l'ont trouvé à la hauteur du péril. Dans un naufrage ou un incendie, l'homme de cœur, de résolution, devient un homme public, et il acquiert, par son coup d'œil et par son sang-froid, une importance qu'on lui refusait la veille. On se souviendra toujours que le 25 février 1848, sous ce titre de *Confiance! Confiance!* parut un article de *la Presse* qui, comme le coup d'archet, donnait le ton et marquait la mesure au plus fort du tumulte. On a pu sourire et plaisanter des petits alinéas de M. de Girardin ; mais ici, dans cet article qui était une action, chaque phrase, chaque ligne, chaque mot portait et faisait programme et ralliement pour les honnêtes gens et les bons citoyens. Cet article était le mot d'ordre pour tout Français qui ne s'abandonnait pas. Un étranger qui nous aime peu, dit-on, mais homme d'infiniment d'esprit et qui nous connaît bien, sir Henry Bulwer, écrivait de Madrid, le lendemain de la Révolution de Février et en lisant les belles improvisations qui coulaient des lèvres de M. de Lamartine : « Vous avez eu une invasion de barbares dirigée par Orphée. » Eh bien ! M. de Girardin, dans *la Presse,* vint en aide dès la première minute à M. de Lamartine, et, de concert avec cette belle lyre démocratique, il sembla quelque temps faire office de chef d'orchestre, donnant coup sur coup maint signal pour régler la marche et le rhythme de l'invasion. *La Presse* était devenue, comme on l'appelait, « le journal conservateur de la République. » Pour être conservateur dans un *ordre* de choses qui allait si vite et qui se déplaçait à chaque moment, il fallait se mettre au pas et se multiplier : c'est alors que M. de Girardin prit cette fameuse devise : *Une idée par jour!* Il tint la gageure durant quelques semaines.

Cependant l'accord entre le gouvernement provisoire et le journal conservateur ne fut pas long et ne pouvait l'être. Le même étranger que je viens de citer pour son mot heureux d'*une invasion de barbares dirigée par Orphée* ajoutait avec cet esprit positif qui est bien celui d'un Anglais : « Mais les *chœurs* se payent bien cher ; trente sous par jour pour chaque choriste ! comment les finances y pourront-elles suffire ? » Il fallait éviter à tout prix la ruine et la banqueroute. M. de Girardin se prononça bientôt contre les demandes de toute sorte qui se succédaient en procession à l'Hôtel de Ville, contre l'augmentation des salaires, contre l'idée de guerre ; il s'éleva très-courageusement surtout contre le parti des démocrates purs, des républicains de la veille, de ceux qui auraient voulu faire de la République si fortuitement conquise une secte à leur dévotion, un régime à leur profit, doctrinaires d'un nouveau genre et qui prêchaient à leur tour l'exclusion, l'épuration. Ce qu'il proposait lui-même de spécifique et d'original, ce qu'il aurait voulu voir adopter, la mesure du désarmement, l'idée de faire passer l'État du rang de *percepteur* à celui d'*assureur,* la suppression des octrois, le rachat par l'État de tous les monopoles…, ces fragments d'un plan général qu'il avait conçu, je n'en dirai rien, parce que de tels projets radicaux se perdaient alors dans tous ceux que chacun proposait à l'envi et qui couvraient les murailles comme une éruption universelle. C'était l'heure des remèdes souverains et des panacées. Les institutions politiques masquent les plaies sociales : dans l'intervalle des institutions, ces plaies cachées et inhérentes à toute société apparaissent à nu et s'étalent ; chaque passant se propose volontiers pour guérisseur ; on ne sait à qui entendre. Je glisse donc sur la partie des réformes radicales proposées alors par *la Presse,* et qui se confondaient dans le tumulte avec tant d'autres projets moins cohérents et moins concertés ; mais ce qui tranchait et la distinguait honorablement, ce que tous aussitôt comprirent, ce fut l'opposition franche et déclarée que M. de Girardin commença à faire dans le courant de mars aux vagues paroles, aux concessions continuelles, aux illusions fatales du Gouvernement provisoire, comme aussi à la propagande violente de quelques-uns de ses membres dans les départements. Ce qui sautait aux yeux, c'était le nouveau mot d'ordre : *Résistance! Résistance!* substitué à celui de *Confiance! Confiance!* proféré dans le premier moment. A vingt jours d'intervalle, pour ceux qui ne réfléchissent pas, cela semblait une contradiction : c'est que les jours et les heures, à certains moments, comptent plus que, dans le courant ordinaire, les années et les demi-siècles. Les démocraties sont de leur nature soupçonneuses et crédules ; l'accusation banale de trahison leur plaît et les trouve aisément accessibles : on ne s'en fit pas faute contre M. de Girardin ; il se vit très-promptement impopulaire, et d'une impopularité qui soulevait les passions les plus vives, les plus irritées. Vers la fin de mars, chaque soir, *la Presse* ne sortait plus imprimée de ses ateliers, rue Montmartre, sans être avidement attendue et accueillie par des groupes qui ne la lisaient pas seulement, qui la déchiraient. J'ai vu alors de ces numéros achetés et aussitôt déchirés à belles dents et avec rage par d'honnêtes ouvriers qui croyaient se venger d'un mauvais citoyen et qui auraient voulu abolir ainsi d'un coup chaque tirage. De là à des voies de fait contre la propriété et les personnes, il n'y avait qu'un pas, une ligne à franchir. Le 29 et le 30, dans la soirée, des attroupements plus nombreux, poussant des cris menaçants, se portèrent vers les bureaux de *la Presse* où M. de Girardin, entouré de quelques rédacteurs, se tenait à son poste avec ce « courage tranquille et toujours prêt » qu'il faut lui reconnaître; il reçut plus d'une députation qu'on introduisit, et qu'il parvint à calmer, à retourner même en sa faveur par la netteté et la lucidité de ses explications. Mais le 31 mars, cette espèce d'émeute prit un caractère plus sombre, et voici exactement ce qui se passa, — j'ajoute que ce n'est pas de lui que je le tiens.

Ce jour-là, à sept heures du soir, un ami intime, un ami d'enfance de M. de Girardin, le docteur Cabarrus arrivait chez M. de Lamartine, aux Affaires étrangères, pour y dîner. « Vous arrivez à propos, lui dit M. de Lamartine, je suis au désespoir; la vie de Girardin est en danger, il est bloqué dans les bureaux de *la Presse* par des centaines, des milliers d'individus, depuis le matin; nous sommes au dépourvu, il n'y a pas dans Paris un soldat, pas un secours à lui donner. Allez, voyez si vous pouvez le tirer du péril et le sauver. » M. Cabarrus courut à *la Presse*; il était sept heures et demie du soir, lorsqu'il y arriva à grand'peine à travers les flots du peuple. Il y trouva M. de Girardin avec MM. Lautour-Mézeray, Guy de La Tour du Pin et quelques autres. On annonçait, l'instant d'après, un aide de camp du général Courtais qui était chargé de dire à M. de Girardin qu'on n'avait sous la main qu'une faible partie de la garde nationale, qu'on allait la convoquer sur l'heure, et que, dès qu'on le pourrait, on viendrait le dégager. « Monsieur, lui dit M. de Girardin, je refuse le secours que vous m'offrez, ou du moins c'est au Gouvernement de faire ce qu'il jugera à propos, cela ne me regarde en rien. Si mon sang doit couler, la République en sera déshonorée; j'en suis fâché pour elle plus que pour moi. Voici un ami que j'attendais, M. Cabarrus; à huit heures sonnantes, je sortirai seul avec lui. » On insista; on craignait un malheur qui aurait souillé la Révolution, pure jusque-là de toute effusion de sang. M. de Girardin fut inflexible : à huit heures il fit ouvrir les portes et s'avança, donnant le bras au docteur. Un murmure prolongé, un hourra immense salua cette sortie; ils firent vingt pas à travers cette foule qui s'entr'ouvrait pour leur laisser passage. Tout dépendait de la bonne contenance; un faux pas, un air d'indécision eût tout perdu. Cependant le trop de sang-froid a aussi ses témérités et ses imprudences. A un moment, M. Cabarrus ne put s'empêcher de dire à l'oreille de M. de Girardin : « Ils ne t'ont pas reconnu. » M. de Girardin lui dit : « Ce n'est pas mon affaire, présente-moi à eux... » M. Cabarrus dit alors en s'arrêtant : « Citoyens, voilà M. de Girardin que je vous présente. » C'est alors qu'un homme s'approcha et lui dit à l'oreille : « Vous mériteriez bien qu'on vous... un coup de fusil. » Il n'en fut rien de plus. Le docteur conduisit son ami jusqu'à la rue Grange-Batelière, où tout danger et toute menace avaient cessé.

Si M. de Lamartine, en Février, a eu sa journée héroïque, M. de Girardin a eu sa journée plus périlleuse encore et non moins intrépide en mars. Il a bien mérité de la société d'alors par son cri d'alarme et par l'énergie civique dont il l'a soutenu. Quand il parle, comme il le fait, contre la guerre et ses effets désastreux, ce n'est pas qu'il supprime le courage et l'intrépidité humaine, c'est qu'il sait où les placer ailleurs.

Une plume qui ne ménage rien, mais qui a de belles parties, et qui sait mêler des réparations à des injustices, M. Veuillot a dit en parlant de M. de Girardin à ce moment où il était si seul et à la tête de la résistance :

« Ce fut sa belle époque, non-seulement honorable, mais glorieuse, et qu'il ne retrouvera pas. Personne, durant quelque temps, n'eut plus ni même autant de courage, car personne n'était plus en vue ni désigné à plus de fureurs. »

Le parti qu'il avait tant combattu se vengea de lui aussitôt après les journées de Juin. Le général Cavaignac, dictateur, pour couper court à ce qu'il appelait « les publications imprudentes » de M. de Girardin, fit poser les scellés sur le matériel de son journal et donna l'ordre de mettre le rédacteur à la Conciergerie. M. de Girardin y fut tenu onze jours au secret. Aucune forme de justice ne fut observée à son égard. Pourquoi l'avait-on arrêté? demandait-il et demandait-on de toutes parts dans le public : « On l'a arrêté, répondit-on de guerre lasse et pour unique raison, parce que si l'on se fût borné à suspendre ou à supprimer son journal, il eût exécuté ce qu'il avait annoncé; il eût protesté, ne fût-ce que sur le plus petit carré de papier. On l'a arrêté pour lui fermer la bouche. » M. de Girardin, à qui l'on a quelquefois reproché de l'orgueil, eut tout lieu vraiment d'en concevoir en cette circonstance; on l'avait jugé un homme. C'est à cette prison de la Conciergerie qu'il dut de lire à tête reposée les Œuvres de Turgot, et dans cette persécution qui ennoblit, qui épure les caractères et les retrempe quand elle ne les aigrit pas, lui qui avait souvent écouté des économistes plus habiles, mais d'une inspiration moins élevée et moins sévère, lui qui avait pris ses premières notions financières du célèbre Ouvrard, le Law de notre temps, il acquit le droit d'appeler désormais Turgot son maître, son ami. Non, il ne doit pas trop en vouloir au général Cavaignac de lui avoir procuré ces heures de noble intimité, de bonne et « attachante compagnie; » c'est ainsi que lui-même il les nomme.

II.

Je laisse les époques intermédiaires et misérables (fin de 1848, 1849, 1850, 1851) où les questions, se déplaçant chaque jour au souffle des partis, n'offraient aucune prise bien déterminée, et où la polémique, variant à chaque pas, s'engageait dans des sables mouvants ou sur un terrain miné et contre-miné en tous sens par l'intrigue : le dégoût prend, rien qu'à y repasser en idée. Puissent ceux qui les ont vus ne jamais revoir de pareils temps! C'est au milieu de ces luttes de chaque jour que M. de Girardin, obéissant à l'un des instincts et à l'une des lois de son esprit, s'est formé de plus en plus un système complet et radical de politique ou plutôt d'organisation de la société, qui est généralement peu compris, et qu'il ne cesse d'appliquer comme pierre de touche en toute circonstance. Il a, il croit avoir son *criterium,* son principe de certitude, et il est prêt sur chaque question.

Ce système, qui ne comporterait guère une application partielle et qui demanderait à être expérimenté tout d'un coup et d'ensemble, n'est pas le système parlementaire ou libéral au sens ordinaire : M. de Girardin va beaucoup plus loin et plus à fond. C'est un système où l'État prend et empiète le moins possible sur l'individu, lequel se développe et agit dans la plus grande latitude et la plus entière liberté. L'État ne retient et ne garde que le strict indispensable, ce qui est indivis : le pouvoir individuel est élevé à la plus grande puissance; le pouvoir indivis et collectif, l'État y est réduit à sa plus simple expression : on a un *minimum* de gouvernement. Le système auquel M. de Girardin a donné une netteté ingénieuse d'expression et une précision voisine de l'algèbre, et qu'il porte sur quelques points tels que le mariage (1) au delà de ce qu'on avait exprimé encore, n'est pas nouveau d'ail-

---

(1) *La liberté dans le Mariage par l'égalité des enfants devant la mère*, 1 vol. in-18, 1854; — et pour l'ensemble du système, voir l'article *Souveraineté* dans le *Dictionnaire général de la Politique*, publié sous la direction de M. Maurice Block.

leurs dans son principe ni dans la plupart de ses développements ; et lui-même reconnaît des pères et des maîtres dans les publicistes de l'école économiste ou économique, promoteurs d'un gouvernement réduit et à bon marché, Dupont de Nemours, Daunou, Tracy,... et surtout Turgot. Il goûte particulièrement en celui-ci l'homme de son idée favorite et de son rêve, un réformateur aussi déclaré que possible et qui n'était en rien un révolutionnaire. Il lui semble qu'un Louis XVI plus énergique, en 1775, aurait pu, en soutenant Turgot, et sans rien perdre par lui-même du prestige de la souveraineté, réaliser à temps cette liberté octroyée, équitable, humaine, populaire, débonnaire sans faiblesse, la plus complète qui se soit encore vue sous le soleil. La réforme accomplie dans de pareils termes eût ôté lieu et prétexte à toute révolution. On aurait eu un 89 royal, sans 93.

J'indiquerai ici, ne pouvant discuter le détail, ce qui me semble vrai, plausible, acceptable, dans l'ensemble des vues de M. de Girardin, et ce qui me paraît n'être encore que de la pure algèbre, de la mécanique sociale toute rationnelle. Paradoxes et utopie tant que l'on voudra! des idées sérieuses méritent d'être traitées sérieusement.

Sans doute, et je le reconnais avec lui, il est très-vrai en général que le lieu commun règne jusqu'au jour où il est convaincu d'avoir fait son temps et où on le détrône : on est tout étonné alors d'avoir été si longtemps dupe d'un mot, d'un préjugé. J'accorde que, dans ce qui paraît si redoutable de loin, il y a beaucoup de fantômes qui s'évanouissent si l'on ose s'approcher et souffler dessus; qu'il n'y a pas un si grand nombre de libertés possibles à donner; qu'on les a déjà en partie; qu'il ne s'agirait que d'être conséquent, d'étendre et de consacrer le droit; sans doute, le principe qui consiste à inoculer le vaccin révolutionnaire pour éviter les révolutions, à donner d'avance et à la fois plus qu'elles ne pourraient conquérir, ce principe est d'une analogie séduisante; mais ceci suppose déjà une médecine bien hardie, et le corps social n'est point partout le même ni capable de porter toute espèce de traitement. C'est l'histoire que j'oppose à M. de Girardin, non la logique: c'est l'expérience du passé, non la chance de l'avenir. Chance et risque, c'est le même mot. Une vieille nation n'offre point une table rase; nous ne sommes pas des hommes tout neufs ni des hommes quelconques. Et par exemple, pour ne prendre qu'un trait du caractère national, nous sommes un peuple qui se plaît ou s'est beaucoup plu à la guerre, qui aime le clairon et le pompon; cela diminue sans doute, mais peut-on agir et raisonner absolument comme si cela n'était plus, comme si cette forme de notre imagination et tout notre tempérament étaient changés subitement, du soir au matin, comme si le tempérament et les intérêts des nations rivales ou jalouses avaient changé aussi? — Au moins il faut y tendre et y viser de tous ses moyens, à cet état de moindre antagonisme, de paix européenne universelle et d'harmonie. — Oh! ici nous sommes prêts à reconnaître, nonobstant toutes les exceptions flagrantes, une tendance générale de la société et de la civilisation vers l'ordre d'idées pacifiques et économiques prêchées par M. de Girardin ; et c'est ce qui a fait dire de lui à M. de Lamartine en une parole heureuse et magnifique comme toutes ses paroles : « Chez Girardin le paradoxe, c'est la vérité vue à distance. »

Mais à quelle distance ? Le journaliste fait bien d'y pousser sans trop se soucier des retards, c'est la fonction et le métier du journal : l'homme de gouvernement ferait bien d'y regarder à deux et trois fois, s'il était mis en demeure d'appliquer. Il a manqué aux idées et à l'esprit de M. de Girardin l'épreuve décisive du pouvoir, cette épreuve qui vous met en présence de difficultés que la logique seule et la science ne résolvent pas. Les disciples de Turgot en leur temps, les Condorcet et autres en ont fait la rude et cruelle expérience. Il y a mieux : ce parfait état de société, cet ordre idéal et simple que M. de Girardin a en vue, je le suppose acquis et obtenu, je l'admets tout formé comme par miracle : on a un pouvoir qui réalise le vœu du théoricien ; qui ne se charge que de ce que l'individu lui laisse et de ce que lui seul peut faire : l'armée n'est plus qu'une force publique pour la bonne police ; l'impôt n'est qu'une assurance consentie, réclamée par l'assuré ; l'individu est libre de se développer en tous sens, d'oser, de tenter, de se réunir par groupes et pelotons, de s'associer sous toutes les formes, de se cotiser, d'imprimer, de se choisir des juges pour le juger (ainsi que cela se pratique pour les tribunaux de commerce), d'élire et d'entretenir des ministres du culte pour l'évangéliser ou le mormoniser...; enfin, on est plus Américain en Europe que la libre Amérique elle-même, on peut être blanc ou noir impunément. Mais quel usage fera-t-on de cette liberté si plénière? car la liberté, ce n'est que le moyen auquel on avait droit : la liberté ne dispense pas d'être habile, et cette habileté, dans un tel ordre de société, est encore plus nécessaire aux gouvernés qu'aux gouvernants. Ce nouvel état social, fût-il uniforme dans sa simplicité d'organisation, aurait donc, selon les lieux et les peuples, une physionomie autre et des destinées fort différentes; il aurait, lui aussi, ses orages, ses luttes, ses accidents imprévus, peut-être ses catastrophes, résultat des passions et du peu de sagesse humaine. Telles sont mes conjectures; l'optimisme n'est point mon fait. J'en reviens, de guerre lasse, à penser que de même que les Prières dans l'Antiquité, et selon la belle allégorie homérique, étaient représentées *boiteuses*, dans les temps modernes les réformes ne viennent que boiteuses aussi; on ne les obtient que lentement, une à une; elles s'arrachent par morceaux, et les eût-on toutes à la fois, l'homme trouverait encore moyen d'y réintroduire les abus à l'instant même.

Certes le progrès en science, en industrie, en civilisation générale, en réparation moins inégale du bien-être, est évident; il se poursuit et se poursuivra; mais aux yeux du philosophe, de l'artiste, du moraliste, de tous ceux qui conçoivent avec étendue et qui comparent, c'est toujours un progrès qui cloche et qui clochera, un progrès qui ne bat que d'une aile.

Ma principale dissidence avec M. de Girardin porte,
en définitive, sur un seul point : c'est qu'il est plus
confiant que moi dans la logique, dans la rectitude et
le bon esprit de tous. En cela Émile est encore un disciple de Jean-Jacques, — disons de Turgot, puisqu'il le
préfère. Ce positif est, à sa manière, un croyant. Il a un
coin d'enthousiasme. Il a la religion politique de l'avenir. Quand il est trop poussé à bout et relancé sur ce
point de conviction vive, il faut voir comme il prend
feu ; une détente lui échappe ; il est parti sur son Pégase, et je l'ai entendu mainte fois chaleureux, entraîné, éloquent.

III.

Après une abstention de six années, M. de Girardin
a fait dans *la Presse* en 1863 une rentrée brillante. Il
n'a jamais montré plus d'entrain ni de prestesse. Il ne
manquait pas de gens qui l'attendaient à cette nouvelle
épreuve et qui auraient bien voulu le déclarer dépassé
et arriéré. Dans les échecs des heureux, il y a toujours
quelque chose qui console le commun du monde et qui
ne déplaît pas. M. de Girardin a donné aux malveillants un prompt démenti, et il a retrouvé tous ses anciens lecteurs, sans compter les nouveaux. Il a abordé
d'emblée plus d'une question et a mené de front, pour
ainsi dire, plus d'une campagne : le congrès, la paix
et la guerre, les élections, etc. On l'a combattu ici
même (1) sur plus d'un point. Dans ces questions toutes

(1) C'est-à-dire dans le journal *le Constitutionnel*.

politiques et qui ne sont pas de notre ressort, nous le louerons seulement d'une chose : c'est d'avoir désintéressé le principe même du Gouvernement impérial ; c'est, lorsqu'il contredisait, de l'avoir fait sans aucune arrière-pensée maligne, sans aucun esprit de dénigrement et sans un soupçon de venin. Plus d'une fois il a montré à quelles limites pouvait se porter la discussion la plus vive, dans le cercle même où elle est présentement circonscrite.

Il a développé en toute rencontre sa thèse favorite, il a déployé son drapeau de la *liberté illimitée de la presse,* et a étonné plus que convaincu ceux mêmes qui pensent que, dans cette voie, on a quelque chose à réclamer encore. Il a présenté et renouvelé sous toutes les formes son fameux argument en faveur de l'impunité, à savoir l'innocuité ; — c'est-à-dire, selon lui, que la presse ne fait qu'un mal imaginaire ; qu'il n'est que de laisser dire et contredire pour tout neutraliser, que cette puissance que s'attribue le journal n'est qu'une vanterie et un lieu commun ; que tous ces tyrans de l'opinion ne sont que des mouches du coche. « Que sont tous ces articles de journaux ? disait-il un jour. A peine les grains de poussière d'un tourbillon qu'abat le même vent qui l'a soulevé. Le vrai nom de la presse, ce n'est pas la presse, c'est l'oubli. Qui se souvient le lendemain de l'article de la veille ?... »

Ici il y a quelque chose à accorder encore, et si l'on enlevait à l'expression de M. de Girardin ce qu'elle a de paradoxal et d'absolu, on serait près de s'entendre peut-être, ou du moins on se rapprocherait. Sans doute, le courant de ce qu'on appelle l'opinion publique se décide par la suite et le concours de tant de causes générales et particulières, que chacune des particulières compte pour infiniment peu, — ou très-peu. Il en est du courant des opinions comme des vents en météorologie : la cause des vents et de leurs variations reste inconnue ; tant d'influences y concourent, qu'il a été jusqu'ici impossible de déterminer la part exacte de chacune. Mais cette part, pour être inappréciable et pour se dérober au calcul, n'en est pas moins réelle. Certains écrivains politiques s'exagèrent leur importance et s'enflent dans l'idée qu'ils ont d'eux-mêmes : raillez-les, remettez-les à leur place, montrez-leur qu'ils se chatouillent l'amour-propre et qu'ils se rengorgent plus que de raison. Mais pourtant vous ne sauriez nier la puissance des mots, ni des plumes habiles, adroites, éloquentes, qui savent en user à propos, et de celles qui ont l'art d'en abuser. Byron l'a dit dans une parole célèbre : « Les mots sont des choses, et une petite goutte d'encre tombant, comme une rosée, sur une pensée, la féconde et produit ce qui fait penser ensuite des milliers, peut-être des millions d'hommes. » Et vous-même, sous l'empire des faits, sous le coup de l'évidence, vous l'avez dit, et aussi énergiquement que Byron :

« La puissance des mots est immense ; il n'en est peut-être pas de plus grande sur la terre. Un mot heureux a souvent suffi pour arrêter un armée qui fuyait, changer la défaite en victoire et sauver un empire...

« Il y a des mots souverains : tel mot fut plus puissant

que tel monarque, plus formidable qu'une armée. Il y a des mots usurpateurs : tel mot, se décorant d'une fausse acception, appelant *pouvoir* ce qui est *abus,* ou *liberté* ce qui serait *excès,* disant la *gloire* pour la *guerre,* ou la *foi* pour la *persécution,* peut semer la propagande, égarer les esprits, soulever les peuples, ébranler les trônes, rompre l'équilibre des empires, troubler le monde, et retarder de cent ans la marche de la civilisation ! Il y a des mots qui sont vivants comme des hommes, redoutables comme des conquérants, absolus comme des despotes, impitoyables comme le bourreau ; enfin il y a des mots qui pullulent, qui, une fois prononcés, sont aussitôt dans toutes les bouches...

« Il est d'autres mots qui, pris dans une mauvaise acception, énervent, glacent, paralysent les plus forts, les plus ardents, les plus utiles, les plus éminents, tous ceux enfin sur qui ils tombent, mots plus funestes au pays qui ne les repousse pas que la perte d'une bataille ou d'une province... (1). »

Je ne demande rien de plus, et, cela dit et réservé, je conçois, j'admets volontiers que dans un pays aguerri au feu des discussions, chez un peuple de bon sens solide, raisonneur, calculateur, entendant ses intérêts, d'oreille peu chatouilleuse, qui ne prend pas la mouche à tout propos, une grande part de ce qui n'est qu'imaginaire dans le danger d'une presse libre disparaisse et s'évanouisse ; que les inconvénients puissent même s'y contre-balancer de manière à laisser prévaloir grandement les avantages. On connaît des pays comme ceux-là.

Ne nous vantons pourtant pas trop de notre éducation et de notre raison, nous les modernes. Dans l'An-

---

(1) *Questions de mon temps,* tome Ier, pages 276, 277, 280.

tiquité, les peuples, tels que la poésie ou l'histoire nous les montre, les peuples des différentes cités et des petits États, dans leurs mouvements impétueux et leurs révolutions, se décidaient d'eux-mêmes au gré de leurs passions, et, à défaut de presse, par la voix de leurs orateurs ; ou bien, quand l'oracle avait parlé, aveuglément superstitieux qu'ils étaient, ils lui obéissaient en aveugles. Chez les modernes, il y a progrès : les oracles sont muets ; la voix des dieux et de ceux qui les faisaient parler n'est plus fatalement obéie ; les peuples pensent : et pourtant il y a toujours l'empire des mots, la puissance des déclamations de tout genre, des sophismes spécieux, ces autres formes d'idoles ; il y a la mobilité naturelle aux hommes, le jeu presque mécanique des actions et des réactions, mille causes combinées d'où résultent on ne sait comment, à certains jours, des souffles généraux qui deviendront plus tard des tempêtes ; et lorsqu'une fois il s'est établi parmi les peuples un mauvais courant de pensées et de sentiments, oracle ou non, il y a danger, si une main bien prudente et bien ferme n'est au gouvernail, qu'ils n'y obéissent en aveugles comme à un mauvais génie.

Je dois finir. Le talent, c'est-à-dire les idées exprimées d'une façon incisive et tranchante, le mordant, la verve, la précision, la propriété des termes dont il joue, qu'il entre-choque à plaisir et qu'il oppose, sont chez M. de Girardin publiciste des qualités incontestables. Ceux qui ont prétendu lui refuser ce talent d'écrivain ne l'ont pu faire qu'autrefois et avant qu'il eût multiplié ses preuves. M. de Girardin n'a rien de la rhétorique ni du style appris, mais un tour vif, neuf, imprévu, cavalier, qui est à lui. C'est un polémiste de première force, un contradicteur redoutable. Il a sur tout sujet des fonds en réserve, tout un arsenal de munitions. On dirait qu'il a mis quelque chose de son esprit d'administrateur au service de sa logique et de sa polémique. Il a des dossiers de citations et d'objections en règle, citations *ad hoc,* objections *ad hominem.* L'occasion s'offrant, il n'a qu'à tirer le carton du casier : chaque dossier, s'ouvrant à l'instant, fait pluie et cascade sur chaque question, sur chaque adversaire. Il y joint une sorte de verve logique très-sensible, à laquelle il se laisse volontiers emporter. Quand il a trouvé une forme heureuse, il ne craint pas d'en user, d'en abuser même, jusqu'à satiété et extinction. Le goût littéraire, plus scrupuleux et plus vite lassé que le talent politique, ne l'avertit pas de cesser. Il enfile et défile ses preuves d'un bout à l'autre, depuis la première jusqu'à la dernière; il ne fait grâce d'aucun développement; il les épuise, et il arrive ainsi à produire sur le public un effet incontestable. Aussi, dès qu'il écrit, il est lu. J'ai remarqué dans sa dernière manière plus d'un trait de talent littéraire proprement dit, de ces traits qu'on retient, — lorsqu'il a eu à revenir sur M. Thiers, lorsqu'il a apprécié M. Billault et ce dernier discours si éloquent de M. Rouher; — lorsque encore, par exemple, ayant à parler de Victor-Emmanuel, il l'a défini « ce roi plein de résolution qui met le triomphe de l'unité italienne au-dessus de la conservation de sa couronne et de sa vie, roi plein d'ardeur, qui a le mépris de la mort et la volupté du péril; » — lorsqu'à la veille du discours de l'Empereur pour l'ouverture de la dernière session, et s'arrêtant par convenance au moment où il allait essayer d'en deviner le sens, il ajoutait : « On peut s'en rapporter pleinement de ce qu'il conviendrait de dire, s'il le veut dire, à l'Empereur, qui semble puiser dans la condensation et l'esprit du silence la force et le génie du discours. » On ne saurait mieux dire ni plus justement, et en moins de mots, les jours où l'on ne veut pas déplaire.

Lundi 25 avril 1864.

COLLÉ.

CORRESPONDANCE INÉDITE

PUBLIÉE

PAR M. HONORÉ BONHOMME (1).

I.

Il me fallait cette occasion pour parler de Collé, quoique j'en aie eu envie bien souvent. Tous ceux qui se sont occupés du xviiie siècle ont eu affaire à lui non-seulement pour ses jolies productions, pour ses chansons et proverbes qui sont une date dans l'histoire des mœurs, mais encore pour son *Journal,* qui est une source de renseignements précis et sûrs. On lui doit

(1) 1 vol. in-8°, avec portrait, fac-simile, etc. (Henri Plon, rue Garancière, 8.)

beaucoup ; mais il n'a pas un de ces noms qui forcent l'oubli ou qu'on se plaît à rajeunir : il est à la limite. On le rencontre, on le nomme, on le salue, et l'on passe outre sans plus s'arrêter. Il fallait donc un prétexte, et la Correspondance qui se publie nous fournit ce prétexte et même mieux, car elle n'est pas sans mérite et sans intérêt. Je ne dirai pas avec l'enthousiaste éditeur que, grâce à elle, on a maintenant « le dernier mot » du caractère de Collé. A qui savait lire, Collé était parfaitement connu auparavant. On devrait pourtant des remercîments à M. Bonhomme pour avoir mis au jour ce dernier document biographique, s'il n'avait compromis sa publication par les considérations quelque peu folâtres et les gentillesses critiques dans lesquelles il s'est lancé. Il était impossible de nous servir du Collé avec un ragoût plus opposé au goût de Collé même et à toute espèce de goût. Évidemment, M. Bonhomme ne s'est jamais demandé une seule fois en écrivant : « Qu'aurait pensé de moi mon auteur s'il m'avait lu ? »

On est très-embarrassé vraiment de dire de M. Bonhomme ce qu'on pense, car c'est une des plus estimables personnes que je connaisse. Employé d'un ordre assez élevé dans l'administration, amateur passionné et collecteur d'autographes, c'est par cette dernière porte, — une porte un peu dérobée, — qu'il est entré et qu'il s'est faufilé dans la littérature. Tant qu'il n'a été que modeste, on n'a eu qu'à louer son zèle et ses recherches, sans trop demander à son style l'exactitude, ni à ses jugements une parfaite justesse. Mais la fumée

littéraire si subtile lui a évidemment monté au cerveau
et l'a légèrement enivré ; bien traité et plus que poliment par des critiques en renom, il s'est dit qu'il était
un critique littéraire lui-même, et voici en quels termes
il parle ou fait parler de lui dans un Prospectus, destiné, dit-il, à la province, mais que les gens de Paris
ont pu lire au passage :

« M. Honoré Bonhomme, dans les *Œuvres inédites de
Piron,* a réhabilité ce dernier représentant de l'esprit gaulois parmi nous, et dans *Madame de Maintenon et sa famille,* il a dit à Françoise d'Aubigné des vérités qu'elle avait
rarement entendues; par sa nouvelle publication, il vient
actuellement de replacer Collé sur son joyeux piédestal.

« Quelques années à peine se sont écoulées depuis que
M. Honoré Bonhomme s'est révélé au monde littéraire, et
déjà il est en possession d'une notoriété assurée, disons
mieux, d'une incontestable autorité. La critique contemporaine tout entière a applaudi à ses efforts, à ses travaux.
Aussi s'est-il affermi de plus en plus dans la voie qu'il s'est
tracée. C'est aux lettres autographes, aux parchemins poudreux, aux vieux papiers de famille, que M. Honoré Bonhomme va demandant la vérité *vraie,* que l'histoire ne dit
pas toujours... »

Et à la suite de ce préambule, on nous prouve,
moyennant citations louangeuses tirées d'articles de
journaux, et conséquemment au système de la *vérité
vraie,* que M. Bonhomme est un *érudit* de la race
des Nodier, Brunet, Peignot ; un *artiste* et un *écrivain,*
on ne dit pas de quelle lignée, mais de la plus fine.

Le travers dans lequel l'estimable collectionneur a
donné ici à corps perdu est si commun qu'il mériterait

à peine qu'on s'y arrêtât : aussi faut-il que nous le rencontrions au milieu de notre chemin pour avoir l'idée de le relever. Mais il est des choses qu'un critique qui se respecte ne peut laisser dire impunément devant lui.

Si le ridicule existait encore et si l'on avait le temps de rire de ces misères, il serait bouffon vraiment de voir que M. Honoré Bonhomme, qui depuis un certain jour « *s'est révélé au monde littéraire,* » a commencé par dire quelques vérités qu'elle a rarement entendues... à qui?... à *Françoise d'Aubigné,* qu'il ne daigne même pas appeler Mme de Maintenon. O vicissitude des temps et des mœurs! M. Honoré Bonhomme donne des leçons de convenance à Mme de Maintenon! Je laisse de côté la publication de Piron par M. Bonhomme : il n'est pas commode de parler à fond de ce poëte-là dans un journal; je compte y revenir ailleurs; mais sur Collé, nous avons et allons avoir tous les moyens d'en juger.

Eh bien, je le dis à regret, dans l'*Introduction* que M. Bonhomme a mise à cette Correspondance de Collé et dans les notes dont il l'a assaisonnée, il n'est presque pas une page où il n'y ait fadeur, inutilité, phraséologie amphigourique et prétentieuse, incohérence de sens; il n'y a presque pas une expression qui ne soit impropre, pas un jugement qui ne soit faux ou à côté. Collé, selon lui, « était un grand enfant qui ne se prenait nullement au sérieux (page 4); » et plus loin (p. 32), il nous le montre « possédant à un haut point la science de la vie » et connaissant à fond les hommes; tantôt Collé est « un esprit doux et placide (p. 2), » tantôt il a « la nature mobile et inquiète (p. 4). » Collé nous est représenté comme faisant des *fanfaronnades,* comme *suivant la mode,* comme ayant *un rire doux, plein de mièvrerie!...* Ailleurs, Collé est un *acrobate ;* ses vers font *le grand écart...* Tout autant de faux sens ou de contre-sens. — Et Piron comparé à Collé : « Piron montait un vaisseau de haut bord armé en guerre avec lequel il affrontait la tempête, et Collé une barque légère... » — Et Panard donc, le gai Panard dont la muse est « un peu prude, un peu pincée !... » — Et Voiture? M. Bonhomme a écrit sur lui cette note incroyable au point de vue de la logique : « L'abus de l'esprit et la recherche puérile déparent ses *Lettres,* qui, du reste, ont une juste célébrité. » Comment accommoder cette célébrité *juste* avec cette recherche *puérile* sans rien entre deux qui corrige et qui explique? N'est-ce pas le cas de répéter avec Boileau parlant du même Voiture :

Ma foi, le jugement sert bien dans la lecture!

C'est partout ainsi ; il faudrait redresser à chaque pas l'écrivain légèrement enivré de son sujet qui va hors de mesure et qui chancelle. Ce genre de critique de détail me plaît peu ; mais comment admettre, je vous en prie, que M. Bonhomme soit le moins du monde un *écrivain,* lorsque remerciant avec effusion les personnes auxquelles il doit communication de certains documents, il les appelle les *détenteurs* de ces manuscrits (page 365, et encore p. 361), ne se doutant pas qu'entre *détenteur* et *possesseur* il y a une grave et tout à fait désagréable différence d'acception? On dirait que M. Bonhomme emploie les mots de la langue au hasard, sans en savoir la valeur. « Nous écrivons avant d'avoir appris, même parfois avant d'avoir pensé, » dit-il quelque part ingénument. Il y aurait dans un tel aveu de quoi désarmer.

Enfin, pour n'avoir pas à revenir sur ces ennuyeuses chicanes faites à un homme estimable qu'on voudrait n'avoir qu'à remercier, je remarquerai encore une faute criante et sans excuse, même chez quelqu'un qui ne se donnerait pas pour *érudit*. Collé aime le latin et en sème volontiers ses lettres : souvent il cite de l'Horace ; une fois il cite de l'Ovide ou plutôt il le parodie : c'est pour s'avertir soi-même qu'il est temps de finir et de ne pas pousser trop loin sa carrière d'auteur : « Crois-moi, vieillard : celui qui se tait fait bien, et chacun doit plutôt rester au-dessous que viser au-dessus de son âge :

Crede, senex: bene qui tacuit bene fecit, et infra
Ætatem debet quisque manere suam (1).

Or voici de quelle façon incroyable M. Bonhomme a imprimé ces deux vers, ne paraissant pas se douter que, tels qu'il les donne, ils sont impossibles et n'appartiennent plus à aucune prosodie ni à aucune langue :

Cito senex, bene qui tacuit bene *facit*, et infra
Ætatem debet quisque *malere* suam.

(1) Ces deux vers sont un arrangement et un léger détournement de ceux d'Ovide dans *les Tristes* (livre II, élégie IV, 25)

Crede mihi ; bene qui latuit bene vixit, et infra
Fortunam debet quisque manere suam.

Horace n'est pas moins écorché en maint endroit. *Dulcissima rerum* (page 252), pour *Dulcissime rerum...*; *Quod spero et placeo* (p. 87), pour *Quod spiro...* Le *in publica commoda peccem* est devenu *in publico commodo...* (p. 186). Il n'est pas permis à un éditeur d'écorcher ainsi ce que tous les lecteurs médiocrement instruits retrouvent de mémoire et corrigent en courant.

Laissons donc vite l'introducteur qui aurait eu si beau jeu pourtant à publier modestement, correctement, cette cinquantaine de lettres, imprimées qu'elles sont d'ailleurs avec le luxe typographique qui distingue les presses de M. Plon, et ornées en tête d'un très-beau portrait de Collé. Quel dommage que le goût manque totalement là où est le zèle!

II.

Collé, qui, sur la foi de sa renommée, semble de loin un si gai sujet, l'est beaucoup moins quand on s'en approche. C'est que la gaieté dans son essence est comme une mousse petillante qui ne se fixe pas et qui est faite pour être bue tout aussitôt que versée. Les grands comiques, Molière, Rabelais, Aristophane, ont su, par un art suprême de composition, enfermer leur moquerie hardie et puissante dans des cadres immortels : les chansonniers, les vaudevillistes les plus aimables ont tout dépensé de leur vivant et ne laissent presque rien après eux.

Et, sans aller si loin chercher des exemples, vous tous qui avez connu des gens gais qui ne sont plus, vous le savez bien, que le plus vif et le plus fin de la gaîté ne se transmet pas et s'évapore : comment donner idée de Désaugiers à ceux qui ne l'ont qu'entrevu? comment, dans un autre genre, vous raconter Romieu, le pâle et sérieux visage qui faisait tant rire? Vous qui avez assisté à l'une de ces scènes d'une vérité crue, âpre et mordante, non moins qu'amusante, où Henri Monnier se diversifie, et dont quelques-unes sont réellement le sublime du bas, comment, s'il n'était là pour recommencer en personne, pourriez-vous en rendre l'impression à ceux qui d'abord n'y étaient pas? J'ai entendu cet autre railleur d'une qualité si distinguée, si rare, l'inimitable Vivier, le lendemain d'une de ces soirées où l'étonnant artiste avait su, comme nulle lèvre humaine avant lui, attendrir les sons du cor et faire pleurer le cuivre; je l'ai vu dans cette autre partie de lui-même, dans cette mimique délicate, dans ce jeu spirituel, ironique, d'un délicieux comique à huis clos, et je renonce à définir pour qui n'y a pas goûté cette moquerie en action, fine, pénétrante, légère. Ma morale, que je recommande en passant, c'est que lorsqu'on a l'avantage d'être contemporain d'un de ces hommes qui portent la joie et l'agrément avec eux, il faut s'empresser d'en jouir.

Le xviiie siècle le savait de reste, et il a joui de Collé comme de son bien; il l'a apprécié à sa valeur. Lorsqu'on interroge sur lui, lui-même d'abord, bon témoin, des plus véridiques, et ceux qui l'ont connu, on arrive à se faire une idée fort juste de sa personne et de son genre d'originalité. Né à Paris en 1709, d'un père procureur au Châtelet, au sein d'une famille nombreuse où il comptait quantité de frères et de sœurs, il était de pure race bourgeoise, et il fut très à même de très-bonne heure de connaître la ville, tout ce monde de robins, de présidents et de présidentes singeant la Cour, une espèce dont il s'est tant moqué. La nature l'avait doué d'une inépuisable gaîté; voilà ce qu'il faut bien se dire avec lui, sans tant chercher de raisons ni de commentaires. Plus tard, lorsqu'on publia son *Journal* posthume, où il avait consigné pour lui, au courant de la plume, les anecdotes du jour et ses propres jugements, comme on n'y retrouvait plus le Collé des vaudevilles et des chansons, il y eut alors des critiques qui, tout bien considéré, déclarèrent que Collé *n'était pas gai*.

— « Collé n'était point gai! s'écriait alors dans un de ses ingénieux feuilletons Mlle Pauline de Meulan, qui l'avait connu chez ses parents dans son enfance; Collé n'était point gai! Eh! bon Dieu! j'aimerais autant dire que le *Père éternel* des petites-maisons n'est pas fou, que les paroles de l'opéra-buffa ne sont pas bêtes, que M. X... a du goût, que M. Z... a du bon sens, etc. Je le vois encore d'ici, ce bon Collé, avec son grand nez et sa petite perruque, sa mine étonnée, son air grave et son imperturbable et sérieuse gaîté, se divertissant de tout et ne riant de rien. Il y a des gens qu'on peut appeler *gais*, parce qu'ils participent du meilleur de leur cœur à la gaîté des autres, sans la produire par eux-mêmes : il y en a, au contraire, qui font naître la gaîté autour d'eux sans en éprouver le sentiment. Collé inspirait la gaîté et la sentait; c'était de son propre fonds que sortaient les idées gaies qu'il manifestait avec tant d'abon-

dance; et c'était pour son propre divertissement qu'il les
mettait à exécution. (1). »

Voilà le vrai. Nous autres critiques, qui parlons des
gens longtemps après leur mort, nous devrions bien
nous mettre dans l'esprit qu'il n'y a qu'une manière
de les retrouver avec quelque vraisemblance : c'est dans
leurs livres d'abord et aussi dans le témoignage des
contemporains dignes de foi. Tout le reste, que nous
y ajoutons de notre cru, n'est qu'invention et surcharge, pure broderie. Mais il arrive le plus souvent
aujourd'hui que les noms des morts célèbres ne sont
qu'un prétexte à l'amour-propre et à la jactance des
vivants.

Collé était donc un homme très-gai ; il faut en passer
par là et s'y tenir, quoique ce soit un lieu commun. Il
avait de la causticité tant qu'il vécut avec ses égaux :
plus tard, en élargissant son cercle de société, en s'éle-
vant au-dessus de sa sphère et en vivant avec les
grands, il s'appliqua à se guérir de cette disposition au
sarcasme, et il chercha dans sa plaisanterie à ne
mordre sur personne en particulier. Il avait de la
finesse, et sentait le besoin de plaire. Il mit donc,
comme il dit, de l'eau dans son vin, mais en ayant l'art
d'y laisser tout le bouquet et tout le montant : ce fut
le tour de force et le chef-d'œuvre.

Collé ne pensait point d'abord à être un auteur pro-

(1) Feuilleton du *Publiciste* du lundi 8 vendémiaire an XIV. Je
conseille à tous ceux qui veulent connaître Collé de chercher les
feuilletons où Mlle de Meulan a parlé de lui, et de lire les anecdotes
qu'elle cite. Ce sont là les témoignages qui comptent.

prement dit ; il avait à s'occuper de sa fortune et remplissait un emploi. Il fut, pendant des années, commis à gros appointements chez M. de Meulan, receveur général de la généralité de Paris, et il continua de demeurer à l'hôtel de Meulan, jusqu'à l'époque de son mariage (1757). Ce séjour de près de dix-neuf ans qu'il fit dans la famille de son riche patron tient une grande place dans sa vie, et son nouveau biographe, M. Bonhomme, a été étrangement inexact quand il a dit :

« Notons, afin de ne rien omettre, qu'après avoir quitté M. Dutertre (un notaire, que M. Bonhomme affecte d'appeler un *tabellion*), Collé fut admis, en qualité de secrétaire, chez M. de Meulan, receveur général des finances ; mais il ne conserva pas longtemps ce second emploi, qui lui convenait aussi peu que le premier. Dès lors n'en parlerons-nous que pour mémoire. »

Non, cela est capital dans la biographie de Collé, et il s'accommoda longtemps de ce genre de vie. Lors même qu'il y eut renoncé, il garda toujours du financier sous le chansonnier, et il ne se considéra point comme déshonoré plus tard d'être récompensé de ses pièces de société pour le duc d'Orléans par un intérêt dans les fermes de ce prince. On le voit solliciter en 1758 le contrôleur général, M. de Boullongne, pour entrer dans quelques affaires. Un pur homme de lettres, Duclos, n'eût point entendu de cette oreille et eût trouvé ce genre de grâce au-dessous de son caractère. Duclos se faisait un plaisir d'aider Collé dans sa sollicitation, mais ne l'imitait pas.

Aimant avant tout le naturel, adorant Molière et

La Fontaine, faisant d'eux ses dieux et ne se considérant que comme leur écolier dans son genre, il manqua de bonne heure à Collé l'ambition du talent. Il aimait pourtant l'art en lui-même; il avait de la conscience dans les bagatelles, il soignait extrêmement ses « chansons et autres breloques. » Mais voilà tout; il ne songeait qu'à vivre, à rire, à s'amuser avec ses confrères du Caveau, et il fallut que Crébillon fils et d'autres amis clairvoyants l'avertissent qu'il pouvait mieux et plus pour qu'il s'avisât de s'élever jusqu'au genre de proverbes et de petites comédies où il a excellé.

Lui-même Collé, il nous dit et redit tout cela en vingt endroits de son *Journal,* et comme un Gaulois d'autrefois, dans le langage le plus simple et le plus uni du monde :

« Je n'avais de mes jours pensé à être auteur; le plaisir et la gaîté m'avaient toujours conduit dans tout ce que j'avais composé dans ma jeunesse. Lorsque ma fortune a été un peu arrangée, et que les passions ont commencé à se ralentir chez moi, ce qui est arrivé de bonne heure, n'étant pas né très-fort, c'est dans ce temps-là que j'ai cherché dans mon cabinet des ressources contre l'ennui. »

A un moment, un peu tard comme Béranger, à trente-huit ans seulement, il trouva sa veine; il fit sa première comédie, *la Vérité dans le vin,* la meilleure qu'il ait jamais faite (1747), et il devint le divertisseur en vogue du comte de Clermont, et surtout du duc de Chartres, bientôt duc d'Orléans. Ce dernier y mit de l'insistance et sut se l'acquérir. Collé fut son homme. Pendant près de vingt ans on le voit l'ordonnateur principal des fêtes de Bagnolet, et par ses opéras-comiques, ses proverbes, ses jolies comédies, ses parades, il ne cessa de fournir aux plaisirs de ce prince, amateur de théâtre de société et bon acteur lui-même.

Une ou deux fois, Collé chercha à s'élever jusqu'à la scène de la Comédie-Française, et sa pièce de *Dupuis et Desronais* y eut un certain succès; mais, dans cet ouvrage qui vise à être une pièce *de caractère* et dans le grand genre, on ne reconnaît plus que faiblement le joyeux Collé : il mit des années à faire cette comédie, à la limer et relimer, à écouter et à peser les conseils; elle était d'abord en prose, il la rima. Enfin Collé fit là quelque chose de ce que nous avons vu faire au spirituel et charmant auteur du Palais-Royal, Labiche : il mit habit noir et cravate blanche pour se rendre digne du Théâtre-Français et se retrancha de sa gaîté, du meilleur de sa veine. Il appelait cela *honnester* ses pièces; c'était trop les refroidir. Pour moi, j'aime mieux nos deux auteurs franchement chez eux, Labiche dans *Célimare le bien-aimé*, et Collé dans *la Vérité dans le vin*, deux petits chefs-d'œuvre qui ont quelques traits de commun, des ornements du même genre légèrement portés.

Collé, d'ailleurs, dégoûté pas l'accueil et la morgue des comédiens français, moins accessibles alors qu'aujourd'hui, n'y revint guère, et son théâtre de société, le théâtre du duc d'Orléans, fit, tant qu'il dura, son occupation et ses délices comme il est sa véritable originalité. C'est là, à Bagnolet, tantôt pour le prince, tantôt pour la fête de sa maîtresse Mlle Marquise, que

se donna d'abord *la Partie de chasse de Henri IV* avec
cette jolie scène du souper qui fit couler autant de
larmes que *la Vérité dans le vin* avait excité de fous
rires. Quand on avait joué cette dernière pièce, les
spectateurs semblaient dans l'ivresse de la gaîté, tandis que, pour le bon Henri, c'était de l'ivresse de cœur
et de l'attendrissement.

La Vérité dans le vin nous peint au naturel les vices
du temps, l'effronterie des femmes de robe, la sottise
des maris, l'impudence des abbés ; il y a dans le dialogue une familiarité, un naturel, dans les reparties
une naïveté, dans les situations un piquant et un osé
qui font de ce tableau de genre un des témoins historiques et moraux du xviiie siècle. Un de ces critiques
qu'on méprise aujourd'hui et qu'on se flatte d'avoir
enterrés, La Harpe, a dit à ce sujet excellemment : « Il
est bien vrai que la gaîté qui tient à la licence est plus
facile qu'aucune autre ; mais celle de Collé est si originale et si franche, qu'on pourrait croire qu'elle
n'avait pas besoin de si mauvaises mœurs pour trouver
où se placer. » Nous allons plus loin que La Harpe, et
nous disons que ces mœurs mêmes, prises sur le fait
et rendues avec cette touche facile et hardie, ajoutent,
du point de vue où nous sommes, un prix tout particulier au tableau : elles y mettent la signature d'une
époque. *La Vérité dans le vin,* c'est mieux qu'un conte
de Crébillon fils : c'est dans son genre, *la Farce de
Patelin* du xviiie siècle.

Tout bibliophile qui se respecte a dans sa bibliothèque les deux petits volumes intitulés *Recueil com-*

plet des Chansons de Collé (Hambourg et Paris, 1807), avec cette épigraphe de Martial : *Hic totus volo rideat libellus.* Ces chansons de Collé sont des moins susceptibles d'analyse. Les curieux sauront bien d'eux-mêmes trouver les plus jolies; quelques-unes des plus gaies, comme celle de *Marotte,* sont inséparables de l'à-propos et de la circonstance. Après Panard et avant Béranger, Collé est un des maîtres de la rime ; il a en même temps de l'imagination, du feu, et sa gaîté ne paraît jamais à la gêne. Dans son pot-pourri d'*Ariane et Bacchus,* Béranger a dit :

> Près de Silène gaillard
>   On voyait paraître
> Maître Adam, Piron, Panard,
>   Et Collé mon maître, etc.;

et au même moment, dans cette pièce, Béranger, comme pour justifier son dire, imite la chanson de Collé, *La naissance, les voyages et les amours de Bacchus,* une des plus ardentes et des plus belles. Mais tandis que Béranger, l'œil et le cœur aux choses nationales, n'a garde de se confiner dans le genre érotique et bachique, la chanson de Collé ne fait que tourner et retourner à satiété la gaudriole et n'en sort pas. Si l'on excepte ses couplets sur *la Prise de Port-Mahon* et trois autres couplets satiriques qu'il risqua sous le ministère Maupeou, Collé ne s'est jamais fait l'organe du sentiment public. Il ne songeait pas au public, content de réussir à huis clos et dans les petits cabinets. On ne sert pas deux maîtres à la fois : Collé l'a prouvé par son exemple. Il ne visait qu'à des succès de société, et il les eut à souhait chez ces princes et grands seigneurs libertins : le public, sauf quelques rares instants, lui a rendu de son indifférence.

Par la ressemblance ou le contraste, il nous suffit du nom de Béranger rapproché de celui de Collé, pour nous donner plus d'une vue et faire jaillir plus d'une étincelle.

Collé, après sa comédie de Henri IV, aurait pu être de l'Académie ; le duc de Nivernais et Duclos le *tâtèrent* là-dessus ; il aurait pu, s'il l'avait voulu, en 1763, passer sur le corps à l'abbé de Voisenon, « ce mauvais prêtre sémillant ; » mais Collé, comme Béranger, ne se croyait pas digne ou du moins capable de l'Académie :

« Pour en être digne, disait-il, il faut avoir un fonds de littérature qui me manque. Soldat de fortune dans les lettres, je me suis jugé incapable d'y remplir les fonctions d'officier général. Une autre raison qui m'est personnelle m'ôtait d'ailleurs le désir d'être de l'Académie. Je suis né susceptible, et j'eusse eu tous les jours des sujets de chagrin avec quelques-uns de mes confrères que j'étais bien loin d'estimer. »

Collé était un parfait honnête homme et même, comme on disait alors, un bon citoyen. En politique, comme en comédie, c'était un admirateur de Henri IV, et il eût pu être, s'il eût vécu en ce temps-là, l'un des chansonniers de la *Ménippée* : il aimait, presque à l'égal de la gaîté française, les vieilles libertés françaises et les franchises de nos pères ; il faut voir comme il daube à l'occasion, dans son *Journal*, sur le chancelier Maupeou, « ce Séjan de la magistrature. » Il donne à plein collier dans l'opposition parlementaire, mais il ne voit rien au delà. Il est plus voisin, par sa date morale, de Mézeray que de Mirabeau.

Collé, de sa personne, était et reste, à nos yeux, le plus parfait exemple, et peut-être le dernier, de la pure race gauloise non mélangée ; c'est le dernier des Gaulois : ennemi de l'anglomanie, de la musique italienne, des innovations en tout genre, ennemi des dévots et des Jésuites, il ne pouvait non plus souffrir Voltaire, trop brillanté selon lui, trop philosophique, trop remuant, un Français du dernier ton et trop moderne ; il l'appelait « ce vilain homme, » et il abhorrait aussi Jean-Jacques à titre de charlatan. Il chansonnait les Encyclopédistes et les trouvait mortels à la gaîté ; à la bonne heure! mais qu'aimait-il donc ce gai compère, si cru dans son humeur, si ferme et si rond dans son bon sens, si exclusif dans ses jugements?

Il faut croiser les races pour l'esprit comme pour le reste, sans quoi l'on croupit sur place et, par trop de peur de s'abâtardir, on n'engendre plus. Collé restait trop exclusivement gaulois et ne souffrait point qu'on fît un pas en avant; il abondait dans son sens et dans ses goûts : c'était une fin et un bout du monde qu'une telle manière d'être non renouvelée. Collé, avec un talent des plus agréables doublé d'un bon sens solide, manquait d'étendue et d'élévation d'esprit. Et sur ce mot *élévation,* entendons-nous bien : il est relatif. Parlant du bon Panard, son maître, à la date de sa mort (juin 1765), Collé a dans son *Journal* quelques pages excellentes et de la meilleure qualité, dans lesquelles, en rendant hommage à ce devancier charmant, à ce La Fontaine de la chanson, il marque bien en quoi il ne l'a pas imité. Panard, par suite de son abandon et de son peu de conduite, mourut, comme La Fontaine, dépendant des autres et à leur charge, recevant d'eux des secours payés par bien des dégoûts : « Mais je crois, ajoute Collé, qu'il y était assez insensible. Le bonhomme a toujours manqué d'une élévation d'âme, même commune ; pour peu qu'il en eût eu, il aurait été le plus malheureux des hommes. » Collé donc, à la différence de Panard, avait de l'élévation d'âme : il voyait les grands, les gens riches, les amusait, leur plaisait, mais ne se donnait pas ; il restait lui ; il se défendait de leur trop de familiarité par le respect ; il gardait de sa dignité hors de sa gaîté ; il savait que, si bon prince qu'on fût avec lui, on ne l'était pas autant à Villers-Cotterets qu'à Bagnolet ; assez chatouilleux de sa nature, il allait au-devant des dégoûts par sa discrétion, et se tenait sur une sorte de réserve, même quand il avait l'air de s'abandonner : quand il sortait ces jours-là de sa maison bourgeoise, il disait qu'il allait *s'enducailler,* comme d'autres auraient dit *s'encanailler;* puis, son rôle joué, sa partie faite, il revenait ayant observé, noté les ridicules, et connaissant mieux son monde, plus maître et plus content à son coin du feu que le meunier Michau en son logis. C'était l'esprit de Collé qui, avec sa justesse, manquait d'une certaine élévation, plutôt que son cœur. Or Béranger a eu de cette élévation, due en partie à son temps et aussi à une disposition supérieure du poëte.

III.

Les Lettres de Collé, qu'on publie aujourd'hui, mettent dans tout leur jour cette différence. Ce Collé, si grivois et si licencieux en ses écrits, était, il faut le savoir, le meilleur, le plus tendre des maris et le plus fidèle ; et en général, bon frère, bon parent, ce classique de la gaudriole se permettait d'avoir toutes les vertus domestiques. Maté et rangé d'assez bonne heure, il avait trouvé dans sa femme une maîtresse, une amie, une épouse ; il la consultait sur tous ses écrits, et on sourit de se représenter Mme Collé donnant jusqu'au bout des avis à son mari sur certains détails dans les sujets habituels de sa muse libertine. Philémon, j'imagine, ne consultait point là-dessus Baucis ; mais M. Denis, s'il avait été poëte, eût consulté peut-être Mme Denis. Très-bourgeois en tout, Collé s'était pris, sur le tard, d'une vive amitié pour un petit cousin qui était surnuméraire dans les fermes, et c'est à ce jeune homme, pour le former au monde et aussi le pousser dans sa carrière, qu'il adresse, au nom de sa femme et au sien, de longs et minutieux conseils.

Tout cela n'était pas fait pour l'impression ; il est douteux que la mémoire de Collé y gagne. C'est trop le livrer en déshabillé vraiment ; c'est donner trop beau jeu à cette disposition habituelle où sont les critiques de tous les temps, et surtout ceux du nôtre, de se mettre au-dessus des auteurs et de le prendre de haut avec ceux qu'on juge. Il est difficile d'intéresser la postérité à des conseils assez fins de tour et de forme, mais fort vulgaires de fond, donnés à un jeune employé des finances pour lui apprendre le moyen de se faire bien venir de ses chefs :

« Mon cher fils, — mon cher enfant, — faites-vous une besogne particulière et séparée de vos devoirs journaliers; intéressez l'amour-propre de vos supérieurs (votre directeur entre autres), en les consultant sur cette besogne particulière, en les priant d'être vos guides... C'est M. de Saint-Amand qu'il vous importe d'enjôler (sans fausseté, pourtant). Je vous ai dit à l'oreille le secret de sa vanité : servez-vous continuellement de ce secret que je crois infaillible pour votre avancement. Saisissez, que dis-je ? faites naître les occasions sans fin de lui écrire. Consultez-le... »

C'est juste, mais que c'est petit! et que toute cette cuisine du savoir-faire est peu ragoûtante à voir! Voici qui est un peu plus distingué ou moins indigne d'être proposé à l'usage de tous. Le jeune homme se plaignait d'être timide, de ne savoir où placer son mot en conversation ; Collé lui répond :

« Suivez et commentez, pour ainsi dire, les idées des personnes avec lesquelles vous causez, vous serez sûr de réussir. On plaît immanquablement davantage aux hommes, et encore plus aux femmes, en faisant valoir l'esprit ou la raison des autres, qu'en faisant briller le sien ou qu'en montrant son jugement. »

Il y revient en plus d'un endroit avec beaucoup de sens et en homme qui sait son monde :

« Vous vous plaignez de ce que vous ne savez pas être

amusant dans la société. Mais on n'est point obligé de l'être quand notre caractère ne nous y appelle pas. On serait, au contraire, ridicule d'y tâcher. Ne suffit-il pas d'y être honnête, attentif, complaisant? Le sérieux plaît et est en droit de plaire comme la gaîté, quoique par un chemin opposé. Boileau n'a-t-il pas dit qu'*un homme né chagrin plaît par son chagrin même?* Ne forçons la nature en rien; soyons ce que nous sommes, et nous serons bien. Il n'y a que l'affectation d'être ce qu'on n'est pas qui est insoutenable et choquante. Du reste, comme je vous l'ai dit, *faites usage de l'amour-propre des autres pour soutenir la conversation, et soyez bien sûr que c'est un trésor qu'il est impossible d'épuiser.* »

Le jeune homme, comme tous les jeunes gens de son temps, tenait d'abord pour Rousseau; Collé veut le guérir de cette admiration, et il lui fait de Rousseau un portrait noirci, où l'auteur de l'*Émile*, de l'*Héloïse*, est représenté comme un Satan d'orgueil, un pur charlatan. Ici on touche aux bornes de l'esprit de Collé; il ne sent pas que Rousseau a donné un *heurt* à l'esprit français, à l'imagination française, à bout de voie et tombés à la fin dans l'ornière, et qu'il a dû faire un grand effort, qu'il a dû mettre en avant la torche et le flambeau pour les faire avancer. Il s'appuie d'une opinion de Marivaux qui, ayant connu Rousseau plus jeune et quinze ans avant sa célébrité, lui avait assuré « qu'il l'avait vu l'homme du monde le plus simple, le plus uni et le moins enthousiaste, » comme si cet enthousiasme couvant dans l'âme de Rousseau n'avait pas pu se dérober et se cacher à tous jusqu'au jour où il éclata. Les Marivaux, en général, ne sont pas des juges très-compétents des Rousseau. Oh! que Béranger était plus avisé lorsqu'il goûtait Chateaubriand, lorsqu'il se glorifiait de le sentir, malgré l'usage si contraire qu'il avait fait de son talent! Béranger allait même au delà du but lorsqu'il disait « qu'il avait été élevé à l'école de Chateaubriand (1); » mais, enfin, mieux vaut trop d'ouverture à l'esprit que pas assez.

Qu'on relise dans la Correspondance de Béranger les lettres de conseils littéraires donnés à Mlle Béga, et qu'on les compare à celles de Collé à son élève : on verra le côté par où Béranger est supérieur à celui qu'il appela un jour « son maître. » La vie tout entière de Béranger avait été une éducation continuelle : Collé, sous le prétexte d'un goût naturel et sain, avait trop obéi à sa paresse et n'avait pas marché.

Si Rousseau est la bête noire de Collé, Voltaire ne lui agrée guère davantage; il ne se contente pas de le juger sévèrement à la rencontre, il avait entrepris une réfutation en règle de ses tragédies, et M. Bonhomme a cru devoir nous donner des fragments de ces Commentaires à la suite de la Correspondance. Ce ne sont pas là les beaux côtés ni les côtés amusants de Collé. Il est bon, lorsqu'on prétend juger les hommes célèbres et d'un grand talent, vers qui, pourtant, on ne se sent pas porté de goût, de se contrarier un peu, de faire effort pour être juste; il est bon, en un mot, d'être un peu gêné; et Collé, n'écrivant contre Voltaire que pour lui seul ou pour des amis intimes, ne se gêne pas du tout.

(1) Voir à la page 30 d'une petite brochure qui a pour titre : *Lettres choisies de Béranger à Mme Hortense Allard de Méritens.*

Il en résulte bien de l'injustice mêlée à quelques vérités.

Collé est mieux, il est tout à fait bien et comme dans son élément quand il parle de Beaumarchais ; à propos des fameux *Mémoires,* il dit de lui dans une page qu'il y a plaisir à citer :

« Cet homme a tous les styles. Il est véhément et pathétique, tendre et spirituel. Personne n'a badiné avec plus de grâce et de légèreté ; il semble qu'on entend un homme de la Cour : ses plaisanteries sont du meilleur ton. L'interrogatoire de Mme Goezman est un chef-d'œuvre de sarcasme et d'adresse pour se concilier les femmes. C'est un Démosthène quand il parle au public et à ses juges, et lorsqu'il tonne contre M. de Nicolaï ; c'est un Fénelon dans son roman attendrissant d'Espagne ; c'est un Juvénal et un Horace quand il *arrange* les Marin, les Baculard et le Grand-Conseil. Jamais, de mes jours, je n'ai vu autant de sortes d'esprit que dans ces *Mémoires...* Je n'aime point Rousseau ; personne ne rend plus de justice que moi à son éloquence, à sa chaleur et à son énergie, mais je trouve Beaumarchais mille fois plus vrai, plus naturel, plus insinuant et plus entraînant que cet orateur, qui veut toujours l'être, le paraître, qui est d'ailleurs sophiste à impatienter son lecteur que l'on sent qu'il méprise, et dont il se joue perpétuellement comme le rat fait de la souris. »

Sauf le dernier trait contre Rousseau qui n'est pas juste (car Rousseau n'y met pas tant de malice), l'ensemble du jugement est parfait. Beaumarchais, par toute une veine de gaîté franche, était de la famille de Collé, tandis que Jean-Jacques appartenait à une famille d'esprits toute contraire : — antipathie et sympathie.

Là où l'on a cru voir de l'amertume chez Collé critique, il n'y a que de l'antipathie, ce qui est fort différent. Il est vrai qu'il s'abandonne à la sienne sans retenue ni contrainte, et vraiment à cœur joie (1).

Dans sa Correspondance avec le jeune homme, seule partie assez intéressante du volume et qui ne l'est encore que médiocrement, Collé se montre à nous avec la douce manie des vieillards; il revient sur le passé, sur ses auteurs classiques, sur Horace « le divin moraliste » qu'il cite sans cesse et qu'il a raison d'aimer, mais tort de parodier en de mauvais centons latins; il voudrait que son jeune financier apprît le grec « à ses heures perdues, » ce qui est peu raisonnable. En somme, si l'idée qu'on prend de la bonhomie de Collé gagne à tout ceci, son originalité s'y noie et s'y efface trop. Il répète, après bien d'autres, des choses vraies sur la vieillesse et ses désagréments; il prouve lui-même cet inconvénient de vieillir par bon nombre de ses jugements qui ne sont que des préventions; mais lorsqu'il dit en un endroit : « J'entre dans l'extrême vieillesse, et je n'ai à envisager que des déperditions de toute espèce et des infirmités et maladies de tous les genres

---

(1) Sur cette prétendue amertume de Collé, et sur les autres imputations de ce genre auxquelles la publication de son *Journal* avait donné cours, Mlle Pauline de Meulan a fait une très-juste remarque : « Pour être amer, il ne suffit pas de censurer, il faut censurer avec amertume. Pour être un esprit chagrin, il faut éprouver, à l'aspect des choses qu'on désapprouve, une certaine tristesse qui se répand sur la manière dont on en parle; autrement on est difficile, prévenu, satirique, moqueur, tout ce que vous voudrez; mais *chagrin, morose,* point du tout. »

à attendre : belle perspective! Dieu eût dû mettre la jeunesse à la fin de notre vie; » lorsqu'il parle ainsi et qu'il raisonne à la manière de Garo chez La Fontaine, je l'arrête, je ne reconnais plus là son bon sens, et je lui oppose ce qu'a dit un autre moraliste dans une pensée toute contraire : « Force nous est bien de vieillir; justice est que nous vieillissions. Il nous est défendu, de par la nature, de promener sur un trop large espace trop de fierté et trop d'espérance. Un vieillard jeune serait trop insolent. »

J'aime sans doute les livres vrais, les livres qui sont le moins possible des livres et le plus possible l'homme même ; mais c'est à la condition qu'ils vaillent la peine d'être donnés au public et qu'ils ajoutent à l'idée qui mérite de survivre. Il convient d'observer un certain art dans l'arrangement des réputations : les grands hommes sont faits pour être connus et étudiés tout entiers; mais, quand un homme n'a eu qu'un coin de talent, il est inutile de s'étendre sur tout ce qui n'est pas ce talent même. Cela introduit dans ses œuvres une disproportion fâcheuse entre le bon et le médiocre : c'est mettre trop d'eau dans son vin et faire ce qu'on appelle au collége de *l'abondance*. L'originalité de Collé était d'être gai : et il n'est plus gai en vieillissant. Il y en a qui ont la vieillesse aigre; d'autres l'ont douce : Collé l'avait tendre à l'excès et paterne. Sachons-le, mais n'y insistons pas; car ce n'est pas son meilleur moment, et il convient de ne prendre les hommes simplement distingués que dans leur bon moment. Ce n'était pas la peine à Collé de commencer par *la Vérité dans le vin* pour finir par conseiller à son jeune homme la lecture de Rollin et le *Télémaque*. Il est vrai que, l'instant d'après, la nature reprenait son train et qu'il retombait dans la confidence graveleuse. Assez, assez! coupons court à temps; c'est bon goût et sagesse. Le beau plaisir de faire dire au lecteur en finissant : « Décidément, le bonhomme Collé bat la breloque (1)! »

(1) Collé mourut le 3 novembre 1783, à l'âge de soixante-quatorze ans, et de chagrin plus encore que de vieillesse. Il eut la douleur de survivre plus de deux années à sa femme, et l'on est allé jusqu'à penser que dans son deuil et sa mélancolie extrême, il avait pu lui-même avancer sa fin. Le suicide n'avait rien, d'ailleurs, de contraire aux idées de Collé. Il a écrit dans son *Journal*, à la date de janvier 1772 : « J'ai soixante-trois ans presque accomplis; jusqu'ici je me porte assez bien, je ne désire point ma fin ; mais si des douleurs aiguës, continues et irrémédiables, s'emparaient de votre serviteur, la mort la plus prompte lui serait la plus agréable; voilà mes sentiments... » Ce qu'il disait là assez lestement et par manière de souhait, il put bien y aider en effet onze ans plus tard dans son excès d'ennui et de tristesse.

Lundi 2 mai 1864.

LE MARIAGE DU DUC POMPÉE

PAR

M. LE COMTE D'ALTON-SHÉE.

Il y a quelques mois (le 15 décembre dernier), la *Revue des Deux Mondes* insérait cette comédie ou étude dramatique qui a été lue avec intérêt, dont se sont occupés quelques critiques compétents et qui m'a laissé un agréable souvenir. J'arrive un peu tard pour en parler, et sans autre dessein que de mettre par écrit quelques réflexions que m'avait suggérées une première lecture et qu'une seconde vient de confirmer. J'ignore si la pièce qui m'a fait plaisir est susceptible d'être représentée à la scène; je suis très-peu juge de la différence qui existe entre un drame fait pour rester écrit et un drame jouable; un spectacle dans un fauteuil me suffit très-bien, à défaut d'autre : je m'attacherai donc ici simplement à un ouvrage d'esprit qui porte avec lui son caractère de distinction aisée et qui a un cachet moderne.

Le sujet traité par M. d'Alton-Shée n'est autre que celui du *séducteur* marié, ou plutôt de l'*homme à bonnes fortunes* et du *libertin* marié (car le mot de séducteur a une acception un peu plus particulière) ; un tel sujet, sous un de ses aspects ou sous un autre, n'a pu manquer de venir plus d'une fois à la pensée des auteurs dramatiques, et l'on pourrait dresser, en effet, une assez longue liste de pièces dont les titres sont plus ou moins dans ce sens. Pour peu qu'on cherche ou qu'on interroge, on trouve une comédie d'Imbert, une autre du marquis de Bièvre, toutes deux restées, comme on dit, au répertoire ; *le Mari à bonnes fortunes* n'est pas oublié ; quantité surtout de jolis vaudevilles, hier encore en vogue, viennent se présenter à l'esprit : *le Réveil du lion, la Deuxième Année, un Mari qui se dérange...* Mais, à prendre le sujet dans sa largeur et sa simplicité, à se figurer Lovelace, don Juan ou le comte Almaviva mariés, il me semble que deux idées s'offrent d'abord : la première, si l'on veut, et la plus naturelle, c'est celle du fat et du libertin puni. Il s'est allé prendre au piége ; il a aimé un jour, ou bien il n'a pu posséder qu'en faisant semblant d'aimer ; il s'est lié, il s'est rangé à son tour dans la classe des époux, et le voilà lui-même sujet à toutes les vicissitudes qu'il a fait tant de fois subir aux autres. Quelqu'un a dit : « Un jeune homme libertin sera un mari jaloux ; » et c'est le cas pour ce jaloux de se répéter avec Ovide :

Multa miser metuo, quia feci multa proterve...
Quoi ! tu veux qu'on t'épargne, et n'as rien épargné?

Eh bien, malgré la vraisemblance apparente, il en est rarement ainsi ; la réalité dément la conjecture : ces fats célèbres, ces hommes à bonnes fortunes, une fois mariés, — à commencer par ce libertin d'Ovide, — trouvent le plus souvent des femmes sages, dociles, modestes, des modèles de mérite et de vertu, qui les adorent et dont ils sont sûrs. Je n'essayerai pas d'approfondir le cas pour les grands fats historiques modernes ; mais, à première vue, je ne vois pas que les Lauzun, les Bonneval, les Richelieu soient si mal tombés en se mariant. Le premier Lauzun, si insolent et si dur avec Mademoiselle, avait fini par épouser une femme jeune, parfaite, dont lui-même, à certains moments de sincérité, se reconnaissait indigne : Bonneval de même, le futur pacha, avait une divine jeune femme qui avait fait de lui son idole chevaleresque et qui s'estimait heureuse pour des années quand elle l'avait entrevu au passage. Le dernier Lauzun, cet aimable, ce faible et infortuné Biron, avait pour gardienne de son nom et de son honneur la plus pure et la plus chaste des Boufflers. Si Almaviva fut trompé par la comtesse, c'est qu'aussi il l'avait trop négligée, trop humiliée et poussée à bout, et Beaumarchais avait d'ailleurs besoin de faire son drame à grands sentiments, *la Mère coupable.*

Ce n'est pas de ce côté que me paraît être le plus grand danger pour le roué et le libertin marié, pour peu qu'il soit sincèrement marié et qu'il tienne à bien vivre; le pire danger est en lui-même; son plus grand ennemi est dans son vice; car comment ne pas rester ou redevenir libertin quand on l'a été? comment ne pas être tenté à tout instant et en chaque occasion de retomber, même quand on aurait cru dans un temps, et sous une influence bienfaisante, trouver la guérison morale et le bonheur?

Tel est le sujet abordé et mis en action par M. d'Alton-Shée avec beaucoup de vigueur et de franchise. Son personnage principal, le duc Pompée-Henri de Joyeuse, un lion à la mode, beau, aimable, doué de tous les talents, un ténor et un virtuose comme on en a connu, — comme un Mario ou un Belgiojoso, — arrivé à l'âge de quarante ans, cette extrême limite de la jeunesse, à bout de ressources et de désordres, tout à fait ruiné, est appelé en Allemagne par un ancien ami de sa famille, un ami de sa mère, le comte Herman qui, en mourant, l'adopte et lui laisse par testament son immense fortune, à la condition de prendre son nom et de séjourner en Allemagne au moins une année. Le duc Pompée a donc rompu avec Paris; il y a fait un vide en disparaissant subitement après une dernière soirée de triomphe et de fête; l'éclipse a été aussi brusque que complète, nul n'a suivi sa trace : pour lui, il a trouvé bientôt dans sa vie nouvelle un rajeunissement inespéré; il s'est épris d'une idéale et sensible Allemande, mademoiselle de Blümenthal et l'a épousée; il est heureux, il se croit converti, il est père d'un charmant petit Georges. Cependant, et si entière qu'ait pu sembler d'abord la métamorphose, le vieil homme commence à remuer en lui : franchement, il ne peut enterrer sa vie à Dusseldorf, il veut revenir en France, à Paris, y passer l'hiver, et il se fait arranger un hôtel dans le faubourg Saint-Honoré. En attendant, il est à Maran, à un château près de Fontainebleau, avec sa famille.

La pièce commence au moment où le nouveau comte Herman est bien près de redevenir le duc Pompée : il est en coquetterie suivie, sans trop s'en rendre compte, avec une cousine de sa femme, Emma de Lansfeld, fiancée du baron Fritz, lui-même le propre frère de sa femme, et de la sorte, c'est avec sa prochaine belle-sœur qu'il est tout près de nouer intrigue. Le diable s'en mêlant, cela ne l'empêche pas d'avoir l'œil aux jolis minois qui passent et d'en conter à Lisette, fille du jardinier. L'Almaviva, disons-nous, se réveille en lui de tous les côtés et a de vifs *revenez-y* de jeunesse. Il nourrit pourtant un sentiment profond pour sa femme et pour l'enfant qu'elle lui a donné.

Un mystère dérobe son passé aux yeux de la comtesse. En devenant le comte Herman, il a voulu ensevelir le duc Pompée ; il n'en a point parlé et a laissé ignorer à cette idéale jeune femme toute cette vie antérieure qu'il eût souhaité abolir ; c'est bon goût à lui de ne s'en être jamais vanté, et un jour qu'elle l'interroge là-dessus avec une curiosité bien naturelle et qu'elle lui reproche tendrement de lui cacher un secret, il répond avec élévation et bon sens :

« Dans notre intérêt, je vous supplie de renoncer à une imprudente curiosité. A mon avis, celui-là est un sot qui, en admettant qu'il ait quelque chose à raconter, fait à sa femme le récit de ses galanteries. A quoi bon descendre à plaisir des hauteurs où vous a placé l'amour pur de la jeune fille pour se révéler à elle le héros d'aventures vulgaires, ou le convalescent échappé de quelque grande passion, avec l'imagination éteinte et le cœur plein de cendres? Orphelin dès ma naissance, pendant ma longue jeunesse, j'ai cherché le plaisir, j'ai vécu de la vie des autres hommes, mais c'est vous, vous seule, qui m'avez appris à aimer. »

Un comte de Noirmont, homme de soixante-six ans, et qui fut longtemps le guide, le tuteur d'Herman au moral, qui jusqu'à un certain point l'est encore, est arrivé depuis peu de jours dans cet intérieur. Seul des anciens amis d'Herman, il a été l'un des témoins de son mariage, et il ne l'a pas perdu de vue depuis. M. de Noirmont est un personnage bien vrai, et qui nous rappelle plus d'un profil connu :

« Né avant 89, d'une ancienne maison, mais abandonné à lui-même dès l'enfance, libre par conséquent de préjugés traditionnels, il a assisté avec indifférence, presque avec joie, à la chute de la vieille société. Après avoir été l'un des beaux du Directoire, il est encore un type d'élégance et de distinction; exclusif dans les relations du monde, il ne fréquente guère cependant que les femmes de théâtre : aussi dans les salons a-t-il une réputation de cynisme, et les vérités hardies qu'il lance parfois dans la conversation sont traitées de paradoxes. Il a pour habitude d'accabler les sots sous l'ironie des compliments, et d'user d'une sévère franchise envers ceux qu'il estime ou qu'il aime. C'est un homme d'un tact sûr, d'une expérience consommée, et, quoi qu'on en dise, il a prouvé qu'il était exceptionnellement capable de dévouement. »

Si j'osais prendre la liberté d'éclairer ces portraits par des noms connus, je dirais que ce comte de Noirmont est un bon Montrond, un Montrond qui n'a été corrompu qu'à point. Ce que j'aime surtout dans cette pièce dont le canevas est un peu artificiel et romanesque comme la plupart des canevas dramatiques, c'est que la séve moderne y circule et qu'on a bien affaire à des personnages de notre temps qui ont vécu et qui vivent.

Herman, en présence du baron Fritz, ce beau-frère entiché de sa noblesse et des vieux préjugés germaniques, maintient lui-même le rôle du noble moderne converti aux idées du siècle : il répond à l'accusation banale d'être un déserteur de sa caste et de n'avoir ni foi ni principes : « Croyez plutôt, dit-il en parlant des Biron, des Custine, des La Fayette, qu'il a fallu une foi bien ferme à ces déserteurs qui, dans la solitude de leur conscience, se sont voués à la haine de ceux qu'ils abandonnaient, à la méfiance de ceux qu'ils voulaient servir, sans autre espoir que la justice tardive de la postérité. » Mais ce commencement de discussion entre Herman et Fritz est arrêté à temps par un geste d'Emma qui n'entend pas que ses deux adorateurs, comme elle dit, combattent sur ce terrain, et qui les rappelle à l'ordre. Il y a assez de politique pour poser les caractères, pas assez pour ennuyer. Dans son désir de changer le sujet de conversation, Emma prend le journal des mains de M. de Noirmont et se met à lire le feuilleton à haute voix : « Théâtre-Italien. — Ouverture. — *Don Juan*. — Rentrée de Mlle Pompéa... »

Qu'est-ce que cette Pompéa, dont le nom sonne si en accord avec celui du duc Pompée? Cette divine cantatrice n'est autre que l'élève, la fille chérie, la création, l'esclave, la maîtresse (comme vous voudrez l'appeler) du duc Pompée qui, au temps de ses triomphes désordonnés et de sa gloire, lui avait donné son nom, procuré une fortune, et qui l'a laissée dans la douleur en s'éclipsant... Enfin elle a fait son deuil et elle rentre... La conversation s'engage alors forcément sur ce duc Pompée, ce mystérieux élégant si soudainement disparu : M. de Noirmont ne dit que ce qu'il en faut pour satisfaire à la curiosité des personnes présentes qui ne soupçonnent pas Pompée dans le comte Herman.

Elles vont bientôt être forcées de le reconnaître. Mlle Pompéa a par hasard appris du tapissier chargé de meubler l'hôtel du comte, et qui se trouve être le sien, qu'il est de retour en France, qu'il habite à Maran aux environs de Fontainebleau, et elle s'est mise en route sur l'heure pour le revoir : elle arrive, accompagnée d'une vieille cantatrice, la signora Barini, ancien contralto qui a eu ses beaux jours, une manière de duègne très-peu duègne, une utilité, un embarras, le meilleur cœur et la meilleure langue de femme, baragouinant un français italianisé et jargonnant à tue-tête. M. de Noirmont se trouve à propos dans le parc pour les recevoir à leur arrivée et pour essuyer le premier choc : elles ignorent tout ce qui s'est passé, et que le duc Pompée est marié, et qu'il a nom désormais le comte Herman, et qu'il est converti à la vie régulière, amoureux de sa femme... Noirmont les informe et les instruit; un instant, il essaye de décourager Pompéa et de lui ôter l'idée de revoir celui à qui elle doit tout.

— « Après deux ans de séparation, je retrouve le seul homme que j'aie aimé, lui dit-elle; je sais qu'il est là, peut-être à deux pas de moi, et vous me proposez de partir sans l'avoir vu, sans m'être assurée par moi-même qu'il existe! Cela est au-dessus de mes forces. Je ne demande que la faveur de lui parler un instant; pour l'obtenir, je m'adresserais à sa femme elle-même. »

Noirmont n'insiste plus : il comprend qu'il vaut mieux pour Herman, puisqu'il faut tôt ou tard la rencontrer, revoir cette fois Pompéa, et à l'instant même, et livrer résolûment le grand combat; car c'est bien de ce côté que se présente la bataille rangée et que va être le fort du péril; le reste n'est rien ou servira plutôt de diversion et de secours; la coquetterie avec la future belle-sœur n'est qu'une escarmouche plus vive qu'effrayante, entamée à peine; mais revoir Pompéa belle, jeune, ayant les droits du passé, dans la plénitude de la vie, à l'âge de vingt-six ans, avec ce je ne sais quoi d'impérieux et de puissant qu'une première douleur ajoute à la passion et à la beauté... le danger est là, danger d'une reprise fatale; et, en pareil cas, mieux vaut affronter une bonne fois, qu'éluder.

J'ai dit que M. de Noirmont est un bon Montrond. Il n'a rien d'essentiellement malicieux, en effet, rien de diabolique dans son fait ni dans son intention. Ce n'est pas lui qui raillerait son ami et son élève de dégénérer en père de famille ; il l'y encourage au contraire, il prend intérêt à sa jeune femme et à leur commun bonheur. Herman non plus n'a rien de diabolique ni de cruel comme certains roués célèbres, comme ce premier petit Lauzun, amer et méchant homme. Le don Juan de Molière lui-même est autant un impie qu'un libertin ; il y a un fonds de méchanceté en lui, comme aussi chez Lovelace ou chez le Valmont de Laclos. Il existe dans ces caractères, avec des nuances diverses, une base d'orgueil infernal qui se complique de recherche sensuelle, une férocité d'amour-propre, de vanité, et une sécheresse de cœur jointes au raffinement des désirs, et c'est ainsi qu'ils en viennent vite à introduire la méchanceté, la cruauté même et une scélératesse criminelle, jusque dans le plus doux des penchants, dans la plus tendre des faiblesses. Exécrable race, la plus odieuse et la plus perverse ! Le duc Pompée n'a rien de cela ; c'est un aimable et gracieux libertin, séduisant, facile, abandonné ; il n'est pas né méchant, et il ne l'est pas devenu. Tout élément cruel est absent de sa nature ; je vois en lui une variété d'Almaviva ou de d'Orsay, un type de sensualité élégante. Tout au plus le volage mériterait-il qu'on dît de lui en amour ce que Socrate disait à Alcibiade : « Vous demandez toujours quelque chose de tout neuf ; vous n'aimez pas à entendre deux fois la même chose. »

Le drame, en cet endroit, est très-bien mené : le comte Herman, tout amoureux qu'il est de sa femme, se voit conduit à la limite et comme à l'entrée d'une triple infidélité. Pour la première fois, après bien des agaceries, au retour de la chasse où il a accompagné Emma, sa prochaine belle-sœur, il lui arrive de risquer une déclaration qui n'est pas mal reçue d'elle. L'instant d'après, l'occasion lui venant jeter sous la main Lisette, la fille du jardinier, il propose à la petite un rendez-vous dans le parc pour minuit. Et c'est quand il est ainsi en voie d'être doublement infidèle, qu'il apprend de Noirmont l'arrivée de Pompéa et la nécessité de la revoir sur l'heure, d'accomplir l'épreuve décisive qu'il ne pourrait au reste que différer. Un moment Herman recule; il essaye de tourner la difficulté trop présente et inattendue, moyennant une petite lâcheté : que Pompéa parte sur l'heure, et il promet de se rendre demain secrètement chez elle. C'est dans ce compromis et ce subterfuge que se glisse encore la pensée d'une faiblesse et d'une rechute ou demi-rechute. Noirmont n'a garde d'y prêter la main ; il n'est pas homme à se laisser donner le change : quand le diable se mêle de faire l'ange gardien, il y voit plus clair qu'un autre et perce à jour toutes les malices. Non, ce n'est point dans la chambre clandestine, toute pleine encore des anciens parfums et où tout est piége, qu'Herman ira sceller et consommer la rupture ; c'est chez lui, en présence de sa femme, près de son enfant, au centre de ses affections, sur ce terrain pur et solide, qu'il devra revoir Pompéa et rester invulnérable sous ce regard enflammé qui va tenter de le ressaisir.

Le danger sérieux de cette rencontre avec Pompéa

aura cela de bon, d'ailleurs, de diminuer et d'absorber en soi les deux autres dangers, ou plutôt (car la pauvre Lisette ne compte pas) le seul danger de l'intrigue avec la belle-sœur. Si la vertu conjugale d'Herman triomphe dans la lutte avec Pompéa, la voilà sauvée et raffermie, au moins pour un bon temps. Herman aura fait d'une pierre deux coups, ou, comme disent nos voisins, il aura tué trois oiseaux d'une seule pierre.

Tout s'est assez bien passé d'abord : la comtesse s'est senti de la sympathie pour la grande artiste dont la présence se trouve suffisamment expliquée par une visite à des ruines voisines, à une tourelle gothique du parc, et elle a retenu les visiteuses pour ce soir-là au château. La Barini a jeté dans l'entretien une gaîté, une familiarité un peu burlesque, qui a couvert et sauvé plus d'un embarras. La nuit est venue; le comte Herman est dans son appartement; il paraît calme, content de lui; il a assez bien mené sa triple intrigue : il se flatte d'avoir louvoyé assez habilement tout le soir entre Emma et Pompéa, sans trop se trahir; la Lisette, au moyen d'un signe convenu, vient de lui faire tenir une réponse favorable pour le rendez-vous de minuit; enfin il a donné un rendez-vous à Pompéa pour ce soir même, tout à l'heure, dans son appartement, et il l'attend de pied ferme. Voilà notre don Juan au complet, et de plus qui se croit un bon mari, ce qui est le trait comique. Noirmont cependant a tout vu et tout deviné; avant de laisser son ami, il le gronde et lui fait honte de toutes ces duplicités; et quand Herman s'étonne de cette sévérité de langage à laquelle un tel mentor ne l'avait pas accoutumé jusque-là, Noirmont lui explique ses principes, car il en a, et qui se réduisent presque à un seul sentiment bien arrêté, la haine de l'hypocrisie :

« Il est vrai, lui dit-il, je suis en guerre ouverte avec les salons; je scandalise un monde corrompu à qui je refuse la satisfaction des apparences. Avec moins d'expérience et un sentiment plus haut du devoir, j'aurais peut-être tenté de le réformer; mais, dans la pratique, j'ai reconnu que le mal est vivant, que les abus sont des hommes, et se comptent par milliers. J'ai vu, dans mon enfance, une génération convaincue s'avancer intrépidement au-devant des obstacles, et je sais combien de sang et de larmes coûte chaque progrès de l'humanité; j'ai vu, au lendemain de la Terreur, les restes de cette société égoïste et frivole se dédommager de quelques années d'abstinence en se jetant dans une licence sans limites : j'ai suivi le torrent, et, sans égard aux formes nouvelles, je continue les mœurs de mes contemporains. Mes défauts sont nombreux; ma seule qualité, ma règle de conduite est le respect de la sincérité. Si je provoque le scandale, je hais le mensonge; jamais, pour triompher d'une résistance, je n'ai eu recours à la comédie de l'amitié; jamais je n'ai prodigué les feintes promesses ni les faux serments d'une éternelle flamme; jamais je n'ai séduit, jamais je n'ai trompé... »

Morale facile, morale commode, mais qui va devenir rare encore en ce siècle, s'il continue dans la voie où il est depuis quelque temps engagé, et où il semble faire des progrès chaque jour, celle du faux-semblant convenu et de l'hypocrisie utile. C'est beaucoup, à qui a perdu comme Noirmont boussole et gouvernail, d'avoir gardé une dernière ancre de sûreté, — sincérité et franchise.

Une belle scène : Pompéa entre chez Herman, et le tête-à-tête commence. Pompéa s'y montre à la fois naturelle et habile, tendre, railleuse, sarcastique et passionnée tour à tour; l'artifice, s'il y en a (et en pareil cas il y en a toujours) disparaît bientôt dans la franchise et une sorte de droiture violente. Elle commence comme toute femme digne de ce nom, comme toute amante, par un transport, par un premier mouvement :

« Je te retrouve enfin, mon maître! mon Pompée! Depuis que je t'ai rencontré dans le parc, cette contrainte me pesait comme un manteau de plomb! Dis, m'as-tu gardé une petite place dans ton cœur? »

Sa seconde pensée est sur elle-même et sur sa beauté : inquiétude la plus prompte après la première, et qui n'est que la première encore, un peu déguisée; car si elle est aussi belle que jamais, elle est presque certaine d'être aimée autant qu'elle l'a jamais été : « Je suis bien vieillie, n'est-ce pas? »

On la rassure; ce n'est pas elle qui a vieilli, c'est Herman; il prend tout sur lui, il s'excuse, il s'humilie; la nécessité...; il raconte son histoire, ce testament d'un vieil ami, d'un père... plus qu'adoptif; c'est Pompéa du moins qui le dit, comme elle l'a deviné, à la simple vue d'un portrait et à la ressemblance; — il parle de son amour pour sa femme, de ce sentiment nouveau qui lui est venu en la voyant :

« J'ai senti que près de cette charmante personne je devenais meilleur; j'ai apprécié ses excellentes qualités; je l'ai estimée, puis aimée d'un amour inconnu, confiant, impérissable... »

Mais Pompéa n'est pas de celles qui prennent le change; elle sourit d'un sourire de pitié :

« Voilà une idylle qui a le défaut d'arriver trop tard; hier je t'aurais cru, mais il ne fallait pas me faire passer la soirée avec ta belle-sœur. »

Herman assure ne pas comprendre; Pompéa reprend :

« Est-ce qu'on nous trompe, nous autres? Tu es son amant. Du reste, je ne t'en fais pas mon compliment : elle est sans grâce, affectée. A ta place, ses œillades et ses roucoulements m'ennuieraient. »

Ici Herman s'irrite. Pompéa a touché la corde sensible, la fantaisie ou passion naissante au cœur d'Herman. Qui sait? sans cette complication et s'il n'y avait eu contre elle que la femme légitime, Pompéa triomphait peut-être. Herman va être plus fort contre Pompéa, non à cause d'Isabelle, mais parce qu'il a une préférence actuelle et secrète pour Emma. S'il faut être infidèle, c'est une infidélité nouvelle qu'il préférera à une ancienne, et Pompéa vient d'insulter à cette nouveauté d'infidélité. Les reproches éclatent, les larmes. Herman s'approche, essaye de la consoler et lui prodigue les protestations, même les paroles de tendresse. Ici l'on a une éloquente et passionnée réponse où Pompéa, comme une prêtresse égarée, évoque et rassemble dans une idéale image toute la poésie et l'âme de sa jeunesse :

« Je te dois tout, s'écrie-t-elle, le bien comme le mal ; pour être, j'ai attendu un signe de ta volonté, et tu m'as faite semblable à toi. Ne te souvient-il pas de mes supplications, de mes larmes, le soir où tu m'as arrachée tremblante de notre nid pour me produire devant tes amis ? As-tu oublié ma honte et ma douleur premières à ces fatals soupers où tu réunissais, au milieu des bacchantes, artistes, écrivains, compositeurs, poëtes, où chacun excellait en quelque chose, les uns types modernes de la beauté antique, les autres étincelants de saillies, servant aux convives leur esprit toujours présent, celui-ci sa verve satirique, celui-là son intarissable gaîté de sublime bohème ; saturnales du génie, vrai paradis du vice ! Ainsi, dit le poëte, au temps des Césars, une jeune chrétienne était amenée dans le cirque ; ses yeux, mouillés de pleurs, levés vers le ciel, y cherchaient un appui, ses mains essayaient de dérober ses charmes aux regards des spectateurs ! Après l'affreuse attente, au signal donné, les belluaires ouvraient l'entrée de l'arène aux bêtes féroces ;... mais, au lieu du tigre de l'Inde ou du lion de Numidie, s'avançait une joyeuse bacchanale : les trompettes d'airain résonnaient, les tambourins battaient, les vierges folles couraient le thyrse à la main, et de jeunes garçons portaient en chancelant des outres pleines de vin nouveau. Surprise à cette vue, le passage subit des affres de la mort à l'excès de la vie amollissait son cœur et brisait son courage ; l'air était embrasé, des nuages de pourpre passaient devant ses yeux ; on l'entourait, un prêtre de Bacchus versait à flots le vin à ses lèvres entr'ouvertes ; on entonnait le chœur des Corybantes, et, la prenant par la main, on l'entraînait dans la ronde en délire, jusqu'à ce qu'enfin, haletante, épuisée, elle tombait à son tour ivre de volupté. »

Et Herman, pour toute réponse, oublieux et enivré,

s'écrie : « Que tu es belle ainsi, ô ma belle jeunesse !... »

Ce n'est plus la seule Pompéa, en effet, qui a parlé, c'est le passé tout entier, c'est toute sa jeunesse qui s'est rassemblée une dernière fois aux yeux d'Herman et qui lui apparaît comme dans un miroir magique. Cette page est à joindre, pour l'ardeur et la vérité de l'expression, à toutes celles d'Alfred de Musset se rapportant à la même date morale. M. d'Alton-Shée, par la bouche de sa Pompéa, nous a laissé à sa manière son tableau de Couture.

L'autre jour, à propos de *la Vérité dans le vin,* cette jolie comédie de Collé, je parlais de ces œuvres d'esprit qui sont des témoins d'un temps et qui marquent une date dans l'histoire des mœurs et des plaisirs. Ici, dans le tableau tracé par Pompéa, nous avons le genre d'ivresse et de fureur cher aux années qui suivirent 1830.

J'ai souvent fait un rêve, ou plutôt (car la chose est irréparable) j'ai formé et senti un regret : c'est que parmi toutes ces générations qui se sont succédé dans notre France légère depuis tant de siècles, il ne se soit pas trouvé, à chaque génération un peu différente, un témoin animé, sincère, enthousiaste ou repentant, présent d'hier à la fête ou survivant le dernier de tous et s'en ressouvenant longtemps après ; lequel, sous une forme quelconque, ou de récit naïf, ou de regret passionné, ou de confession fidèle, nous ait transmis la note et la couleur de cette joie passagère, de cette ivresse où l'imagination eut bien aussi sa part. On aurait ainsi, à leur moment de délire et d'abandon, le signalement des générations si nombreuses que de loin l'on confond, et à qui l'on ne peut plus que dire avec le poëte :

> Passez, passez, Ombres légères,
> Allez où sont allés vos pères
> Dormir auprès de vos aïeux...

On saisirait en quelques traits leur physionomie distincte. On ne commencerait pas avant Henri IV, laissant derrière soi les Valois avec leurs goûts douteux et leurs caprices bizarres; mais, dès Louis XIII, on aurait une de ces scènes d'intérieur ou les jeunes seigneurs et gentilshommes du temps, les Montmorency, les Liancourt, en compagnie du poëte Théophile, célébraient la fête de la jeunesse et celle, dit-on, de la Nature. On saurait à quoi s'en tenir sans écouter les calomnies et les noirceurs délatrices qui de tout temps se sont attachées aux agapes secrètes, mais qui alors appelaient à leur aide le geôlier et le bourreau. Puis, arrivant à une autre régence, au début d'un autre règne, on saurait à quoi s'en tenir également sur ces festins mystérieux des Bussy et de ses libres compagnons : ici la satire politique et personnelle, l'épigramme frondeuse se mêlaient très-probablement à des gaîtés plus fines qu'innocentes. Dans cette course à vol d'oiseau sur les folies du passé, on laisserait bien vite avec dégoût ce qui n'est que bruit, étourdissement et débauche vulgaire; on glisserait, comme un Hamilton l'eût pu faire, sur la cime des choses, on n'en prendrait que la fleur, — assez pour la reconnaître, rien de plus. Ainsi

d'époque en époque, de trente en trente années, on
saurait les recommencements, les ardeurs premières
et les folles cocardes de chaque jeunesse, ce qui faisait
que son rêve délirant n'était pas tout à fait le délire
d'une jeunesse qui avait précédé. On commence à le
savoir assez bien à partir du xviiie siècle, qui ne s'est
pas fait faute de révélations de tout genre; mais on
voudrait pourtant que des plumes légères aient plus
souvent pris la peine de nous le dire et de fixer, à des
moments et pour des sociétés distinctes, ce qui ne se
ressemblait pas si uniformément qu'on le suppose.
Quand je vois, vers la fin du siècle, que tant de soupers charmants où la beauté, l'esprit, la poésie en personne (André Chénier en était), l'éloquence déjà elle-
même et la politique à l'état d'utopie et de rêve, se
cotisaient à l'envi pour payer leur écot, quand je vois
que ces réunions d'élite n'ont eu pour annotateur qu'un
Rétif de La Bretonne, j'en rougis pour les délicats convives; un valet de chambre en eût mieux parlé. Ce
n'eût pas été trop d'un prince de Ligne pour être l'his-
toriographe des princes de l'esprit, — un historio-
graphe comme il en faut aux choses sacrées et dites
sous la rose,... un écouteur qui entend à demi-mot, qui
court et qui passe, qui ne note que quelques traits rapides et charmants. C'est ainsi que je la conçois en
idée, cette histoire française du plaisir. Rien de grossier, rien d'inutile ; on n'aurait que la pointe de chaque
gaîté, la flamme de chaque punch. Sous le premier
Empire, la joie était redevenue une pure joie, une joie
naturelle, pétillante, sans arrière-pensée, la joie du Ca-

veau et des enfants d'Épicure; mais après 1830, aux environs de cette date nouvelle, l'imagination reprit son essor; le plaisir ne se produisait lui-même que sous air de frénésie et dans un déguisement qui le rendait plus vif, plus divers, plus éperdu, donnant l'illusion de l'infini; il fallait, même en le poursuivant, satisfaire ou tromper une autre partie de soi-même, une partie plus ambitieuse et plus tourmentée. Chateaubriand et Byron étaient venus; il fallait, quand on s'amusait, s'enfoncer plus fort le plaisir pour s'arracher à un ennui plus intime et plus poignant. Il se mêlait à l'ivresse des coupes je ne sais quel parfum et quelle soif de poésie. C'est une de ces scènes chères à ceux qui s'intitulaient les enfants du siècle, c'est leur idéal d'orgie, une de ces bacchanales éclatantes et sacrées que Pompéa vient d'évoquer devant Herman, et elle n'a plus ensuite qu'à vouloir, ce semble, pour triompher de lui.

Mais elle dédaigne un vulgaire et incomplet triomphe. En vain Herman l'a prise dans ses bras et la supplie de s'y oublier, ne fût-ce qu'une nuit, ne fût-ce qu'une heure; Pompéa s'en arrache : ce qu'elle veut, c'est le duc Pompée tout entier, tel qu'autrefois, lui ou rien :

« Ou toujours, ou jamais ! lui jette-t-elle pour adieu en sortant; jamais au comte Herman, ou toujours à Pompée ! »

Le moment de la grande épreuve est passé. Herman, aussi faible que possible, s'en est tiré avec plus de bonheur que d'honneur, grâce à la seule énergie de Pompéa et à cette fierté de passion qui ne veut rien à demi. A partir de ce moment, les difficultés du drame ne sont plus que des complications scéniques et une affaire de dénoûment, mais la question morale est gagnée, au moins provisoirement et sur le point capital où elle était engagée. Pourtant l'homme chez Herman est si faible et si misérable qu'encore étourdi du refus qu'il vient d'essuyer, sentant que le danger désormais pour lui n'est plus que du côté d'Emma, et bien résolu d'y parer, il va, pour se rafraîchir les idées, chercher au parc... qui?... cette Lisette dont il se ressouvient tout d'un coup un peu tard et qui, heureusement, ne viendra pas.

Pompéa, après sa tentative de reprise de possession et cet effort suprême qu'on a vu, s'exécute et se conduit en noble et loyale nature; elle a inspiré à la comtesse une sympathie involontaire, quasi magnétique, dont elle est reconnaissante et qu'elle se promet de ne pas trahir. Tout s'accommode, moyennant quelque imbroglio encore et à la suite d'une dernière transe affreuse que Noirmont croit devoir infliger à Herman pour lui servir de leçon. Voilà donc la belle-sœur et Fritz qui partent, réconciliés tant bien que mal entre eux, aigris en revanche et piqués contre tout le monde. Pompéa elle-même ne compte pas rester, comme bien l'on pense; mais elle fait plus, elle annonce qu'elle quitte Paris et qu'elle doit partir à la fin du mois pour Pétersbourg où elle est engagée, dit-elle, pour trois ans. L'avenir de bonheur du comte Herman et de son Isabelle est désormais assuré, s'il sait être sage et s'il tient compte mieux que par le passé des conseils de Noirmont.

Au milieu des vérités d'observation et d'expérience dont cette pièce est semée et qui sont exprimées d'une touche ferme et sans prétention, il y a donc, contrairement à plus d'un exemple à la mode, une veine de sentiment et de bonne nature; il s'y rencontre à tout instant, à travers les faiblesses, de bonnes fibres en jeu. Ce n'est pas âcre ni cruel. J'y vois bien le mélange qu'offre d'ordinaire l'humanité. M. d'Alton-Shée qui l'a connue et pratiquée n'a pas de parti pris contre elle, et je l'en loue.

J'aurais cependant pour ma part, avant de le quitter, un dernier avis à donner au comte Herman, puisque je m'intéresse à son bonheur et à celui d'Isabelle. Je crois peu à la guérison des passions quand elles sont réelles, profondes, et qu'elles se sont logées plus avant encore que dans le tempérament, je veux dire dans l'esprit et dans l'imagination. Je ne marche en ceci que d'accord avec tous les vrais moralistes : « La durée de nos passions, a dit le plus grand, ne dépend pas plus de nous que la durée de notre vie. » Ce même moraliste (La Rochefoucauld) a dit encore : « Il y a dans le cœur humain une génération perpétuelle de passions, en sorte que la ruine de l'une est toujours l'établissement d'une autre... On pourrait dire que les vices nous attendent dans le cours de la vie, comme des hôtes chez lesquels il faut successivement loger. » Or ceci me devient une lumière, et je la propose humblement au comte Herman, afin de mieux assurer son bonheur et de fortifier sa constance; car, comme tous les Almavivas convertis, il me paraît de sa nature un peu fragile. Pourquoi, puisqu'il

y a dans l'homme et sur le chemin de la vie des relais
de passions, ne pas en profiter pour s'éloigner tant
qu'on peut de la plus dangereuse, dès que l'occasion
s'en présente? La meilleure guérison, en fait de passion, est de tâcher de s'inoculer une passion nouvelle;
c'est, je crois, ce qu'on appelle en médecine la méthode *substitutive*. Quelle est donc la passion de rechange
que je propose au comte Herman, âgé de quarante-
deux ans et trop sujet aux tendres rechutes? Elle est
toute trouvée : « L'ambition, a dit un autre moraliste
des plus consommés, Senac de Meilhan, est une passion
dangereuse et vaine, mais ce serait un malheur pour la
plupart des hommes que d'en être totalement dénués;
elle sert à occuper l'esprit, à préserver de l'ennui qui
naît de la satiété; elle s'oppose dans la jeunesse à
l'abus des plaisirs qui entraînerait trop vivement, elle
les remplace en partie dans la vieillesse, et sert à entretenir dans l'esprit une activité qui fait sentir l'existence et ranime nos facultés. » Qu'Herman donc, s'il
veut rester fidèle à sa femme, au moins dans l'essentiel
(car je néglige tout ce qui ne tire pas à conséquence),
devienne ambitieux; il le faut à tout prix, et ce n'est
que de ce jour-là que sa conversion me paraîtra assurée. Tout immensément riche qu'il est, qu'il se crée
des devoirs, des obligations, des gênes; qu'il devienne
député, diplomate, ambassadeur, administrateur d'une
grande ligne de chemins de fer, que sais-je? mais qu'il
s'occupe, qu'il remplisse sa vie, qu'il bourre ses journées de toutes sortes d'emplois, sans quoi gare le retour
du vice favori! Il n'y a qu'un remède et qu'une garan-

tie contre le *don juanisme* quand il commence à battre en retraite, c'est de ne lui laisser ni paix ni trêve, pas une minute, pas un espace pour respirer. Le La Bruyère de l'antiquité, Théophraste, le savait bien lorsqu'il disait que « l'amour, c'est la passion des gens qui n'ont rien à faire. » Et Ovide n'a fait que traduire cette même pensée plus mythologiquement :

Otia si tolias, periere Cupidinis arcus.

ALEXIS PIRON [1].

« Vous savez ma façon vive de conter et de broder dans un premier mouvement. Je vis l'heure où M. D... allait passer en l'autre monde sur les ailes de mon esprit conteur, à force de rire et de pleurer. Cela ne fait pas le même effet sur vous, parce que ceci n'est rien, dénué des circonstances et du détail de la chose.....

« Vous dire mes bons mots, mes apostrophes, mes invectives, ce serait vouloir arranger les combinaisons des atomes. »

(*Lettres de Piron.*)

Piron, le sel et la gaîté même, est un sujet qui tente, mais auquel il est difficile de faire tenir tout ce qu'il promet; on ne ressuscite pas la gaîté pure : elle a jailli, elle a sauté au plafond, elle s'est dissipée. Représentons-nous les gais causeurs, les hommes de verve et de mimique excellente que nous avons connus ou que nous possédons, ceux qui, dans une soirée, les portes closes, en parodiant ou nos auteurs, ou nos

---

[1] L'Étude qu'on va lire a paru d'abord dans la *Revue contemporaine* du 31 octobre 1864; elle a été reproduite en tête d'une édition des *OEuvres choisies* de Piron, publiée chez MM. Garnier en 1866, à laquelle M. Jules Troubat a joint des analyses et des notes faites avec grand soin.

orateurs, ou nos simples bourgeois, nous font rire aux
larmes, — Henry Monnier, Vivier, feu Romieu, Méry le
conteur, et toi aussi, aimable Alfred Arago! — essayez
au sortir de là d'en donner idée à ceux qui ne les ont
pas entendus : tout s'est refroidi. Il en est de même
pour Piron ; il a laissé une réputation de folie, de lu-
ronnerie, d'enluminure joviale, que ses écrits ne sou-
tiennent pas ou ne justifient qu'imparfaitement. C'était
moins encore un auteur qu'une nature, une spécialité
de nature, quelque chose d'impromptu et d'irrésistible.
Pour bien connaître Piron et pour le faire connaître,
il faudrait avoir dîné avec lui. Essayons pourtant, après
tant d'autres (1), de l'esquisser.

I.

Né le 9 juillet 1689, à Dijon, il tient de sa province
en général et de sa famille en particulier. C'est un
fruit du terroir et d'un certain cru. Les Piron étaient
une souche de chansonniers, de malins compères et
de satiriques. Le père d'Alexis, Aimé Piron, maître
apothicaire de son état, et qui vécut quatre-vingt-sept
ans, fut l'ami et le rival de La Monnoye, ou plutôt son
second en matière de *noëls*. Il eut un jour maille à
partir avec Santeul, autre poëte de tempérament, qui

---

(1) Parmi ces *autres,* il est juste de distinguer les notices de
M. Arsène Houssaye, de M. Édouard Fournier, et un croquis très-
vif de MM. de Goncourt. — Ne pas oublier deux articles de M. Cuvil-
lier-Fleury, dans le *Journal des Débats* des 15 et 29 mai 1859.

accompagnait le prince de Condé aux États de Bourgogne : ils se prirent de bec et ne se réconcilièrent qu'en buvant. On est ici dans les vieilles mœurs; il faut s'y faire et ne point froncer les lèvres pour commencer.

« Aimé Piron, dit un biographe bien informé (1), avait un grand esprit de prévoyance, et, voulant connaître à fond le caractère de ses trois fils dans leur jeunesse, il les enivra un jour. *In vino veritas.*

« Puis, le lendemain, il parla ainsi à chacun d'eux : « Toi, dit-il à l'aîné, qui s'appelait Aimé comme lui, tu as le vin d'un porc; » parce qu'il s'était endormi aussitôt après avoir bu un peu plus que de raison. — « Toi, dit-il à Jean, son second fils, tu as le vin d'un lion; » parce que, dès qu'il fut gris, il ne chercha qu'à se battre. — « Et toi, dit-il à Alexis, tu as le vin d'un singe; » parce qu'il avait été très-gai et avait eu une foule de saillies plus plaisantes les unes que les autres, et qui l'avaient fort amusé. »

De ces trois fils, l'aîné fut de l'Oratoire et prêtre, c'était une franche bête, nous dit Piron (j'adoucis les termes); le second fut apothicaire comme son père et armé en guerre toute sa vie contre je ne sais quoi : ce lion-là, malgré tout, laisse à désirer; mais le troisième, le nôtre, fut bien réellement singe et poëte. Ces prédictions se faisaient en patois, la langue habituelle d'Aimé Piron. C'est, en vérité, une parodie burlesque, et à la Rabelais, de l'épreuve héroïque et terrible que

---

(1) *Les Piron ou Vies anecdotiques d'Alexis Piron, de son père et de son neveu,* par M. Auguste de....., imprimé chez Hennuyer et Turpin, aux Batignolles, 1844; une plaquette in-8°.

fit un jour le vieux don Diègue, père du Cid, sur ses trois fils. On est tombé de la patrie du *Romancero* au pays des gais *noëls*.

Piron et son père eurent bien des brouilleries et des querelles ; car ce père si joyeux voulait faire de son fils, malgré l'horoscope, tout autre chose que l'indiquait dame nature ; un poëte, payant et payé en monnaie de singe, n'entrait pas dans ses vues ; il maltraitait son fils et le maudissait de lui trop ressembler et d'avoir le gros lot. Mais Piron était fier de son père. En revanche, il l'était peu de sa mère, fille pourtant du célèbre sculpteur Dubois, mais qui paraît avoir été une personne assez insignifiante, étroite de cœur et d'esprit ; elle ne lui avait guère laissé de tendres souvenirs. Recevant un jour à Paris la visite de son frère l'apothicaire, qui venait le remercier de lui avoir fait un discours pour complimenter le prince de Condé aux États de Bourgogne, notre Piron s'exprimait ainsi :

« Cela m'a valu sa visite ; je ne l'avais pas vu depuis près de quarante ans. Son entrée chez moi fut un coup de théâtre ; il crut voir mon père, et moi ma mère. Il est dévot, sérieux, taciturne ; jugez du contraste. Pour moi, je crois que l'Altesse eût gagné à l'échange, et que j'aurais un peu mieux représenté le joyeux Piron (c'est-à-dire le père), qui plus de quarante à cinquante fois dans sa vie a fait l'âme du repas du tiers état. Une fois entre autres, étant assis à côté du maire de Beaune, le maire de Châtillon qui était à la gauche du maire de Beaune, se trouvant dans un moment d'enthousiasme, se leva et s'adressa au prince : *Monseigneur, à la santé de Votre Altesse et de tous vos illustres aïeux!* Dieu sait la risée. Le bruit cessé, mon pauvre père, que Dieu absolve! cria du même ton : *Monseigneur, ce n'est qu'un regaigneux; il a dérobé cela dans la poche du maire de Beaune* (je traduis le patois). Celui-ci en fureur voulait battre mon père, qui se défendit. Le prince les sépara. Parlez-moi de ces scènes du bon temps (1)..... »

Beaune passait pour la Béotie de la Bourgogne; toute balourdise, toute ânerie se mettait sur le compte des Beaunois; c'était de règle. Presque chaque grosse ville en province a ainsi sa plus petite près d'elle, qu'elle taquine et qu'elle nargue, qui lui sert de plastron : Lille et Turcoing, Montpellier et Lunel, Marseille et les Martigues, etc.

Le petit Alexis annonça de bonne heure ce qu'il serait. Il y avait à Dijon une procession dite de la Sainte-Hostie ou de l'Hostie miraculeuse; c'était une dévotion du pays. Son père étant échevin, Alexis fut choisi pour y figurer et porter une croix. Une grande pluie survint à l'improviste; tout le clergé se dispersa pour se mettre à l'abri; le petit Piron, resté seul, voulut faire comme les autres, et il jeta sa croix au beau milieu du ruisseau en disant : « Tiens, puisque tu as fait la sauce, bois-la! »

Les impiétés de Piron comptent peu ; elles ne partent pas d'un fonds d'incrédulité ; ce sont de pures saillies, comme on en avait au Moyen-Age, du temps

---

(1) Voir les *Portraits intimes du* XVIIIe *siècle* (deuxième série), par MM. de Goncourt, p. 55. La lettre, qui est du mois d'août 1754, est donnée un peu différemment à la p. 11 de *l'Évairement de lai Peste* (les moyens de se préserver de la peste), poëme bourguignon par Aimé Piron..... Dijon, 1832; une plaquette in-8°.

des fabliaux; il les expiera par une fin repentante. Et puisque nous avons mis l'insulte, mettons en regard tout aussitôt la réparation. Le même Alexis, à quatre-vingts ans, écrira au bas d'un crucifix qu'il avait dans sa chambre le quatrain suivant :

O de l'amour divin sacrifice éclatant!
De Satan foudroyé quels sont donc les prestiges?
Admirons à la fois et pleurons deux prodiges :
Un Dieu mourant pour l'homme et l'homme impénitent.

Le dernier vers est bon, mais le reste est bien mauvais; les repentirs, en général, sont moins agréables et moins lestes que les fautes.

Mais apprenons déjà à connaître Piron : que ce fût le bon Dieu, un ami, un parent, n'importe qui, quand un bon mot lui venait au bout de la langue, il ne le retenait pas. Quelqu'un a dit : La Fontaine poussait des fables, Tallemant portait des anecdotes, Pétrarque distillait des sonnets, Piron *éternuait* des épigrammes. *Éternuer,* c'était son mot à lui. Eh bien, on ne retient pas un éternument.

Un jour, dans une querelle avec son père sur le choix d'un état, les choses en vinrent au pire, si bien que, pour éviter une correction, Alexis dut se sauver et prendre l'escalier au plus vite; mais après la quatrième marche, il se ravisa en criant : « Halte-là, mon père! vous savez qu'après le quatrième degré on n'est plus rien. » Le père rit et fut désarmé, au moins ce jour-là.

Piron nous a raconté lui-même, dans la préface de

la Métromanie, comment ses parents, tout bons Gaulois qu'ils étaient, prétendaient l'engager dans un état régulier et le voulurent faire prêtre d'abord, puis médecin, puis avocat. Il ne put et ne voulut rien être que ce qu'il fut, un bel esprit, une belle humeur, et, comme l'a défini Grimm, une *machine* à saillies, à rimes et à traits, à épigrammes. La nature l'avait fait inepte à d'autres professions, et quand il ne l'aurait pas été absolument, l'éducation n'avait rien fait pour redresser à temps la nature. Les raisons qu'il donne à sa décharge dans sa prose un peu hétéroclite sont des plus sensées : on vous élève ou l'on vous élevait en ce temps-là au collége à ne rien tant admirer que Virgile, Horace, Ovide, Térence, à faire des vers à leur exemple, à ne voir la belle et pure gloire que de ce côté. De mon temps, c'était encore ainsi. On cultive donc dans les études, on surexcite des talents qu'il faudrait aussitôt après rengainer et rendre inutiles. Le logis et la classe sont en guerre : d'un côté, l'on prêche le positif ; de l'autre, on vous pousse ou l'on vous poussait au jeu de poésie. Pour peu que le génie de l'enfant s'y prête, il sort de là dans un parfait désaccord avec la société où il doit vivre, et tout disposé à mettre son *Hoc erat in votis* dans quelque belle élégie, quelque composition touchante, quelque comédie applaudie. Les tendres ne rêvent que Tibulle, les libertins se jettent du côté de Martial ; les uns comme les autres prennent le chemin de traverse en sortant.

On a publié, dans ces derniers temps (1), des vers

(1) Voir p. 167 et suivantes des *OEuvres inédites* de Piron, pu-

et des lettres de Piron datant de sa première jeunesse ;
il était amoureux d'une sienne cousine et soupirait pour
elle sous le nom de *Lysis;* il chantait les beautés
d'*Amaryllis* et se plaignait de ses rigueurs. On a beau
essayer de lire ces vers et cette prose également fades,
on ne peut se faire à l'idée que ce soit de Piron. Piron,
sentimental et langoureux, n'était pas encore lui-
même ; en donnant dans l'idylle et dans l'élégie, à la
suite de Segrais ou de Mme de La Suze, il payait le tribut que toute première jeunesse doit à l'imitation. Il
faut le chercher ailleurs.

Ses premières armes véritables se firent dans sa province et dans les guerres domestiques de clocher à clocher. On sait les plaisanteries proverbiales des Dijonnais
sur Beaune, les *ânes* de Beaune ! Entre voisins et vis-à-
vis, ces agréables démêlés entretenus et ravivés chaque
matin sont capables de durer une éternité : cela n'exige
pas de grands efforts d'invention ; on a les honneurs de
l'esprit à peu de frais. Piron, à qui tout sujet était bon,
vécut d'abord là-dessus et broda le thème en cent et
une façons qui pourront paraître des plus plaisantes
en effet, pour peu que l'on se prête à la circonstance
et que l'on consente à entrer dans le jeu. On a publié (1) et republié (2) de nos jours son *Voyage à Beaune*

---

bliées par M. Honoré Bonhomme (Poulet-Malassis, 1859, 1 vol.
in-8°).

(1) *Voyage de Piron à Beaune, écrit par lui-même* (Dijon, 1847 ;
une plaquette in-8°).

(2) *Voyages de Piron à Beaune,* seule relation complète, publiée
par M. Honoré Bonhomme (Paris, Jules Gay, 1863).

pour les fêtes de l'arquebuse en 1717. Il avait déjà déclaré ouvertement la guerre aux gens du lieu ; son père de tout temps avait fait de même : bon chien chasse de race ; c'était chez lui héréditaire ; on l'avait vu un jour, aux environs de Beaune, s'amusant à abattre à coups de canne et à la Tarquin des têtes de chardons. « Que faites-vous là ? » lui demanda un passant. — « Ne le voyez-vous pas ? je coupe les vivres aux Beaunois. » De tels mots arrivaient vite à leur adresse. Signalé à l'animadversion locale, on lui conseillait de ne point la braver en allant dans la ville avec les autres Dijonnais, chevaliers de l'arquebuse ; car la bêtise est aisément violente, et l'on pouvait lui faire un mauvais parti. Mais lui, riant de ces appréhensions, et d'un ton d'Ajax, il répondait :

> Allez! je ne crains point leur impuissant courroux,
> Et quand je serais seul, je les *bâterais* tous.

Chacun de ses mots était ainsi une aggravation et une récidive. A peine arrivé à Beaune, le soir, à la comédie, à un endroit des *Fourberies de Scapin*, comme on riait trop, un jeune homme du parterre s'écria : « Paix donc, messieurs ! on n'entend pas. » — « Ce n'est pas faute d'oreilles, » riposta Piron à haute voix ; et sur l'immense colère que souleva une pareille saillie, il dut sortir de la salle au plus tôt. Mainte autre aventure succéda à la première ; j'y renvoie et ne puis que les indiquer. Ce sont des historiettes inséparables du nom de Piron.

Sa fameuse *Ode à Priape* était déjà faite en ce temps

là, et elle date de quelques années auparavant ; il avait vingt ans, dit-il, quand elle lui échappa, ce qui la reporterait à 1710 environ. Il s'est peut-être fait un peu plus jeune qu'il ne l'était en effet, pour mieux s'excuser. Un autre jeune homme, qui n'était rien moins que conseiller au Parlement de Dijon, M. Jehannin l'aîné, l'ayant provoqué un jour à un cartel de débauche et de poésie, il en sortit cette Ode trop vantée. Je parle sans aucune hypocrisie de langage ; quand on l'a lue, on dit avec une sorte de dégoût : « Ce n'est que cela ; ce n'était pas la peine d'être si grossier et si immonde. » Pour que l'Ode de Piron fût un chef-d'œuvre dans son genre, comme on l'a trop dit, il faudrait que l'Ode de J.-B. Rousseau *au comte du Luc* fût aussi un chef-d'œuvre dans le sien. On l'a cru pendant quelque temps ; la comparaison avec les vraies œuvres des lyriques, depuis les chœurs d'Aristophane jusqu'aux stances byroniennes du *Don Juan,* a guéri les générations nouvelles de ces petites idolâtries, qu'on avait pour ses dieux Lares quand on n'était pas sorti de chez soi.

Piron, mandé pour cette débauche d'esprit devant le procureur général, était dans toutes les alarmes ; le président Bouhier le tira d'affaire. Cet homme de haute et fine érudition, et le moins gourmé des doctes, très-gourmet d'ailleurs, qui se régalait à huis clos avec son ami La Monnoye de tous les *erotica* et *pædica* de l'Anthologie grecque copiés par Saumaise sur le manuscrit d'Heidelberg, fit venir Piron et lui dit : « Jeune homme, vous êtes un imprudent ; si l'on vous presse trop fort pour savoir l'auteur du délit, vous direz que c'est moi. ». Qu'il lui ait fait sa leçon en ces termes, parlant à lui-même, ou qu'il la lui ait fait faire par le canal de M. Jehannin, le trait n'en est pas moins original et rare. C'est ainsi que la poursuite s'arrêta au début. Mais l'Ode fâcheuse resta suspendue sur la destinée de Piron pendant toute sa vie, et à tous les moments décisifs elle reparaissait comme un spectre fatal pour lui barrer le chemin. La délation veillait et tenait en main son arme ; elle ne s'en dessaisit jamais. L'Antiquité, qu'on nous vante toujours, nous trompe sans cesse ; nous ne sommes plus au temps d'Horace et de Pétrone, où ce genre de peccadille ne semblait que jeu et gentillesse. En ce monde des Anciens, un honnête homme tel que Pline le Jeune prétendait bien ne pas mourir sans avoir scandé et tourné en hendécasyllabes une bagatelle dans ce goût-là. Les Boissonade, les Hase, s'en gaudissaient hier encore, s'y délectaient à plaisir, et le premier en tirait mainte citation impunément ; mais c'était en grec. L'ex-abbé Noël, inspecteur général de l'Université, s'est compromis et a fait mal parler de lui pour s'y être complu trop ouvertement en latin (1).

(1) Le mal est plus prompt à se propager que le bien. Cette *Ode à Priape* avait couru la France et l'Europe avant même que Piron ait eu le temps de donner sa *Métromanie* et de se faire autrement connaître. On la savait, on la récitait, on la traduisait, et on ignorait le nom de l'auteur. Le réfugié berlinois, Jourdan, dans son *Voyage littéraire en France* (1733), y mentionne ceci comme une nouvelle : « Un de mes bons amis m'apprit que Piron, poëte de Paris fort estimé, était l'auteur de l'*Ode à Priape*. » Pour bien des gens, Piron est resté l'auteur de l'*Ode à Priape*, rien de plus.

Piron, trop à la gêne dans sa ville natale, vint à Paris vers 1719 : c'était un grand enfant, beau drille de cinq pieds huit pouces, belle mine sans élégance aucune, robuste en tout ; avec cela, myope ; ce qui lui donnait l'air singulier. Il commença pauvrement, fut copiste chez le chevalier de Belle-Isle, puis auteur pour le théâtre de la Foire. Il y débuta en 1722 par *Arlequin-Deucalion*, monologue en trois actes : Arlequin, qui est censé échappé au déluge, après avoir fait toutes les turlupinades imaginables, repeuple le monde à coups de pierre. Cela ressemble aux farces et moralités du temps de Gringoire. La Harpe a cherché malice et philosophie dans quelques paroles d'Arlequin refaisant des hommes selon le procédé mythologique, et intervertissant le rang de ces nouvelles poupées, mettant le laboureur en tête, puis l'artisan, l'homme d'épée ne venant que le troisième ; avec cet homme d'épée qui tranche du capitan, Arlequin commence par lui jeter bas d'un revers de main le chapeau à plumet qu'il a insolemment sur la tête :

« Chapeau bas devant ton père, quand tes deux aînés sont dans leur devoir. Ne croit-il pas avoir été formé d'une pierre plus précieuse que les autres ? Mon gentilhomme, un peu de modestie ; tout ton talent sera de savoir tuer, pour tuer ceux qui voudront tuer tes frères et les troubler dans leurs respectables professions. »

Le robin, l'homme de loi ou le procureur, qui ne vient qu'en quatrième lieu, reçoit aussi sa leçon, et la mieux sanglée ; c'est le plus sacrifié des quatre. Mais il n'y a pas là dedans de philosophie véritable ; et quoique Arlequin dise encore, à la barbe de la noblesse, en promulguant la charte de ses futurs neveux : « Ma suprématie aura soin de les égaliser : les cadets seront frères de leurs aînés, et, l'inégalité détruite, je réponds du bon ordre et de la félicité universelle ; » malgré ces boutades d'un bon sens bariolé d'humeur, il ne faut voir en toutes ces pages que de la gaîté gauloise, narquoise, des hardiesses comme du temps du bon roi Louis XII, et non des révoltes comme au lendemain de J.-J. Rousseau. Piron est, en politique comme en religion, un railleur du vieux temps, non un novateur à aucun degré; quand il a lancé son trait, il est content, et il n'a pas la *pensée de derrière,* la seule dont la portée aille loin.

Les premières pièces de Piron, espèces de vaudevilles, joués au théâtre de la Foire et qui lui valurent de Voltaire le sobriquet de *Gilles* Piron, avaient titre *opéras-comiques,* et c'étaient en effet les opéras-comiques du temps. Ce genre de spectacle, depuis si charmant et si français, alors au berceau, était des plus humbles et des plus bas; il consistait en de simples parades qui, nées sous la Régence, et grâce aux libres mœurs qu'elle favorisait, en avaient pris le ton. La licence qui signalait le genre à son origine, et qui lui attirait de fréquents démêlés avec le lieutenant de police, devait être imputée bien moins aux auteurs qu'au public même, qui le voulait ainsi. Tout est relatif : Le Sage, Fuzelier, Dorneval et Piron furent les premiers, nous dit Favart, qui tentèrent d'ennoblir ce théâtre; ils n'y parvinrent que fort incomplétement. Piron visait peu, je le crois.

à rien ennoblir ; ce cadre pour lui en valait un autre ; il vivait au jour la journée et s'amusait en s'amusant.

C'est de Piron, sans s'en douter, et d'un de ses opéras-comiques, que parlait Mathieu Marais lorsqu'il écrivait au président Bouhier le 18 novembre 1726 : « J'ai lu à ma campagne une petite comédie qui devait être jouée par les danseurs de corde et qui a été refusée à la police. Elle a pour titre *la Rose ;* cela est en chansons, et l'idée est prise du *Roman de la Rose* : il y a des choses très-fines, mais d'autres un peu fortes. » Et Mathieu Marais en donne une légère idée. Rosette (c'est le nom de la jeune fille) sait très-bien disputer et garder à travers maint péril la fleur de rosier qu'elle ne doit donner qu'à l'hymen ; un jeune berger, en définitive, l'emporte sur un vieillard chargé de pommes d'or et sur un bel esprit qui est d'une Académie. Ce passage est assez piquant :

ROSETTE.

Vous êtes un bel esprit ! Et quelle bête est cela, qu'un bel esprit ?

LE BEL ESPRIT.

Diable ! un bel esprit n'est pas une bête. Malepeste ! c'est la plus rare espèce d'homme qu'il y ait. J'ai lu même, dans les relations d'un voyage en Occident, qu'il y a un royaume là, des plus peuplés, où l'on n'en comptait que quarante.

ROSETTE.

Que quarante beaux esprits dans un royaume ?

LE BEL ESPRIT.

Non : et si encore il y avait dans l'errata du livre : *quarante,* lisez *quatre.*

C'est la première version du mot si connu : « Ils sont

quarante et ils ont de l'esprit comme quatre. » — *Et si encore* est une locution vieillie et pas trop académique, qui veut dire *et même, et pourtant.*

Arrivé tard à Paris, fortement marqué du cachet de sa province, Piron ne le perdit pas ; il n'eut jamais le ton, les belles manières d'un homme à la mode, ni même les simples façons d'un homme du monde : où les aurait-il apprises? Il n'en réussit pas moins de sa personne par cette verve d'autant plus originale et qui n'était qu'à lui ; les femmes l'appelaient le grand *nigaud,* le grand *dadais,* le petit *binbin.* Très-bien reçu chez la marquise de Mimeure en qualité de Bourguignon, il y rencontra quelquefois Voltaire ; mais par une vocation et comme une pente naturelle, quand Voltaire faisait sa cour à la dame, Piron s'en prenait à la suivante : chacun son niveau. Piron eut pour maîtresse la femme de chambre, — d'autres disent la dame de compagnie de Mme la marquise : il en fit plus tard sa femme. Elle lui apporta une humeur assortie à la sienne, et de plus quelque avoir.

Il se dit pourtant qu'il fallait aborder la haute scène et le grand genre pour montrer ce dont il était capable. Son compatriote Crébillon l'y encourageait. Il débuta au Théâtre-Français par la comédie en vers des *Fils ingrats,* en 1728 ; et en 1730, par la tragédie de *Callisthène.* Ce furent un demi-succès et une chute.

Il n'était pas homme à s'en attrister. Malgré cette nouvelle prétention d'auteur tragique, sa vie resta entrelardée de toutes les gaîtés bachiques qui étaient son fort. Après la tragédie, la farce. On en raconte une de ce temps-là, après *les Fils ingrats* et *Callisthène*. On en a fait des légendes et maint récit ; je prendrai la version de Diderot comme plus courte. Piron donc, suivant ce dernier, s'était un soir enivré avec un acteur, un musicien et un maître à danser ; il s'en revenait bras dessus, bras dessous, avec ses convives, faisant bacchanal dans les rues. On les prend, on les conduit chez le commissaire La Fosse, frère de l'auteur de *Manlius*. Le commissaire demande à Piron qui il est ; celui-ci répond : « Le père des *Fils ingrats*. » Même question à l'acteur, qui répond qu'il est le tuteur des *Fils ingrats* ; — au maître à danser, au musicien, qui répondent, l'un qu'il apprend à danser, l'autre qu'il montre à chanter aux *Fils ingrats*. Le commissaire, sur ces réponses, n'a pas de peine à deviner à qui il a affaire. Il accueille Piron, il lui dit qu'il est un peu de la famille et qu'il a eu un frère qui était homme d'esprit. — « Pardieu, lui dit Piron, je le crois bien ; j'en ai un, moi, qui n'est qu'une..... bête. »

Ajoutez les gros mots qui sont de rigueur ; car le plus souvent, en fait de bons contes, le mot honnête mis à la place de l'autre gâte tout. Cela faisait rire le guet, le commissaire lui-même et, le lendemain, tout Paris. Je ne sais si le lecteur en rira autant. Ce que je sais bien, c'est que l'homme d'esprit qui promène ainsi son imagination dans le ruisseau ne sera jamais un auteur tragique digne de ce nom, c'est-à-dire capable de concevoir en soi et de ressusciter le génie des temps, la flamme des passions et l'âme des grands hommes.

En 1734, on donna de Piron, le même jour, *l'Amant mystérieux,* comédie, et *les Courses de Tempé,* pastorale, avec musique de Rameau : le public siffla la première pièce, et incontinent après il applaudit la seconde, par où le spectacle finissait ; ce qui faisait dire par l'auteur à ceux qui l'embrassaient en sortant : « Messieurs, baisez-moi sur cette joue et souffletez l'autre. »

En 1733, pour se relever de son échec de *Callisthène,* il donna la tragédie de *Gustave Vasa.* Grimm la jugeait ainsi, bien des années après, en mars 1766, à l'occasion de la pièce de La Harpe sur le même sujet :

« Notre Piron a fait une tragédie de *Gustave,* il y a une trentaine d'années. Cette pièce eut beaucoup de succès ; elle est même restée au théâtre, et on la joue de temps en temps. Tout cela est fait à la française ; mais aussi longtemps que nos auteurs dramatiques ne sauront pas peindre les mœurs des personnages qu'ils mettent sur la scène, ni l'esprit des peuples et des siècles dont ils empruntent leurs sujets, je regarderai leurs pièces comme des ouvrages faits pour amuser ou épouvanter des enfants ; mais jamais je ne les croirai dignes de servir d'instruction et de leçon aux souverains et aux nations ; c'est pourtant là le véritable but de la tragédie. »

Il nous est impossible aujourd'hui, — à moi du moins, — de nous former une idée nette de ces pièces, surtout des tragédies d'alors, ni d'y saisir quelque différence à la lecture ; elles me semblent à peu près toutes pareillement insipides et d'un ennui uniforme. La distance les a égalisées.

Voltaire, moins impartial que Grimm et moins en

position de l'être, écrivait à ses amis, dans le temps même des premières représentations de la pièce et quand elle était dans sa nouveauté (février 1733) :

« On joue encore *Gustave Vasa*, mais tous les connaisseurs m'en ont dit tant de mal que je n'ai pas eu la curiosité de le voir..... M. de Maupertuis dit que ce n'est pas la représentation d'un événement en vingt-quatre heures, mais de vingt-quatre événements en une heure. Boindin dit que c'est l'*Histoire des révolutions de Suède*, revue et augmentée. On convient que c'est une pièce follement conduite et sottement écrite. Cela n'a pas empêché qu'on ne l'ait mise au-dessus d'*Athalie* à la première représentation; mais on dit qu'à la seconde on l'a mise à côté de *Callisthène*. »

Et à un Genevois de sa connaissance, il écrivait quelques mois après (septembre 1733) :

« Je ne suis point étonné que vous n'ayez pu lire la tragédie de *Gustave* : quiconque écrit en vers doit écrire en beaux vers, ou ne sera point lu. Les poëtes ne réussissent que par les beautés de détail. Sans cela, Virgile et Chapelain, Racine et Campistron, Milton et Ogilby, Le Tasse et Rolli, seraient égaux. »

Ce fut pourtant un succès pour Piron, et des juges même assez sévères, comme le fut l'abbé Prévost dans son *Pour et Contre*, rendaient justice chez lui à une certaine force d'imagination : « Il peint vivement, il a de grands traits. » C'était l'éloge qu'on lui accordait généralement.

Une particularité de composition, chez Piron, et qui lui est commune avec d'autres poëtes, mais qu'il poussait plus loin qu'aucun, c'est qu'il travaillait de mémoire; il avait non pas lu, mais récité ses *Fils ingrats* à l'assemblée des comédiens, de manière que la pièce avait été reçue avant que l'auteur en eût écrit un seul vers. Il leur récita de même par cœur toutes ses autres pièces. « Je me rappelle, disait Fréron, l'avoir entendu dans une société déclamer ainsi toute sa tragédie de *Fernand Cortez,* qu'il avait entièrement composée de mémoire, et dont il n'avait pas encore écrit un seul vers. » Il se montait à lui-même la tête en récitant d'un air de rhapsode, et il se refusait ensuite aux corrections et observations des comédiens. — Mais Voltaire, lui disait-on, s'y prête bien et corrige. — « Il travaille en marqueterie, répondait Piron; moi, je jette en bronze! » C'était pure illusion et jactance; il prenait sa chaleur de tête pour la température du dehors. Ces crâneries de poëtes nous sont connues : quand ce ne sont pas des gasconnades à la Lormian, ce sont des entêtements à la Lemierre.

II.

Venons-en à son chef-d'œuvre, *la Métromanie,* pour laquelle il se départit de sa roideur absolue, et par où il a bien mérité du théâtre et de la haute littérature (janvier 1738). Pour en bien juger, il convient de se remettre à la perspective du temps et de baisser un peu la lumière de la rampe; dans ce jour modéré et qui permet de mieux écouter chaque vers, l'ouvrage devient très-agréable à entendre. Piron, en faisant de la fureur poétique le sujet et le mobile de la pièce et d'une pièce en cinq actes, a beaucoup osé; il a fait une comédie, pour ainsi dire, individuelle : *la Métromanie ou le Poëte,* c'est sa propre histoire idéalisée, embellie, c'est *la Piromanie,* comme l'appelait Voltaire. On a dit qu'il avait voulu tourner celui-ci en ridicule sur un point, en prêtant à son Damis la même méprise dans laquelle était tombé le célèbre poëte avec d'autres beaux esprits du temps; ils avaient paru admirer sous la cornette un rimeur déguisé dont ils avaient fait fi d'abord quand il s'était présenté à eux sous son vrai nom. Mais Damis, malgré ce coin de mystification, n'est nullement sacrifié, et la raillerie ici n'a rien de bien cruel. Quoi qu'il en soit, l'action ne porte que sur une pointe d'aiguille; Piron a su soutenir et animer l'ensemble par d'heureux incidents, et surtout par une verve continue de dialogue. Voilà le mérite : un entrain vif, perpétuel, inattendu, une folie légère qui circule entre tous ces personnages et qui les met au ton :

Ici, l'amour des vers est un tic de famille.

Sous air de comique et de ridicule, que d'heureuses vérités d'art poétique l'auteur trouve moyen d'insinuer et de débiter !

La sensibilité fait tout notre génie;
Le cœur d'un vrai poëte est prompt à s'enflammer,
Et l'on ne l'est qu'autant que l'on sait bien aimer.
. . . .
Or il faut, quelque loin qu'un talent puisse atteindre,
Éprouver pour sentir, et sentir pour bien feindre.

Ce *M. de l'Empirée*, malgré son titre ambitieux, n'est-ce pas Piron lui-même, à table, dans les joyeux festins, chez le comte de Livry, partout où il arrive et où il est le bienvenu?

> On tenait table encore. On se serre pour nous.
> La joie, en circulant, me gagne ainsi qu'eux tous.
> Je la sens : j'entre en verve et le feu prend aux poudres.
> Il part de moi des traits, des éclairs et des foudres.

Sous air d'emphase, c'est la vérité. Le feu prenait vite, aux poudres avec Piron. La pièce est semée de vers devenus proverbes. Que dire de tous ces auteurs comme nous en voyons surgir chaque année à l'époque de nos prix d'Académie, honnêtes gens sortis des bureaux ou du commerce, anciens directeurs de l'enregistrement, généraux en retraite, qui se mettent à traduire en vers les Odes ou les Épîtres d'Horace, ou qui font des poëmes sur l'*Art militaire,* sur la *Peine de mort,* des fables surtout, des fables, — que dire d'eux, sinon ce qu'a dit Francaleu une fois pour toutes :

> Dans ma tête un beau jour ce talent se trouva,
> Et j'avais cinquante ans quand cela m'arriva?

Et tant d'autres saillies ; des mots à jamais fixés pour toutes les mémoires et qui font partie de toute conversation un peu lettrée, qui sont de la monnaie courante :

> Est-ce vous qui parlez ou si c'est votre rôle?.....
> . . . . . J'ai ri; me voilà désarmé.....
> Voilà de vos arrêts, messieurs les gens de goût!.....
> Le bon sens du maraud quelquefois m'épouvante.....

C'est une très-jolie situation et fort comique, que celle de l'oncle et du neveu mis nez à nez, à l'improviste, pour répéter un rôle qui se trouve être précisément celui de leur condition véritable, et que cette première confusion involontaire de la réalité et de la feinte. Francaleu, qui voit l'oncle Baliveau s'étonner si au naturel, ne peut s'empêcher de lui crier *bravo!* il prend la vérité même de la chose pour la perfection du jeu. Cela rappelle, dans un autre genre, certaine scène du *Saint-Genest* de Rotrou. La suite de cette scène entre l'oncle et le neveu poëte, et quand celui-ci fait entendre sa noble profession de foi, est de tous les temps; elle est encore du nôtre, car les familles n'ont pas changé, et le duel à mort entre la bourgeoisie et la poésie recommence à chaque génération. On a retenu les principaux points de cette plaidoirie ardente, éloquente :

Ce mélange de gloire et de gain m'importune.....
Que peut contre le roc une vague animée ?.....

Il y a élévation à force de verve. Le monologue du jeune auteur dramatique pendant qu'on représente sa pièce pour la première fois est d'un charmant et toujours vrai naturel. Piron a mérité tous les éloges qu'on donna à sa comédie dans le moment. Le peu clément abbé Des Fontaines, avec qui il se brouillera bientôt, disait :

« Tout le monde sait assez que le génie de M. Piron s'est formé lui-même : il est à lui-même son modèle. Il me suffit de vous dire, en général, que je trouve dans le cours de cette comédie, qui est d'un goût tout nouveau, autant de génie que d'esprit, et, si je l'ose dire, autant de jugement que d'imagination ; c'est ce que bien des gens sont incapables d'apercevoir ; car enfin tout y est préparé, amené, combiné, filé, contrasté, raisonné, conduit, comme dans les ouvrages des plus grands maîtres. Si l'on n'y trouve pas un certain intérêt de cœur, il y a un intérêt d'esprit qui le remplace..... La pure imagination ne fut jamais si heureuse. »

Ce jour-là, jour bien inspiré, Piron se montra en vers de l'école de Régnier, de Molière, de Regnard. La première comédie qu'il avait vue à Paris à son arrivée avait été le *Tartuffe*; on raconte que pendant la représentation il répétait souvent entre ses dents : *Ah! quel bonheur!* et ses voisins s'étant montrés curieux de savoir pourquoi : « Ah! messieurs, répondit-il, ne voyez-vous donc pas que, si cet ouvrage sublime n'était pas fait, il ne se ferait jamais! » Piron avait raison en parlant ainsi : lui-même, bien que si piqué au jeu par l'hypocrisie, il n'eût jamais pu ni osé aborder, même en idée, pareil sujet; il n'avait ni assez de sérieux, ni assez de hauteur dans l'âme. Mais il se rabattit à faire, après le maître, une des pièces les plus vives et les mieux venues dans ses propres données familières; il se surpassa, et ne recommença plus. On pense involontairement à lui quand on entend ce vers de Casimir Delavigne :

Nous avons trop d'auteurs qui n'ont fait qu'un ouvrage.

Pour expliquer la différence prodigieuse qu'il y a de *la Métromanie* aux autres ouvrages de Piron, on

raconte (ce qui est fort probable) que la pièce dut
beaucoup aux conseils de Mlle Quinault et de son frère
Dufresne, qui avaient tous deux infiniment de connaissance et de goût. Il y a telle scène, Grimm nous l'assure et paraît le tenir de bon lieu, qu'on lui fit recommencer vingt fois; le miracle est qu'il y consentit. Mais
Mlle Quinault avait pris le plus grand ascendant sur
son esprit, et, à force d'adresse et de soins, elle sut
obtenir de lui tous les sacrifices. Il est vrai que, la
pièce faite et représentée avec succès, Piron se re-
dressa, et comme les autres comédiens avaient joué
assez négligemment les deux premiers jours, il leur
en fit le reproche en plein foyer, devant témoins.
Mlle Quinault et son frère se trouvèrent offensés de l'in-
cartade qui, d'ailleurs, ne les concernait point; il y
eut une brouille entre elle et Piron, qui dura le reste
de l'année, et qui ne se termina qu'au prochain jour
de l'an, moyennant l'envoi d'une fable de lui, assez
baroque, *l'Ours et l'Hermine*. Il est l'Ours, et elle la
blanche Hermine.

La Métromanie se joue rarement; elle est en effet
fort difficile à bien représenter. « C'est une pièce sublime, disait le prince de Ligne, mais qui n'est faite
que pour les loges et quelques amateurs du parquet. Il
faut bien l'écouter, sans cela l'on ne s'y retrouve plus :
l'Empirée est plus difficile à jouer que *Pyrrhus*, et
Francaleu qu'*Agamemnon* (1). »

(1) Je consulte quelques anciens amateurs de la Comédie-Française, et aussi l'excellent sociétaire Régnier. Baptiste aîné jouait
Baliveau à ravir. Quand on lui demandait : « Lisez-vous *le Mer-*

III.

Ayant atteint le chef-d'œuvre et le sommet, nous laisserons les autres pièces du théâtre de Piron, qui ne méritent pas qu'on y revienne; son *Fernand Cortez,* plein de vers durs et barbares, que rien ne rachète, ne vaut pas mieux que le reste; ne parlons désormais que du petit genre où il excella et où il est vraiment piquant et réjouissant. *La Métromanie* est sa pièce de montre, son œuvre endimanchée; son talent de tous les jours était l'épigramme. Il en faisait ou, comme il dit, il en *éternuait* une ou deux chaque matin. Il faut dire de lui comme de Martial : dans le nombre il en a de bonnes, de médiocres et même de mauvaises en quantité; je ne m'arrêterai qu'aux meilleures.

Et contre Des Fontaines d'abord, sa bête noire : — c'est l'éternelle guerre du poëte contre son critique.

cure? » il répondait admirablement : « Jamais. » Ce *jamais* était dit de conviction et du fond des entrailles. Le tragédien Lafon faisait tous les dix ans, plus ou moins, un essai d'entrée dans la comédie; il prenait volontiers le rôle de Damis, *M. de l'Empirée.* Damas faisait aussi Damis, et s'en acquittait fort bien. Régnier jouait Mondor. Mais le public est resté toujours un peu froid. Il faudrait à *la Métromanie* un auditoire de jeunes auteurs en herbe, d'étudiants, un public d'Odéon. — On l'a redonnée depuis au Théâtre-Français, où elle a été écoutée froidement : « *La Métromanie* a rencontré chez nous, cette fois encore, un accueil trop sérieux pour être durable. » C'est ce que dit Janin dans un des meilleurs feuilletons qu'il ait écrits (*Journal des Débats* du 18 septembre 1865). — On m'assure qu'en examinant les textes imprimés de *la Métromanie,* on trouverait de notables différences d'édition à édition : ce serait à examiner.

Piron avait eu à se louer de lui, on l'a vu, à l'occasion de *la Métromanie;* ils n'étaient pas ensemble en très-mauvais termes, et Des Fontaines n'abusait pas trop du permis de chasse que le poëte lui avait donné. Un matin, en effet, il était venu trouver Piron et, après quelque préambule, lui avait déclaré que, de tous côtés, on lui coupait les vivres, qu'il n'y avait plus de nouveautés, qu'il ne savait plus, en sa qualité de critique, à qui se prendre ni où tirer un coup de fusil; qu'il lui demandait de ne pas trouver mauvais qu'il chassât quelquefois sur ses terres. C'était une demi-déclaration de guerre, mais il y mettait du procédé. Piron fit le galant homme et prit d'abord la chose du bon côté : « De tout mon cœur, monsieur l'abbé, lui répondit-il; grand bien vous fasse ! Grêlez sur le persil ! tombez sur moi ! Taillez, coupez, tranchez ! On ne refuse pas une permission de chasse à qui ne tire sa poudre qu'aux moineaux. » Mais, quelque temps après, Des Fontaines s'avisa de citer le passage d'une lettre de J.-B. Rousseau à Racine fils, où le poëte exilé se félicitait d'avoir Piron en visite à Bruxelles : « Je possède ici, depuis quelques jours, un de mes compatriotes au Parnasse, M. Piron, que le Ciel semble m'avoir envoyé pour passer le temps agréablement. M. Piron est un excellent préservatif contre l'ennui; mais il s'en va dans huit jours, et je vais retomber dans mes langueurs. » L'abbé, dans sa citation, soit malice, soit inadvertance, oublia la dernière ligne et s'arrêta après le *mais,* en ajoutant un *et cætera* qui laissait le lecteur libre de remplir la phrase de toute espèce de malice.

Ce trait de faux bonhomme irrita Piron, surtout quand d'obligeants amis lui en eurent fait sentir le venin. Il prit feu ; la moutarde, comme on dit, lui monta au nez, et les épigrammes contre Des Fontaines ne cessèrent plus. Il en fit jusqu'à cinquante-deux, comme plus tard il en fera trente-deux contre Fréron. Quand on tire tant de coups de fusil, il en est plus d'un qui rate. Voici la meilleure, sans contredit, de ces épigrammes contre Des Fontaines, et vraiment fort belle, digne de l'auteur de *la Métromanie* :

> Cet écrivain fameux par cent libelles
> Croit que sa plume est la lance d'Argail (1) :
> Au haut du Pinde, entre les neuf Pucelles,
> Il est planté comme un épouvantail.
> Que fait le bouc en si joli bercail?
> S'y plairait-il? penserait-il y plaire?
> Non. C'est l'eunuque au milieu du sérail;
> Il n'y fait rien et nuit à qui veut faire.

Malgré cette petite guerre, il paraît que Piron voyait Des Fontaines, qu'il le visitait même, et l'on raconte qu'à cette occasion il trouva moyen, en contrefaisant le bonhomme, d'amener l'abbé à écrire sous sa dictée la sanglante épigramme dirigée contre lui; ce fut un vrai tour d'adresse ; les circonstances nous échappent : il est permis d'y suppléer. Nous ne sommes pas dans un genre sévère; une anecdote n'est pas de l'histoire; on peut essayer de broder un conte, et pour moi je

---

(1) L'Argail, guerrier qui en vient aux mains avec Ferragus, dans le *Roland amoureux* du Bojardo.

m'imagine très-bien que la scène en question a pu se passer ainsi ou à peu près.

Un matin donc, Piron se présente chez l'abbé; celui-ci, en le voyant entrer : « Quoi! vous avez le front de venir ici? » — « Pourquoi pas? Je suis un effronté qui brave la pudeur, vous le savez. » — « Après l'infâme épigramme que vous faites courir contre moi? » — « Pas si infâme; elle est fort jolie. Vous êtes homme de goût, je vous en fais juge. » — « Elle est infâme, vous dis-je. » — « On l'aura changée en nourrice. La voulez-vous toute pure, telle qu'elle a jailli de mon cerveau? » — « Vous n'oseriez me la dire! » — « Moi! je vais vous la dicter si vous voulez; vous aurez le bon texte, le texte authentique, *ad usum Delphini*. C'est le mieux; en fait de classiques, vivent les bonnes éditions! Tenez, mettez-vous là, écrivez. » — L'abbé se met en devoir d'écrire; Piron commence :

Cet écrivain fameux par cent libelles.....

L'abbé : « *Libelles, libelles,* cela vous plaît à dire. » — « Vous savez, nous autres poëtes... il y a des nécessités de rime. » — Il continue :

Croit que sa plume est la lance d'Argail.

Des Fontaines écrivant : « *Argail, Argail!* c'est pour la rime encore; ce n'est pas trop bon, je vous en avertis. » — Piron continue de dicter :

Au haut du Pinde, entre les neuf Pucelles,
Il est planté comme un épouvantail.

Des Fontaines ne regimbe pas trop en écrivant ces deux vers : on le redoute, on le craint ; il se trouve assez à son avantage comme cela. Mais gare au prochain vers :

Que fait le bouc en si joli bercail?

« Le bouc! moi, un bouc! je n'écrirai jamais cela. » — « *Aries, dux gregis,* c'est pourtant joli. Eh bien, si vous ne voulez pas du mot entier, mettez tout simplement un b... suivi de points, on devinera ce qu'on voudra. » — Et de rire. Piron avait obtenu son effet et en était venu à ses fins. Il avait mis son épigramme en action.

Une autre fois, du temps de leur meilleure liaison, pendant les répétitions de *la Métromanie,* comme Piron entrait au café Procope en habit magnifique, qu'il s'était fait faire exprès pour servir de modèle à *M. de l'Empirée,* Des Fontaines, en le voyant, s'écria : « Quel habit pour un tel homme ! » Sur quoi Piron, prenant le rabat de l'abbé, riposta, à la grande jubilation de tous : « Quel homme pour un tel habit ! » Son triomphe était dans ces ripostes à bout portant. Il aurait pu s'appeler, de son vrai nom, *Noli tangere;* Gare à qui me touche! — Il avait son esprit au bout des doigts ; il en sortait des étincelles.

Il faut bien connaître aussi cette race de critiques d'autrefois dont l'abbé Des Fontaines était le père ou l'oncle, et que nous avons vue finir : lui, Des Fontaines ; — Fréron, qu'on a voulu réhabiliter de nos jours et regalonner sur toutes les coutures (une courageuse entreprise), — Geoffroy, — Duviquet; voilà la filiation, le gros de l'arbre; il y en avait, à droite et à gauche, quelques rameaux perdus; tous plus ou moins gens de collége, ayant du cuistre et de l'abbé, du gâcheux et du corsaire, du censeur et du parasite; instruits d'ailleurs, bons humanistes, sachant leurs auteurs, aimant les Lettres, certaines Lettres, aimant à égal degré la table, le vin, les cadeaux, les femmes ou même autre chose; — Étienne Béquet, le dernier, n'aimait que le vin; — tout cela se passant gaîment, rondement, sans vergogne, et se pratiquant à la mode classique, au nom d'Horace et des Anciens, et en crachant force latin; — critiques qu'on amadouait avec un déjeuner et qu'on ne tenait pas même avec des tabatières; — professeurs et de la vieille boutique universitaire avant tout; — et j'en ai connu de cette sorte qui étaient réellement restés professeurs, faisant la classe : ceux-là, les jours de composition, ils donnaient régulièrement les bonnes places aux élèves dont les parents ou les maîtres de pension les invitaient le plus souvent à dîner : Planche, l'auteur du *Dictionnaire grec,* en était et bien d'autres; race ignoble au fond, des moins estimables, utile peut-être; car enfin, au milieu de toute cette goinfrerie, de cette ivrognerie, de cette crasse, de cette routine, ça desservait, tant bien que mal, ce qu'on appelait le Temple du Goût; ça vous avait du goût ou du moins du bon sens. Les avez-vous jamais vus à table un jour de Saint-Charlemagne ou de gala chez quelque riche bourgeois qui leur ouvrait sa cave? Ça buvait, ça mangeait, ça s'empiffrait, ça citait au dessert du Sophocle, du Démosthène, ça pleurait dans son verre : où le sentiment de l'Antique va-t-il se nicher?

IV.

Passons à d'autres. Piron se prit à mieux, et quelques-unes de ses meilleures épigrammes s'adressent à Voltaire lui-même. On a beau chercher pourquoi Piron et Voltaire ne s'aimaient pas, il n'y a qu'une bonne raison à en donner : c'est qu'ils ne pouvaient s'aimer et qu'ils étaient incompatibles, antipathiques. Était-ce rivalité, jalousie, comme entre ambitieux et beaux esprits qui courent la même carrière? Il y avait bien un peu de cela; mais je crois en discerner de plus vraies raisons encore. Au fond, Voltaire dédaignait et méprisait Piron, et le lui faisait sentir; Piron, de son côté, sentait à merveille certains faibles de Voltaire, et il lui lançait sa pointe à ces endroits, à ce défaut du talon; mais il ne le comprenait pas dans la supériorité de ses talents et de son esprit. Il y avait donc entre eux, indépendamment des petites causes, une mésintelligence essentielle et une inimitié d'instinct. Prenons tout de suite la meilleure des épigrammes que Piron ait décochée contre Voltaire; bien lue, elle va tout nous dire :

> Son enseigne est à *l'Encyclopédie*.
> Que vous plaît-il? de l'anglais, du toscan?
> Vers, prose, algèbre, opéra, comédie?
> Poëme épique, histoire, ode ou roman?

Parlez ! C'est fait. Vous lui donnez un an ?
Vous l'insultez !... En dix ou douze veilles,
Sujets manqués par l'aîné des Corneilles,
Sujets remplis par le fier Crébillon,
Il refond tout. Peste ! voici merveilles !
Et la besogne est-elle bonne ?... Oh ! non.

Dans cette épigramme, il y a deux choses : Piron, homme du métier, sentait bien l'incomplet de Voltaire, l'inachevé de ses œuvres d'art et ses *à peu près* dans l'exécution ; il touchait juste là-dessus. Mais Piron ignorant, paresseux, nullement philosophe, n'entendait rien aux lumières de Voltaire et à cette universalité de goûts, d'études et de curiosités agréables ou sérieuses, qui font sa gloire : « Mon cher ami, » écrivait Voltaire à Cideville (février 1737), « il faut donner à
« son âme toutes les formes possibles. C'est un feu que
« Dieu nous a confié ; nous devons le nourrir de ce
« que nous trouvons de plus précieux. Il faut faire en-
« trer dans notre être tous les modes imaginables, ou-
« vrir toutes les portes de son âme à toutes les sciences
« et à tous les sentiments ; pourvu que tout cela n'entre
« pas pêle-mêle, il y a place pour tout le monde. Je
« veux m'instruire et vous aimer ; je veux que vous
« soyez newtonien, et que vous entendiez cette philo-
« sophie comme vous savez aimer. » Cette noble ambition d'une intelligence élevée et toujours en progrès, ce beau feu d'une curiosité allègre et légère qu'il a exprimée d'un mot :

Tout les goûts à la fois sont entrés dans mon âme ;

ce zèle à propager ce qu'on croit vrai, ce que l'on sent aimable, et à y faire participer, à y convertir ses amis et l'univers, étaient lettre close pour Piron. Duclos dénonçait, vers 1750, un mouvement nouveau dans le siècle, « une certaine fermentation de raison universelle » qui devenait partout sensible, et qui promettait de belles suites si on ne la laissait se dissiper : qui donc avait plus contribué à ce progrès et à ce mouvement que Voltaire? Mais si l'on avait parlé à Piron de ces services que rendait à l'esprit humain l'auteur de l'*Essai sur les Mœurs*, il aurait haussé les épaules. Sa tête était trop remplie de ses propres saillies et de ses jeux de mots pour y laisser entrer autre chose. Quand il se trouvait en face de Voltaire, lui grand, robuste, un colosse de verve et de gaîté, et qu'il avait devant lui ce corps maigre, chétif, tout esprit et vif-argent, mais armé à la légère, il se disait en lui-même, et il disait aux autres : « Je le roulerai quand je voudrai. » Dans cette espèce de duel qu'il engagea plus d'une fois, et où la riposte, bonne ou mauvaise, suffit si elle est roide et prompte, il avait ses avantages, et Voltaire le craignait avec raison ; hors de là, Voltaire méprisait, et il en avait bien un peu le droit, un esprit, un génie même, mais si confiné, si localisé, qui, pourvu qu'il eût ses coudées franches, se complaisait à demeure dans un assez bas étage et ne sentait pas le besoin d'en sortir. Du fond de son cabinet, il ne comptait pas avec lui.

Voltaire, prenant d'emblée son vol auprès des grands, eut dès le premier jour, avec Piron, un air de supériorité et de protection fait pour blesser celui-ci, qui se sentait en fonds, argent comptant, au jour la journée. La première fois qu'ils se rencontrèrent chez la marquise de Mimeure, dans un salon où ils attendaient tous deux et où ils se trouvaient seuls, il se passa entre eux une scène de silence, de bâillements, de gestes, et toute en parodie du côté de Piron, une sorte d'*a parte* double que ce dernier brodait assurément et chargeait dans son récit, mais qui pronostiquait déjà toutes leurs relations futures ; leurs atomes ne purent jamais s'accrocher. Une fois, à Fontainebleau, quand la Cour y était dans l'automne de 1732, Piron rencontra Voltaire ; c'est toute une petite scène de comédie encore. Écoutons-le (1) :

« Je m'ennuierais beaucoup à la Cour, écrit-il à son joyeux compère l'abbé Legendre, sans une encoignure de fenêtre dans la galerie, où je me poste quelques heures, la lorgnette à la main, et Dieu sait le plaisir que j'ai de voir les allants et venants. Ah ! les masques ! Si vous voyez comme les gens de votre robe ont l'air édifiant ! comme les gens de Cour l'ont important ! comme les autres l'ont altéré de crainte et d'espoir ! et surtout comme tous ces airs-là, pour la plupart, sont faux à des yeux clairvoyants ! C'est une merveille. Je n'y vois rien de vrai que la physionomie des Suisses ; ce sont les seuls philosophes de la Cour ; avec leur hallebarde sur l'épaule, leur grosse moustache et leur air tranquille, on dirait qu'ils regardent tous ces affamés de fortune comme des gens qui courent après ce qu'eux, pauvres Suisses qu'ils sont, ont attrapé dès longtemps. J'avais, à cet égard-là, l'air assez suisse, et je regardais encore hier fort à mon aise Voltaire roulant comme un petit pois vert à travers les flots de jean-

(1) *Mélanges publiés par la Société des Bibliophiles*, tome IV, page 96.

fesses qui m'amusaient. Quand il m'aperçut : « Ah! bonjour, mon cher Piron ! Que venez-vous faire à la Cour? J'y suis depuis trois semaines ; on y joua l'autre jour ma *Marianne*. On y jouera *Zaïre* : à quand *Gustave?* Comment vous portez-vous?... Ah! monsieur le duc, un mot, je vous cherchais. » Tout cela dit l'un sur l'autre, et moi, resté planté là pour reverdir, si bien que ce matin, l'ayant rencontré, je l'ai abordé en lui disant : « Fort bien, monsieur, et prêt à vous servir. » Il ne savait ce que je lui voulais dire, et je l'ai fait ressouvenir qu'il m'avait quitté la veille en me demandant comment je me portais, et que je n'avais pas pu lui répondre plus tôt. »

Ce sont ces légers travers, ces enivrements du poëte qui se croit arrivé et qui nage en pleine gloire, ces airs de petit-maître enfin, qui choquaient Piron et lui faisaient porter un jugement trop définitif d'après ce qui n'était qu'une impression très-juste et prompte, mais d'un seul moment.

Une autre fois, c'est à Bruxelles qu'ils se rencontrent, et l'on a une scène encore, racontée par Piron à Mlle de Bar, sa maîtresse et sa future femme : ce sont là les petites comédies de Piron ; il y mettait de l'importance ; donnons-nous le plaisir d'y assister, puisque nous le pouvons (1) :

« Entre autres âmes damnées que la Providence a confinées ici, écrit-il (22 juillet 1740), il y a Rousseau, Voltaire et moi : ce n'est pas là un trio de baudets, non plus que trois têtes dans un bonnet. Nous logeons tous les trois porte à porte. Je fus voir Voltaire dès que je le sus arrivé ; on le

---

(1) *OEuvres inédites de Piron*, publiées par M. Honoré Bonhomme, pag. 55 et suiv.

cela ; mais, un moment après que je fus rentré, on me vint prier de sa part à souper. Je n'y soupai pas, mais je le vis et il me cassa tendrement le nez à coups de joues. Je lui dis que sans doute il allait voir le roi de Prusse. Il me jura que non, et qu'il ne quitterait pas ses amis de dix à quinze ans pour un nouveau venu..... »

Toutes les lettres qui se succèdent sont pleines de médisances contre Voltaire, de méchancetés même, et aussi, on va le voir, de saletés, — de celles, d'ailleurs, que *le Malade imaginaire* nous a accoutumés à entendre et qu'on peut, à la rigueur, citer. Piron enrhumé a gardé la chambre trois jours, et il dit que de plusieurs côtés on a envoyé savoir de ses nouvelles :

« Voltaire, avec tant d'autres, a envoyé régulièrement chez moi ces trois jours-là ; aussi hier je ne l'oubliai pas dans mes visites. Il a déjà changé de logis. Son hôte m'en parla fort mal et me dit surtout qu'il avait plus besoin de demeurer chez un apothicaire que chez un marchand de vins. Il est vrai qu'il voyage avec les provisions de Médalon (1). Je fus le chercher chez son nouvel hôte, et je le trouvai sur sa chaise percée. Il me fit bien vite rebrousser à la salle d'audience, où il me suivit tout bre..... J'eus avec ce foi....-là une heure ou deux d'entretien aigre-doux auquel je fournis assez joliment mon petit contingent. *C'est un fou, un fat, un ladre, un impudent et un fripon.* Un libraire de Bruxelles l'a déjà traduit devant le magistrat pour cette dernière qualité, et depuis quatre jours qu'il est ici il a déjà pris six lavements et un procès. Les belles aventures de voyage!..... »

---

(1) L'allusion échappe : ce Médalon était un de leurs amis. Mlle de Bar l'appelle en un endroit « ce truand de Médalon. » Cela ne nous dit pas de quelle nature étaient ses provisions de voyage.

Ce chapitre des lavements tient fort à cœur à Piron. Ce fils d'apothicaire se pique de n'en jamais prendre, et il a en pitié cette frêle machine de Voltaire, ce peu de tempérament, et toujours échauffé, qui l'oblige à se médicamenter sans cesse. Un des termes de comparaison qu'affectait Piron était : « ..... plus que Crébillon en sa vie n'a fumé de pipes, que Voltaire n'a pris de lavements, et que Piron n'a bu de bouteilles (1). » Piron, dans cette même lettre, continuait en annonçant le duel pour le lendemain :

« Demain nous dînons ensemble chez le général Desbrosses. Je vous avoue que j'en ai une joie maligne. Je suis las du tête-à-tête avec lui ; je ne les aime qu'avec de bonnes gens... Je ne lui en donnai que pour son argent, par l'inutilité qu'il y aurait eu de le pousser à un certain point entre quatre-z-yeux ; mais demain qu'il y aura grande compagnie, je l'attends. J'ai tâté son jeu assez pour ne le guère craindre. Il est avantageux en diable et demi, et prompt à l'offensive. Patience ! disait Panurge. Je vous gâterai mon Dindenault qu'il n'y manquera rien. Est-ce donc à l'auteur de *Cortez* à plier devant le faiseur de *Zulime* ? Q'en dites-vous, ma Minerve ? Pour qui gagez-vous ? Au reste, l'envoyé de Sardaigne, que je vis aussi hier, et le général Desbrosses ensuite, m'ont dit tous deux qu'il leur avait dit beaucoup de bien de moi ; mais,

---

(1) Vieux, à propos de son buste qu'il avait envoyé à Dijon, il écrivait en plaisantant sur la différence de teint entre son propre visage et la copie en plâtre : « J'ai la face du roi de Cocagne, vive, fleurie et rubiconde. Ce vilain coloris (du buste) irait comme de cire sur le portrait de Voltaire, qui ne se nourrit et ne s'abreuve de haut en bas que d'électuaires, d'eaux minérales et de décoctions. Pour moi, voici mon régime : un pain et deux bouteilles de vin pur du pays... »

outre que ces messieurs lui avaient donné le ton, c'est de cette sorte de bien qui ressemble aux saluts de protection. »

Le mot est lâché : c'est, plus que tout, ce ton de protection qui choquait Piron, lequel dans toute cette affaire, on le voit, ne se montre pas si bonhomme ni si à son avantage qu'il le suppose. « Il passait cependant pour un bonhomme, nous dit Condorcet, parce qu'il était paresseux, et que, n'ayant aucune dignité dans le caractère, il n'offensait pas l'amour-propre des gens du monde. »

Le lendemain donc, le dîner a lieu ; en voici la relation et le bulletin tout au long, car c'est une victoire, et Piron entonne son propre *Te Deum* :

« Chantez tous ma gloire et commencez ainsi le psaume :

Je chante le vainqueur du vainqueur de la terre,
Binbin qui mit à bas l'invincible Voltaire.

Rapportez-vous-en bien à moi. Si le sort des armes m'eût été contraire, je vous avouerais ma turpitude comme je me *jacte*. Mais ma défaite n'était pas possible; Voltaire est le plus grand pygmée du monde. Je lui ai scié ses échasses rasibus du pied. Cela s'est passé devant les *Quatre Nations* : vous voyez que ce n'est pas loin de chez vous (monsieur le comte, point de pommes!) (1).

« Il y avait le comte de Bentheim, la seconde personne des États de Hollande; M. Trévor, ministre d'Angleterre; le mar-

(1) Il faudrait à tout instant un commentaire pour expliquer toutes ces allusions et ces ricochets de bons mots à double entente. Sachons donc que Mlle de Bar, à qui Piron écrivait, demeurait rue des Saint-Pères, dans l'hôtel du comte de Carvoisin, neveu de la marquise de Mimeure, et qu'elle était, par conséquent, voisine du

quis Ariosté, Italien, de la famille du divin Arioste; Voltaire, etc., etc. Vous voyez que les spectateurs valaient la peine du spectacle : aussi le jeu a-t-il bien valu la chandelle. Tout s'est passé le plus gaîment du monde, excepté dans le cœur altier de votre illustre *momie* (1). Le bon, c'est qu'il a cherché noise. Je lui faisais d'abord assez bénignement patte de velours, bien sûr que sa *fatte* Majesté en abuserait; ainsi a-t-il fait. Il a jugé à propos, avec une charité peu chrétienne, de me plaindre d'avoir perdu le plus beau de mon imagination à l'Opéra-Comique. J'ai répondu, avec un air de contrition aussi sincère que sa charité, que ce que je me reprochais le plus, dans ces écarts de ma muse naissante, c'était de m'être moqué de lui sur ce théâtre-là; et tout de suite j'ai raconté la scène d'Arlequin sur Pégase qui culbute aux deux premiers vers d'*Artémire* (2). Tous les vins du général, qui sont sans nombre, se sont changés en vins de Nazareth. Voltaire en est devenu butor; je n'ai plus lâché ma proie, en lui demandant toujours pardon de *la liberté grande*. Ensuite, je me suis mis sur mes louanges, et en homme qui songeait bien à ce qu'il disait, j'ai dit que du moins tout le peu que j'avais donné au Théâtre-Français avait réussi. Il a bien vite excepté *Callisthène* : c'est où je l'attendais; ayant à lui répondre, comme je l'ai fait sur-le-champ, que c'était celle qui avait eu le succès le plus flatteur pour moi, puisque c'était la seule dont il eût dit du bien; et cela est vrai, comme

collége des *Quatre-Nations*. De plus, le comte de Carvoisin, qui voyait les lettres de Piron, aurait pu trouver le calembour mauvais et lui jeter des pommes, comme on fait aux mauvais acteurs dans les petits théâtres. Mais assez de ces sortes d'explications; le lecteur supplée ou accorde bien des choses.

(1) Voltaire, une momie ! On ne s'attendait pas à celle-là !
(2) Des deux vers d'*Artémire*, dont Piron avait paru se moquer dans son *Arlequin-Deucalion*, il en est un fort beau :

Oui, tous ces conquérants rassemblés sur ce bord,
Soldats sous Alexandre et rois après sa mort...

je vous l'ai dit dans le temps. J'avais si fort les rieurs de mon côté, qu'il a pris le parti de s'en mettre lui-même (du bout des dents, comme bien jugez), me disant, d'un air de protection, qu'il aimait mieux m'entendre que me lire. — Dites la vérité, monsieur, lui ai-je répondu, avouez que vous aimez l'un autant que l'autre. — On n'a pas eu de peine à tourner cette réponse de ses deux côtés, et ç'a été le coup de grâce. De là, en avant, je n'ai été que de mieux en mieux. Le poëme du *Cheval de bronze* a donné lieu à la scène du monde la plus comique entre *Binbin* et ce héros. Il était au désespoir de la profanation et de je ne sais quel ridicule agréable que cela jetait sur sa *Henriade*.

« En un mot, lisez la fable du *Lion* et du *Moucheron*, et vous lirez notre histoire; et le tout sans la moindre aigreur, sans que rien de ma part ait eu le moindre air d'hostilité. *Binbin* toujours, jusqu'au bout des ongles, mais *Binbin* couronné d'acclamations, au point qu'il n'est plus ici question que de ma victoire, sans que je m'en mêle aucunement. Rousseau, fâché comme tout (1), l'a mandé à nombre de gens à Paris. « Voltaire, dit-il dans ses lettres, est venu perdre ici la seule réputation à laquelle il avait sacrifié toutes les autres, sa réputation de bel esprit. » La vanité m'a donné des yeux pour en tant écrire; mais, réflexion faite, j'ai vaincu avec si peu de péril, que j'en dois triompher sans gloire. Adieu ma vanité; adieu ma vue! Bonjour, ma tante. »

On dira, après avoir lu, que ce n'est pas la peine à Piron de tant se vanter et que vraiment il n'y a rien dans tout son rôle de si piquant et de si rare : c'est que

(1) Rousseau, *fâché* comme tout... Cet endroit du texte m'avait paru suspect; Rousseau ne doit pas être fâché, mais charmé de la défaite de Voltaire. M. Bonhomme m'assure que le mot y est bien. Si c'est une ironie, elle n'est pas assez marquée. Il peut y avoir eu quelque autre mot oublié par Piron dans la rapidité du récit.

cela se joue, s'improvise, se fait applaudir après boire, se raconte de vive voix le lendemain et ne s'écrit pas. Le récit, toutefois, ne fût-ce que comme cadre et canevas, est tel que rien ne saurait le suppléer. On a les deux hommes en présence : Piron fait bien de noter complaisamment ses triomphes d'un soir ; Voltaire tient le haut bout auprès des neveux ; il le gardera. Je doute que ce récit triomphant, même à le prendre au pied de la lettre, grandisse l'un et diminue l'autre.

Gœthe, très au fait de cette partie de notre littérature, a dit, à ce propos, avec bien de la justesse : « Jamais Piron ne put démentir sa nature indisciplinée; ses vives saillies, ses épigrammes mordantes, l'esprit et la gaîté qui toujours étaient à ses ordres, lui donnèrent une telle valeur aux yeux de ses contemporains qu'il put, sans paraître ridicule, se comparer à Voltaire, qui lui était pourtant si supérieur, et se poser, non pas seulement comme son adversaire, mais comme son rival. » Et les premiers traducteurs de Gœthe, renchérissant sur sa pensée et jaloux de la compléter, ajoutent assez spirituellement et par une image qu'il n'eût point démentie : « Comme il était le *Voltaire du moment,* on l'excusait de se mettre en parallèle avec le *Voltaire des siècles.* L'éclat de son esprit faisait alors l'effet du feu d'artifice qui semble éclipser les astres du firmament, et qui, dans le petit espace et dans l'instant rapide où il nous éblouit, brille plus que les flambeaux de l'univers. »

Diderot, par la bouche du *Neveu de Rameau,* nous apprend que dans les maisons où vivait ce parasite et ce bohème, une des disputes littéraires les plus habituelles, après le café, était de savoir *si Piron avait plus d'esprit que Voltaire?* Et l'amphitryon chez qui l'on avait dîné, s'éveillant au bruit de la querelle et s'informant du sujet : « Entendons-nous bien, messieurs! c'est d'esprit uniquement qu'il est question, n'est-ce pas? il ne s'agit point de goût? car du goût, votre Piron n'en a pas, — ne s'en doute pas! » Et, là-dessus, on s'embarquait dans une dissertation sur le goût. L'amphitryon chez lequel on a dîné est toujours un homme de goût, et il s'en pique.

Le parallèle entre Voltaire et Piron était donc à l'ordre du jour parmi les contemporains, mais dans la petite littérature seulement. Tout, d'ailleurs, contraste en eux, là même où ils sembleraient se rapprocher. Leur libertinage diffère comme leur irréligion. Le libertinage de Voltaire est raffiné, délicat, élégant, perfide; il recouvre et recèle de l'impiété calculée : Parny le disciple est au bout avec sa *Guerre des Dieux.* Le libertinage de Piron montre tout et ne cache rien; il n'est que ce qu'il paraît, et c'est bien assez; il dégoûte et n'allèche pas. C'est la gaudriole, l'éternelle gaudriole des aïeux, plus ou moins grossière et remaniée en tous sens, rien de plus. Aussi, lorsque dans le recueil des *Poésies diverses* de Piron (Londres, 1779) on a mis *les Trois Manières* de Voltaire, et autres contes de la même veine, on a fait un contre-sens. C'est pour le coup que, s'il avait assez vécu pour être témoin de ce pêle-mêle, le chatouilleux vieillard aurait bondi et réclamé.

Voltaire, je l'ai dit, avait très-peu de considération

pour Piron, et, en aucun temps, il ne parut s'occuper beaucoup de lui ; mais, dans les dernières années, il le reniait absolument et prétendait ne l'avoir connu qu'à peine : « Je ne crois pas avoir entrevu Piron trois fois en ma vie, » écrivait-il au *Mercure de France* (19 avril 1776). Nous avons la preuve que, trois fois au moins, il avait fait plus que de l'entrevoir. Il va un peu loin encore, lorsque, désavouant un propos qu'il aurait tenu au roi de Prusse à son sujet, il écrit : « Le roi de Prusse peut m'être témoin qu'il ne m'a jamais parlé de Piron, et que je ne lui ai jamais parlé de ce *drôle de corps*, qui était alors absolument inconnu. » Piron, en 1740, n'était point « absolument inconnu ; » mais Voltaire a complétement raison lorsque, dans une lettre de cette même année 1776, il donne ce jugement aussi modéré que bref, définitif, et qui achève de régler leurs comptes à tous deux devant la postérité :

« Mes amis m'ont toujours assuré que, dans la seule bonne pièce que nous ayons de lui, il m'avait fait jouer un rôle fort ridicule. J'aurais bien pu le lui rendre ; j'étais aussi malin que lui, mais j'étais plus occupé. Il a passé sa vie à boire, à chanter, à dire des bons mots, à faire des priapées, et à ne rien faire de bien utile. Le temps et les talents, quand on en a, doivent, ce me semble, être mieux employés. On en meurt plus content. »

On touche du doigt maintenant comment et pourquoi Voltaire et Piron ne purent jamais s'entendre, et comment ce dernier, qui avait commencé avec son cadet par quelques avances et par lui adresser même un compliment en vers qui s'est retrouvé, avait fini par le prendre en grippe d'une façon obstinée et très-peu digne. La haine de Voltaire était devenue un des tics de Piron.

Après cela, on croira, si l'on veut, qu'un ami étant venu un jour lui annoncer brusquement la fausse nouvelle de la mort de Voltaire, Piron se trouva presque mal de saisissement et qu'il s'écria : « Quelle perte ! c'était le plus bel esprit de la France. » On dit bien que Rossini s'est trouvé mal en apprenant la mort de Meyerbeer.

V

En fait d'épigrammes, il y aurait à en citer encore de très-jolies de Piron sur d'Olivet, La Chaussée, l'abbé Le Blanc ; celle-ci contre La Harpe est vigoureuse ; quoique de l'extrême vieillesse, elle ne sent pas du tout son vieux Priam :

> Quand la Harpie, oracle du *Mercure,*
> Du grand Rousseau vient déchirer le nom ;
> Que pour le prix de cette insulte obscure
> Voltaire élève au ciel ce mirmidon ;
> Expliquez-nous qui des deux, je vous prie,
> De plus d'opprobre a souillé son pinceau :
> Ou la Harpie, en déchirant Rousseau,
> Ou bien Voltaire en louant la Harpie ?

Oui, fort bien ! Mais si vous lisez les lettres de Piron pendant son second séjour à Bruxelles, vous y voyez celui qu'il appelle en public « le grand Rousseau, » traité sans respect ni affection, comme un hypocrite et un tartufe, un envieux, un méchant, qui ne dit du bien de personne, comme « un consommé de Panurge et de La Rancune, » comme un homme enfin, dont *la conduite et le caractère sont des énigmes et la honte des animaux raisonnables* :

> « Il va et vient pourtant, s'ajuste encore soigneusement; et, malgré la pesanteur et la caducité visible où l'a jeté son apoplexie, il porte une perruque à cadenettes très-coquette, et qui jure parfaitement avec un visage détruit et une tête qui grouille. Il m'a dit que, pour fermer sa carrière, il composait une Ode adressée *à la Postérité*. Gare que cet écrit *in extremis* n'aille pas à son adresse! »

Qu'aurait écrit de pire, je vous le demande, le plus grand ennemi de J.-B. Rousseau? Certes, La Harpe n'en a pas tant dit. Le caractère de Piron gagne peu à cette confrontation exacte entre ses rimes et sa prose.

Il put lire (quoique je doute qu'il l'ait fait) les écrits de l'autre Rousseau, de Jean-Jacques; il ne parle de lui dans une épigramme que comme d'un *fou*. Il n'était pas homme à sentir la portée des idées, l'éloquence des sentiments; cela ne rentrait pas dans son genre.

Tenons-nous-en à son esprit, à son humeur, à ce qui en jaillit de pétillant. Une de ses victimes favorites était l'abbé Le Blanc, tout Bourguignon qu'il était. Le peintre Latour avait fait son portrait. Voici l'inscription à mettre au bas par Piron :

> Latour va trop loin, ce me semble,
> Quand il nous peint l'abbé Le Blanc :
> N'est-ce pas assez qu'il ressemble?
> Faut-il encor qu'il soit parlant?

Une autre victime, c'était La Chaussée, l'inventeur de
la comédie larmoyante, un gibier à sa portée :

> Connaissez-vous sur l'Hélicon
> L'une et l'autre Thalie ?
> L'une est chaussée et l'autre non,
> Mais c'est la plus jolie.
> L'une a le rire de Vénus,
> L'autre est froide et pincée :
> Honneur à la belle aux pieds nus,
> Nargue de *la chaussée*.

Il touchait juste en appelant Marmontel *vieil apprenti*,
et en voyant une *Poétique* de sa façon, il disait :

> Hé! l'ami, fais-nous des poètes ;
> Sois-le toi-même, si tu peux.....

Il en voulait à mort à Marmontel et à La Harpe, comme
aux deux aides de camp de Voltaire.

Ce n'est pas à nous de redire toutes ses épigrammes
contre l'Académie, tous ses bons mots devenus proverbes et monnaie courante au point d'en être usée : ce
qu'il importe raisonnablement de faire remarquer, c'est
que l'Académie n'eut aucun tort envers lui. Il y était
appelé et désiré ; il était nommé, il allait l'être (juin
1753) ; on l'avait même dispensé cette fois des visites
d'usage, lorsque les dévots agirent en Cour et qu'il y
eut défense de passer outre. Au moment de procéder
au vote, le directeur, qui était alors Montesquieu, se
vit obligé de rendre compte à la Compagnie que le roi
l'avait mandé pour lui dire que le choix que l'Académie se proposait de faire de M. Piron ne lui était pas

agréable (1). L'élection fut remise à un autre jour. Montesquieu, homme excellent, obtint, à l'instant même, par Mme de Pompadour, un dédommagement pour le pauvre exclu, une pension équivalente au traitement académique (1,200 livres). Louis XV, dit-on, à qui l'évêque Boyer porta la fameuse Ode qui était le péché de jeunesse de Piron, fit l'ignorant et se donna le plaisir d'en faire réciter au prélat les premiers vers. Piron, en vrai bel esprit qui ne veut perdre aucune occasion de briller, ne dut pas être au fond très-fâché d'une exclusion ainsi compensée, et qui lui rouvrait toute une veine inépuisable de bons mots. Le meilleur de tous et le plus célèbre :

> Ci-gît Piron, qui ne fut rien,
> Pas même académicien,

n'est point parfaitement exact; car Piron consentit à être académicien de Dijon, après s'être assuré que cela ne l'obligeait à aucun compliment en vers ni en prose; il fit une simple lettre de remercîment.

L'épigramme étant son vrai talent, il y aurait à lui assigner son rang dans ce petit genre. Il y est moins agréable, moins facile, moins simple, moins naïf que Marot; moins travaillé et moins artificieux que Rousseau. Il se rapproche de Saint-Gelais dans le genre libre : dans l'épigramme littéraire, il est souverain, et ce qui le distingue, c'est une certaine vigueur et hauteur dans laquelle Le Brun seul l'a égalé ou même surpassé.

(1) *Mémoires* du duc de Luynes, t. XII, p. 477.

Les trois plus belles épigrammes littéraires que je connaisse sont — celle qu'on a lue tout à l'heure de Piron contre Des Fontaines, — celle de J.-B. Rousseau contre Fontenelle : *Depuis trente ans un vieux berger normand,* etc., — et la troisième, vraiment sublime d'indignation, fulminée par Le Brun contre La Harpe qui avait parlé à la légère du grand Corneille : *Ce petit homme à son petit compas......* J'appelle cette dernière la reine des épigrammes. Les deux autres sont également parfaites. Racine, par deux ou trois épigrammes aussi polies que malicieuses qu'on a de lui, promettait d'être, pour tout dire, le Racine du genre ; mais il s'est contenu et a laissé cette palme à cueillir à d'autres.

Un homme d'esprit, compatriote de Piron, M. Foisset, parlant des poëtes du cru, a dit : « Sans doute le sel dijonnais est loin du sel attique, et la vulgarité provinciale perce plus d'une fois sous l'àcreté bourguignonne. » Piron, même là où il est bon, n'échappe pas à ce que cette appréciation a de sévère. La vulgarité n'est pas seulement dans sa vie ; elle se fait sentir jusque dans les jeux de sa verve. Il y porte aussi de l'àcreté, et il a plus de mordant que de délicatesse (1).

Son grain d'àcreté le distingue essentiellement d'un autre original dont on est tenté parfois de rapprocher le nom du sien, Scarron, le premier d'un vilain genre,

---

(1) Il n'en avait aucune. Buffon qui, avec tous ses talents, n'était guère mieux pourvu de ce côté, goûtait fort une épigramme de Piron contre le petit Poinsinet, et c'est à lui que nous devons de la connaître ; je renvoie à sa *Correspondance inédite,* publiée en 1860 (t. I, p. 113). Cette littérature stercoraire n'est nullement notre fait.

mais le premier, et un burlesque de nature. Il y a de la belle humeur dans la raillerie de Scarron ; chez Piron épigrammatiste il n'y a pas plus de belle humeur proprement dite que d'enjouement léger et de badinage : il a un montant qui pique.

On a dit que, quoique né pour l'épigramme, il avait la satire en horreur. C'est aller un peu loin. La distinction est peut-être à faire avec lui ; mais entendons-nous bien. L'épigramme chez Piron est quelque chose de court, de prompt, d'irrésistible; la saillie lui part aussitôt; il ne la retient pas et n'amasse pas assez de bile pour composer toute une satire. Je n'en conclurais pas pour cela à l'entière bonhomie du personnage ni à l'absence de bile : seulement son cerveau ne portait pas à long terme. A peine sentait-il la démangeaison, il se grattait vite et le bourgeon lui sortait.

Ce qu'il avait bien et plus qu'aucun, c'est la verve; il se montait en un clin d'œil; il était si prompt et si alerte à l'à-propos, qu'il lui arrivait même parfois de le devancer. Un jour, on parlait devant lui du maréchal de Belle-Isle, de son ambition sans bornes, de cette vanité propre aux Fouquet et de ce faste qui se mêlait à tout. Enfin, disait-on, il est certain qu'il n'a fait le roi son légataire universel que dans l'espérance d'être enterré à Saint-Denis, à côté de M. de Turenne. Piron écoutait ; son front s'enflammait; il était impatient : « Est-ce que le roi le lui a accordé? » demanda-t-il. — « Non, » répondit-on. — « Tant pis! Je tenais déjà son épitaphe, et la voici; elle n'est pas longue :

Ci-gît le glorieux à côté de la gloire!..... »

C'était dommage, il ne put ce jour-là trouver où placer son épigramme ; mais elle était faite.

Une justice que les gens du métier lui doivent, c'est que, s'il ne craint pas d'être rude comme versificateur, il n'est jamais banal ; il sort du cercle usé ; il aborde de front les rimes quelconques et soutient hardiment la gageure. J'omets les exemples trop techniques, mais il ne recule jamais sur la difficulté : elle l'excite. Il y va comme à l'assaut, il monte tout droit à la brèche. Il est l'un des maîtres et des affronteurs de la rime.

VI.

La vie domestique de Piron est éclairée aujourd'hui, plus même qu'il n'était besoin. Elle n'a rien de flatteur, tant s'en faut ! rien non plus de déshonorant. Très-pauvre et assez peu en état de se gouverner, il eut des amis généreux, qui lui firent accepter, sans se nommer, de petites rentes viagères. Il vécut longtemps à l'aventure. Enfin il se maria. Collé, en un endroit de son *Journal,* a dit avec la causticité ou la crudité qui en fait le ton :

« Le 17 de ce mois (mai 1754), la femme de Piron est morte ; il y avait trois ans qu'elle était folle (1). Quoiqu'elle

(1) Elle était tombée en paralysie, et par suite en démence, à la suite des fatigues et des ennuis d'un double déménagement, en mai 1749. On a là-dessus des lettres de Piron, fort honorables par les sentiments qu'il y exprime. (Voir le *Cabinet historique,* Revue publiée par M. Louis Paris. 1855, t. I, p. 184.)

eût été pendant plus de deux ans furieuse jusqu'à battre son mari, Piron n'a pourtant jamais voulu consentir à s'en séparer. M. de Fleury, le procureur général, lui avait fait offrir une maison où elle aurait été bien traitée et bien soignée moyennant 400 livres de pension; cette maison n'avait rien d'odieux ni de malhonnête; ce n'était ni l'hôpital, ni les petites-maisons. Piron n'a jamais voulu se prêter à cet arrangement, et il a cependant souffert tout ce que l'on peut souffrir d'une personne qui a perdu entièrement la raison et qui se portait quelquefois aux dernières violences..... Qu'on imagine quelles devaient être les peines de son âme! Quel supplice de voir toujours sous ses yeux une personne que l'on aime, dans une situation aussi déplorable! Il l'aimait effectivement, et je viens de le voir dans la plus grande affliction et abîmé dans une véritable douleur. Il y a trente-deux ans qu'il vivait avec elle; il lui avait toutes sortes d'obligations; elle l'avait soutenu longtemps lorsqu'il était dans l'indigence.

« Elle se nommait *de Bar;* elle était laide à faire peur; moi qui la connaissais depuis vingt-trois ans, je l'ai toujours vue vieille. C'était une de ces physionomies malheureuses qui n'ont jamais été jeunes; elle avait de l'esprit, mais peu agréable; nul goût : au contraire, elle en était l'antipode : je conviens même qu'elle n'a pas peu contribué à détourner Piron de tâcher d'en avoir.

« Elle avait une érudition singulière pour une femme; elle possédait le gaulois. Ses livres favoris étaient le *Roman de la Rose,* Villon, Rabelais, les *Amadis, Perceforest;* enfin tous nos anciens faisaient ses délices.

« Elle n'avait point de principes. Lui vantant un jour la probité de Pelletier, elle parut surprise de ce que je le louais là-dessus de bonne foi..... Ses mœurs étaient basses, et cela n'est point étonnant, ayant été toute sa vie femme de chambre de la marquise de Mimeure, qui n'est morte que depuis cinq ou six ans.

« Piron a vécu au moins vingt ans avec elle avant de l'épouser; ils s'étaient donné réciproquement tous leurs biens, par

leur contrat de mariage..... S'ils avaient pu avec sûreté se les
donner l'un à l'autre sans se marier, ils n'en auraient jamais
fait la cérémonie. »

M. Honoré Bonhomme, à qui l'on doit une publication utile sur Piron, s'est inscrit en faux, par pur zèle d'éditeur, contre ces renseignements si précis donnés par Collé, lequel était pourtant le mieux à même de bien savoir, et qui, sans compter sa véracité naturelle, n'avait nul intérêt à donner une entorse à des faits si simples. Il lui reproche, sur l'article des *mœurs* et des *principes*, d'avoir, « d'un trait de plume, dépouillé Mlle de Bar de la plus sainte auréole dont une femme puisse s'entourer. » Elle est jolie, l'auréole! Laissons ces fadaises. M. Bonhomme n'a réussi tout au plus qu'à faire de Mlle de Bar une lectrice de la marquise de Mimeure, au lieu d'une femme de chambre : on peut admettre, si l'on veut, qu'ayant commencé par être l'une, elle avait fini par devenir l'autre; elle sera montée en grade avec les années. Ce nom même de *de Bar* n'était pas le sien; Bar était son pays natal; elle était d'un village proche de Bar-le-Duc : elle s'appelait de son nom Quenaudon, et elle avait eu un premier mari, natif de Copenhague. Les lettres de cette Mlle de Bar justifient en tout ce qu'a dit Collé; elles sont baroques, surannées. Elle dira : « Je ne m'en *cuide* pas un zeste de plus, » pour : « Je ne m'en *estime* pas..... » Dans ses gentillesses, elle écrivait à Piron : « Bonjour, hibou; aimez bien *hibouse*. » Piron l'aimait et l'admirait même : « Vous bouillez d'esprit, » lui écrivait-il un jour. Pour nous, à la lecture, nous n'avons pas le bouillon, nous ne voyons que l'écume de ce pot-au-feu.

Entre les poésies badines de Piron, je ne vois guère qu'une pièce, une seule, qui soit vraiment agréable, d'un tour libre et aisé, et que les gens de goût puissent, entre soi, s'avouer avoir lue ou même relue avec plaisir : c'est celle qui a pour titre, *Leçon à ma Femme :*

Ma femme, allez au diable ou vivez à ma mode.....

On serait tenté (le genre admis) de savoir gré à Mme Piron d'avoir fourni matière à cette leçon conjugale assez peu correcte et de s'en être accommodée. Mais, en y regardant mieux, on s'aperçoit que la pièce si osée n'est qu'une imitation libre de l'épigramme de Martial :

Uxor, vade foras, aut moribus utere nostris.....

Piron n'avait nul besoin d'être marié pour trouver cette leçon-là.

En général, les lettres de Piron répondent peu à l'idée qu'on se fait d'un si bon compagnon et n'offrent rien d'attrayant à l'esprit. Elles sont rudes, obscures, d'une prose rocailleuse et en quelque sorte capricante, hérissées de dictons qui demanderaient des commentaires à chaque ligne. Celles même qu'il écrit à l'abbé Legendre, frère de Mme Doublet, et le plus gai des hommes, sont d'un goût rabelaisien renforcé qui ne nous revient pas et dont la meilleure partie nous échappe, à nous profanes, qui ne sommes pas du prieuré. Cet abbé Le-

gendre, nous dit Collé, était « le premier homme de
table qu'il y ait eu, et le dernier des Français qui en ait
encore soutenu les plaisirs; » c'est sur lui que Piron a
fait la joyeuse chanson, célèbre en son temps :

>Vive notre vénérable abbé,
>Qui siége à table mieux qu'au jubé !....

Sur toutes ces gaîtés et joyeusetés du temps jadis, nous
en sommes réduits à être des échos et à répéter nos
devanciers, à les croire sur parole.

Piron vieux, presque aveugle, se convertit tout de bon
et signala sa pénitence par des Poésies sacrées et des paraphrases des Psaumes, qu'on s'est avisé de nos jours
de vouloir réhabiliter, et dont on est parvenu à citer
quelques strophes passables; c'est tout ce qu'on a pu. Il
fit imprimer, par manière d'amende honorable, sa traduction du *De profondis,* qui parut dans *le Mercure* avec
une lettre de lui (avril 1765). « Je m'attends bien, disait-
il dans cette lettre, à la mauvaise pitié et aux plaisanteries de nos mondains. » Elles ne lui manquèrent pas.
L'abbé de Voisenon disait à ce propos : « Si dans l'autre
monde on se connaît en vers, cet ouvrage pourra l'empêcher d'entrer dans le Ciel, comme son Ode l'a empêché d'entrer à l'Académie. » Piron s'était moqué dans
le temps de Gresset chantant la palinodie; arrivé au
même point, et à l'heure où le moral tourne, il la chanta
de même. Il fit comme son confrère Robbé, un autre
libertin également converti. On ne saurait s'en étonner,
ni douter qu'il ait été sincère d'intention. C'est que son
impiété, je l'ai déjà fait observer, n'avait jamais été

une incrédulité foncière et raisonnée, mais un libertinage des sens et, si je puis dire, une ébullition de tempérament. Il n'entendait rien, d'ailleurs, à l'étude de la nature, aux lois physiques générales. Ce n'était point le grand Pan, le dieu universel, qu'il avait honoré et cultivé, c'était le dieu des jardins, Priape, ce qui est tout différent. On a remarqué qu'on ne revient guère du premier; mais du second, on s'en guérit avec les années; on le quitte ou il vous quitte. Quand le diable devient vieux, il se fait ermite; c'est toute l'histoire de Piron. Le diable, d'ailleurs, avec lui, n'y perdit rien; le malin vieillard continua jusqu'à la fin de copier, tant que ses yeux le lui permirent, ses vers salés, de lâcher ses épigrammes mordantes, et de lancer ses bons mots au nez d'un chacun. La dent qu'il avait eue toute sa vie contre Voltaire ne lui tomba jamais. Il avait faibli en tout, hormis en la riposte, qu'il eut jusqu'au bout aussi vive et aussi heureuse que par le passé; on sait ce qu'il répondit à l'archevêque de Paris qui lui demandait s'il avait lu son Mandement : — « Non, Monseigneur, et vous? » — Il avait fait venir du pays, après la mort de sa femme, et il avait près de lui, pour le soigner, une personne qui passait pour sa nièce et qui n'était qu'une petite cousine. Il la savait secrètement mariée, sur la fin, au musicien Capron et n'en disait rien, se réservant une dernière malice. Il lui légua par testament, sous ce nom de *femme Capron* qu'elle croyait ignoré de lui, le peu qu'il avait, se donnant ainsi le plaisir de la surprendre, et faisant faux bond, du même coup, à son neveu qui comptait sur l'héritage et qui se vengea à la Piron, en rimant l'épitaphe satirique de son oncle. C'était dans le sang.

Malgré ses drôleries finales, Piron, dans ses dernières années, était fort découragé et ne voyait pas en beau; il se sentait passé de mode et décidément relégué sur l'arrière-plan. Il tenait toujours boutique d'épigrammes, mais on n'y allait plus. Le monde appartenait à d'autres, à ceux-là mêmes dont il s'était tant gaussé. Il ne pouvait plus se le dissimuler, il avait complétement perdu la bataille. Tout se rangeait sous « le roi Voltaire, » reconnu désormais de tous et devenu légitime avec le temps. Il en souffrait, sous air d'en rire. Il faut voir les lettres qu'il écrit à son compatriote le docteur Maret, secrétaire perpétuel de l'Académie de Dijon et père du premier duc de Bassano; elles sont pleines de représailles et de railleries qui ne sont pas du tout gaies, et qui sont parfois détestables. Dans une de ces lettres, du 7 août 1766, il donne, à sa manière, tout un résumé pittoresque de l'histoire littéraire du siècle et de l'invasion voltairienne. Il vient de parler de son compatriote bourguignon, l'illustre Rameau, qui, du moins, avait su et osé résister, jusqu'au dernier moment, aux nouveaux venus et aux rivaux envieux :

« L'immortel Rousseau et notre Crébillon, dans leur art, malgré leur supériorité, ajoute-t-il, n'ont pas eu tout à fait le même bonheur ou le même courage. Ils étaient sur leur retour aussi, quand le serpent Arouet étala sa première peau brillante au soleil et éblouit nos badauds. Ils calèrent leurs voiles et furent, pour ainsi dire, se cacher dans une anse, attendant que l'ouragan fût passé. Ils n'étaient pas faits pour pouvoir croire que cette bouffée pût tant durer. Ils connurent mal à qui ils avaient affaire ; il ne s'agissait pas ici du plus ou du moins de génie, il s'agissait de brouillerie, d'impudence, de lucre et de manége. Voltaire leva son régiment et se rendit maître de la campagne. M. le colonel eut d'emblée, pour officiers subalternes, princes, ducs, marquis, etc. D'Argental, son fidèle *Achates,* se fit porte-enseigne, et sur le taffetas était écrit : « *Nul n'aura de l'esprit, hors nous et nos amis.* » Thiriot fut fait tambour. Ce fut, du petit clergé calotin, à qui serait l'aumônier du régiment; les caillettes de tout parage, du Marais et de Versailles, formèrent le corps des vivandières; et les racoleurs enrôlèrent sans peine tout le badaudois. Ce régiment, aussi nombreux que celui de la *Calotte,* s'étant donc, comme j'ai dit rendu maître de la campagne, après avoir pillé tout le plat pays, mit le siége devant le Temple du Goût. Une escalade en fit l'affaire : il fut emporté, profané, ravagé, mis sens dessus dessous, à ras de terre, et ne fut plus qu'un emplacement où le conquérant fit ériger sa statue (1). »

C'est du bon Piron, c'est très-vivant, très-spirituel ; mais, description à part, n'y cherchez pas le sens commun; il parle de Voltaire comme on ferait d'un Attila ou du roi des Vandales. Au même docteur Maret, à la date du 2 août 1769, il écrivait encore, mais d'un ton plus désespéré, et de plus en plus assombri ; car chaque année, quoiqu'il regimbât de son mieux, lui apportait un peu plus d'ombre :

« Encore si, ne pouvant plus écrire, j'avais du moins ici la consolation de savoir à qui parler et de m'entretenir de vous, de vos nouvelles littéraires, de notre fervente (?) Académie, de l'honneur que lui font ses protecteurs, ses bienfaiteurs et

---

(1) Page 296 des *OEuvres inédites de Piron,* publiées par M. Honoré Bonhomme.

son secrétaire perpétuel ! Mais où suis-je pour cela ? Des Ostrogoths ont envahi le Parnasse ; *je suis un dernier Gaulois transplanté dans la nouvelle France*. Le goût a passé de Paris à Londres.....

« L'anglomanie est ici une maladie épidémique contractée exprès pour avilir les chefs-d'œuvre de l'autre siècle et se couronner à peu de frais de la nation rivale de Rome et d'Athènes. Et que dit à cela la Cour et sa bonne ville ? Bravo ! bravo ! Vive notre honte et la gloire des voisins ! Dépouillons nos femmes, enrichissons des filles perdues ; ne gardons du beau tragique usé qu'un peu de comique larmoyant ; du haut comique, que des farces et des parades : nous bâtirons les théâtres chez nous ; nos jeunes parasites barbouilleront les pièces ; et nous, marguilliers, échevins, magistrats, officiers généraux, ducs et princes même, nous y jouerons, si l'on veut, les rôles d'Arlequin, Scaramouche, Pierrot, etc. On joue ce soir aux Français *Rodogune* ou *Cinna* : cela nous tournerait la tête du côté qu'il ne faut pas ; allons au boulevard ! On met les chevaux ; Polichinelle les y attend sur des forêts de tréteaux qui bordent les deux côtés ; il parle en fiacre, dame Ragonde en poissarde, et l'on ne saurait percer à travers la foule des carrosses les plus noblement armoriés. Tabarin est l'Apollon du jour ; que le nôtre s'en retourne chez Laomédon gâcher du plâtre, ou chez Admète garder les dindons. Pour moi, je garde la chambre et je ronge mon frein, riant, buvant et me disant : *Ne vaudrait-il pas mieux rire au milan des ânes de Beaune ?* (1) »

Et moi je dis : Quand on en est là, quand on voit le monde si fou, si bête, si perdu, si à l'envers ; quand, après avoir passé sa jeunesse à respecter très-médiocrement le goût et les mœurs, on se fait tout d'un coup le

---

(1) Ces derniers mots sont en patois dans le texte (Voir les *Lettres de Piron à M. Maret*, Lyon, 1860, p. 64.)

champion déclaré du goût et des mœurs; quand, après avoir composé tant de farces bonnes ou mauvaises pour les boulevards, on crie contre le genre des boulevards; quand, après avoir fait parler Arlequin et Polichinelle, on s'en prend de tout le mal à Polichinelle et à Arlequin; quand on en est venu à regretter ses amusettes d'enfant et les *ânes de Beaune,* on n'a plus qu'une chose à faire, c'est de s'en aller.

Piron mourut dans la nuit du 21 au 22 janvier 1773, âgé de quatre-vingt-trois ans six mois et quelques jours. On remarqua que de MM. les Quarante, qui tous avaient été invités, aucun ne se trouva à son enterrement. « C'est qu'ils ont encore peur, même de son Ombre, » dit un malin. La vérité, c'est que Piron avait passé son moment et n'était plus de l'époque : toute cette génération d'académiciens de la première moitié du siècle qui l'admiraient sincèrement et qui, si on l'avait souffert, l'auraient nommé à l'unanimité en 1753, avait disparu. Un de ses grands regrets, en mourant, fut de ne pas survivre à Voltaire, de ne l'avoir pas enterré, comme on dit (1). Plus âgé de quelques années, il avait trop compté sur sa force de tempérament, à lui, et sur la fragilité de l'autre. On dit que, près de rendre le dernier soupir, il se réveilla comme d'un long sommeil et tint ce propos :

« Voltaire, tant que j'ai vécu, n'a presque pas osé m'at-

---

(1) Dans la vieille langue, on disait non pas *survivre à quelqu'un,* mais *survivre quelqu'un* : je *l'ai* survécu, je *le* survis. Ce sens actif était beau et répondait à une secrète nuance de sentiment, bon ou mauvais : il impliquait l'idée d'*enterrer* son monde.

taquer; mais je le connais; le drôle est assez lâche pour m'insulter après ma mort, comme il 'l'a fait à l'égard de Crébillon, mon illustre compatriote. J'ai prévu sa bonne volonté. Il y a parmi mes manuscrits un petit coffret qui renferme cent cinquante épigrammes en son honneur. Si, quand je ne serai plus, il décoche un seul trait contre moi, je recommande à mon légataire littéraire de faire partir toutes les semaines une de ces épigrammes pour Ferney. Cette petite provision, ainsi ménagée, égayera pendant trois ans la solitude du respectable vieillard de ce canton. »

Quoique racontée par Fréron, l'anecdote n'a rien que de vraisemblable. La maîtresse passion, on le sait, est la dernière à mourir en nous. Les *novissima verba* de Piron devaient être une diatribe à l'adresse de Voltaire.

Le critique du temps qui a le mieux parlé de Piron, et le plus philosophiquement, est Grimm; il l'a jugé comme une pure matière organisée, un admirable automate formé et monté par la nature pour lancer saillies et épigrammes :

« En l'examinant de près, dit-il, on voyait que les traits s'entre-choquaient dans sa tête, partaient involontaires, se poussaient pêle-mêle sur ses lèvres, et qu'il ne lui était pas plus possible de ne pas dire de bons mots, de ne pas faire des épigrammes par douzaine, que de ne pas respirer. Piron était donc un vrai spectacle pour un philosophe et un des plus singuliers que j'aie vus. Son air aveugle lui donnait la physionomie d'un inspiré qui débite des oracles satiriques, non de son cru, mais par quelque suggestion étrangère. C'était, dans ce genre de combats à coup de langue, l'athlète le plus fort qui eût jamais existé nulle part. Il était sûr d'avoir les rieurs de son côté. Personne n'était en état de soutenir un assaut avec lui; il avait la repartie terrassante, prompte comme l'éclair et plus terrible que l'attaque..... Les gens de lettres avaient peu de liaison avec Piron; ils craignaient son mordant..... Lorsqu'il était quelque part, tout était fini pour les autres; il n'avait point de conversation, il n'avait que des traits. »

Certes, un portrait si plein de feu, auquel il faut joindre, pour le compléter, la vue de l'excellent buste de Piron par Caffieri, qui est au foyer de la Comédie-Française, ne diminue pas l'idée qu'on peut se faire à distance de ce parfait original. Ces sortes d'organisations impérieuses, douées d'une faculté prédominante et presque unique, ont toujours pour effet d'étonner et d'émerveiller; le tout est de se remettre en présence.

Le buste de Piron que je viens d'indiquer nous permet également de nous replacer devant lui et nous le montre. Ce buste, le premier de ceux qui furent donnés à la Comédie-Française, et qui inaugura cette curieuse galerie des auteurs dramatiques, est en effet des plus beaux : quelque chose de libre, de négligé, de malicieux et d'inspiré. Le port de la tête est hardi; chaque muscle de la face remue et joue; la double fossette, creusée par l'habitude du sourire, est légèrement indiquée; la lèvre est parlante, comme impatiente, et ne cesse de railler; les yeux sont petits et ne regardent pas; la peau du cou pend et flotte sans maigreur, sans mollesse, et dans la réalité de la vie; les draperies sont largement jetées. Il y a de la moiteur dans ce marbre. C'est bien l'inspiré dont Grimm a parlé, et qu'une pointe de demi-vin ou d'ivresse de gaîté anime.

Ainsi fait et créé par la nature, et n'ayant cessé d'abonder en lui-même, on a plus de traits piquants et

personnels à citer de lui, que de pensées et de maximes
d'une application générale; en voici une pourtant qui
mérite d'être conservée; Fontenelle, à qui Piron la disait un jour, l'avait retenue et en avait fait un des articles de son symbole littéraire : « La lecture a ses
brouillons comme les ouvrages (1), » c'est-à-dire que,
pour bien comprendre un livre et s'en former une idée
nette, *lire* ne suffit pas, il faut *relire*. Relisons donc sans
cesse. On ne s'attendait pas, assurément, qu'un mot de
Piron irait en rejoindre un autre de Royer-Collard.

Cette originalité de Piron, si verte et si vigoureuse,
qui tenait plus encore à sa personne qu'à ses écrits, a
reçu sa récompense, telle quelle, et a triomphé : tous le
connaissent, il est devenu populaire et ce qu'on appelle
un type courant; il est le premier de son espèce. Qui
dit Piron rappelle à l'instant quelque chose et quelqu'un, une figure distincte, et tous, plus ou moins, vous
comprennent. Son nom ne réveille rien sans doute de
bien délicat ni de bien pur, mais il exprime au plus
haut degré la vivacité, la verve, le piquant, le nerf et
la gaillardise; ce nom, rien qu'à le prononcer, est devenu le signe représentatif assez exact et durable de
tout ce qu'il y avait de viager en lui. Il est de ces riches
auxquels volontiers on prête; il est l'Hercule du genre;
on en a fait un de plusieurs. Somme toute, il n'a pas à
se plaindre de la postérité : mélange pour mélange, et
sans trop de déchet sur la qualité, on lui rend ou on

---

(1) *Bibliographie universelle, Journal du libraire et de l'amateur
de livres,* année 1848, p. 47.

lui attribue de confiance à peu près autant qu'il a perdu. Les gens de goût, qui vont au butin dans ses œuvres, feraient volontiers, de ses épigrammes, de ses contes et de ses bons mots, une Anthologie qui serait très-courte, mais exquise; si choisie qu'elle fût, on ne saurait toutefois y mettre pour épigraphe ce vers, qui est de lui et qui lui ressemble si peu :

La mère en prescrira la lecture à sa fille.

Piron, j'ai trop tardé à le dire, a eu un malheur, il a fait en sorte qu'il est difficile, entre honnêtes gens, et qu'il semble peu honorable de parler longuement de lui. J'ai eu, en m'y mettant, à surmonter mon préjugé à moi-même, et à vaincre une certaine répugnance intime ; mais, après tout, c'est une figure inévitable dans l'histoire de notre littérature; il avait droit à l'étude. J'ai tâché, impartialement, sans complaisance comme sans faux scrupule, et en ne sortant pas de la sphère du goût, de le voir et de le remettre à son vrai point.

FIN DU TOME SEPTIÈME.

TABLE DES MATIÈRES.

		Pages.
Anthologie grecque...	I.......	1
	II......	28
Histoire de Louvois, par M. Camille *Rousset*..........	I.......	53
	II......	76
Un été dans le Sahara; — Dominique, par M. *Fromentin*.	I.......	102
	II......	127
Entretiens sur l'Architecture, par M. *Viollet-Le-Duc*.....	I.......	151
	II......	172
Corneille; le Cid...................................	I.......	199
	II......	222
	III.....	253
	IV......	281
M. Émile de *Girardin*.................................	I.......	307
	II......	331
Collé, Correspondance inédite..........................		354
Le mariage du duc Pompée, par M. le comte d'*Alton-Shée*.........		380
Alexis Piron..		404

Dans le volume précédent, tome VI, deux corrections sont à faire à l'article *Vaugelas*. Page 346, ligne 7, au lieu de : « il était le *sixième* fils *cadet* du président Favre, » il faut lire : « il était le deuxième fils. » — En effet, l'erreur de Pellisson que j'avais eu le tort de reproduire a été depuis longtemps rectifiée, notamment par Pierre Taisand qui, dans ses *Vies des plus célèbres Jurisconsultes*, éclaircit et dénombre de point en point toute la descendance et postérité du président Favre.

En second lieu, même article, page 375, à propos du mot *Urbanité*, il convient d'ajouter à la note : « Chevreau a remarqué que ce mot *Urbanité* se rencontre aussi chez un autre vieil écrivain de la fin du xve siècle, Octavien de Saint-Gelais, dans *le Séjour d'Honneur*; il paraît donc avoir été un moment en usage, ou du moins les doctes essayèrent dès lors de l'autoriser, mais il ne tint pas. (Voir le *Chevræana*, page 58.) »

Paris. — Typ. Ch. Unsinger, 83, rue du Bac.